保育カリキュラム総論

実践に連動した計画・評価のあり方，進め方

師岡 章［著］

同文書院

著者紹介

師岡　章（もろおか　あきら）
白梅学園大学子ども学部子ども学科教授。
1958年埼玉県生まれ。東京学芸大学大学院教育学研究科（修士課程）修了。男性保育者として幼稚園・保育所にて，約20年間，保育に従事した後，國學院大學幼児教育専門学校を経て，1999年から白梅学園短期大学保育科の専任講師となり，2012年より現職。専攻は保育・幼児教育学。ほかに，「保育所・幼稚園・小学校の連携の推進に関する調査研究協力者会議委員」（文部科学省・厚生労働省），「保育所における食事の提供ガイドライン作成検討委員会委員」（厚生労働省）なども務めた。

主な著書

『保育指導法－幼児のための保育・教育の方法』（編著：同文書院）
『新保育課程・教育課程論』（共著：同文書院）
『保育内容総論』（共著：同文書院）
『保育内容・環境』（共著：同文書院）
『保育者と保護者の"いい関係"～保護者支援と連携・協力のポイント』（単著：新読書社）
『食育と保育－子どもの姿が見える食育の実践』（単著：メイト）
『よくわかる　NEW 保育・教育実習テキスト－保育所・施設・幼稚園・小学校実習を充実させるために』（編著：診断と治療社）
『はじめてでも大丈夫！0歳～2歳指導計画の書き方・作り方』（編著：成美堂出版）
『子どもらしさを大切にする保育－子ども理解と指導・援助のポイント』（単著：新読書社）
『幼児教育の指導法』（編著：放送大学教育振興会）　など

はじめに

　本書は、保育における計画および評価のあり方、そして、その進め方を論ずるものです。
　「計画」とは、『広辞苑』によると「物事を行うに当たって、方法・手順などを考え企てること。また、その企ての内容」のことです。人は意図的、意識的に物事に取り組むときには、必ず見通しを立てます。この見通しを立てる行為が「計画」です。
　また「評価」とは、同じく『広辞苑』によれば「善悪・美醜・優劣などの価値を判じ定めること。とくに、高く価値を定める」ことです。人は、計画的に物事に取り組んだ後、その結果が意図に照らして適切であったかをふり返り、見極めようとします。こうした価値判断をする行為が「評価」です。
　保育は、乳幼児の健全育成を図るという大切な営みです。それゆえ、意図的に実践を展開すべきものであり、思いつきで進めてはいけません。保育も計画を立てることが必要であり、また、重要なのです。
　さらに、計画を立て、実践しただけでは、保育も改善してきません。そこで必要になるのが、実践した結果を意図に照らして価値判断することです。つまり、保育でも、実践の結果が乳幼児の健全育成につながっているかどうかをふり返り、評価することが不可欠なのです。こうした評価を積極的に行うことで、保育実践を改善する方向性もみえてきます。
　このように、意図的な活動である保育において、実践、計画、評価は不可分な関係にあります。本書はこの点を踏まえ、保育士および幼稚園教諭、保育教諭の養成機関で保育を学ぶ学生のみなさんはもちろんですが、保育現場で計画や評価のあり方、進め方を模索し続けている保育者のみなさんにも参考としていただけることを願い、編集しました。
　人と人とがかかわり合う保育実践は、唯一絶対の答えが存在するものではありません。「子どもの思いを尊重する」という大前提は共通していても、その内容や方法は園や保育者によってさまざまでしょう。これは、計画や評価についても同じことがいえます。そのため、本書では、計画や評価のあり方、進め方に対して答えを示すのではなく、参考となるさまざまな視点を提示するように心がけました。本書の内容を、ご自身の目の前にいる子ども一人一人に適した計画や評価のあり方を考え、進めていくうえでの糧とし、批判的かつ生産的にご活用いただければと思います。
　最後に、多くの教科書シリーズを手がける同文書院において、本書をあえて単独の著作として刊行いただけたことに深く感謝申し上げます。

2015年3月　　　　　　　　　　　　　　　　　　　　　　　　　　　　　　　著者

目次

はじめに

第1章　保育現場の現状から見る計画，評価の課題　　1

1 形式化する計画づくり……1
- 1 保育現場の多忙化がもたらす影響……1
  - （1）保育時間の長時間化……2
  - （2）子育て支援活動……3
- 2 保育者の若年化がもたらす影響……8

2 自由保育とノーカリキュラム論……11
- 1 「ノーカリキュラム論」の起こりと「6領域」……12
- 2 「ノーカリキュラム論」が誕生した時代とその影響……12
- 3 自由保育と計画づくりの関係……15

3 評価への抵抗感……16
- 1 評価に対するイメージ……16
- 2 数値化への抵抗……17

第2章　ナショナル・カリキュラムの変遷とコンセプト　　21

1 ナショナル・カリキュラムの変遷……21
- 1 ナショナル・カリキュラムが未整備だった時代（1868年頃～1897年頃）……22
- 2 「保育4項目」の時代（1898年頃～1911年頃）……22
  - （1）『幼稚園保育及設備規程』制定を獲得するまで……22
  - （2）「保育4項目」の内容……23
  - （3）「保育4項目」誕生の時代背景……24
  - （4）『幼稚園保育及設備規程』以降の動き……24
- 3 「保育5項目」の時代（1912年頃～1944年頃）……24
  - （1）保育現場への課題とその時代……24
    - ❶幼稚園不要論の高まり……25
    - ❷園児数の増加……25
    - ❸個性重視の教育への転換……25
  - （2）課題への対応……25
  - （3）『幼稚園令』の制定と「保育5項目」……26
- 4 「12の保育内容」の時代（1945年頃～1955年頃）……27
  - （1）昭和初期という時代背景と保育界の変化……27
  - （2）戦後の幼稚園と保育所に関する国の規程……28
  - （3）『保育要領―幼児教育の手びき―』とその時代……29

- 5 「6領域」の時代（1956年頃〜1989年頃）……30
  - （1）時流を受けた『幼稚園教育要領』の登場……30
  - （2）「6領域」の影響……31
  - （3）科学教育重視が後押しした「6領域」……32
  - （4）「6領域」時代の保育所……33
- 6 「5領域」の時代（1989年頃〜現在）……34
  - （1）昭和から平成へ……34
  - （2）「6領域」から「5領域」へ……34
  - （3）求められる子育て支援……36
  - （4）社会問題化する子どもの課題と法令……36
- 7 小学校との連携を視野に入れた幼児期の教育の要請……38

2 現行の『幼稚園教育要領』が求める計画と評価のあり方……39
- 1 『幼稚園教育要領』とは何か……39
- 2 『幼稚園教育要領』が求める計画……40
- 3 『幼稚園教育要領』が求める評価……42

3 現行の『保育所保育指針』が求める計画と評価のあり方……43
- 1 『保育所保育指針』とは何か……43
- 2 『保育所保育指針』が求める計画……45
- 3 『保育所保育指針』が求める評価……49

4 5領域のコンセプト……50
- 1 5領域の位置づけ……50
- 2 領域と教科の相違点……51
- 3 小学校教育との連携と保育内容……52

第3章　保育におけるカリキュラム観の再構築　　57

1 カリキュラム概念の成立過程……57
- 1 カリキュラムの語源……57
- 2 教育用語となったカリキュラム……58
  - （1）教育用語「カリキュラム」の登場……58
  - （2）宗教改革前後の大学の違いと「カリキュラム」……58
  - （3）教育用語としての「カリキュラム」の特徴……59
- 3 カリキュラムに関するわが国の受容過程……60
  - （1）教育用語「カリキュラム」の日本上陸……60
  - （2）「カリキュラム」の邦訳としての「教育課程」……60
  - （3）「教育課程」以外の邦訳……61

（4）「カリキュラム」解釈の変遷……61
　　　　❶「学科課程」の登場……61
　　　　❷「教科課程」の登場……61
　　　　❸戦前の「カリキュラム」解釈……62
　　　　❹戦後の「カリキュラム」解釈……62
　　　　❺幼稚園における「カリキュラム」解釈……63
❷ カリキュラム観の拡大……63
　　❶ カリキュラムとコース・オブ・スタディの区別……63
　　❷ 進歩主義によるコース・オブ・スタディづくり……65
　　❸ カリキュラム改造運動にみられるカリキュラム観の変化……66
　　❹ カリキュラムづくりのコンセプトの変化……68
　　❺ カリキュラム改造運動と戦後新教育……69
　　❻ 実践を基盤とするカリキュラム開発……71
　　❼ カリキュラムの開発モデルの再構築……75
❸ 保育カリキュラムの全体構造……77
　　❶ 国レベルで示される基準の位置づけ……77
　　❷ 園レベルでつくられる計画の性格……79
　　　（1）カリキュラムの再定義……79
　　　（2）基本的な計画の整理……80
　　　（3）指導計画の再検討……80
　　　（4）園レベルでつくられる計画の再定義……82
　　❸ 循環的サイクルとしての保育カリキュラムの再構築……85

第4章　基本計画（マスタープラン）のデザイン —— 89

❶ 基本計画としての「教育課程」「保育課程」の性格……89
　　❶ 基本計画とは何か……90
　　❷ 編成するものとしての基本計画……91
　　❸ 基本計画の対象……91
　　❹ 基本計画の編成主体……92
　　❺ 基本計画の記載内容……92
　　❻ 基本計画の見直しのタイミング……93
❷ 「教育課程」「保育課程」の編成原理……94
　　❶ カリキュラムの類型……94
　　　（1）教科カリキュラム（subject curriculum）……95
　　　（2）相関カリキュラム（correlated curriculum）……95
　　　（3）コア・カリキュラム（core curriculum）……98
　　　（4）経験カリキュラム（experience curriculum）……100
　　❷ 多様な編成原理……102

（1）活動分析法（activity-analysis procedure）……102
　　（2）社会機能法（social-function procedure）……103
　　（3）青少年欲求法（adolescent-needs procedure）……104
　　（4）問題領域法（problem areas）および恒常的生活場面法（persistent life situations）
　　　　……105
　3　カリキュラムの編成要件……107
　　（1）保育目標……107
　　（2）スコープ（scope）……109
　　（3）シークェンス（sequence）……109
　　（4）単元（unit）……110
3　基本計画の編成手順……113
　1　一般的な編成手順……113
　　（1）『幼稚園教育要領解説』が例示する教育課程の編成手順……113
　　（2）『保育所保育指針解説書』が例示する保育課程の編成手順……117
　2　編成手順上の留意事項……118
　　（1）準備（事前）段階……118
　　　❶根拠法令，および関連諸法令の共通理解……118
　　　❷実態，およびニーズの把握……124
　　（2）編成段階……125
　　　❶保育目標，保育方針に関する共通理解……125
　　　❷3年間，あるいは6年間の発達過程の見通し……126
　　　❸ねらいと内容の組織……128
　　（3）事後段階……129
　　　❶基本計画に基づく結果の反省・評価……129
　　　❷基本計画の再編成……129

第5章　保育カリキュラムの実際　　133

1　保育カリキュラムの自主編成史……133
　1　恩物中心の保育とカリキュラム……134
　2　初期の保育所の保育内容……137
　　（1）渡邉嘉重の子守学校の保育内容……137
　　（2）赤沢夫妻による新潟静修学校附設保育所の保育内容……137
　3　自由主義保育の展開とその内容……138
　　（1）東京女子高等師範学校附属幼稚園の系統的保育案の実際……139
　　（2）誘導保育案……139
　4　集団主義保育の展開とそのカリキュラム……141
　　（1）戸越保育所の保育案の内容……141
　　（2）戸越保育所の保育案の意義……142

- **5** 経験主義保育とそのカリキュラム……143
  - （1）香川師範学校附属幼稚園のカリキュラム……144
  - （2）兵庫師範学校附属明石幼稚園の単元……144
- **6** 保育構造論の展開……147
  - （1）久保田浩と白梅学園短期大学附白梅幼稚園の三層構造論……147
  - （2）大場牧夫と桐朋幼稚園の三層構造の生活プラン……149
  - （3）田代高英と福岡教育大学附属幼稚園の保育カリキュラム……152
- **7** 小学校教育との連携を視野に入れたカリキュラムの工夫……154
  - （1）小学校連携を模索する初期の動き……154
  - （2）幼小連携のカリキュラムづくりの挑戦……155
  - （3）小学校以降の教育を視野に入れたカリキュラムの工夫……156

2 保育カリキュラムに関する理論的モデルの提示……157
- **1** 宍戸健夫の「保育計画の構造」……157
- **2** 加藤繁美の「対話的保育カリキュラム」……159

3 海外の保育カリキュラムの動向……162
- **1** 『OECD 保育白書』が示す保育カリキュラムに関する2つの伝統……163
- **2** ニュージーランドの「テ・ファリキ」……165

第6章　実践の構想のもち方　171

1 指導計画の意義と性格……171
- **1** 指導計画と基本計画（マスタープラン）の相違……171
- **2** 仮説としての指導計画……172
- **3** 指導計画を立てる意義……174
  - （1）書くという行為の意義……174
  - （2）実践におけるズレの発見……175

2 指導計画の種類……175
- **1** 『幼稚園教育要領』『保育所保育指針』が求める指導計画の種類……175
- **2** 指導計画の種類の精選……177

3 指導計画の作成手順……188
- **1** 一般的な作成手順……188
- **2** 作成手順上の留意事項……190
  - （1）準備（事前）段階……190
    - ❶園の基本計画である「教育課程」「保育課程」の理解……190
    - ❷年齢ごとの平均的な発達像の理解……191
    - ❸園内環境の把握……191
    - ❹実態，ニーズの把握……191
  - （2）作成段階……192
    - ❶一人一人の子どもやクラスの実態把握と行動予測……192

- ❷ 具体的なねらいと内容の設定……193
- ❸ 活動の展開……196
- ❹ 環境構成……197
- ❺ 援助および指導上の留意点……197
- （3）事後段階……198
  - ❶ 指導計画に基づく実践結果の反省・評価……198
  - ❷ 指導計画の改善……199
- 3 個別の指導計画の作成上の留意事項……199
  - （1）障害のある子どもの保育を対象とする指導計画の留意事項……199
  - （2）3歳未満児の保育を対象とする指導計画の留意事項……201
- 4 指導計画の様式……203
  - 1 時間見本法……203
  - 2 環境図を活用した指導計画……203
  - 3 記録と計画を一体化した様式……204
  - 4 概念地図法（コンセプト・マッピング）を活用したカリキュラム系統図……208
  - 5 トピック・ウェブ（ウェブ方式）の活用……210

第7章　カリキュラム評価のあり方　215

- 1 評価観の見直し……215
  - 1 評価と評定の区別……215
  - 2 量的評価から質的評価へ……217
  - 3 結果の評価からプロセスの評価へ……218
- 2 カリキュラム評価の展開……219
  - 1 カリキュラム評価の対象……219
  - 2 カリキュラム評価の形態……221
  - 3 自己評価の進め方……222
    - （1）自己評価の法的位置づけ……222
      - ❶『学校教育法』……222
      - ❷『学校教育法施行規則』……223
      - ❸『保育所保育指針』……223
    - （2）自己評価の観点……224
    - （3）自己評価の方法〜「PDCAサイクル」と「PDSIサイクル」……225
      - ❶「PDCAサイクル」とは何か……225
      - ❷「PDSIサイクル」とは何か……225
      - ❸「PDCAサイクル」と「PDSIサイクル」の相違……227
    - （4）保育の質の向上と自己評価……228
      - ❶ 保育の質に関するカテゴリー……228
      - ❷ 保育の質の向上を図る自己評価法としてのSICS……230

3 保育記録のあり方……231
 1 記録の意義……231
 2「省察」という営み……232
 3 保育記録の種類と特徴……233
  （1）文字記録……233
   ❶当事者による文字記録の基本：「思い出し記録」……233
   ❷「エピソード記述」の可能性……234
   ❸第三者による「プロセスレコード（逐語記録）」の活用……237
  （2）視聴覚記録（AV記録）……239
   ❶映像による記録……239
   ❷音声による記録……240
 4 保育記録の見直し……241
4 保育者の資質・能力の向上を図る研修・研究のあり方……244
 1 保育者に求められる資質・能力とは……245
 2 研修の必要性とその内容……245
 3 保育カンファレンスの活用……247
 4 研修から研究者と共同した実践の研究へ……249

第8章　子ども理解と「幼稚園幼児指導要録」「保育所児童保育要録」「認定こども園こども要録」……253

1 子ども理解と「要録」をめぐる課題……253
 1 子ども理解の困難さと重要さ……253
 2 要録の取り扱いをめぐる問題……254
2 子ども理解を高める観点と方法……256
 1「アセスメント」としての子ども理解……256
 2「真正の評価」という考え方……257
 3「ポートフォリオ評価」と「パフォーマンス評価」……258
3 要録の取り扱い方……260
 1 要録の変遷……260
  （1）1951（昭和26）年版の「幼児指導要録」……260
  （2）1955（昭和30）年版の「幼稚園幼児指導要録」……262
  （3）1965（昭和40）年版の「幼稚園幼児指導要録」……263
  （4）1990（平成2）年版の「幼稚園幼児指導要録」……264
 2 要録の法的位置づけ……265
  （1）「幼稚園幼児指導要録」の法的位置づけ……265
  （2）「保育所児童保育要録」の法的位置づけ……268
  （3）「認定こども園こども要録」の法的位置づけ……270
 3 要録の様式例の実際と特徴……272

  （1）「幼稚園幼児指導要録」の場合……272
  （2）「保育所児童保育要録」の場合……272
  （3）「認定こども園こども要録」の場合……274
 4 要録を記載する事項，および留意点……280
  （1）「幼稚園幼児指導要録」の場合……280
  （2）「保育所児童保育要録」の場合……282
  （3）「認定こども園こども要録」の場合……283
 5 要録の様式の創意工夫……287
  （1）各園の裁量権限と様式の創造……287
  （2）保育所における「児童票」の活用……287

コラム：カリキュラム研究の動向

①カリキュラムづくりに関する研究の変遷……20
②科学的なカリキュラム研究の影響……55
③「ヒドゥン・カリキュラム（hidden curriculum）」の登場……87
④自伝的方法によるカリキュラム研究……131
⑤「類別（classification）」と「枠（frame）」への注目……169
⑥「プロジェッタツィオーネ」という考え方……213
⑦再注目される「イマージェント・カリキュラム」……252
⑧カリキュラム改善を促す「専門職のための学習共同体（PLC）」の創造……293

索　引……294

保育現場の現状から見る計画，評価の課題

　よりよい未来を目指すためには，過去から学び，現在に至る状況を把握したうえで，これまでの生活の営みが適切かどうかを考えることが求められます。そして，適切であればそのまま継続し，もし課題がみつかれば「よりよい未来」のためにも改善していかなければなりません。こうした姿勢は，保育に関する計画や評価のあり方，進め方を考える中でも必要なことです。

　そこで本章では，保育所・幼稚園等の保育現場の現状を概観し，保育における計画の立て方や評価の進め方について，どのような課題があるかを取りあげます。その流れや現状を踏まえて，以降の章を考えてほしいと思います。

1 形式化する計画づくり

　保育の最大の責務は，乳幼児の健全育成を図ることです。この目的を達成するため，保育者は計画を立て，実践，改善へとつなげていきます。しかし，このよりよい保育を目指したサイクルの根底となる計画づくりが，形式化してしまう現状があります。

　では，なぜ形式化してしまうのでしょうか。

1 保育現場の多忙化がもたらす影響

　当たり前のことですが，保育者にとってもっとも重視すべき業務は「子どもを保育すること」であり，責任をもって保育実践に取り組むことが仕事の中心となります。そのため，勤務時間の大半も担当するクラスの保育に費やされます。

　ただ，充実した保育実践を展開するためには，しっかりと見通しを立てておくことも必要です。なぜなら，目の前の子どもたちに合わせた適切な見通しを立て，保育実践に臨むことが，保育の質の向上につながるからです。また，保育実践をふり返り，その成果と課

題を把握したうえで，次の保育に生かすことも求められます。つまり，きちんと計画を立て，それに基づく保育実践を評価し，改善点を検討することは，充実した保育実践を展開するためには欠かせない仕事なのです。

　保育者は，よりよい保育を実践するために，「子どもを保育する」という重要な業務に大半の時間を費やしつつ，こうした計画を立てる時間やふり返りの時間を確保しなくてはなりません。しかし，この「時間の確保」は，なかなか難しい課題です。本来は，すべて通常の勤務時間内に完了させておくべき仕事ですが，現在の保育現場は大変忙しく，こうした時間が十分に確保できないのです。その背景・原因として，「保育時間の長時間化」や「子育て支援活動」という新たな業務への対応等があげられます。

(1) 保育時間の長時間化

　現在，保育現場に期待されることのひとつとして「保育時間の長時間化」があります。実態は，どうなっているのでしょうか。まずは，「保育時間の長時間化」の実態をみてみましょう。

　保育所の保育時間は，法的に『児童福祉施設の設備及び運営に関する基準』において，「保育所の保育時間は1日につき8時間を原則とし，その地方における乳幼児の保護者の労働時間その他家庭の状況を考慮して，保育所の長がこれを定める」と示されている通り，8時間が基本です。しかし，地方自治体によっては11時間開所を原則としたうえで，子育て支援の観点から，さらなる延長保育の導入を促しているところもみられます。現に，厚生労働省が毎年実施している『社会福祉施設等調査』によると，2014（平成26）年度において11時間以上開所している保育所は全体の78.3％，12時間以上の保育所も13.8％ありました。

　この傾向は，幼稚園にも同様にみられます。幼稚園の教育時間は，『幼稚園教育要領』において法的に「幼稚園の1日の教育課程に係る教育時間は，4時間を標準とすること。ただし，幼児の心身の発達の程度や季節などに適切に配慮すること」と示されています。しかし，文部科学省が実施した『平成26年度幼児教育実態調査』によると，実際の平均教育時間は5.5時間となっており，保育の標準時間として示されている4時間を上回っています。また，同調査は，「教育課程に係る教育時間の終了後に行う教育活動」である「預かり保育」[*1]の終了時間が，午後5時以降となっている幼稚園が全体の70.6％もあるという実態も明らかにしています。「預かり保育」は，2008（平成20）年の『幼稚園教育要領』改訂で，「教育課程に基づく活動を考慮し，幼児期にふさわしい無理のないもの

＊1　幼稚園おいて，正規の教育時間の修了後に行う延長保育の部分をいう。1998（平成10）年の『幼稚園教育要領』改訂時に，子育て支援活動の一環として，初めて位置づけられた。

となるようにすること。その際，教育課程に基づく活動を担当する教師と緊密な連携を図るようにすること」と新たに規定され，クラス担任の保育者がノータッチでは済まない状況となりました。そのため，幼稚園によっては毎日ではなくても，クラス担任も預かり保育を担当するケースもあります。このように，幼稚園は，法的にみると，保育所よりも保育時間が短いはずなのですが，保育に当たらねばならない時間が増えている状況は大差がないといえます。

（2）子育て支援活動

　新たに保育者に期待されている業務として「子育て支援活動」があげられますが，これは，どういったものなのでしょうか。現在に至る変遷を踏まえて，実態を概観してみましょう。

　「子育て支援」とは，1989（平成元）年，合計特殊出生率が史上最低の1.57人となったいわゆる「1.57ショック」[*2]をきっかけに少子化対策の一環として取り組まれた事業のことです。1994（平成6）年に，当時の文部・厚生・労働・建設の4省合意によって「今後の子育て支援のための施策の基本的方向について（エンゼルプラン）」[*3]が打ち出され，その後，5年単位で目標値をあげながら，子育て支援施策の拡充・徹底が図られてきました。現在も，2010（平成22）年に策定された「子ども・子育てビジョン～子どもの笑顔があふれる社会のために」をもとに，さまざまな保育サービスの実施が求められています。

　では，保育現場に求められている「子育て支援」とは，具体的にはどんなことなのでしょうか。たとえば，前述した長時間保育の実施（幼稚園の場合は預かり保育）や，低年齢児の受入の拡大，休日保育や病児・病後児保育などの推進が求められている支援としてあげられます。また，在園する保護者への保育サービスだけでなく，一時預かりや園庭開放，相談事業など，「地域の子育て支援センター」としての役割も求められています。確かに，母親の育児不安や児童虐待など，子育てをめぐる問題を改善するためには，こうした地域子育て支援活動は必要不可欠な取り組みであり，子育て中の若い保護者もそうした支援を求めています。しかし，それらすべてのサービス事業を行おうとすると，その仕事量は膨大となります。現有の保育者だけで対応するには，無理があるでしょう。たとえば，『平成24年度幼児教育実態調査』（文部科学省）によると，「幼稚園における子育て支援活動実施状況」を実施している幼稚園は，全体の86.7％（10,598園）にのぼり，そのうち59.1％（6,261園）の幼稚園から「事業実施に係る業務のため教職員の負担が過大になっ

[*2] 1989（平成元）年，合計特殊出生率が史上最低の1.57人となった事象のこと。ちなみに，それ以前の最低値は1966（昭和41）年の1.58人であった。1966（昭和41）年は「丙午（ひのえうま）」の年にあたり，迷信に過ぎないが，「その年に生まれた女の子は気性が激しく夫を殺す」と考えられ，出産を制限する傾向があった。1989（平成元）年の合計特殊出生率がこうした特殊な年を下回ったため，「ショック」と呼ばれたわけである。

[*3] 少子化対策として策定された最初の子育て支援の国家プロジェクト。基本的方向と数値目標を掲げた施策からなり，通称「エンゼルプラン」と呼ばれた。

ている」といった回答がなされています。保育者にとっては、担当する子どもの保育以外にも担うべき仕事が増え、身体がいくつあっても足りない状況になっているわけです。

　こうした保育者の多忙化は、「計画づくりや保育のふり返りに十分な時間が割けない」という実態を生み出します。たとえば、2011（平成23）年度に日本保育協会が実施した『保育士の実態に関する調査研究報告書』によれば、「保育の時間（子どもや保護者とかかわっていた時間）」は約7時間と、勤務時間の大半を占める状況となっています（表1-1）。そのため、「保育教材を作成するのにかけた時間（指導計画の作成、教材研究を含む）」や「保育記録を作成するためにかけた時間」は、それぞれ20分強しか確保できていません。これでは、じっくりと計画を立てたり、保育をふり返ったりするどころではないでしょう。

　しかし、大半の保育現場において、計画づくりや評価作業は、提出義務も伴う業務です。時間がないからといって、やらずに放置しておくわけにもいきません。そのため、勤務時間内に計画づくりなどを完了させられない場合は、自宅に持ち帰ることになるのです。

　こうした実態は、『保育士の実態に関する調査研究報告書』（日本保育協会）において明らかにされており、「帰宅後、あるいは出勤前に自宅等で持ち帰り仕事をする保育者」についても全体で51.4％にのぼることが示されています（表1-2）。

　その仕事内容については、「計画準備」が職務経験3年以下の保育者で47.4％、4～10年目が42.8％、10年以上でも41.3％と、半数近くを占めています。評価作業ととらえられる「振り返り」についても、3年以下の保育者が26.6％、4～10年目が27.8％、

表1-1　経験年数別に見た業務に携わった時間の平均値

	3年以下		4～10年		10年以上	
	時	分	時	分	時	分
保育の時間（子どもや保護者とかかわっていた時間）	7	5.8	7	7.5	6	53.4
保育記録を作成するためにかけた時間	0	26.4	0	22.6	0	21.9
保育教材を作成するのにかけた時間（指導計画の作成、教材研究を含む）	0	26.7	0	22.8	0	23.2
事務的な仕事にかけた時間	0	20.2	0	21.7	0	33.4
保育所内の掃除や整理にかけた時間	0	22.7	0	22.8	0	23.0
会議・打ち合わせ・報告等にかけた時間	0	19.9	0	20.1	0	25.0
休憩時間	0	30.8	0	29.9	0	31.1
その他の内容にかけた時間	0	12.7	0	11.9	0	11.1
合計（「園にいた時間」と同じ）	9	45.2	9	39.2	9	42.3

資料）「平成23年度　保育士の実態に関する調査研究報告書」日本保育協会, 2012

第1章 保育現場の現状から見る計画, 評価の課題

表1-2 「持ち帰り」として各仕事の内容を計上した者の割合（%）

	計画準備	振り返り	事務	行事	その他
3年以下 （N = 173）	47.4	26.6	23.7	24.9	2.9
4～10年 （N = 180）	42.8	27.8	25.6	30.0	1.7
10年以上 （N = 235）	41.3	26.0	37.0	26.8	4.7

資料)「平成23年度　保育士の実態に関する調査研究報告書」日本保育協会, 2012

表1-3 持ち帰り仕事に費やした時間の平均（分）

	計画準備	振り返り	事務	行事	その他
3年以下	65.0	61.7	64.9	65.8	27.0
4～10年	64.1	43.8	65.6	79.3	26.7
10年以上	58.9	56.8	66.3	63.9	25.9

資料)「平成23年度　保育士の実態に関する調査研究報告書」日本保育協会, 2012

10年以上でも26.0%にのぼっています。また、持ち帰り仕事のうち、「計画準備」や「振り返り」にそれぞれ60分前後、費やしている実態も明らかになっています（表1-3）。

同様の傾向は幼稚園にもみられます。たとえば、2010（平成22）年度に全国私立学校教職員組合連合の幼稚園協議会が実施した『幼稚園教諭の労働実態調査』によれば、幼稚園においても87%の保育者が「持ち帰り仕事がある」と回答しており（図1-1／p.6）、その仕事量も1～2時間が55%、2～3時間が35%、4時間以上が10%にのぼることも明らかになっています（図1-2／p.6）。

2006（平成18）年度に札幌市教育委員会が市内の全公立学校・幼稚園を対象に実施した『教育職員の勤務実態調査』によると、指導計画の作成や教材研究・教材作成を行う「保育準備」が、時間外業務および持ち帰り仕事においても、その仕事内容の22.5%を占めており、第1位となっています（表1-4、1-5／p.6）。

このように、現在、保育所・幼稚園等の保育者には、勤務時間中に計画づくりや評価を実施する時間を十分に確保することができず、時間外や持ち帰り仕事として取り組まざるを得ない状況に陥っているケースが多くあります。このゆとりのない状況は、充実した計画づくりや評価の実施を困難にさせています。これでは、仕事量の多さから、形式的に計画や評価の書類書きを終了させればいいといった態度や、計画づくりや評価作業に主体的に臨めない保育者も増えてしまうでしょう。

こうした中、計画づくりへの負担を軽減するため、週案例（表1-6／p.7）のように、

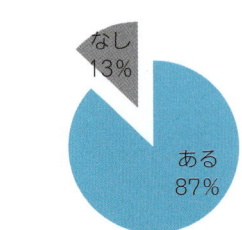

図1-1 持ち帰りの仕事について

資料)「幼稚園教諭の労働実態調査アンケートの結果」
全国私立学校教職員組合連合, 2012

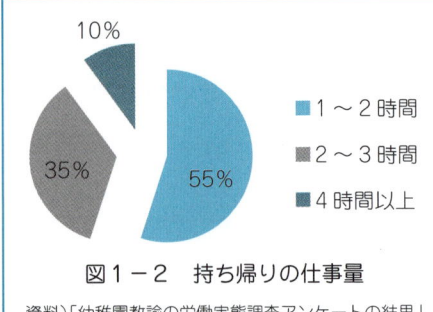

図1-2 持ち帰りの仕事量

資料)「幼稚園教諭の労働実態調査アンケートの結果」
全国私立学校教職員組合連合, 2012

表1-4 時間外業務の業務内容(上位3つ)

(括弧内の数値は,当該校種の全回答に占める割合)

	全校種	幼稚園	小学校	中学校	高等学校	特別支援
1	成績処理 (18.6%)	保育準備 (22.5%)	成績処理 (18.6%)	成績処理 (20.5%)	部活動・クラブ活動 (16.6%)	授業準備 (20.0%)
2	授業準備 (17.4%)	学校経営 (18.2%)	授業準備 (18.0%)	授業準備 (16.3%)	授業準備 (15.5%)	学校経営 (15.5%)
3	学年・学級経営 (12.6%)	学年・学級経営 (17.2%)	学年・学級経営 (15.7%)	部活動・クラブ活動 (11.4%)	成績処理 (13.8%)	成績処理 (14.3%)

資料)「教育職員の勤務実態調査結果(概要版)」札幌市教育委員会学校教育部教員課, 2008

表1-5 持ち帰り業務の業務内容(上位3つ)

(括弧内の数値は,当該校種の全回答に占める割合)

	全校種	幼稚園	小学校	中学校	高等学校	特別支援
1	成績処理 (24.2%)	保育準備 (22.9%)	成績処理 (23.3%)	成績処理 (27.2%)	授業準備 (27.8%)	授業準備 (25.0%)
2	授業(保育)準備 (21.6%)	学年・学級経営 (20.3%)	授業準備 (20.7%)	授業準備 (22.1%)	成績処理 (23.8%)	学校経営 (16.9%)
3	学年・学級経営 (15.8%)	学校経営 (19.3%)	学年・学級経営 (18.6%)	学年・学級経営 (12.5%)	学校経営 (12.3%)	成績処理 (16.5%)

資料)「教育職員の勤務実態調査結果(概要版)」札幌市教育委員会学校教育部教員課, 2008

保育者が設定する日々の主たる活動のみを列挙するだけの簡単な様式で計画づくりを進めている園もあります。しかし,こうした様式は「計画」というよりも,「活動予定表」に近いものです。また,こうした園では,保育者が設定する主たる活動を「主活動」と呼ぶ

第1章 保育現場の現状から見る計画，評価の課題

表1-6 週案例（埼玉県：私立A幼稚園）

5月第3週		5歳児○○組週案	担任：○○
週のねらい		○友だちとのかかわりの中で，相手の思いに気づく。 ○みんなでする活動を楽しみにし，自分なりに気づいて動く。	
月　日		活　動	指　導　上　の　留　意　点
5月16日（月）		○絵画製作 「遠足の絵」 ○絵本返却	○遠足のことを思い出し，のびのびと表現することを促す。
5月17日（火）		○体育教室	○体操の先生のもと，体を動かす楽しさを味わわせる。 ○集中して取り組むように促す。 ○ケガがないように注意する。
5月18日（水）		○ワーク	○楽しみながら進める。 ○やり方がわからない子どもにはていねいに対応する。
5月19日（木）		○英語遊び ○お弁当の日	○英語の先生のもと，英語でのあいさつやカードゲームを楽しめよう，援助する。
5月20日（金）		○リズム遊び ○絵本貸し出し	○ピアノに合わせて，想像したものに変身していく楽しさを味わわせる。
5月21日（土）		○休園	お休み。

ことも多いようです。保育者が設定する活動を「主活動」と位置づける方法には，「計画に明記されないほかの活動は，あまり大切な取り組みではない」という意識にもつながりかねない危険性があります。これでは，保育者中心の実践展開を誘発し，子どもの発想を大切にする姿勢も失われがちになるでしょう。

さらに，忙しさのあまり，「主活動」と保育目標の関係を踏まえて，自前で考えることをせず，保育雑誌などに紹介された活動例を「つまみ食い」するだけの，いわゆる「カリキュラム・パッチワーク（curriculum patchwork）」[*4]に陥るケースもみられます。

「とりあえず，計画を書けばよい（計画表を文字で埋めればよい）」
「保育者が設定する活動の予定を立てておけばよい」
「楽しく，まねできそうな主活動を決めておくだけでよい」

計画づくりをこのように考える保育者が増えてしまうと，保育実践の充実も望めません。勤務時間の工夫だけですべてうまくいくとは思いませんが，時間のゆとりがなければ，考えるゆとりも生まれません。カレンダーのような表に「主活動」だけを書き込んで完了，

[*4] 「つぎはぎ細工」や「寄せ集め」を意味するパッチワークをカリキュラムづくりに援用し，教育（保育）目標と教育（保育）内容，また教育（保育）内容間の関連性が欠如している状況を指す。

といったものにとどまらないためにも，勤務時間内にじっくり計画づくりに取り組める時間の確保が必要です。計画づくりなどを形式的，受け身的な取り組みにしないためにも，多忙化する保育者の仕事内容の改善を期待したいものです。

2 保育者の若年化がもたらす影響

保育現場の計画づくりや評価作業の課題を考えるうえで，もうひとつ注目しておきたいのは「保育者の若年化」です。

計画づくりや評価作業は，保育実践を客観的にとらえたうえで，その内容を文章化しながら進めます。そのため，子どもとかかわる保育実践において，しばしば求められる「明るさ」や「豊かな感性」といった資質だけでなく，保育実践の成果と課題を見極める見識や，保育に関する専門的知識も必要となります。こうした力量は，保育経験と専門的な学びの蓄積が不可欠であり，一朝一夕に身につくものではありません。

ところが，実際の保育現場では，「結婚」「保育方針の不一致」「職場の人間関係」などの理由により，こうした蓄積が出来る前に保育者が退職してしまうケースが多いようです。つまり，現在の保育現場は，結婚しても働き続けることや，園長と保育者，また保育者間で保育方針や仕事内容を検討しあい，創造していくことがいまだ難しい傾向にあるのです。

全国保育協議会が2011（平成23）年度を対象に調査した『全国の保育所実態調査報告書』をみてみましょう。図1−3に示した通り，保育所全体では正規保育士のうち，20代の保育士が占める割合が32.0％ともっとも多くなっています。公営の保育所に限ると20代が21.1％と，ほかの年代との比率はあまり差がありませんが，私営の保育所に限ると20代が42.6％と，半数近い状況です。つまり，現場には，若く，経験年数の浅い保育者が多い現状なのです。

こうした保育者の若年化傾向は，幼稚園の方がより高いようです。文部科学省が毎年実施している『学校教員統計調査』（表1−7）によれば，2013（平成25）年度では管理職ではない教員（保育を担当する教諭）のうち，幼稚園全体で経験年数5年未満が44.6％，5年以上10年未満が21.5％と，おおむね20代となる世代が66.1％となっています。公立の幼稚園に限ると5年未満が30.6％，5年以上10年未満が16.4％，計47％と半数を割り込む程度になりますが，幼稚園界の主流となる私立の幼稚園に限ると5年未満が47.9％，5年以上10年未満が22.7％，計70.6％と，おおむね20代となる世代が大半を占めていることがわかります。

このような保育を担う保育者の若年化傾向は，計画づくりや評価作業の質に影響を与えます。たとえば，表1−8（p.10）に示したのは，筆者が以前，籍を置いた私立幼稚園で

第1章 保育現場の現状から見る計画，評価の課題

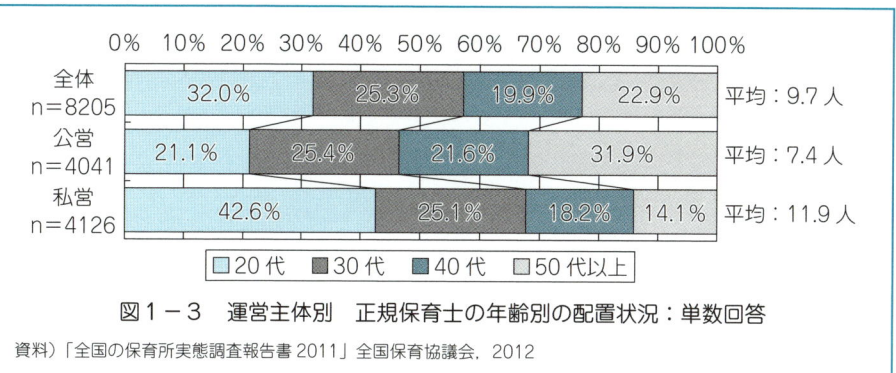

図1-3 運営主体別 正規保育士の年齢別の配置状況：単数回答

資料）「全国の保育所実態調査報告書2011」全国保育協議会，2012

表1-7 勤務年数区分別 職名別 教員構成（％）

区　　分	5年未満	5年以上 10年未満	10年以上 15年未満	15年以上 20年未満	20年以上 25年未満
全　　体	44.6	21.5	10.3	6.3	5.0
うち教諭のみ	51.8	24.1	10.3	5.7	3.7
公　　立	30.6	16.4	11.3	8.4	8.4
うち教諭のみ	34.6	20.2	13.9	10.0	8.9
私　　立	47.9	22.7	10.0	5.8	4.2
うち教諭のみ	55.2	24.9	9.6	4.8	2.7

区　　分	25年以上 30年未満	30年以上 35年未満	35年以上 40年未満	40年以上	平均勤務年数 （年）
全　　体	3.4	3.5	3.3	2.0	10.3
うち教諭のみ	2.0	1.4	0.8	0.2	7.3
公　　立	5.8	8.8	10.0	0.5	15.0
うち教諭のみ	5.0	4.5	2.9	0.1	11.6
私　　立	2.9	2.3	1.8	2.4	9.2
うち教諭のみ	1.4	0.8	0.4	0.2	6.5

資料）「平成25年度学校教員統計調査」文部科学省，2014を一部改変

作成された6月期の日案例です。作成した保育者は，当時経験年数3年目で，5歳児を担当していました。この日案では，活動毎にはっきりと線引きがされており，登園から降園までの一日の保育を見通すうえで，時間の流れを強く意識していることがわかります。その一方で，各活動のねらいや内容，また実践上，留意すべき点などについては，大変大まかです。読者の中には，「実際の保育は，この日案通りにはいかないだろう」と考える

表1-8　日案例（横浜：私立S幼稚園）

6月5日（木）　　　　　　　　　　　　　　　　　　　　　　5歳　　○○組　担当：○○

〔ねらい〕・時計に興味を持たせる。
　　　　　・時計の模様を考え、きれいに飾る。

時　間	子どもの活動	保育者の配慮	準　備
9:00	○登園、あいさつ ○朝の支度 　・連絡帳を出す 　・かばんをしまう 　・着替えをする ○自由遊び 　・室内で遊ぶ、固定遊具	○元気にあいさつをしながら、視診をする。 ○連絡帳のシール貼りをしているか確かめる。 ○けがのないように気をつける。	・連絡帳入れの箱 ・シール
9:45	○かたづけ ○トイレ ○手洗い	○丁寧に片づけさせる。 ○全員が済ませたかどうか確かめる。	
10:00	○朝の会 　・朝のあいさつ 　・歌「あさのうた」 　・出席を取る	○姿勢に気をつけ、椅子にきちんと座らせる。 ○当番の合図に合わせて、あいさつする。	・出席簿
10:15 11:15	○時計づくり 　・歌「とけいのうた」 　・作り方の話を聞く 　・紙皿に模様を貼る 　・文字盤をクレヨンで書く 　・時計の針をつける ○かたづけ	○時計づくりに興味が持てるように、楽しく話をする。 ○静かに聞けない子どもには、注意を促す。 ○道具は、静かなグループから取りに行かせる ○ひとつひとつ手順を確かめて行なう。 ○できた子から、時計の針をつける。割リピンはセロテープでとめる。	・紙皿 ・折紙 ・クレヨン ・のり ・割リピン
11:30	○トイレ ○手洗い	○全員が済ませたかどうか確かめる。	
11:45 12:00 12:10	○昼食準備 　・パックを持って座る 　・静かに待つ ○昼食 　・歌「おべんとう」 ○かたづけ	○当番活動をスムーズに行うように促す。 ○みんな残さないように食べる。 ○かばんの中にきれいにしまう。	
12:30 13:00	○ホール遊び（体育） 　・一本橋、トランポリン ○かたづけ	○順番を守って遊べるように促す。 ○けがのないように気をつける。	・平均台 ・トランポリン
13:10	○トイレ ○降園準備 　・着替えをする。 　・パックを持って、床に座る	○全員が済ませたかどうか確かめる。 ○忘れ物がないか確かめる。	
13:20 13:30	○帰りの会 　・絵本「ぞうのエルマー」 　・歌「さよならのうた」 ○あいさつ、降園 ○バス保育	○明日の体操について話す。 ○順番に並ばせ、元気よくあいさつする。 ○バス待ちの子どもをホールに集める。	・絵本「ぞうのエルマー」

人もいるかもしれません。しかし，この幼稚園では，朝と帰りの片づけ時間にはチャイムがなり，各保育者も園全体のタイム・スケジュールに従わざるをえない環境にありました。そのため，この保育者も，表1－8にみられるように，各活動の区切りにはっきりと線を引き，活動の始まりと終わりの時間がズレないように意識した日案を立てているわけです。このような保育現場では，実際の保育も，時間通りに活動を進めることばかりを気にすることになります。

　この幼稚園の保育者の平均勤続年数は2.87年であり，主任の保育者も経験年数5年と若手でした。当時の園長は，こうした若く経験の浅い保育者が多い実態を踏まえ，「難しいことは考えなくて良い。とりあえず，やるべき活動を時間通り，きちんとこなせば良い」と考えていたようです。そのため，時間割のように計画も時間の区切りに従って活動を振り分けるタイム・スケジュール，タイム・テーブルのような作り方を求めていたわけです。誤解を恐れずに言えば，このような計画の立て方では，保育経験のない実習生でも作成できるような形式的，表面的なものにとどまってしまいます。残念ながら，保育現場，特に若い保育者が多い園では，こうした計画づくりが多いのが現状です。

　保育の基本は，子どもを自ら育つ主体ととらえ，その自発的活動を十分に発揮させ，必要に応じて保育者が指導・援助することです。とすれば，計画づくりも保育の基本に沿って行われるべきです。その視点で考えると，保育者によって園生活のすべてが時間枠として決められていることは適切ではないでしょう。こうした点を自覚し，実行できるためには，やはり保育者が専門的力量をしっかり身につけておくことが大切です。保育経験の長さと専門的力量の向上が単純に比例するわけではありません。しかし，専門的な知識や技術等が身につくまでには，やはり時間が必要です。保育経験に裏付けられながら，専門的な学びを蓄積していく保育者が増えることが，子どもの成長にとっても望ましいのです。そのような現場に変えて行くためにも，各保育現場は若年化傾向からの脱皮を図る必要があります。多忙化の改善と合わせて，関係者の努力を求めたいものです。

2 自由保育とノーカリキュラム論

　幼稚園・保育所などの園長や保育者の中には，「計画なんて作っていない！」または「いらない！」という意見もみられます。「計画を書くのは面倒だから…」という意見は論外ですが，このように自覚的，かつ積極的に計画づくりを否定する主張を「ノーカリキュラム論」[*5](p.12)といいます。

　では，なぜノーカリキュラム論という主張が生まれてきたのでしょうか。

1 「ノーカリキュラム論」の起こりと「6領域」

　ノーカリキュラム論は，昭和40年代頃から，平井信義が提唱し，普及したものです。平井は，その趣旨や提唱の理由について，以下のように述べています。

> 約20年前に，私は「ノーカリキュラム」という言葉を用いて，カリキュラムを作ってそれを子どもに押しつけることをやめよう－という提案をした。それは当時，六領域に分けて，年間計画を立て，さらに月案・週案・日案を作って，計画どおりに保育することが，幼児教育にとって絶対に必要であると考えられていたからである。
> 引用文献）平井信義「ノーカリキュラム論の本旨」『保育研究』Vol.6, No.3, 建帛社, p.1, 1985

　この中に出てくる「六領域」[*6] とは，「健康，社会，自然，言語，音楽リズム，絵画製作」の6つの領域のことです。1989（平成元）年の『幼稚園教育要領』改訂，1990（平成2）年の『保育所保育指針』改訂において，5領域に変更されるまで，6領域はおおよそ30年間にわたって，わが国の保育現場に強い影響を与えてきました。
　平井は，この6領域が「国語，算数，理科，社会，音楽，図工，体育」といった小学校の教科のようにとらえられ，表1-8（p.10）に示した指導計画のような時間刻みに指導内容を設定し，その計画通りに保育を進めていくことを批判したわけです。

2 「ノーカリキュラム論」が誕生した時代とその影響

　平井がノーカリキュラム論を主張し始めた昭和40年代は，農業などの第1次産業が衰退し，逆に工業などの第2次産業が盛んになって飛躍的な経済成長を遂げた時代，いわゆる高度経済成長期の真っ最中でした。この急激な経済成長は都市化や核家族化，そして学歴社会の拡大など，社会のあり方を大きく変化させました。そして，義務教育ではない高等学校や大学などの高等教育への進学とともに，幼児教育へのニーズも高まっていきました。
　こうしたニーズに応えるため，この時期には，幼稚園数が毎年飛躍的に増加しました

＊5　子どもの自発性を尊重する柔軟な保育を重視する中，あらかじめ計画を立てることは子どもの自発性を阻害するという主張。「計画＝実践を拘束するもの」と考え，あえて計画を立てずに実践に臨むことを重視する。
＊6　当時の『幼稚園教育要領』『保育所保育指針』において，3歳児以降の幼児を対象に，望ましい経験として示されていた保育内容のこと。1958（昭和31）年，当時の文部省が初めて刊行した『幼稚園教育要領』で示された。1964（昭和39）年改訂の『幼稚園教育要領』が規範性を有する基準として告示化されたため，6領域は「指導すべき保育内容」と，強く意識されるようになった。詳しくは第2章参照。

第1章　保育現場の現状から見る計画，評価の課題

（表1-9）。就園率も，第2次世界大戦の終戦直後には6.4％に過ぎなかったものが，昭和30年に20％を超え，昭和30年代半ばに30％，昭和40年に40％，昭和44年には50％，そして昭和50年には，ほぼ現状と同じ割合になりました。

こうした中，新たに設立された幼稚園の一部では，定年退職した小学校の校長を園長に招く動きがあり，こうした人選が，教科教育を主にする小学校教育の考え方や方法を幼稚園にもち込むことにつながりました。そして，平井が批判するような時間刻みに指導内容を設定し，その計画通りに保育を進める一因ともなったのです。

表1-9　幼稚園数と就園率の推移
（昭和30～50年代を中心に）

年		合計	国立	公立	私立	就園率
1945	（S. 20）	1,789	2	706	1,081	6.4
1950	（S. 25）	2,100	33	841	1,226	8.9
1955	（S. 30）	5,426	32	1,893	3,501	20.1
1956	（S. 31）	6,141	35	2,016	3,962	21.8
1957	（S. 32）	6,620	35	2,177	4,271	23.6
1958	（S. 33）	6,837	35	2,287	4,370	25.2
1959	（S. 34）	7,030	35	2,387	4,463	26.8
1960	（S. 35）	7,207	35	2,459	4,562	28.7
1961	（S. 36）	7,359	35	2,544	4,638	31.1
1962	（S. 37）	7,520	35	2,642	4,700	33.0
1963	（S. 38）	7,687	35	2,724	4,790	36.4
1964	（S. 39）	8,022	35	2,831	5,006	38.9
1965	（S. 40）	8,551	35	3,134	5,340	41.3
1966	（S. 41）	9,083	38	3,311	5,734	44.2
1967	（S. 42）	9,588	38	3,441	6,109	47.2
1968	（S. 43）	10,021	43	3,582	6,369	49.4
1969	（S. 44）	10,418	43	3,744	6,631	51.8
1970	（S. 45）	10,796	45	3,908	6,843	53.8
1971	（S. 46）	11,180	46	4,121	7,013	56.2
1972	（S. 47）	11,564	46	4,498	7,187	58.3
1973	（S. 48）	12,186	46	4,766	7,373	60.6
1974	（S. 49）	12,686	47	5,024	7,614	61.9
1975	（S. 50）	13,106	47	5,263	7,796	63.5
2015	（H. 27）	11,674	49	4,321	7,304	53.5

資料）「学校基本調査」文部科学省より抜粋

保育所も幼稚園同様，この時期にはその数や在籍人数が毎年飛躍的に増加していきました（表1-10）。しかし，制度的に児童福祉施設である保育所は，幼児教育を担わない施設として，学校である幼稚園よりも，世間一般では，低い存在とみなされる傾向がありました。そのため，保育所の一部には「幼稚園に追いつけ，追い越せ」といった考えのもと，平井が批判した幼稚園のやり方を進んで導入するところもありました。

　このように，昭和40年代頃から，保育現場では計画を時間刻みにつくり，その通りに実践を進める傾向があり，保育の基本を鑑みると平井が批判したくなったのも当然といえ

表1-10　保育所数と在籍人数の推移
（昭和30〜50年代を中心に）

年	合計	公営	私営	在籍人員
1947　（S.22）	1,500	—	—	—
1950　（S.25）	3,684	1,000	2,684	236,327
1955　（S.30）	8,392	4,269	4,123	653,727
1956　（S.31）	8,821	4,647	4,174	653,333
1957　（S.32）	9,178	4,969	4,209	657,010
1958　（S.33）	9,432	5,199	4,233	647,599
1959　（S.34）	9,646	5,403	4,243	666,388
1960　（S.35）	9,853	5,572	4,281	689,242
1961　（S.36）	10,077	5,801	4,276	712,145
1962　（S.37）	10,317	6,033	4,284	739,088
1963　（S.38）	10,579	6,294	4,285	789,467
1964　（S.39）	10,858	6,557	4,301	799,438
1965　（S.40）	11,245	6,885	4,360	829,740
1966　（S.41）	11,695	7,224	4,471	869,931
1967　（S.42）	12,220	7,595	4,625	930,754
1968　（S.43）	12,794	8,003	4,791	994,410
1969　（S.44）	13,459	8,424	5,035	1,055,894
1970　（S.45）	14,143	8,772	5,371	1,131,361
1971　（S.46）	14,150	8,756	5,394	1,127,248
1972　（S.47）	14,849	9,175	5,674	1,197,117
1973　（S.48）	15,561	9,656	5,905	1,295,539
1974　（S.49）	16,534	10,354	6,180	1,422,555
1975　（S.50）	17,440	10,999	6,441	1,521,164
2014　（H.26）	24,509	9,312	15,197	2,230,552

資料）「社会福祉施設等調査」厚生労働省より抜粋

るでしょう。こうした平井のノーカリキュラム論は，一斉画一的，管理的な保育を嫌う保育者からの共感を得て，あえて計画を立てずに保育に向かう姿として，現在も残っています。

3 自由保育と計画づくりの関係

　ノーカリキュラム論が好意的に受け止められる背景には，「子どもを管理せず，自由でのびのびさせる保育がよいから」といった考え方があります。こうした考え方は，保育現場では「自由保育」と呼ばれ，保育者主導の保育ではなく，「子ども中心の保育を展開したい」と願う園や保育者に支持される傾向が強いようです。つまり，「自由保育」では，実践を保育者の思惑ではなく，子どもの思いを尊重し，保育者は子どもの自発的な活動がみられる場面ごとに柔軟かつ臨機応変に対応することを大切にしたいと考えるのです。そのため，「計画＝実践を拘束するもの」ととらえられ，計画づくりそのものも軽視されやすい傾向があります。その意味で，自由保育と計画づくりは，あまり相性がよくないといえるでしょう。

　もちろん，実践において，保育者の思惑を優先するのではなく，子どもの思いを大切にし，子どもの自発的な活動がみられる場面ごとに柔軟かつ臨機応変に対応する姿勢はとても大切であり，保育者として常に心がけるべきことです。

　ただ，計画を書かない，つくらないからといって，保育者が常にニュートラル状態で子どもに接し，柔軟な対応が出来るとは限りません。それは，保育者も専門的な学習や生活体験を通して自分なりの価値観をもっており，その価値観から完全に自由にはなれないからです。子どもの見方ひとつとっても，ある姿を「たくましい」と肯定的にとらえられる保育者もいれば，「乱暴」と否定的にとらえてしまう保育者もいます。その結果，当然ながら保育者によって，その子どもへの対応もずいぶん異なったものになるでしょう。

　さらに，保育所や幼稚園での保育は，もともと意図的活動です。もちろん，この意図の根底には，「子ども側の興味・関心を実現させたい」という思いがあります。しかし，子どもの思いを読み取るのは保育者であり，必ず保育者側の価値観が影響します。そのことをきちんと自覚せず，「私は，子どものことを第一に考え，一人一人の思いを実現させてあげたいから」と計画を立てずにおくと，自らの保育をふり返ることも疎かになり，逆効果となってしまいます。

　熟練の保育者の中には「名人」と呼ばれる人もいます。そうした保育者は，あえて計画を書かなくとも，常に子どもの思いに寄り添った対応や保育後も日々，確かなふり返りがなされているのでしょう。しかし，大半の保育者は，なかなかこうはいきません。また，「名

人」と呼ばれる程の熟年保育者であっても，頭の中にはそれなりの見通しがあるはずです。
　計画づくりは，見通しを立てることです。文面として書く，書かないという違いがあっても，計画づくり（見通しを立てること）自体は，意図的活動である保育にとって必要なことです。保育本来の姿を実践するためにも，計画を書く（作る）弊害を意識し過ぎて，どうしても影響を及ぼしてしまう個人的価値観に対して無自覚な保育になってしまっては逆効果です。そうならないためにも，計画を時間刻みで作り，その計画通りに保育を進めることは否定しても，そうした状態に陥らないような計画のあり方，作り方を模索する姿勢は必要なのではないでしょうか。

3　評価への抵抗感

　保育を充実させていくためには，計画や実践を評価し，改善していく必要があります。しかしながら，保育現場では評価作業に抵抗感があり，積極的に取り組まれない現状があります。
　では，なぜ評価に対して，抵抗感を感じるのでしょうか。

1　評価に対するイメージ

　評価という言葉をきき，どのようなイメージをもつでしょうか。
　多くの人は，小学校以上で体験した通知表や，受験に際して用いられる内申書，いわゆる「成績評価」のイメージではないでしょうか。成績がよく，「通知表をもらうことが楽しみだった」というときもあれば，成績が悪く，「親に見せるのが嫌でたまらなかった」というときもあったでしょう。もちろん，通知表に示される成績は，学校で勉強した結果に対する評価に過ぎないのですが，「成績評価＝自分自身の評価」とされてしまう傾向が強い風潮があります。この傾向に対して，「勉強の結果だけで，"良い子""悪い子"と決めつけられるのは理不尽」といった思いをもってきた方も多いのではないでしょうか。そのため，大人になっても「評価には抵抗がある」「評価はされたくない」と考える方も同様に多いようです。
　このように，評価は「一部分の能力を人格全体のあり方に当てはめること。また，一部分の能力の結果を他者と比較し，一人の人間の良し悪しを決めること」というようにとらえられてしまい，あまりよいイメージをもたれていません。その結果，保育所や幼稚園，保育者の中に，子どもを評価することを始め，自らを評価することに対しても，あまり積極的ではない姿勢を生じさせているのです。

第1章 保育現場の現状から見る計画，評価の課題

2 数値化への抵抗

　また，評価があまりよいイメージでとらえられない背景には，数値化への抵抗感もあります。通常，評価の結果は基本的に数字で表されます。前述した成績表も，近年，保育現場に実施することが求められている自己評価や第三者評価の結果についても同様です。こうした中，「数字だけで人間の価値や，その取り組みが評価されるのはおかしい」「数字で表しきれない部分もある」といった数値化への反発意見も少なくありません。

　こうした事情を反映してか，たとえば自己評価をみても，法的に取り組むことが義務づけされている幼稚園でも，実施率はいまだ100％に至っていません（表1-11）。とくに，私立幼稚園の取り組みは鈍く，8割程度にとどまっています。

　また，第三者評価[*7]についても，たとえば保育所は，福祉サービスを実施する施設の一環として，教育現場より先に受審することが求められてきましたが，受審率はようやく1割を超えた程度の状況です（図1-4／p.18）。

　もちろん，自己評価と第三者評価の趣旨や内容は異なります[*8]。その意味で，実施率や受審率の低さを同次元で論じることは乱暴かもしれませんが，評価に対して，保育現場があまり積極的ではないという姿を把握するうえでは，ひとつの目安となるものでしょう。

　さらに，2008（平成20）年から，保育所に対して「保育所児童保育要録」の作成が求められるなど，幼稚園と足並みを揃えて，子どもの育ちを把握し，取りまとめた資料を小学校に送付する義務も求められてもいます[*9]（p.18）。このように，保育現場もいつまで

表1-11　幼稚園における学校評価（自己評価のみ）の実施状況（％）

年 種別	2003 (H.15)	2004 (H.16)	2005 (H.17)	2006 (H.18)	2011 (H.23)
国　立	90.0	94.0	95.9	95.9	98.0
公　立	76.7	81.5	85.8	85.7	98.9
私　立	43.2	48.8	51.1	52.9	83.0

資料）「今後の幼児教育の振興方策に関する研究会中間報告資料集」文部科学省，2009
　　　「平成23年度学校評価等実施調査」文部科学省，2012

[*7]　園に直接，関係をもたない人による評価。2000（平成12）年，『社会福祉法』が改正され，その第78条に「福祉サービスの質の公正かつ適切な評価の実施に資するための措置を講ずるように努めなければならない」と規定されたことを根拠に，2002（平成14）年にスタートした。『保育所保育指針解説書』によれば，主たる意義は，「①事前の自己評価に職員一人一人が主体的に参画することで，職員の意識改革と協働性を高めることにつながる，②第三者評価結果を利用者（保護者）へ報告し，利用者との協働体制を構築すること」である。
[*8]　自己評価と第三者評価の趣旨や内容の違いについては，第7章を参照。

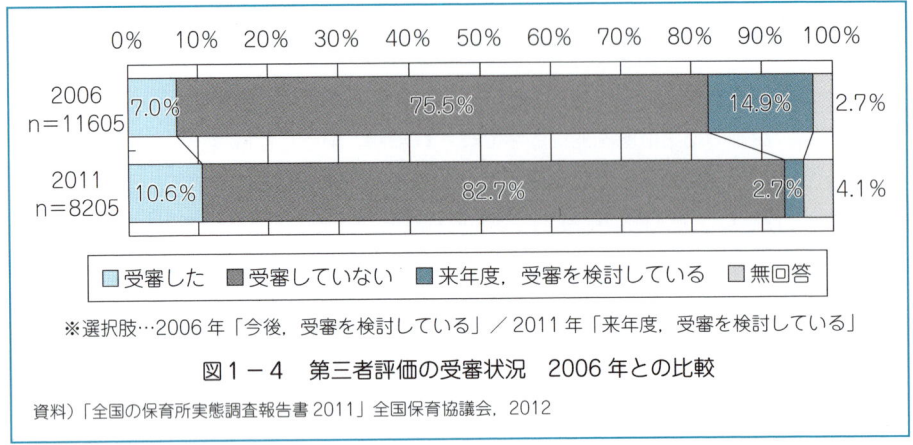

図1-4 第三者評価の受審状況 2006年との比較

資料)「全国の保育所実態調査報告書2011」全国保育協議会, 2012

も評価に抵抗を感じ, 避けてばかりもいられないのが現状なのです。

　小学校以上の教育現場では, 評価と指導の改善を教員の力量向上につなげようとする試みが強化されつつあります。たとえば, 2013 (平成25) 年度に文部科学省が実施した『公立小・中学校における教育課程の編成・実施状況調査』によれば,「学習評価を踏まえた学習指導の改善への組織的な取組」について, 学校全体として「取り組んでいる」と「どちらかというと取り組んでいる」を合わせると, 小学校では95.0%, 中学校でも92.5%という高い割合です (図1-5)。教員任せではなく, 学校全体で指導と評価の一体化や教員の力量向上につながる取組みが推進されており, 保育現場も見習うべき姿です。

　今後は, 評価に対するマイナスイメージを払拭し, 保育において評価を行う意義を積極的に見出す努力が求められるでしょう。それには, 評価を自らの保育実践のふり返りとして位置づけ, 計画や実践の改善にもつなげていく必要があります。子どもに対しても, 育ちと課題を丁寧に把握し, 子ども理解をより深める機会を持つことが大切です。また, 数値化への抵抗感からの脱皮を図るためにも, 評価方法の工夫も必須です。

　1章では, 保育現場を概観し, 形式化してしまっている計画づくりや評価作業が積極的に取り組まれていない現状がもつ課題について考えてきました。こうした問題点を克服し, よりよい保育を模索していきましょう。

＊9　子どもの育ちを支える資料である「保育所児童保育要録」や「幼稚園幼児指導要録」等の詳細については第8章を参照。

第1章　保育現場の現状から見る計画，評価の課題

	学校全体として取り組んでいる	どちらかというと学校全体として取り組んでいる	どちらかというと教員個人に任されている	教員個人に任されている
小学校	66.1%	28.9%	4.9%	0.1%
中学校	61.1%	31.4%	7.3%	0.1%

図1-5　学習評価を踏まえた学習指導の改善への組織的な取組状況

資料）文部科学省「平成25年度公立小・中学校における教育課程の編成・実施状況調査の結果について」2014

♣参考・引用文献
○ 厚生労働省『社会福祉施設等調査』
○ 厚生労働省『保育所保育指針解説書』フレーベル館，2008
○ 札幌市教育委員会『教育職員の勤務実態調査』2006
○ 全国私立学校教職員組合連合幼稚園協議会『幼稚園教諭の労働実態調査』2010
○ 全国保育協議会『全国の保育所実態調査報告書2011』2012
○ 日本保育協会『保育士の実態に関する調査研究報告書』2011
○ 平井信義「ノーカリキュラム論の本旨」『保育研究』Vol.6，No.3，建帛社，1985
○ 文部科学省『平成26年度幼児教育実態調査』
○ 文部科学省「平成25年度公立小・中学校における教育課程の編成・実施状況調査の結果について」
○ 文部科学省『学校教員統計調査』
○ 文部科学省『幼稚園教育要領解説』フレーベル館，2008
○ 師岡章「教育の計画」，小川博久・小笠原喜康編『教育原理の探求』相川書房，1998
○ 師岡章「保育の評価とカリキュラム」，無藤隆編『幼児の心理と保育』ミネルヴァ書房，2001

カリキュラム研究の動向 ❶
カリキュラムづくりに関する研究の変遷

　カリキュラムづくりは，一般的に「カリキュラムの構成法（curriculum construction）」と呼ばれます。このカリキュラムづくりについてアメリカでは，1930年代頃まで「カリキュラム作成（curriculum making）」という概念が使われてきました。この概念に基づいてつくられたカリキュラムは，教師が子どもに教えたい教科や教材を文化や知識体系に基づいて組織・配列するものでした。

　これを批判し，児童中心主義教育の立場からカリキュラムづくりを見直したのが，H.L. キャズウェル（Hollis Leland Caswell,1901-1988）とD.S. キャンベル（Doak Sheridan Campbell,1888-1973）です。彼らは「カリキュラム開発（curriculum development）」という概念でカリキュラムづくりをとらえ，子どもが経験するであろう内容や過程を教師が組織・配列することを重視しました。

　そして，戦後になると，カリキュラムづくりに関する概念は，さらなる見直しがなされました。たとえば，R.W. タイラー（Ralph Winfred Tyler,1902-1994）は「カリキュラム編成（curriculum planning）」という概念に基づき，カリキュラムを固定的なものとはせず，「計画－実践－評価－改善」していくという連続的なプロセスととらえていくことを提案しました。

　わが国では，第3章でふれる佐藤学（1951-）が，カリキュラムづくりを「開発からデザインへ」と発想転換することを提案しています。そして，「思慮深い教師」が取り組むカリキュラムづくりを，「建築家の創造的な仕事と同様」の営みとしてとらえ直すという意味で「カリキュラム・デザイン（curriculum design）」という言葉でとらえようとしています。

　さらに，佐藤は「カリキュラム研究と教師研究」（安彦忠彦編『新版カリキュラム研究入門』）の中で，「ヒドゥン・カリキュラム」に最初に注目したジャクソンが，「形造り（shaping）」という言葉を用いていることを紹介しています。そして佐藤は，「Shapingという言葉の方が，教師のアイディアを形にして表現したものというカリキュラムの意味を語感において的確に示すことができる」（p.174）と述べています。

　このようにカリキュラムづくりの研究は，「making（作成）」「development（開発）」「plannig（編成）」「design（構想）」「shaping（形造り）」など，さまざまな用語を用いることで深められてきたのです。

♣参考文献
・Caswell,H.L.&Campbell,D.S.,Curriculum Development, American Book Company,1935
・佐藤 学『カリキュラムの批評－公共性の再構築』世織書房，1996
・佐藤 学「カリキュラム研究と教師研究」安彦忠彦編『新版カリキュラム研究入門』勁草書房，1999
・Tyler,R.W.,Basic Principles of Curriculum and Instruction,The University of Ci gago Press,1949（金沢孫一 監訳『現代カリキュラム研究の基礎』日本教育経営協会，1978）

2 ナショナル・カリキュラムの変遷とコンセプト

　保育現場において計画を立て，評価を進める場合，国が示す法令が大きく影響します。とくに，認可された幼稚園，保育所では，国が定める法令に基づき計画を立て，評価を進めることが求められています。そのため，保育者の計画や評価に関する諸法令理解は必須といえます。

　その現状を踏まえて，本章では，これまで国が保育における計画や評価に関し，どのような法令を定めてきたのかを概観し，その内容や基本となる考え方（コンセプト）を検討します。また，計画の立て方や評価の進め方を示すだけでなく，保育内容に関して，国として重視すべきことを定めてきた点についても取りあげます。そして，国家レベルでも時代ごとに保育をどう展開すべきかのカリキュラムがつくられ，保育現場に示されてきた点を踏まえて，国が保育現場に対し，計画の立て方や評価のあり方に直結する法令（現行でいえば『幼稚園教育要領』と『保育所保育指針』）をナショナル・カリキュラム[*1]という言葉でとらえ，考察していきます。

　保育者は自ら計画を立て，評価を進める際の基礎として，こうした動向もきちんと把握し，理解を進めていくようにしましょう。

1 ナショナル・カリキュラムの変遷

　近代国家となった明治時代から今日まで，国は保育における計画や評価に関し，どのような法令を定めてきたのでしょうか。その変遷を把握しておくことは，現行の『幼稚園教育要領』と『保育所保育指針』のコンセプトを理解するうえでも大切です。

　では，まず明治初期には，どのような国の動きがあったのか，みていきましょう。

＊1　国が策定する全国統一カリキュラムのこと。欧米では，地方ごとにカリキュラムが決められている傾向が強いが，1988年，イギリスが地方格差を是正するため，ナショナル・カリキュラムを策定したことで注目を集めた。

1 ナショナル・カリキュラムが未整備だった時代（1868年頃〜1897年頃）

　1868（明治元）年，明治維新により政権を担うこととなった明治政府は，中国などの近隣諸国が植民地化されている情勢を踏まえ，欧米諸国のアジア侵出に対抗するために国力向上を目指しました。

　その政策の柱は，第一に近代的な軍事力の整備と資本制導入による産業振興を意図した富国強兵策，第二に国家の独立を支える国民意識の形成，および文明開化に向けた近代的生活様式の普及・啓蒙を意図した学校教育制度の導入でした。わが国初の本格的な幼稚園として，1876（明治9）年に官立（国立）として創立された東京女子師範学校附属幼稚園（現：国立大学法人お茶の水女子大学附属幼稚園）もこうした近代化政策の一環として創設され，その保育をスタートさせました。

　学校教育制度のうち小学校以上については，1872（明治5）年の学制，1879（明治12）年の教育令の公布以来，それぞれ単独の法令が整備され，実施すべき教育の基準がすでに示されていました。しかし，幼稚園自体やその保育内容については，明治期後半まで国家レベルで規定する法令はなく，小学校以上の学校とでは，法令整備の状況が大きく異なっていたのです。

　それは，明治政府の教育政策の重点が，大学と小学校とに置かれていたことに起因します。当初，大学は，国の発展を左右するエリートの育成を，また小学校は，すべての子どもに必要最低限の知識・技術を修得させるという意図の基に創設されました。しかし，就学前の子どもを対象にした教育は，「基本的に家庭が主として担うべき」という考え方が主流であり，園保育の必要性，重要性はほとんど認知されていませんでした。しかも，1886（明治19）年に小学校が義務教育化されると，教育政策上，幼稚園の存在感は，ますます薄れることになりました。

　このように，わが国における園保育の草創期は，残念ながら法整備も進まず，ナショナル・カリキュラムも示されることはなかったのです。

2 「保育4項目」の時代（1898年頃〜1911年頃）

(1) 『幼稚園保育及設備規程』制定を獲得するまで

　こうした状況に不満を感じ，保育関係者は，学校教育制度上の明確な位置づけがなされるよう，国に働きかけを始めました。

　1898（明治31）年には，フレーベル会[*2]が，当時の文部大臣に幼稚園を対象にした法令の制定を建議しました。その際，東京女子師範学校附属幼稚園の創設以来，約20年

間で全国の公私立の幼稚園数が 200 園を越えたことや，全国の在園児数が 18,000 人を超えた事実をあげ，幼稚園が普及しつつあることを強く訴えました。同時に，幼稚園の認可を各自治体に任せていたため，園によっては園庭がない，保育時間もまちまちといった混乱状況があることや，幼稚園によって保育内容に関して比重を置く部分が異なり，幼稚園教育本来の目的を失い，弊害さえ出かねない状況があることも指摘しました。

こうした働きかけが実り，1899（明治 32）年には，初めて幼稚園を対象とした単独の法令となる『幼稚園保育及設備規程』が制定され，文部省令として公示されました。

（2）「保育 4 項目」の内容

各園が計画づくりを進めるうえで骨格となる，『幼稚園保育及設備規程』では，実践において具体的な指導内容となる保育内容について，以下のように「遊嬉」[*3]「唱歌」[*4]「談話」[*5]「手技」[*6]の 4 つの保育項目として整理しました。

> 第六条　幼児保育ノ項目ハ遊嬉，唱歌，談話及手技トシテ左ノ諸項二依ルヘシ
> 　一　遊嬉
> 　　　遊嬉ハ随意遊嬉，共同遊嬉トシ随意遊嬉ハ幼児ヲシテ各自二運動セシメ共同遊嬉ハ歌曲二合ヘル諸種ノ運動等ヲナサシメ心情ヲ快活ニシ身体ヲ健全ナラシム
> 　二　唱歌
> 　　　唱歌ハ平易ナル歌曲ヲ歌ハシメ聴器発声器及呼吸器ヲ練習シテ其発育ヲ助ケ心情ヲ快活純美ナラシメ徳性涵養ノ資トス
> 　三　談話
> 　　　談話ハ有益ニシテ興味アル事実及寓話通常ノ天然物人工物等二就キテ之ヲナシ徳性ヲ涵養シ観察注意ノカヲ養ヒ兼テ発音ヲ正シクシ言語ヲ練習セシム
> 　四　手技
> 　　　手技ハ幼稚園恩物ヲ用ヒテ手及眼ヲ練習シ心意発育ノ資トス

[*2]　1896（明治 29）年 4 月 21 日，フレーベルの生誕 114 回の記念日に発足した日本初の全国的な保育研究団体。会の主幹には東京女子高等師範学校教授兼同附属幼稚園主事の中村五六が就任し，保育界をリードした。1918（大正 7）年に日本幼稚園協会と改称し，今日に至る（日本保育学会編『日本幼児保育史』第 2 巻，pp.165 〜 167 参照）。
[*3]　曲に合わせて運動し，心身の健康を培う活動。後に「遊戯」と表記される。現在の「おゆうぎ」に近いもの。
[*4]　歌を歌う活動。音楽活動に類するもの。
[*5]　童話などを聞いたり，身近な事象を観察し，その名称を覚え，話したりする活動。
[*6]　一般には，手を使ってする技術を指すが，ここではフレーベルの恩物に取り組む活動のこと。

それまでの幼稚園では，恩物そのものの扱い方を詳細に示すことが，すなわち保育内容でした。しかし，『幼稚園保育及設備規程』が示した保育4項目では，恩物は「手技」という項目にまとめられ，ほかの3項目と対等に扱われることになりました。これは，東京女子師範学校附属幼稚園の創設以来，恩物中心の保育が一般的であった保育界に対し，新風をもたらしました。

　また，第一にあげられた「遊嬉」には，従来から取りあげられてきた「共同遊嬉」，いわゆる「おゆうぎ」に加え，「随意遊嬉」*7もあげられました。こうした従来とは異なる保育項目の提示が，新たな保育実践の展開を促すことになったのです。

(3)「保育4項目」誕生の時代背景

　『幼稚園保育及設備規程』が制定された1899（明治32）年頃は世紀末であり，この頃，欧米諸国では児童中心主義の立場による進歩的な教育が注目されつつありました。わが国の保育界もこうした動きと無縁ではなく，この保育4項目もその影響を受けて作成され，保育界も次第に子どもがもっとも生き生きと活動する遊びに注目するようになっていきました。その意味でも，『幼稚園保育及設備規程』によって保育4項目という一定の基準が示された意義は大きかったわけです。

(4)『幼稚園保育及設備規程』以降の動き

　この『幼稚園保育及設備規程』は一省庁である文部省の省令であり，法令の格として最上位である勅令ではありませんでした。フレーベル会の建議では，小学校令などと同等の勅令を願いましたが，この時点ではそうした確固たる位置づけには至りませんでした。その結果，『幼稚園保育及設備規程』の内容は，1900（明治33）年に改正された小学校令の施行規則にそのまま包含されました。

　幼稚園や園保育を社会的，教育的に認知させたいという願いが叶うまでには，もう少し時間を必要としたのです。

3 「保育5項目」の時代（1912年頃〜1944年頃）

(1) 保育現場への課題とその時代

　20世紀の到来，また1912年から大正時代に移行するという時代の変化を目前にして，保育界もさらなる発展を求めるようになりました。とくに，保育現場にとって，次にあげる3つの課題は無視することのできない，緊急に解決が迫られる問題となっていました。

＊7　子どもにそれぞれ好きな遊びをさせること。現在の「自由遊び」に近いもの。

❶幼稚園不要論の高まり

　これは明治 30 年代頃から登場した幼稚園に対する批判です。当時は，日清，日露の戦争を経て，帝国主義*8 に傾斜しつつある時代でした。その影響により，国の教育政策も徳育を重視すべきとの意見が強まっていました。

　こうした雰囲気の中，『幼稚園保育及設備規程』の制定をきっかけに広がり始めた遊びを重視する自由主義的な保育は批判の対象となりました。その批判の前提として，「就学前の子どもは家庭教育が主である」との根強い保守的な考え方があったことは否めません。こうした批判に対して保育界，とくに幼稚園関係者は存在意義をかけて対抗しました。そして，その意義や主張を保育内容の充実として示す必要があったのです。

❷園児数の増加

　園児数の増加は幼稚園へのニーズの高まりとして，基本的には歓迎すべきものでした。

　しかし，同時にいくつかの問題が出て来ました。たとえば，保育者が受けもつ子どもの人数が増えることは，負荷の増加となり，質の高い保育実践を困難にすることにつながります。また，増加した園児の多くは，都市中間層の子どもたちであったため，従来，幼稚園に入園する家庭の大半であったエリート階層の子どもたちとのさまざまな違いが出てきていました。当時は，エリート階層と庶民層では価値観や生活スタイルも大きく違い，家庭環境が異なれば子どもたちの興味・関心，また言葉遣いなど育ちの姿も自ずと異なっていました。こうした状況の変化に対しても，保育界は対応が迫られていたわけです。

❸個性重視の教育への転換

　児童中心主義に立つ進歩的な教育思想（わが国でいえば，「大正自由教育」*9）の普及や，子どもを少なく生んで賢く育てることを意識し始めた少産傾向をもつ都市中間層の保護者からのニーズを受けて，必然的に求められたものでした。その背景には大正デモクラシーや，第一次世界大戦への参戦・勝利に基づく好景気により，国民全体が自由を求め始めたということも影響しているでしょう。こうした中，ひとりの保育者が複数の子どもを担任するという集団保育の形式は，個の存在を軽視しがちであると批判されたのです。これも，保育現場としては無視できない課題でした。

（2）課題への対応

　このように大正期の保育界は，時代の必然として現れる各課題に対して，誠実に対応をすることが求められ，かつ，保育内容や実践のあり方についても，より多様で柔軟な対応

---

* 8　自国の勢力を拡大するため，他国を支配しようとする思想や政策。
* 9　19 世紀末から 20 世紀初頭にかけて欧米を中心に展開された児童中心主義教育に触発され，大正期に開花した自由な教育方法の総称。子どもの個性を重視し，自発的な活動や自然と親しむ教育など，多様な教育方法が工夫・実践された。

が必要とされました。

　そのような中，園児増加により，私立幼稚園も増えていきました。私立幼稚園は，公立と異なり，基本的に設立者の自由意志で運営され，実践においても園ごとにバラツキが多くなります。こうした変化が悪しき傾向を生み出さないためにも，幼稚園に学校教育制度上の確固たる位置を与え，保育内容の質を整えていく必要性が出て来たのです。

(3)『幼稚園令』の制定と「保育5項目」

　そこでフレーベル会を中心に，保育界は課題として残されていた勅令としての幼稚園単独法令の制定を国に要求していくことになりました。保育関係者たちは，1922（大正11）年には帝国議会への働きかけを本格化し，ついに1926（大正15）年には念願の『幼稚園令』の制定にこぎつけました。そして，新しい保育内容の規定は『幼稚園令』を施行する上での細目を定めた『幼稚園令施行規則』に提示されることになりました。具体的には，以下に示す通りです。

> 第二条　幼稚園ノ保育項目ハ遊戯，唱歌，観察，談話，手技等トス

　このように『幼稚園令』では，『幼稚園保育及設備規程』で示された「遊戯」「唱歌」「談話」「手技」の保育4項目に新たに「観察」を加え，保育内容として5つの保育項目が示されました。また，条文の5項目の語尾には「等」という表現も加わりました。

　こうした「観察」の新設，また「等」が何を指すかについて，1927（昭和2）年に示された『幼稚園令及幼稚園令施行規則制定ノ要旨並施行上ノ注意事項』は，次のように解説しています。

> 保育項目ハ遊戯，唱歌，談話，手技ノ外観察ヲ加ヘテ自然及人事ニ属スル観察ヲナサシムルコトトシ尚従来ノ如ク其ノ項目ヲ限定セス当事者ヲシテ学術ノ進歩実際ノ経験ニ応シテ適宜工夫セシムルノ余地ヲ存シタリ

　つまり，新たに加わった「観察」とは自然と人事を観察することであり，「等」とした部分は，保育項目の設定に関して保育現場の自由裁量を認めるということです。

　この自然の「観察」とは，雨風などの自然現象や動植物，鉱物などを観察させることを指します。また，人事の「観察」とは，商売や交通など人間がつくりあげた社会事象や，親子，兄弟などの人間関係など人間社会全般を観察することが期待されたようです。すでに『幼稚園令』制定以前から，園芸や飼育を通して動植物に接する機会をもつ幼稚園が多くあったこともあり，おおむねこの新項目は歓迎されました。

また，「等」とした部分については，「新しい保育内容・方法を，随時導入することが出来るようにしたもの」と理解されました。たとえば，モンテッソーリ保育[*10] など，当時，海外から新たにもたらされた取り組みを積極的に受容することなどがそれにあたります。さらに，『幼稚園令』により，幼稚園入園の対象年齢は特別な事情があれば3歳未満でも認められ，幼稚園が託児所的機能，今日でいえば，保育所的な機能をもつことが奨励されました。そのため，この「等」の部分を，「3歳未満児を対象とした保育内容の工夫」と理解することもできます。

『幼稚園令』に示された保育内容としての保育項目は，勅令という当時の法令の格として最上位の位置で示されながら，硬直的な基準ではなく，柔軟な対応の余地を含むものでした。『幼稚園令施行規則』の第24条には，園則中に規定すべき事項として「保育課程」も提示されていましたが，保育項目については，当時の幼稚園に関するさまざまな課題に対し，各園が自由かつ柔軟に対応する余地を残したわけです。こうした方針は，その後の保育実践の発展に寄与することになりました。

4 「12の保育内容」の時代（1945年頃〜1955年頃）

(1) 昭和初期という時代背景と保育界の変化

『幼稚園令』の制定を受け，昭和の初期頃は，わが国の保育界も多様な実践を展開していきましたが，そうした実りある時期も長くは続きしませんでした。それは，1929（昭和4）年の世界恐慌，1931（昭和6）年の満州事変から1945（昭和20）年の太平洋戦争の敗戦までの，いわゆる15年戦争の影響を受け，ほかの学校種と同様に，保育界も戦時色に彩られた画一的な取り組みが主流となったためです。

戦後はこうした失敗を繰り返すことがないよう，民主的な国づくりが重視されました。幼稚園も1947（昭和22）年に制定された『学校教育法』に位置づく教育機関として再スタートすることになりました。

また，戦前には「託児所」と呼ばれていた施設も，同年に制定された『児童福祉法』において，「保育所」という名称に変更されました。そして保育所は，労働または疾病などの事情により保育に欠けるところのある乳幼児を，保護者の委託を受けて保育する「児童福祉施設」のひとつとして位置づけられました。これにより，今日まで続く乳幼児期の保育，およびその施設が二元化される体制が確定されたのです。

---

*10 イタリアのマリア・モンテッソーリによって考案された教具や教育法に基づく幼児保育の総称。感覚教育を基礎に置き，子どもの内発的な発展力を信じ，その発展を助長することを教育の目的とした。

(2) 戦後の幼稚園と保育所に関する国の規程

　法的に別個に規定されることとなった幼稚園と保育所ですが，それぞれに求められた保育内容はどのようなものであったのでしょうか。
　まず，幼稚園の目的および目標を定めた当時の『学校教育法』をみてみましょう。

〔目的〕
　第77条　幼稚園は，幼児を保育し，適当な環境を与えて，その心身の発達を助長することを目的とする。

〔目標〕
　第78条　幼稚園は，前条の目的を実現するために，左の各号に掲げる目標の達成に努めなければならない。
　一　健康，安全で幸福な生活のために必要な日常の習慣を養い，身体諸機能の調和的発達を図ること。
　二　園内において，集団生活を経験させ，喜んでこれに参加する態度と協同，及び自律の精神の芽生えを養うこと。
　三　身辺の社会生活及び事象に対する正しい理解と態度の芽生えを養うこと。
　四　言語の使い方を正しく導き，童話，絵本等に対する興味を養うこと。
　五　音楽，遊戯，絵画その他の方法により，創作的表現に対する興味を養うこと。

　このように，幼稚園に対しては，生活習慣の形成，身体諸機能の調和的発達，集団生活への態度，自律心の基礎，社会生活および社会事象への理解，言葉の使い方，文学的関心，創作的表現などの育成が求められました。
　では，保育所に対してはどうだったのでしょうか。保育内容の規定は『児童福祉法』そのものには示されず，1948（昭和23）年に制定された『児童福祉施設最低基準』（現『児童福祉施設の設備及び運営に関する基準』）の方に，次のように提示されました。

〔保育の内容〕
　第55条　保育所における保育の内容は，健康状態の観察，個別検査，自由遊び及び午睡の外，第13条第1項に規定する健康診断を含むものとする。
　2　健康状態の観察は，顔ぼう，体温，皮膚の異常の有無及び清潔状態につき毎日登所するときにこれを行う。
　3　個別検査は，清潔，外傷，服装等の異常の有無につき毎日退所するときにこれを行う。

> 4 健康状態の観察及び個別検査を行ったときには，必要に応じて適当な措置をとらなければならない。
> 5 自由遊びは，音楽，リズム，絵画，製作，お話，自然観察，社会観察，集団遊び等を含むものとする。

　このように，保育所に対して求められたのは，大半が健康維持，あるいは保健衛生に関する内容でした。音楽や絵画，お話等の内容を含めたかたちで自由遊びも提示されていますが，比重の軽さが目立ちます。幼稚園とは異なり，乳児も対象とする保育所としては致し方ない面もあったでしょう。しかし何よりも，幼稚園と保育所が制度上区別され，「幼稚園は学校として教育を担うが，保育所は福祉にとどまる」といった考え方が根底にありました。そのため，保育所に関しては積極的に子どもの成長・発達を促す保育内容を前面に出すことがためらわれてしまったという背景があります。これは，幼保二元化がもたらした弊害といえるでしょう。

(3)『保育要領―幼児教育の手びき―』とその時代

　当時は戦前の国家主義，全体主義を反省する中，自由で民主的な国として再スタートを切ろうしていた時期です。まだ連合軍の占領下にあり，連合国総司令部（GHQ：General Headquarters）および GHQ 内で教育部門を担当していた民間情報教育局（CIE：Civil Information & Educational Section）の指導を受けてはいましたが，実質的にはわが国の進歩的な学者や実践者によって，教育界は「戦後新教育」[*11]と呼ばれるエネルギッシュな取り組みを展開し始めてもいました。保育界もこうした流れの影響を受け，大きく発展をしていきました。

　こうした動きを象徴するものが，『保育要領―幼児教育の手びき―』です。これは，1947（昭和22）年3月に制定された『学校教育法』，および，同年5月に制定された『学校教育法施行規則』に基づき，1948（昭和23）年2月に当時の文部省から幼児教育の基準を示すものの試案として示されたものです。文部省によって作成されたものでありながら，「幼児教育」ではなく「保育」という言葉を前面に出していることからもわかるように，これは幼児期の子どもの成長・発達を支えるために必要な目的や内容を，保育所・幼稚園，さらに家庭も含めて区別なく提示しました。また『―幼児教育の手びき―』と明記されているように，保育現場をしばることがないよう，参考資料にとどめる工夫もなされていました。このように，戦前にみられた国家主導による教育体制を放棄し，保育現場

---

*11　民主主義教育の推進という理念のもと，児童中心主義，また経験を重視する教育実践を展開した。地域，また学校単位によるカリキュラムづくりも盛んに取り組まれた。

の自由あるいは自主性を尊重することを体現した要領でした。

この『保育要領―幼児教育の手びき―』では，戦前につかわれていた「保育項目」という用語は，「保育内容」と改められ，幼児期の保育内容を含めて示されるようになりました。その内容は以下の通りです。

> 1. 見学，2. リズム，3. 休息，4. 自由遊び，5. 音楽，6. お話，7. 絵画，8. 製作，9. 自然観察，10. ごっこ遊び・劇遊び・人形芝居，11. 健康保育，12. 年中行事

『保育要領―幼児教育の手びき―』では，「まえがき」に，「出発点となるのは子どもの興味や要求であり，その通路となるのは子どもの現実の生活であることを忘れてはならない」とあるように，子どもの現実生活を踏まえた経験主義の立場から，子どもを中心とした保育内容を重視していました。そのため，「楽しい幼児の経験」を目的としてこのような 12 の項目を幼児の保育内容として示しました。

このように，『保育要領―幼児教育の手びき―』は，戦前の『幼稚園令』で示された 5 項目より大変幅広く，具体的な経験を保育内容として示しました。また，そのほかにも年中行事など総合的な活動として展開されうるものも取りあげていました。

こうした保育内容が示された背景には，子どもの自由，自発性を重視する姿勢がありました。こうした姿勢，また保育内容を提示するコンセプトは，現在でも大切にされなければならないものです。

ただ残念なことに，この『保育要領―幼児教育の手びき―』の時代は長くは続きませんでした。とくに，1951（昭和 26）年にサンフランシスコ平和条約[*12]が締結され，わが国が独立国としての地位を確保した後は，「楽しい幼児の経験」として示された 12 の保育内容や，背景となる保育観に対し，批判が高まることになったのです。

5 「6 領域」の時代 （1956 年頃～1989 年頃）

(1) 時流を受けた『幼稚園教育要領』の登場

サンフランシスコ平和条約締結後，戦後復興を科学技術の向上によって図ろうとする動きが起こりました。そのため，戦後新教育と呼ばれる子どもを中心とした自由主義的な教

---

*12 第二次世界大戦におけるアメリカ合衆国をはじめとする連合国諸国と日本との間の戦争状態を終結させるために締結された平和条約。条約名は「Treaty Of Peace With Japan」であり，直訳すれば，「日本国との平和条約」となるが，アメリカのサンフランシスコ市で署名されたことから，一般に「サンフランシスコ平和条約」また「サンフランシスコ講和条約」などと呼ばれている。

育や経験主義的な教育は，「知識や技術など必要な能力を育成していない」と批判されるようになりました。

　こうした中，義務教育段階を中心に基礎的な学力や教科の系統性を重視する教科主義的な考え方が強まり，国家レベルでの一定の教育水準を規定する動きが起こりました。そして，1956（昭和31）年，文部省は試案として示していた『保育要領―幼児教育の手びき―』に代わり，学校教育の一環である幼稚園に対して『幼稚園教育要領』を作成しました。この『幼稚園教育要領』の趣旨について，当時の事情に詳しい坂元彦太郎[*13]は，以下の3点を指摘しています。

> 1. 幼稚園の保育内容について小学校との一貫性を持たせるようにしたこと。
> 2. 幼稚園教育の目標を具体化し，指導計画の作成の上に役立つようにしていること。
> 3. 幼稚園教育上の留意点を明らかにしたこと。
>
> 引用文献）岡田正章他編『戦後保育史』第1巻，フレーベル館，pp.30～43，1980

　こうした趣旨のもと，初めて刊行された『幼稚園教育要領』では，保育内容を「幼稚園教育の内容」と位置づけた上で，「領域」という用語を用いて，以下の6つを示しました。

> 「1 健康」「2 社会」「3 自然」「4 言語」「5 音楽リズム」「6 絵画製作」

　これらは，一般に6領域と呼ばれました。この6領域は，前述した『学校教育法』第78条に示された目標から演繹的[*14]に導かれたものでした。

(2)「6領域」の影響

　『保育要領―幼児教育の手びき―』は，子どもの興味・関心に基づき，帰納的[*14]に「楽しい幼児の経験」として「保育の12項目」を導き出していました。しかし，この「6領域」の姿勢は，それとは正反対のものでした。たとえば，領域「健康」は，『学校教育法』第78条の目標「1　健康，安全で幸福な生活のために必要な日常の習慣を養い，身体諸機能の調和的発達を図ること」に対応するものとして設定されました。このような設定の特性により，保育内容として示された6領域は，指導計画を立案する上でも役立つ「望

[*13] 坂元彦太郎（1925-1995）：お茶の水女子大学教授，同附属幼稚園園長，十文字学園女子短大学長などを歴任。1946（昭和21）年に文部省に入り，青少年教育課長，初等教育課長などを努める中，六三制学制改革の原案をつくり，幼稚園教育を学校教育法の中に位置付けた。

[*14] 演繹と帰納：演繹とは，一般的な前提から，経験を頼らず論理によって個別の結論を導き出すことである。一方，帰納とは演繹とは逆に，個別の具体的事実から共通点を探り，そこから一般的な原理や法則を導き出すことである。カリキュラムづくりの姿勢や手法の違いを論ずる際にもしばしば用いられる概念である。

ましい経験」と位置づけられました。

　また，ナショナル・カリキュラムに示される保育内容が「楽しい幼児の経験」から「望ましい経験」へと変化したことは，「子どもの興味・関心を大切にする保育よりも，保育者が指導すべき活動を設定し，それを子どもに働きかける保育が重要である」といった印象を与え，保育現場に大きな影響を及ぼしました。

　こうして，教育すべき目標の具体化，またその内容の組織化として示された6領域は，「領域は小学校の教科とはその性格を大いに異にする」との説明がありながらも，結果として表2-1のように解釈され，保育現場で教科的な指導の枠組みとして扱われるようになりました。そのため，小学校教育を先取りする取り組みを一斉活動として設定し，毎日指導するような保育につながってしまったわけです。

(3) 科学教育重視が後押しした「6領域」

　こうした弊害を是正するため，1964（昭和39）年に『幼稚園教育要領』が改訂されました。しかし，6領域そのものに変更はなく，逆にこの改訂で『幼稚園教育要領』は告示化され，規範性を有する基準として，法的拘束力をもつことになったのです。さらに，当時の文部省が『幼稚園教育要領』とは別に，領域別の『指導書』を刊行したことも，結果として，保育現場が6領域にこだわらざるを得ない状況を加速させました。

　また，1950年代は，アメリカ合衆国と旧ソビエト社会主義共和国連邦（ソ連）の対立が鮮明になった「冷戦時代」に突入していった時期でした。こうした冷戦構造が，わが国の教育の方向性にも大きな影響を与えました。とくに，1957（昭和32）年，旧ソ連が世界初の人工衛星スプートニク1号の打ち上げに成功したことにより，アメリカでは「スプートニクショック」と呼ばれるほどの衝撃を受けました。国としての自尊心を傷つけられたアメリカは，それを機に冷戦時代を勝ち抜くために，科学教育重視への転換を図りました。このような当時の時代状況も，6領域を教科的に扱うことを後押ししました。

　こうした動きは1960年代には「教育内容の現代化」[*15]へと発展し，アメリカでは数学や自然科学などの教科を，科学技術革新の時代要請に応えて改革する動きとなっていきました。

表2-1　6領域の解釈

領域		教科
健康	→	体育
社会	→	社会
自然	→	理科
	→	算数
言語	→	国語
絵画製作	→	図工
音楽リズム	→	音楽

＊15　学校で取り上げる教育内容を時代の先端を行く科学・技術・文化の成果に基づき，改革していこうとする考え方。この時期，アメリカではカリキュラム改造運動へと発展していった。

わが国もこの影響を受け，理数系の教科だけでなく，国語など文系教科の教育内容も現代化する動きがみられました。折しも，わが国は戦後の低迷期を脱し，高度経済成長時代へと移行しつつある時期でした。

こうした風潮の中で，「6領域は教科ではない」と訴えても，自由主義的な保育は「必要な知識・技術の指導を控え，子どもを放任しているだけ」としかみなされませんでした。それよりも「教科的な指導を軸にすることが時代の要請に応えることだ」という世論の方が勝っていきました。1950年代の半ばに全国の就園率が10％を超えてから，幼稚園は飛躍的に普及していきましたが，それを支えた都市中間層も就学前からの教育を期待していました。こうしたニーズも絡み合う中で，多くの幼稚園は，保育内容の本来的な姿を見失っていったのです。

(4)「6領域」時代の保育所

一方，制度的に教育の枠外に置かれることとなった保育所について，厚生省は1950（昭和25）年に『保育所運営要領』，1952（昭和27）年に『保育指針』をそれぞれ独自に刊行しました。

しかし，厚生省は，1962（昭和37）年に文部省との協議を行い，保育所の機能のうち教育に関するものは『幼稚園教育要領』に準ずることが望ましいことを確認すると，1964（昭和39）年の『幼稚園教育要領』の改訂を踏まえ，翌1965（昭和40）年に『保育所保育指針』を刊行しました。この『保育所保育指針』に示された保育内容は，表2－2の通りです。

このように，幼稚園の該当年齢である4～6歳の幼児については，「健康」「社会」「自然」「言語」「音楽」「造形」と，若干用語は異なりますが，『幼稚園教育要領』と同様，6領域で示されました。それ以前の年齢については，2歳までが「生活」と「遊び」，2歳が「健

表2－2 『保育所保育指針』に示された保育内容

年齢区分	領域
1歳3ヶ月未満	生活・遊び
1歳3ヶ月から2歳まで	
2歳	健康・社会・遊び
3歳	健康・社会・言語・遊び
4歳	健康・社会・言語
5歳	自然・音楽・造形
6歳	

資料）厚生省『保育所保育指針』1965（昭和40）年版より作成

康」「社会」「遊び」，3歳が「健康」「社会」「言語」「遊び」と年齢別に保育内容を変えた点は評価できるものの，領域概念は『幼稚園教育要領』と変わりませんでした。そのため，幼稚園現場と同様の課題をはらむことになりました。

しかも，当時の保育所は，『保育所保育指針』第1章の前文で，その役割を「養護と教育が一体となって」と明記されたものの，一般的には，いまだ戦前の託児所のイメージが強く残っていました。そのため，保育所の中には，誤解・偏見を払拭し，子どもの成長・発達を支える場であることを一般に認知してもらうことを目的とし，狭義の「教育」に重点を置くところも増えていきました。そして，「幼稚園に追いつき，追い越せ」といった姿勢を強化させた結果，保育所においても，乳幼児期の発達特性を踏まえた保育本来の内容から逸脱する取り組みを計画し，実践に臨むケースも生じました。

こうして，就学前の子どもたちにとって，決してふさわしいとはいえない保育実践を促すこととなった6領域は，結果として約30年間の長きにわたって保育界を支配することになりました。

6 「5領域」の時代（1989年頃～現在）

(1) 昭和から平成へ

時代が昭和から平成へと移り変わる中，わが国は世界でも有数の経済大国になっていきました。しかし，経済的な豊かさと反比例するように，子どもをめぐる状況は悪化の一途をたどっていました。

小学校，中学校では，校内暴力や不登校，いじめなどの問題が多発し，保育所・幼稚園でも学歴社会の影響からか，知的早期教育に傾斜するところが増加しました。それは，園から子どものいきいきとした表情が失われていくことにもつながってしまいました。

これらは，マスコミなどを通して広範囲で問題視され，教育問題にとどまらず，社会問題として取りあげられるほどでした。保育・教育界はこうした状況の変化に対し，緊急に対応する必要がありました。

また，時代は21世紀を目前に控え，情報化，国際化という社会変化も想定されました。保育現場では，こうした新たな変化への対応も求められるようになったわけです。

(2) 「6領域」から「5領域」へ

こうした時勢を踏まえ，当時の文部省は1989（平成元）年，幼稚園から高校までの教育内容を大幅に見直し，「学校週5日制」を導入するなど，「ゆとり教育」[*16]へと方針を変更しました。その変革の中で，幼稚園も，同年改訂の『幼稚園教育要領』において弊害の多かった6領域を廃し，一般に「5領域」と呼ばれる「健康」「人間関係」「環境」「言葉」「表

現」の5つの領域を示しました。この5領域は、表2-3に示すように6領域とは異なり、幼児発達の側面からまとめられたものでした。

この5領域の性格について、当時の文部省が編集した『幼稚園教育指導書　増補版』は、以下のように解説しています。

> 幼稚園教育要領第2章の各領域にまとめて示している事項は、教師が幼児の生活を通して総合的な指導を行う際の視点であり、幼児のかかわる環境を構成する場合の視点でもあると言うことができる。
> その意味から、幼稚園教育における領域は、それぞれが独立した授業として展開される小学校の教科とは異なるので、領域別に教育課程を編成したり、特定の活動と結びつけて指導したりするなどの取扱いをしないようにしなければならない。
>
> 引用文献）文部省『幼稚園教育指導書　増補版』フレーベル館、p.43、1989

このように5領域は、一斉画一的な指導のもと、教科的に取りあげるようなものではありません。あくまでも、発達をみる視点、指導や環境構成をする際の視点に過ぎず、計画も5領域別につくる必要はありません。

これを受けて、翌1990（平成2）年には『保育所保育指針』も改訂され、3歳未満児についての保育内容の区分がなくなり、3歳以上についてのみ5領域を踏襲する形となりました。そして、5領域とは別に養護機能を明記する「基礎的事項」が全年齢にわたって示されました。

しかし、改訂後、6領域時代に蔓延した一斉画一的な保育、保育者主導の保育からの脱皮が喧伝されるあまり、「放任的な保育が横行するようになった」との批判がなされるようになりました。「"指導ではなく、援助を心がけよ！""一斉活動よりも遊びを大切にせよ！"といったメッセージが強調されすぎ、子どもの要望がなければ、歌も歌わせない保育もみられる」といった批判が代表的なものといえるでしょう。

表2-3　5領域の名称とその趣旨

領域名	内容
健康	心身の健康に関する領域
人間関係	人とのかかわりに関する領域
環境	身近な環境とのかかわりに関する領域
言葉	言葉の獲得に関する領域
表現	感性と表現に関する領域

＊16　1977（昭和52）年度の学習指導要領の改訂以来、国が推進してきた教育内容の精選と、学校自由裁量の拡大を柱とする教育改革のキャッチフレーズである。「詰め込み教育」から脱皮をより鮮明にした1989（平成元）年度の学習指導要領の改訂以降、より強調されることとなった。

(3) 求められる子育て支援

　少子化が社会問題として浮上する中，少子化対策としての子育て支援が保育所・幼稚園に求められるようになりました。

　子育て支援とは，1989（平成元）年の「1.57ショック」に端を発する，少子化対策の一環として取り組まれた事業のことです。1994（平成6）年に，文部・厚生・労働・建設の4省合意によって「今後の子育て支援のための施策の基本的方向について（エンゼルプラン）」が打ち出されたことを皮切りに，5年単位で目標値をあげ，子育て支援施策の拡充・徹底が図られてきました。

　こうした中，幼稚園には預かり保育の実施・拡充，保育所に対しては乳児保育や長時間保育の実施・拡充などが強く求められました。現在も，2010（平成22）年に策定された「子ども・子育てビジョン」をもとに，2014（平成26）年までに，3歳児未満児の保育サービス利用率の向上や延長等の保育サービス，休日保育，病児・病後児保育などを大幅に拡充することが推進されています。

　こうした時代の要請も踏まえ，1998（平成10）年に『幼稚園教育要領』，翌1999（平成11）年には『保育所保育指針』がそれぞれ改訂されました。

(4) 社会問題化する子どもの課題と法令

　その後も，OECD（経済協力開発機構）が3年ごとに実施しているPISA調査（Programme for International Student Assessment）[17]によって学力低下が問題となったり，学級崩壊や小1プロブレム[18]などにみられるような自制心や規範意識の希薄化，いじめやいじめによる子どもの自殺，体力の低下など，子どもたちの心と体の状況にも課題があることが表面化し，社会問題となりました。

　そのような中，2008（平成20）年に『幼稚園教育要領』と『保育所保育指針』が，初めて同時に改訂（改定）・告示されました。しかし，1998（平成10）年の『幼稚園教育要領』改訂，1999（平成11）年の『保育所保育指針』改訂，2008（平成20）年の『幼稚園教育要領』『保育所保育指針』の同時改訂（改定）・告示のいずれでも5領域そのものは変更されませんでした。つまり，現行の『幼稚園教育要領』『保育所保育指針』でも5領域は踏襲されているわけです。また，2014（平成26）年，内閣府・文部科学省・厚生労働省が初めて策定した『幼保連携型認定こども園教育・保育要領』[19]でも5領域は

---

[17] 15歳児を対象とする国際的な『学習到達度調査』。調査の中心は「読解力」「数学的リテラシー」「科学的リテラシー」の3分野。2012年にはコンピュータを使用する「問題解決能力」も調査された。

[18] 小学校において学級での授業成立に困難をきたす現象，また問題行動が，入学したばかりの小学1年生にもみられる状況を指す。

[19] 2015（平成27）年度から施行された改正「就学前の子どもに関する教育,保育等の総合的な提供に関する法律」（いわゆる改正「認定こども園法」）に基づき，新たにスタートした幼保連携型認定こども園を対象とした国の基準。

第2章 ナショナル・カリキュラムの変遷とコンセプト

表2-4 ナショナル・カリキュラムにおける保育内容の変遷

年　次	名　称 (法的位置付け，また公表形態)	保育内容の実際	
^	^	内容の名称	内容の分類
1899 (明治32)	幼稚園保育及設備規程 (省令)	幼児保育の項目	遊嬉，唱歌，談話，手技
1926 (大正15)	幼稚園令(勅令) 幼稚園令施行規則 (省令)	保育項目	遊戯，唱歌，観察，談話，手技等
1948 (昭和23)	保育要領―幼児教育の手引き― (刊行)	幼児の保育内容～楽しい幼児の経験	見学，リズム，休息，自由遊び，音楽，お話，絵画，製作，自然観察，ごっこ遊び・劇遊び・人形芝居，健康保育，年中行事
1956 (昭和31)	幼稚園教育要領 (刊行)	幼稚園教育の内容～領域	健康，社会，自然，言語，音楽リズム絵画製作
1964 (昭和39)	幼稚園教育要領 (告示)	内容～領域	健康，社会，自然，言語，音楽リズム絵画製作
1965 (昭和40)	保育所保育指針 (刊行)	保育内容～領域	2歳まで： 生活，遊び 2歳： 健康，社会，遊び 3歳： 健康，社会，言語，遊び 4～6歳： 健康，社会，自然，言語，音楽，造形
1989 (平成元)	幼稚園教育要領 (告示)	内容～領域	健康，人間関係，環境，言葉，表現
1990 (平成2)	保育所保育指針 (刊行)	保育の内容～領域	3歳未満： 領域区分なし 3歳以上： 基礎的事項，健康，人間関係，環境，言葉，表現
1998 (平成10)	幼稚園教育要領 (告示)	内容～領域	健康，人間関係，環境，言葉，表現
1999 (平成11)	保育所保育指針 (刊行)	保育の内容～領域	3歳未満： 領域区分なし 3歳以上： 基礎的事項，健康，人間関係，環境，言葉，表現
2008 (平成20)	幼稚園教育要領 (告示)	内容～領域	健康，人間関係，環境，言葉，表現
2008 (平成20)	保育所保育指針 (告示)	保育の内容～領域	養護： 生命の保持，情緒の安定 教育： 健康，人間関係，環境，言葉，表現
2014 (平成26)	幼保連携型認定こども園教育・保育要領 (告示)	内容～領域	健康，人間関係，環境，言葉，表現

そのまま維持されています。

　以上，保育現場の計画及び実践のあり方を左右する国の基準をナショナル・カリキュラムと位置づけ，そこに示されてきた保育内容の変遷とその特徴を社会の変化を踏まえて概観してきました。表2-4（p.37）は，その概要を整理したものですので参考にして下さい。

7 小学校との連携を視野に入れた幼児期の教育の要請

　1989（平成元）年以降，小学校では1・2年生に「生活科」が新設されました。さらに，2002（平成14）年度からは，小学3年生以上に「総合的な学習の時間」も導入されました。これらは，いわゆる体験的な学習活動であり，具体的な活動や体験を通して育つ幼児期の発達特性を踏まえた保育の基本である「遊びを中心とした保育」と相通ずる教育内容でした。

　『幼稚園教育要領』『保育所保育指針』では，5領域を示す以前から，小学校教育を視野に入れた保育を要請してきましたが，それほど強いものではありませんでした。しかし，学力低下や，学級崩壊，小1プロブレムへの対応などが社会問題化される現状を踏まえ，2005（平成17）年に，国は『幼児期から児童期への教育』[20]と題する幼稚園教育指導資料を作成するなど，それまでよりも積極的に小学校との連携を視野に入れた幼児期の教育の展開を求めるようになりました。

　さらに，2006（平成18）年には『教育基本法』が改正され，新たに第11条として「幼児期の教育」が盛り込まれました。これにより，法律上，教育機関とは異なる児童福祉施設としての保育所においても，「幼児期の教育」を担うことが明確になりました。これを受け，2008（平成20）年には『保育所保育指針』が改定・告示されました。その中で，「指導計画の作成上，特に留意すべき事項」として，明確に「小学校との連携」が求められました。また，幼稚園と足並みをそろえ，子どもの育ちを支えるための資料として「保育所児童保育要録」を作成することと，それを小学校に送付することも義務づけられました。

　こうした動きを踏まえ，2009（平成21）年，文部科学省と厚生労働省は合同で「保育所や幼稚園等と小学校における連携事例集」を作成しました。また，翌2010（平成22）年には，文部科学省から「幼児期の教育と小学校教育の円滑な接続の在り方について」（同調査協力者会議報告書）も刊行されました。

　このように，現在，保育所，幼稚園，認定こども園[21]を問わず，小学校との連携を視野に入れた幼児期の教育の充実が求められているのです。

2 現行の『幼稚園教育要領』が求める計画と評価のあり方

　現在，国の基準として示されている『幼稚園教育要領』『保育所保育指針』『幼保連携型認定こども園教育・保育要領』は，保育における計画や評価に関し，どのような内容を示しているのでしょうか。その内容を理解しておくことは，幼稚園や保育所，認定こども園で計画づくりや評価作業を行ううえでとても大切なことです。
　そこで，まず現行の『幼稚園教育要領』から，その内容を確かめていきましょう。

1 『幼稚園教育要領』とは何か

　1956（昭和31）年に当時の文部省が刊行した『幼稚園教育要領』は，1964（昭和39）年に最初の改訂が行われ，規範性を有する基準として告示化されました。以来，1989（平成元）年，1999（平成11），2008（平成20）年3月28日の4度目の改訂に至るまで，文部科学大臣により告示され，幼稚園教育に対する国の基準という位置づけになっています。その法的根拠は，以下に示す通りです。

> 『学校教育法』
> 　第25条　幼稚園の教育課程その他の保育内容に関する事項は，第22条及び第23条の規定に従い，文部科学大臣が定める。
> 『学校教育法施行規則』
> 　第38条　幼稚園の教育課程その他の保育内容については，この章に定めるもののほか，教育課程その他の保育内容の基準として文部科学大臣が別に公示する幼稚園教育要領によるものとする。

　この規定により，『幼稚園教育要領』は，幼稚園が教育課程を編成し，それに基づく指導計画を作成する上で従うべき基準と法的にも位置づけられています。そのため，各幼稚園が計画を立てたり，評価を行ったりする際には，『幼稚園教育要領』に基づく必要があるのです。

＊20　国立教育政策研究所教育課程研究センター編『幼児期から児童期への教育』ひかりのくに，2005
＊21　2006（平成18）年度に制定された「就学前の子どもに関する教育，保育等の総合的な提供に関する法律」（いわゆる「認定こども園法」）によって新設された「教育」と「保育」を総合的に提供する施設。「幼稚園型」「保育所型」「幼保連携型」「地方裁量型」の4類型がある。改正「認定こども園法」に基づき，2015（平成27）年度からは，「幼保連携型認定こども園」が推進されることとなった。

2 『幼稚園教育要領』が求める計画

　2008（平成20）年3月28日に改訂・告示され，2009（平成21）年4月1日から施行となった現行の『幼稚園教育要領』は，幼稚園において，どのような種類の計画を立てるべきかについて，特化したかたちでの明記はしていません。

　しかし，明記がなくても，『幼稚園教育要領』第1章の第2では「教育課程の編成」が，同第3章「指導計画及び教育課程に係る教育時間の終了後等に行う教育活動などの留意事項」が示されており，教育課程と指導計画の作成が求められていることがわかります。

　『幼稚園教育要領』より上位の法令となる『学校教育法』『学校教育法施行令』『学校教育法施行規則』においても，明確な規定はみられません。ただ，『学校教育法施行規則』の「第4条　学則の記載事項」には，修業年限などとともに学則（幼稚園の場合は園則）に記載しなければならない事項として，「3　教育課程及び授業日時数に関する事項」が明記されています。つまり，学校教育を担う教育機関としては，教育課程を編成することなどはいうまでもないことであり，改めて教育を実施するためにつくるべき計画を法的に規定する必要もないということでしょう。

　では，『幼稚園教育要領』が求める教育課程と指導計画とは，どのような性格のものなのでしょうか。

● 『幼稚園教育要領』が求める教育課程と指導計画

　『幼稚園教育要領』は，告示化されているとともに，大綱化[*22]されているため，具体的に求める教育課程や指導計画について述べていません。これは，各幼稚園が自園の実態を踏まえ，自主的に考えていくことを促している，と解釈できます。

　しかし，大綱化された文書だけでは保育現場も戸惑うでしょう。そこで，文部科学省は『幼稚園教育要領』の解説書として『幼稚園教育要領解説』を編集・刊行しました。計画についても触れられており，この解説書を参考に理解する必要があります。

　この解説書の中で，教育課程は以下のように解説されています。

> 　教育課程は，幼稚園における教育期間の全体を見通したものであり，幼稚園の教育目標に向かってどのような道筋をたどっていくかを明らかにした全体的な計画である。
>
> 引用文献）文部科学省編『幼稚園教育要領解説』フレーベル館，p.194，2008

[*22]　大綱とは，「ある事柄のうちで重要な点，または大体の骨組・アウトライン」のこと。つまり，「大綱化した」とは，あえて具体的な記載は避け，重要な点を大まかに示すことにとどめている，ということである。

つまり、上記を踏まえると、教育課程とは、幼稚園が修業年限として規定している期間、つまり3年保育を実施している幼稚園であれば3年間、2年保育までの幼稚園であれば2年間のすべてを見通した全体的な計画を指しているということです。

また、指導計画については、以下のように解説されています。

> 指導計画では、この教育課程に基づいてさらに具体的なねらいや内容、環境の構成、教師の援助などといった指導の内容や方法を明らかにする必要がある。指導計画は、教育課程を具体化したものであり、具体化する際には、一般に長期的な見通しをもった年、学期、月あるいは発達の時期などの計画とそれと関連してより具体的な幼児の生活に即した週、日などの短期的な計画の両方を考えることになる。
>
> 指導計画は一つの仮説であって、実際に展開される生活に応じて常に改善されるものであるから、そのような実践の積み重ねの中で、教育課程も改善されていく必要がある。
>
> 引用文献）文部科学省編『幼稚園教育要領解説』フレーベル館, p.194, 2008

このように、幼稚園における指導計画は、教育課程を具体化した計画であると同時に、常に改善を前提として作成される、ひとつの仮説であると位置づけられています。また、具体化にあたっては、ねらいや内容、環境の構成、教師の援助などを具体的に設定していくことも求めています。

さらに、具体化する際には、「長期の指導計画」[23] と「短期の指導計画」[24] を作成することも求めています。「長期の指導計画」とは、具体的に保育現場で使用されている用語に置き換えると、「年間指導計画」「学期指導計画」「期案」「月案」などにあたります。また、「短期の指導計画」は、「週案」「日案」になります。このように、各幼稚園には、さまざまな種類の計画を立てることが求められているのです。

---

[23] 『幼稚園教育要領解説』によれば、「それぞれの幼稚園の教育課程に沿って、幼児の生活を長期的に見通しながら、具体的な指導の内容や方法を大筋でとらえたもの」である。
[24] 『幼稚園教育要領解説』によれば、「具体的な幼児の生活する姿から一人一人の幼児の興味や関心、発達などをとらえ、長期の指導計画と関連させながら、ねらいや内容、環境の構成、援助などについて実際の幼児の姿に直結して具体的に作成するもの」である。

3 『幼稚園教育要領』が求める評価

　『幼稚園教育要領』において，評価について述べてられている箇所は，以下に示す1箇所のみです。

> 第3章「指導計画及び教育課程に係る教育時間の終了後等に行う教育活動などの留意事項」
> 第1　指導計画の作成に当たっての留意事項
> 　1　一般的な留意事項（2）
> 　　ウ　幼児の行う具体的な活動は，生活の流れの中で様々に変化するものであることに留意し，幼児が望ましい方向に向かって自ら活動を展開していくことができるよう必要な援助をすること。
> 　　　その際，幼児の実態及び幼児を取り巻く状況の変化などに即して指導の過程についての反省や評価を適切に行い，常に指導計画の改善を図ること。
> 　　　　　　　　　　　　　　　　　　　　　　　　　　　　（注：下線は筆者）

　このように，『幼稚園教育要領』では，指導計画の改善を図るうえで，指導の過程をふり返ることを求め，その作業を評価と位置づけています。

　ただ，『幼稚園教育要領解説』をみると，第1章総説の第2節に「教育課程の評価」[25]が示されており，評価が教育課程についても求められていることがわかります。この「教育課程の評価」は，さらに「学校評価における教育課程の評価」と「教育課程の改善」の2項目により，幼稚園において実施すべき教育課程の評価の内容を示しています。

　このうち，「学校評価における教育課程の評価」については，『学校教育法』および『学校教育法施行規則』の規定を根拠に，自己評価と学校関係者評価を実施することや，2008（平成20）年に作成された『幼稚園における学校評価ガイドライン』を参考に評価を実施することを求めています。

　また，「教育課程の改善」では，教育課程の評価が教育課程の改善に活用されることこそが本来的な意義であることも強調されています。

　このように，『幼稚園教育要領』および『幼稚園教育要領解説』は，幼稚園における評価について，幼稚園でつくるべき計画である教育課程と指導計画を実践に基づいてふり返り，一層適切な教育課程の編成，また指導計画の作成に役立てることとしているのです。

＊25　文部科学省編『幼稚園教育要領解説』フレーベル館，pp.59-61，2008

第2章 ナショナル・カリキュラムの変遷とコンセプト

3 現行の『保育所保育指針』が求める計画と評価のあり方

　現行の『幼稚園教育要領』が示す計画や評価の内容を確認した後は、現行の『保育所保育指針』が、保育所に対し、どのような内容を求めているのかを学んでいきましょう。

1 『保育所保育指針』とは何か

　『保育所保育指針』は、1965（昭和40）年に当時の厚生省が刊行して以来、1990（平成2）年と2000（平成12）年の改訂を経て、現在に至ります。なお、2000（平成12）年の改訂までは局長通知にとどまり、保育所保育を進めるうえでの参考資料という位置づけでした。
　しかし、2008（平成20）年3月に『児童福祉施設最低基準』[*26]の第35条が以下のように改正されたことにより、局長通知から厚生労働大臣による告示となりました。

> 第35条　保育所における保育は、養護及び教育を一体的に行うことをその特性とし、その内容については、厚生労働大臣がこれを定める。

　この規定により、2008（平成20）年3月28日に改定・告示され、2009（平成21）年4月1日から施行されることになった現行の『保育所保育指針』は、『幼稚園教育要領』と同様、規範性を有する基準としての性格をもつことになりました。したがって、各保育所は『保育所保育指針』に則した保育を実施していかねばならないことになったわけです。
　しかし、現行の『保育所保育指針』は『幼稚園教育要領』と同じく大綱化して作成されており、具体的な記述はされませんでした。そのため、厚生労働省は初めて『保育所保育指針解説書』を刊行し、具体的な事柄についてはこれを参考にすることとしました。
　この『保育所保育指針解説書』の序章には、次のように『保育所保育指針』の性格について、解説されています。

> 保育指針は、保育所における保育の内容やこれに関連する運営等について定めたものです。　～（中略）～　保育指針において、各保育所が拠るべき保育の基本的事項

---

*26 『児童福祉法』に定められている児童福祉施設の設備、運営に関する最低基準。1948（昭和23）年、当時の厚生省から省令として示されたが、2011（平成23）年には『児童福祉施設の設備及び運営に関する基準』と名称が変更され、第35章の末尾は、「厚生労働大臣が定める指針に従う。」と改正された。

> を定め，保育所において一定の保育の水準を保つことにしています。
> 引用文献）厚生労働省編『保育所保育指針解説書』フレーベル館，p.8，2008

　このように，『保育所保育指針』は，保育所の保育内容や運営の基本的事項を定めた最低基準であり，各保育所が計画を立てたり，評価作業を進めたりするうえで，きちんと踏まえなければならないものと位置づけられました。
　その一方で，『保育所保育指針解説書』の「改定に当たっての基本的考え方」では，以下のように述べられています。

> 　今回の改定では，次の4つの点を基本的な特徴としています。
> 　第1は，保育指針を大臣告示として定め，規範性を有する基準としての性格を明確にしています。ここでいう規範性とは，各保育所は保育指針に規定されていることを踏まえて保育を実施しなければならないということであり，保育指針に規定されている事項の具体の適用については，その内容により異なります。すなわち，①遵守しなければならないもの，②努力義務が課されるもの，③基本原則にとどめ，各保育所の創意や裁量を許容するもの，又は各保育所での取組が奨励されることや保育の実施上の配慮にとどまるものなどを区別して規定しています。
> 引用文献）厚生労働省編『保育所保育指針解説書』フレーベル館，pp.9－10，2008

　『保育所保育指針』自体は告示化され，規範性を有する基準であるものの，実際に保育に適用する場合，内容によって，かなり幅のある示し方をしているわけです。要約すれば，①は遵守事項，②は努力義務，③は基本原則，といえます。具体的には，以下のようになるでしょう。

> ①遵守事項の例
> 　「第1章　4 保育所の社会的責任
> 　　(1)保育所は，子どもの人権に十分配慮するとともに，子ども一人一人の人格を尊重して保育を行わなければならない。」
> ②努力義務の例
> 　「第1章　4 保育所の社会的責任
> 　　(2)保育所は，地域社会との交流や連携を図り，保護者や地域社会に，当該保育所が行う保育の内容を適切に説明するよう努めなければならない。」
> ③基本原則の例

> 「第1章　3　保育の原理　（2）保育の方法
> ア　一人一人の子どもの状況や家庭及び地域社会での生活の実態を把握するとともに，子どもが安心感と信頼感を持って活動できるよう，子どもの主体としての思いや願いを<u>受け止めること</u>。」
>
> （注：下線はいずれも筆者）

　下線で示したように，『保育所保育指針』の中には，「～しなければならない」といった文章表現によって示される「①遵守事項」と，「～努めなければならない」といった文章表現によって示される「②努力義務」と，とくに「～ならない」といった拘束性を感じさせる文章表現で示されていない「③基本原則」，の3種類が書き分けられています。こうした内容の示し方は，『幼稚園教育要領』においても同様です。

　このように，保育にあたる際は，『保育所保育指針』に示されている文章の語尾に注目し，その趣旨を読み取ることが大切です。計画や評価についても，どのような事項が遵守すべきことなのか，あるいは各保育所で創意工夫してよい点なのかを見極め，取り組むようにしましょう。

2　『保育所保育指針』が求める計画

　『保育所保育指針』は，第4章「保育の計画及び評価」の冒頭において，保育所で立てるべき計画について，以下のように，規定しています。

> 　保育所は，第1章（総則）に示された保育の目標を達成するために，保育の基本となる「保育課程」を編成するとともに，これを具体化した「指導計画」を作成しなければならない。
> 　保育課程及び指導計画（以下「保育の計画」という。）は，すべての子どもが，入所している間，安定した生活を送り，充実した活動ができるように，柔軟で発展的なものとし，また，一貫性のあるものとなるよう配慮することが重要である。

　このように，『保育所保育指針』は，保育所保育を展開するうえで不可欠な計画として保育課程と指導計画の2種類を立てるよう規定しています。そして，保育課程と指導計画を総称して「保育の計画」とし，保育課程は「保育の基本となる計画」，指導計画は「保育課程を具体化した計画」と位置づけています。

　ちなみに，以前の『保育所保育指針』において求められていたのは，保育計画と指導計

画の2種類であり，それを総称して「保育の計画」と呼んでいました。

このように，現行の『保育所保育指針』では，保育計画が保育課程と改められました。変更の理由について，2008（平成20）年に厚生労働省雇用均等・児童家庭局保育課が取りまとめた『改定保育所保育指針Q&A 50（改定保育所保育指針研修会配布資料）』では，以下のように説明しています。少し長いですが，大切な点なので，そのまま引用します。

> Q9.「保育計画」が「保育課程」に改められた理由について知りたい。
> A. 保育所の全体計画である「保育計画」が，今回の改定により「保育課程」という言葉に改められました。このことは，保育指針において，保育所の計画性，組織性を高め，その専門性や質の向上を図ろうとすることと深く関連します。
>
> これまで，保育所では，保育士個人の経験や技量や持ち味により保育が行われてきた傾向があり，保育所の全体計画に沿って全職員が計画的，組織的に取り組むといったことに課題があったと考えられます。また，保育の計画と保育計画の混同が見られたり，自治体が策定する保育計画との混同も見受けられました。
>
> これらのことを踏まえ，保育の質の向上をめざす改定保育指針では，全職員が保育所全体の保育方針や保育目標について共通認識をもち，それに基づき計画的に保育が実施されること，計画に基づく実践を振り返り，保育を自己評価して見直し，改善を図ることなどが重要なこととして規定されました。そのため，保育所の組織的取組や保育実践の基盤に保育課程の編成を位置づけることにしました。
>
> 保育所には，長期，短期の指導計画，保健計画等々，様々な計画がありますが，すべての計画の上位にあり，保育所保育の根幹を成すものとして保育課程はたいへん重要です。今回，その名称を改めることにより，保育所保育のすべての計画の上位にあり，全体像を示すものとして，全職員で編成し，保育所の計画性，組織性を高め，職員の共通認識を一層深めていくことの重要性を打ち出しました。
>
> 保育課程の編成とこれに基づく指導計画の展開において，保育実践を振り返り，保育を自己評価し見直すという一連の保育の改善のための組織的な取組が重要です。また，保育課程に基づくこうした取組が，保育士の資質向上や保育所の説明責任の一層の発揮に資するものとなると考えます。

以前の『保育所保育指針』で示されていた保育計画は，下記のような課題がありました。
- 「保育士個人の経験や技量や持ち味により保育が行われてきた傾向があり，保育所全体で計画的，組織的に保育に取り組むことが少なかった」
- 「保育の計画と保育計画の混同が見られた」

・「自治体が策定する保育計画との混同も見られた」

　そこで，国は「保育計画」という用語を廃止し，保育課程という新たな用語を用いることで改善を図ろうとしたのです。つまり，「保育課程」を単に指導計画を寄せ集めたような全体計画としての保育計画ではなく，「保育所の組織的取組や保育実践の基盤」「保育所保育の根幹を成すもの」「すべての計画の上位にあり，全体像を示すもの」と位置づけ，各保育所で独自に編成することを求めたわけです。

　以上の点を踏まえ，『保育所保育指針』では，保育課程について，以下のように具体的に規定しています。

> 第4章　保育の計画及び評価
> 　1　保育の計画　(1) 保育課程
> 　　ア　保育課程は，各保育所の保育の方針や目標に基づき，第2章（子どもの発達）に示された子どもの発達過程を踏まえ，前章（保育の内容）に示されたねらい及び内容が保育所生活の全体を通して，総合的に展開されるよう，編成されなければならない。
> 　　イ　保育課程は，地域の実態，子どもや家庭の状況，保育時間などを考慮し，子どもの育ちに関する長期的見通しを持って適切に編成されなければならない。
> 　　ウ　保育課程は，子どもの生活の連続性や発達の連続性に留意し，各保育所が創意工夫して保育できるよう，編成されなければならない。

　このように『保育所保育指針』は，「保育課程を各保育所が創意工夫し，入所する子どもすべてを対象に，子どもの生活や発達の連続性に留意し，保育所生活の全体をとらえて編成する基本となる計画である」と位置づけています。つまり，幼稚園の教育課程と質的には同様の計画を求めているわけです。一部には，保育計画と保育課程は名称が変わっただけで，内容的には同質ととらえる傾向もありますが，前述した変更の理由を踏まえれば，それは誤解に過ぎないといえるでしょう。現行の『保育所保育指針』に示された趣旨をしっかり踏まえ，保育課程を編成する必要があります。

　では次に，「指導計画」の位置づけについてみてみましょう。

　「指導計画」については，用語の変更がなかったということもあり，現行の『保育所保育指針』において特化しての明記はされていませんが，『保育所保育指針解説書』では，以下のように解説されています。

> 　「指導計画」は，保育課程に基づいて，保育目標や保育方針を具体化する実践計画です。指導計画は具体的なねらいと内容，環境構成，予想される活動，保育士等の援助，家庭との連携等で構成されます。
> 　指導計画は，保育実践の具体的な方向性を示すものであり，一人一人の子どもが，乳幼児期にふさわしい生活の中で，必要な体験が得られるよう見通しを持って作成するものです。
>
> 引用文献）厚生労働省編『保育所保育指針解説書』フレーベル館，p.130，2008

　このように，指導計画は保育課程に基づき，そこにあげた保育目標や保育方針を具体化する計画と位置づけられ，保育実践に直結する具体的な計画とされています。そのため，具体的なねらいと内容，環境構成，予想される活動，保育士等の援助，家庭との連携などを構成要素としてあげているわけです。計画表を作成する際には，これらを項目として設定し，記述していく必要があります。

　また，以下に示す通り，『保育所保育指針』では，指導計画を長期的な指導計画と，短期的な指導計画に分け，作成することも求めています。

> 第4章　保育の計画及び評価
> 　1　保育の計画　(2)指導計画　ア 指導計画の作成
> 　　(ア)　保育課程に基づき，子どもの生活や発達を見通した長期的な指導計画と，それに関連しながら，より具体的な子どもの日々の生活に即した短期的な指導計画を作成して，保育が適切に展開されるようにすること。

　『保育所保育指針解説書』によれば，このうち，長期的な指導計画は，「子どもの発達を見通した年・期・月など」の計画を指す，とされています。また，短期的な指導計画は，「（長期的指導計画）に関連しながらより具体的な子どもの生活に即した週・日など」の計画を指す，とされています。こうした指摘は，『幼稚園教育要領解説』と同じです。したがって，保育所も幼稚園同様，具体的な計画である指導計画を作成する際には，見通す期間の違いを踏まえることが大切です。

　また，『保育所保育指針解説書』では，長期的な指導計画と短期的な指導計画以外にも，「個人の指導計画，あるいはクラスやグループの指導計画など」をあげています。保育所には，障害のある子どもの保育はもちろんのこと，個別的な配慮が不可欠な3歳未満児の子どももいます。そのため，こうした個別の指導計画の作成も不可欠となるのです。

　このように，保育者には，子どもの発達や活動の展開の相違を踏まえ，それぞれの実態

3 『保育所保育指針』が求める評価

『保育所保育指針』は評価について，以下のように規定しています。

> 第4章　保育の計画及び評価
> 　2　保育の内容等の自己評価
> 　（1）保育士等の自己評価
> 　　ア　保育士等は，保育の計画や保育の記録を通して，自らの保育実践を振り返り，自己評価することを通して，その専門性の向上や保育実践の改善に努めなければならない。（〜中略〜）
> 　（2）保育所の自己評価
> 　　ア　保育所は，保育の質の向上を図るため，保育の計画の展開や保育士等の自己評価結果を踏まえ，当該保育所の保育の内容等について自ら評価を行い，その結果を公表するよう努めなければならない。

　このように，『保育所保育指針』は評価について，『幼稚園教育要領』同様，保育所でつくるべき計画である保育課程と指導計画を実践に基づいてふり返り，一層適切な保育課程の編成，また指導計画の作成に努めることと位置づけています。つまり，自己評価を重視する中，その内容として保育士等の自己評価と保育所の自己評価の2形態を示しているわけです。

　また，厚生労働省は，2009（平成21）年3月に『保育所における自己評価ガイドライン』も示し，具体的にはこれを参考に評価を実施することを求めています。このガイドラインは，幼稚園に対し，文部科学省が示した『幼稚園における学校評価ガイドライン』と同様の趣旨によって作成されたものです。このように，現在，計画だけでなく，評価についても，保育所と幼稚園が足並みをそろえて取り組むことが求められているのです。

　以上，保育所における評価も，①実践の改善を図るうえで，計画やそれに基づく実践の展開を保育者自身がふり返る作業と，②その自己評価作業を踏まえ，保育所全体でも自己評価を行い，保育の質や保育者の専門性の向上を図る取り組み，の2種類があることを認識しておきましょう。

4 5領域のコンセプト

現行の『幼稚園教育要領』『保育所保育指針』『幼保連携型認定こども園教育・保育要領』は，1989（平成元）年の改訂で示された「健康」「人間関係」「環境」「言葉」「表現」の5つの領域を踏襲し，保育の内容としています。

では，5領域はどのような考え方をもとに生み出されたのでしょうか。

1 5領域の位置づけ

5領域を初めて示した1989（平成元）年当時，文部省の幼稚園課教科調査官として改訂の中心的な役割を果たした岸井勇雄（きしいいさお）は，「幼児期に育つもの（＝育てるべきもの）を洗い出し，総括」した中で示したものと述べています[*27]。また，各領域は学校の教科のように並列したものではないとし，その関係を図2-1のように整理しています。

つまり，「幼児の育ちは文字通り『まるごと』のものであり，その内部を分けて考えることはできない。しかし，発達の諸側面をしっかりとらえる分析的な視点も必要であり，その最小限の区分けとして示したのが5領域である」ということなのです。そのため，5領域は現行の『幼稚園教育要領解説』では「幼児の発達の側面からまとめ」たもの[*28]，また『保育所保育指針解説書』でも「子どもの発達をとらえる視点」[*29] と，解説されています。

つまり，5領域は「子どもの発達を見る視点」に過ぎないものなのです。以前の「6領域」が「望ましい経験」として設定され，保育者が指導しなければならない活動内容の枠組みと誤解されたことを考えると，この5領域は，まったく異なるコンセプトによって示された

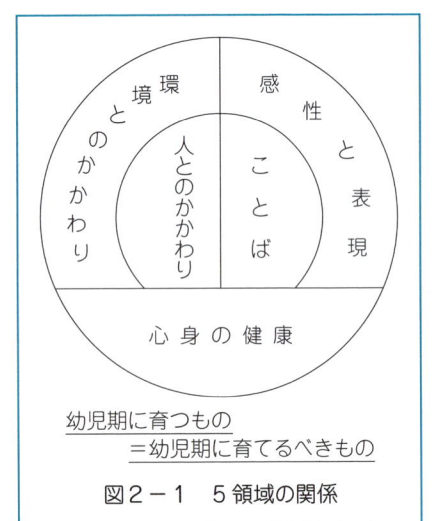

図2-1　5領域の関係

資料）岸井勇雄編著『改訂　幼稚園教育要領の展開』明治図書，p.139，1989

---

* 27　岸井勇雄編著『改訂幼稚園教育要領の展開－基礎的実践的研究』明治図書，pp.137－139，1989
* 28　文部科学省編，前掲『解説』p.67
* 29　厚生労働省編，前掲『解説書』p.65

ものといえます。

　なお、『保育所保育指針解説書』は保育課程編成の留意事項として、「3歳未満児は、この時期の発達の特性から見て各領域を明確に区分することが難しいことや、個人差が大きいことから、工夫してねらいや内容を組織することが求められます」[*30]と指摘しています。この指摘を踏まえると、5領域は3歳以上児を対象としたものである、と理解しておくことも大切になるでしょう。

2　領域と教科の相違点

　保育の内容について、『幼稚園教育要領』では5領域を「1 ねらい」「2 内容」「3 内容の取り扱い」の3項目から、『保育所保育指針』では「1 ねらい」「2 内容」から表記しています。これだけをみると、領域別に「ねらい」→「内容」→「方法」という手順で計画を立てていくことになりそうです。これでは、小学校の教科指導とそう違わないようにみえます。

　しかし「領域」は、国語や算数などの「教科」と違い、特定の活動と結びつけて指導されるものではありません[*31]。

　たとえば、領域「言葉」についてみてみましょう。領域「言葉」の「ねらい」は、(1)として「自分の気持ちを言葉で表現する楽しさを味わう」が示されています。これは、「内容」の「(1) 先生や友達の言葉や話に興味や関心をもち、親しみをもって聞いたり、話したりする」と結びつきます。それと同様に、「(2) したり、見たり、聞いたり、感じたり、考えたりなどしたことを自分なりに言葉で表現する」や、そのほかの「内容」とも関連します。つまり、どの「内容」からでも「ねらい」(1)の達成が可能だと考えられるわけです。しかも、園生活で子どもが出会う対人的な場面すべてで達成が期待されるものです。これは「言葉」以外の領域にも共通している『幼稚園教育要領』および『保育所保育指針』の示し方の特徴です。つまり「領域」では、「ねらい」と「内容」が1対1の呼応関係にはなっておらず、「内容」も具体的活動と直結するようなものではないのです[*32]。

　これに対して、『小学校学習指導要領』に示されている「教科」は、「目標」と「内容」

[*30] 厚生労働省編、前掲『解説書』p.129

[*31] 『幼稚園教育要領解説』も「領域は、それぞれが独立した授業として展開される小学校の教科とは異なるので、領域別に教育課程を編成したり、特定の活動と結び付けて指導したりするなどの取扱いをしないようにしなければならない」と、解説している (p.67 参照)。

[*32] こうした5領域の「ねらい」と「内容」の関係について、小川博久は「きわめてゆるい関連性」にあると捉えることを提案している (「幼稚園教育要領をどう読むか」『教育じほう』No.559、東京都都立教育研究所、pp.44 − 49、1994)。

の具体的な表記が呼応した関係になっています。例として、小学校第1学年および第2学年の教科「国語」についてみてみましょう。「目標」は、話し合う力、文章を書く力、読む力の3つであり、「内容」も各目標に呼応して「A 話すこと・聞くこと」「B 書くこと」「C 読むこと」の3つから表記されています。

このように「領域」と「教科」の性質は、詳しくみてみると項目だけは類似していても、まったく異なる考え方から設定されていることがわかります。こうした領域と教科の特徴をまず理解し、その違いを踏まえたうえで、乳幼児期の子どもの育ちに即した保育内容を考えていかねばならないでしょう。

3 小学校教育との連携と保育内容

領域と教科の違いが明確になると、保育と小学校教育との断絶ばかりに目が向くかもしれません。しかし、子どもは卒園後、小学校へとその歩みを進めていかねばならず、それゆえ、第1節で述べたように、国も小学校との連携を求めているわけです。こうした小学校との連携を実りあるものにするためには、子どもの発達の視点から保育、および教育内容の連続性を図る必要があります。

その際、小学校の教育課程を教科だけでなく、教育内容全体を視野に入れておくことが大切です。ちなみに、『小学校学習指導要領』には教科以外に、「道徳」[33]「特別活動」[34]という教育内容が示されています。この道徳および特別活動は、教科とともに一般に3領域と呼ばれ、小学校の教育課程の柱となっているものです。

道徳も特別活動も授業時数は設定されてはいますが、『小学校学習指導要領』に「学校の教育活動全体を通じて」「集団生活を通して」とあるように、目標を達成するためには各教科の指導や、家庭生活、地域社会との連携も含めた全教育活動を通して展開していくことが求められるものです。

ところが、保育関係者の中には、小学校教育といえば「国語」「算数」などの教科の枠組みだけで教育内容をとらえてしまうケースも多いようです。そのため、小学校教育との連続性を図るとなると、表2-5に示すように、相変わらず、領域と教科を直線的に結びつける傾向もみられます。

一方、「遊びを中心とした保育」という保育方針をあげつつも、小学校教育との連携に

---

[33] 学校の教育活動全体を通じて、道徳的な心情、判断力、実践意欲と態度などの道徳性を養うことを目標としている領域のこと。

[34] 望ましい集団生活を通して、心身の調和のとれた発達と個性の伸長を図り、集団の一員としてよりよい生活や人間関係を築こうとする自主的、実践的な態度を育てることを目標としている領域のこと。

無関心のまま，幼児期の知的発達，あるいは知的好奇心が促される機会を見過ごしている場合もあります。いずれも，小学校の教育課程を誤解した結果，小学校との密接な連携とはほど遠い実践となっているわけです。

幼児期の保育と小学校教育との連携を図るうえで，「子どもの発達を見る視点」としての5領域は，教科だけではなく，道徳，特別活動という小学校教育の3領域全体と結びついていることをきちんと認識しておくのは大切なことです。また，この5領域は，小学校教育の3領域全体を豊かにする基盤づくりを担っていることも理解しておく必要があります。

しかし，幼児期の保育が小学校教育の基盤づくりを担うということは，各園が小学校の準備教育を進めるということではありません。『幼稚園教育要領解説』においても，小学校以降の生活や学習の基盤の育成に関して，以下のように指摘しています。

表2-5　領域の教科的な捉え方

領域		教科
健康	→	体育
人間関係	→	社会
環境	→	理科・算数
言葉	→	国語
表現	→	音楽・図工

> 幼児は，幼稚園から小学校に移行していく中で，突然違った存在になるわけではない。発達や学びは連続しており，幼稚園から小学校への移行を円滑にする必要がある。しかし，それは，<u>小学校教育の先取りをすることではなく，就学前までの幼児期にふさわしい教育を行うことが最も肝心なことである。</u>つまり，幼児が遊び，生活が充実し，発展することを援助していくことである。
> 　　　　　　　　　　　　　　　　　　　　　　　　　　　（注：下線は筆者）
> 引用文献）文部科学省編『幼稚園教育要領解説』フレーベル館，p.220，2008

保育を就学前の子どもの発達特性に応じて展開しようとすれば，それは自ずと遊びを中心とした実践となります。小学校教育には，それまでの実践を踏まえ，発展させたかたちで教育活動を展開してもらう必要があります。新設された「生活科」や「総合的な学習の時間」も，こうした流れを重視したものです。今後も小学校の教育課程は，保育との連続性を考慮した上で構想してほしいものです。

また，今までは，中学校ならば高等学校を，小学校ならば中学校を，というように上の学校段階を意識し，逆算するかたちで教育内容が規定される傾向がありました。そのため，子どもの発達の連続性が必ずしも配慮されていたとはいえませんでした。しかし，幼児期の保育と小学校教育との真の連携は，子どもの発達過程に即したかたちでの保育・教育内容の整理，および規定が不可欠です。この観点からも，特徴・差異を認識し，通常の教科とは異なる領域として保育内容を構想することが重要になると思います。

♣参考・引用文献
○ 岡田正章他編『戦後保育史』(全2巻) フレーベル館, 1980
○ 小川博久「幼稚園教育要領をどう読むか」『教育じほう』No.559, 東京都都立教育研究所, 1994
○ 上笙一郎・山崎朋子『日本の幼稚園』理論社, 1965
○ 岸井勇雄編著『改訂　幼稚園教育要領の展開－基礎的実践的研究』明治図書, 1989
○ 厚生労働省『保育所保育指針解説書』フレーベル館, 2008
○ 国立教育政策研究所　教育課程研究センター『幼児期から児童期への教育』ひかりのくに, 2005
○ 日本保育学会編『日本幼児保育史』(全6巻) フレーベル館, 1968～1975
○ 師岡章「保育内容の独自性－領域と教科の比較」, 鯵坂二夫監修・上野恭裕編『改訂　新保育方法論』保育出版社, 2009
○ 師岡章「保育内容の変遷」, 岸井勇雄・無藤隆・柴崎正行監修, 塩美佐枝編『保育内容総論』(第二版) 同文書院, 2009
○ 文部省『幼稚園教育百年史』ひかりのくに, 1979
○ 文部省『幼稚園教育指導書　増補版』フレーベル館, 1989
○ 文部科学省『小学校学習指導要領』2008
○ 文部科学省『幼稚園教育教育要領解説』フレーベル館, 2008
○ 文部科学省・厚生労働省「保育所や幼稚園等と小学校における連携事例集」2009
○ 湯川嘉津美『日本幼稚園成立史の研究』風間書房, 2001
○ 幼児期の教育と小学校教育の円滑な接続の在り方に関する調査協力者会議「幼児期の教育と小学校教育の円滑な接続の在り方について (報告)」文部科学省, 2010

カリキュラム研究の動向 ❷
科学的なカリキュラム研究の影響

　戦後，アメリカではカリキュラム，またカリキュラムづくりの原理や方法に関する研究が盛んに行われました。なかでも，R.W. タイラー（Ralph Winfred Tyler, 1902 － 1994）は，カリキュラムづくりを（1）目的（purpose）→目標（object）へ，（2）教育的経験の選択，（3）教育的経験の組織，（4）結果の測定，の4段階の循環的な過程ととらえ，各段階を行動目標および言語によって特殊化・明確化するべきだ，と提案しました。この主張は「タイラーの原理」と呼ばれ，合理的かつ明解な方法原理として，その後のカリキュラム研究のモデルとなりました。

　ただ，「タイラーの原理」に基づくと，子どもの行動の変化など，客観的に把握しやすい側面を教育目標に設定していくことになります。そのため，子どもの経験といった客観的に把握しにくい側面は軽視することにもなり，結果として進歩主義教育の衰退を引き起こすことになりました。

　さらに，アメリカではスプートニクショックを契機に，1960 年代から「教育内容の現代化」の動きも高まりました。そして，最新の学問と各教科を独自の理論でまとめあげたカリキュラムを全国規模でつくる動きがみられました。こうして誕生したカリキュラムは，J.S. ブルーナー（Jerom Seymore Bruner, 1915 －）が提案した「知育の復権」を意図したものと考えられ，「学問中心カリキュラム」（discipline-centered curriculum）と呼ばれています。

　この「学問中心カリキュラム」はわが国にも大きな影響を与えました。たとえば，当初，「経験カリキュラム」の立場から示されていた『学習指導要領』も，1958（昭和33）年の改訂以降は，科学技術振興の基礎となる知識・技能・態度の習得に重点を置くようになりました。また，「教師の手引き」との位置づけも変化し，国が示す「教育課程の基準」として告示化されました。こうした動きにともない，1964（昭和39）年に初めて改訂された『幼稚園教育要領』も告示化され，6領域別に指導書が作成されました。

　このように，科学的かつ合理的なカリキュラム研究の成果は，わが国においても進歩主義教育の考え方を衰退させ，教育行政も再び中央集権化させていきました。また，「経験カリキュラム」よりも「教科カリキュラム」を重視する傾向にもつながっていきました。こうした中，昭和20年代には盛んだったカリキュラムの自主編成の機運も次第に薄れていったのです。

♣参考文献
・Bruner, J.S., The Process of Education, Harvard University Press, 1960（鈴木祥蔵　佐藤三郎訳『教育の過程』岩波書店，1963）
・Tyler, R.W., Basic Principles of Curriculum and Instruction, The University of Cigago Press, 1949（金沢孫一監訳『現代カリキュラム研究の基礎』日本教育経営協会，1978）

3 保育におけるカリキュラム観の再構築

　保育だけでなく、小学校以上の学校教育においても、計画的に保育（教育）実践を進めていくことは、必要不可欠です。子どもを育てる営みである保育・教育の世界において、「計画」は、一般的に「カリキュラム」と呼ばれており、幼稚園、保育所などの保育現場でも「今月のカリキュラムはどうしようか？」といった会話をよく耳にします。
　本章では、カリキュラムの語源から、保育・教育の計画を指す概念として使用されるようになるまでの経緯を概観し、その意味について学んでいきます。また、カリキュラムに関する近年の研究成果についても理解を深め、現在、カリキュラムがどのように位置づけられようとしているかを学んでいきましょう。そのうえで、保育におけるさまざまな計画を、カリキュラムという用語を基盤に理解していきましょう。

1 カリキュラム概念の成立過程

　カリキュラムとは、本来、どのような意味をもつ言葉なのでしょうか。また、いつ、どのような経緯で保育・教育に関する計画を指す言葉となったのでしょうか。
　カリキュラムの語源に立ち戻って考えてみましょう。

1 カリキュラムの語源

　「カリキュラム」は、英語で「curriculum」と綴られます。
　『The Oxford English Dictionary』によれば、英語の「curriculum」はもともとラテン語[*1]の同形「curriculum」であり、意味するところは「course（競争・競技のためのコース）」[*2]、また「chariot（古代に馬を引く二輪の戦車）」[*3]だとされています。
　『羅和辞典　改訂版　LEXICON LATINO-JAPONICUM　Editio Emendata』によると、ラテン語の「curriculum」[*4]も同様に、「競走用の戦車」、また「競争」「競争路」を意

しており，古代ローマの時代に円形競技場で盛んに行われた戦車競争のコースや戦車そのものを指す言葉でした。

2 教育用語となったカリキュラム

　それでは，古代ローマにおいて，戦車競争をする競争路を意味するラテン語「curriculum」が，教育用語に援用されるようになったのは，いつごろ，どのような経緯からなのでしょうか。

(1) 教育用語「カリキュラム」の登場

　『The Oxford English Dictionary』によれば，教育用語として初めて「カリキュラム」が登場するのは，1633年，イギリス・スコットランドのグラスゴー大学[5]であるとされています。しかし，デイヴィッド・ハミルトン（David Hamilton）は『学校教育の理論に向けて－クラス・カリキュラム・一斉教授の思想と歴史』[6]のなかで，グラスゴー大学より50余年前となる1582年，オランダのライデン大学[7]で「curriculum」という言葉が使用されていたことを紹介しています。

(2) 宗教改革前後の大学の違いと「カリキュラム」

　宗教改革以前の中世における大学は，学習の内容や順序，そして修了についても，学生と教師の間で決めていくなど，自由主義的で，市民社会的な教育を展開していました。しかし，宗教改革以後，王政と教会が結びついた，いわゆる絶対主義国家が登場してくると，教育もその支配を受け，権力によって必ず学習すべき教育内容が設定され，それを修了することが重視されるようになりました。

---

* 1　ラテン語は現在，死語であるが，『広辞苑』（岩波書店）によれば，「インド・ヨーロッパ語族のイタリック語派に属し，もとラティウム（筆者注：イタリア中央西部地方）の方言であったが，この地を根拠として起った古代イタリア人がローマを中心として世界に覇を称えるに至って，イタリア全土・ローマ世界に伝播，ローマ帝国の共通語となった」言葉である。
* 2　原義は「流れ」「走る所」。今日では「課程」「進行」「進路」「走路」などを指す。
* 3　古代では1人の乗りの「二輪馬車」。近世では2～3人乗りの「四輪箱型馬車」を指す。俗には「古くて大きな自動車」を指すこともある。
* 4　学校の「全教科課程」や「教育課程」，また卒業・免許に必要な「履修課程」などを指す。
* 5　1451年，ローマ教皇ニコラウス5世により認可され，創立されたスコットランドで2番目に古い大学。16世紀後半，弁証法の教育を重視するラムス学派の路線，また生活の規律づけを重視するカルヴィニズムに基づく教育改革を行った。
* 6　デイヴィッド・ハミルトン（安川哲夫訳）『学校教育の理論に向けて－クラス・カリキュラム・一斉教授の思想と歴史』，世織書房，pp.52～61，1998
* 7　1575年に創立されたライデン市の公立大学であり，オランダ最古の大学。1568年から始まったオランダ独立戦争（八十年戦争）の最中，1575年にライデン市がスペイン軍の包囲に対して勇敢に戦い，これを撃退したことを記念して創立された。

ライデン大学では，1581年にオランダが独立を勝ち取ると，国教となったカルヴァン派[*8]による教育改革が積極的に進められました。同様に前述のグラスゴー大学もこうしたカルヴァン派による教育改革の影響を受けました。

　ライデン大学やグラスゴー大学は，このような背景を踏まえ，設定した教育内容を修了した証明書に「curriculum」という言葉を用いるようになったのです[*9]。こうした状況を，ハミルトンは「『カリキュラム』の出現は教育と学習の双方に重大な意味をもつ統制をもち込んだ」と指摘しています。また，佐藤学も『カリキュラムの批評』の中で，「16世紀と17世紀の大学は，宗教改革により権力を強めた王政と教会の管理と統制を受けるが，その管理的統制を受けた教育内容を『カリキュラム』という言葉で表現したのである。〜（中略）〜その起源においてすでに管理的統制を含意していた」と指摘しています[*10]。

(3) 教育用語としての「カリキュラム」の特徴

　このように「カリキュラム」は，「競争路」を意味するラテン語「curriculum」の援用として教育用語となりました。当初は，管理・統制というニュアンスを強くもっており，教育の枠組みをつくる側が，学習者に対して一方的に設定した教授内容やその課程を意味していました。戦車競争を好んだ古代ローマの支配層が，よりエキサイティングな競争を望む中，さまざまな障害物を含んだコースをつくり，奴隷たちを走らせようと考案した「競争路」が「curriculum」であったという意味からすれば，自然な用法だったでしょう。

　その後，大学だけでなく，すべての学校は，既存の社会を維持・発展させるために必要な知識・技術の伝達機関としての役割を強めていきます。とくに近代においては，知識教授は学問の発展と共に重要度を高め，学問の分化にしたがって多数の教科を生み出していきました。そして，国家や社会は，すべての学校がこの機能を十分に果たすことが出来るよう，教科体系の基準設定に努めたわけです。

　その結果，「カリキュラム」は，学ぶべき当事者である子どもの興味・関心よりも，教授する側の論理にしたがって構成されるものとなっていきました。「カリキュラム」の英訳が「コース・オブ・スタディ（couse of study）」，また，ドイツでは教授計画を意味する「レール・プラン（Lehrplan）」[*11]が訳語として定着したのは，こうした意味を含んでいるからです。

[*8] マルティン・ルター（Martin Luther）と並び称される宗教改革者ジャン・カルヴァン（Jean Calvin）の信仰と教義を継承，展開するプロテスタントの教派のひとつ。
[*9] ハミルトンは，前掲書で，ライデン大学では「所定の教科のカリキュラムを完了した」というかたちで「curriculum」という言葉を使用したことを紹介している。
[*10] 佐藤学『カリキュラムの批評』世織書房，p166，1996
[*11] ドイツ語の発音に忠実に表記すると「レーアプラーン」となるが，わが国の教育学，またカリキュラム研究上では，「レールプラン」と表記することが一般的である。なお，「Lehr」は「教える」，「Plan」は「計画」を意味する。

このような経緯で，教育用語となった「カリキュラム」は，権力を有する側が教授したい内容を組織し，計画したものを指す言葉として普及していったのです。

3 カリキュラムに関するわが国の受容過程

(1) 教育用語「カリキュラム」の日本上陸
　「カリキュラム（curriculum）」という言葉がわが国で最初に翻訳されたのは，1880（明治13）年に文部省から出版された尺振八[*12]による『斯氏教育論』とされています[*13]。
　『斯氏教育論』の原本は，1861年に出版された『Education – Intellectual, Moral and Physical –』[*14]で，現在は『教育論』というタイトルで知られています。この本は，三育（知育・徳育・体育）を定着させた書物としても有名であり，後述するカリキュラム改造運動にも影響を与えました。

(2)「カリキュラム」の邦訳としての「教育課程」
　この『斯氏教育論』において，翻訳者である尺振八は，「curriculum」を「教育課程」と訳しました。原本において，「curriculum」という言葉はイタリック体で表記されていますので，尺振八もこの語が特別な注意を払うべき言葉，あるいは英語ではない言葉が使用されていることを自覚し，「教育課程」と訳したのだと考えられます。そのほか，「couse of study」を「学科」，「eduction」は「教育」と訳しています。そのうえで，「curriculum」を「教育課程」と訳したわけですから，かなり言葉を選んだと推測できます。
　「課程」という言葉は，「区分して，人に仕事を与える」という意味を表す「課」という漢字と，「長さの単位やみちのり，きまり」という意味を表す「程」という漢字から成り立っています。これは，明治維新以前から使われていた言葉です[*15]。尺振八は「curriculum」という言葉を「couse of study」と区別したうえで，「教育課程」という言葉を使用しました。それは，「curriculum」という言葉が，「学科」と訳した「couse of study」よりも広い意味をもち，教育全般において，区分して与えるべき内容，およびその程度や順序，規則を設定するものと解釈したからです。

[*12] 尺振八（1839〜1886）：当時の著名な英学者。1863（文久3）年，遣欧使節団に通訳者として同行。1870（明治3）年には東京・両国に共立学舎を創設。同書において「sociology」を「社会学」と訳したことでも有名。
[*13] 梅根悟『コア・カリキュラム—生活学校の教育設計—』（梅根悟教育著作選集6巻）明治図書，p.24, 1977
[*14] イギリスの経験論哲学者であるハーバード・スペンサーの著作。自由教育を説き，わが国にも大きな影響を与えた（Herbert Spencer『Education – Intellectual, Moral and Physical –』Hurst & Company, 1861）。
[*15] たとえば，広瀬淡窓が1805（文化2）年に，豊後国（現大分県）日田に創立した江戸期を代表する私塾である咸宜園でも，「課程」という言葉は使われており，「課程録」もつくられていた（中島市三郎『咸宜園教育発達史』佐伯印刷，p.226, 1973）。

(3)「教育課程」以外の邦訳

　しかし,「curriculum」を「教育課程」と訳し, 使用することが一般化したわけではありません。1885（明治18）年に, 小田貴雄が同じスペンサーの本を講述したものを『斯邉鎖氏教育論講義』と題して出版していますが, ここでは「curriculum」を,「カリキュラム」とルビをふった上で「次序」（または「教育の次序」）と訳しています[*16]。「次序」とは「順序, 次第, また順番をつける」との意味です。つまり, 小田貴雄は,「curriculum」という語を「進めるべき教育の順序」と解釈したわけです。

　また, 近代教育を導入し始めた明治政府も,「教育課程」という言葉は使いませんでした。たとえば, 当時の文部省が1872（明治5）年に公布した『学制』および『小学教則』をみると,「教則」という言葉を使い, 取りあげるべき教授内容とその等級, 必要な時間数などを示していたことがわかります。そのため『小学教則』を踏まえ, 6歳から13歳半までを対象とする小学において, 取りあげるべき課程全体を示すものは「小学教則概表」と命名されていました。

(4)「カリキュラム」解釈の変遷

❶「学科課程」の登場

　1882（明治15）年に『学校管理法』を出版した伊沢修二[*17]は, アメリカ留学の成果を踏まえ,「学科課程」という言葉を用いました。また, 明治政府の教育政策を中心的ににないになう存在となった伊沢の影響もあってか, 次第に法令上でも,「学科課程」という言葉が使われるようになりました。たとえば, 1886（明治19）年に公布された『帝国大学令』や, 1895（明治28）年の『高等女学校規程ニ関スル説明』でも「学科課程」という言葉が使われています。

　このように「学科課程」は, 国が管理・統制する教授内容を指す言葉として使われていったのです。

❷「教科課程」の登場

　1890（明治23）年に第二次『小学校令』が公布され, 義務教育期間として明確に規定した小学校の教授内容が「教科」と表現されました。そのため, 法令上, 小学校までは「教科課程」という言葉が定着していきました。しかし, 中学校以上の学校教育を規定する法令では, 相変わらず「学科」という表現が残っており, この頃から学校で取り扱うべき内容について,「教科」と「学科」というふたつの言葉が使い分けられるようになりました。

＊16　小田貴雄『斯邉鎖氏　教育論講義』真理書房, 1885, p.17, p.31
＊17　伊沢修二（1851～1917）：1872（明治5）年から文部省に入り, 東京師範学校の校長や音楽取調掛, 東京音楽学校の校長などを務めた。『学校管理法』（白梅書屋）は, アメリカ留学の成果をまとめたもの。伊沢はその後, 初代の文部大臣である森有礼から教科書の編纂業務を任される。

❸戦前の「カリキュラム」解釈
　阿部重孝[*18]は，1936（昭和11）年に出版された『教育学辞典』のなかで，下記のように定義づけました。

> 教科課程〔英〕(curriculum)
> 　【意義】学科課程ともいふ。我国では小学校に於ては教科課程といひ，中等学校・専門学校に於ては学科課程といふ。カリキュラムといふ語は，本来は競馬場或は競争路 race-course 若しくは競争自体を意味する。
> 引用文献）阿部重孝『教育学辞典』岩波書店，1936（『阿部重孝著作集第3巻』日本図書センター，p.361，1983）

　このように戦前において，「curriculum」は，国が規定する知識や技術を教授する内容としての「教科」または「学科」というとらえ方だけでなく，それを等級または学年別に時間数を設定したものを意味する「教科課程」（小学校まで）または「学科課程」（中学校以上）までをも含んでいました。
　こうした国による管理・統制的な意味合いをもつ「教科課程」「学科課程」という言葉が見直され，尺振八が翻訳した「教育課程」という，より幅の広い意味をもつ用語が定着するようになったのは戦後になってからです。

❹戦後の「カリキュラム」解釈
　終戦直後の1947（昭和22）年に制定された『学校教育法施行規則』および『学習指導要領一般編（試案）』では，従来通りの「教科課程」という言葉が使われていましたが，1949（昭和24）年に制定された『文部省設置法』第5条第1項25号においては，以下に示すように，法令上，初めて「教育課程」という言葉が用いられました。

> 小学校，中学校，高等学校，盲学校，ろう学校，養護学校及び幼稚園に関し，教育課程，教科用図書その他の教材，～（中略）～等についての最低基準に関する法令案を作成すること

　その後，1950（昭和25）年改正の『学校教育法施行規則』，そして1951（昭和26）年版の『学習指導要領一般編（試案）』でも「教育課程」という言葉が用いられ，定着していきます。この背景には，戦後の民主的な教育思想の高まりがあります。

＊18　阿部重孝（1890〜1939）：東京帝国大学教授。アメリカの実証的研究に依拠した科学的教育学の樹立を目指す。戦前における，教育の制度及び行政研究の第一人者。

❺ 幼稚園における「カリキュラム」解釈

　では，保育界での「カリキュラム」解釈は，どのようになされていたのでしょうか。

　幼稚園に関しては，1881（明治14）年に文部省から通達された『府県立学校幼稚園書籍館等設置廃止規則ノ事』において「保育ノ課程」という用語が使われましたが，法令上，「保育ノ課程」あるいは「保育課程」という言葉が定着することはありませんでした。現に，1926（大正15）年に公布された『幼稚園令』においても，第13条に「保育項目及其ノ程度，編制竝設備ニ関スル規定」とあるのみです。

　こうした中，1876（明治9）年に創設された東京女子師範学校附属幼稚園では，1884（明治17）の園則改正から，「保育ノ課程」あるいは「保育課程」という用語を使うようになりました。その後は，これを模範とする幼稚園の園則のなかにも「保育課程」という言葉がみられるようになりますが，戦前の幼稚園現場では「保育課程」以外にも，「保育科目」や「保育項目」，そして「保育時間表」や「保育案」という用語で，保育において区分して与えるべき内容と時間数を示すところもありました。

　つまり，戦前の保育界では，「curriculum」に対応する用語を自覚的に使用し，共通言語とする動きはみられなかったといえます。幼稚園においても，「教育課程」，「カリキュラム」という言葉が一般的に使われるようになるのは，小学校以上の学校教育同様，やはり戦後になってからだったのです。

2　カリキュラム観の拡大

　戦後になると，カリキュラムの解釈を広げていこうとする動きがみられました。最初の動きは「カリキュラム」と「コース・オブ・スタディ」を区別しようとする考え方です。
　では，どのように区別されていったのでしょうか。

1　カリキュラムとコース・オブ・スタディの区別

　戦後，「curriculum」は「教育課程」と訳され，定着していきます。その背景には，敗戦を契機に始まった，民主主義の精神に立つ教育改革がありました。
　当時，占領下にあったわが国は，1945（昭和20）年9月，連合国総司令部（GHQ）[19] で教育部門を担当していた民間情報教育局（CIE）[20]（p.64）の指導や，1946（昭

＊19　太平洋戦争の終結後，わが国の占領政策を遂行した連合国軍の機関。General Headquarters. の頭文字をとって，GHQ と呼ばれた。

和21）年4月に示された『米国教育使節団報告書』を踏まえ，国の強い管理・統制にあった戦前の「教科課程」「学科課程」を見直すことになりました。そして，アメリカにおいて州ごとに作成されていたコース・オブ・スタディを参考にしながら，『学習指導要領』の作成に取り組みました。この1947（昭和22）年版の『学習指導要領一般編（試案）』では，まだ「教科課程」という言葉が使われていましたが，1951（昭和26）年版の『学習指導要領一般編（試案）』になると「教育課程」という言葉が用いられるようになりました。

こうした民主的な教育改革の中で取り組まれた『学習指導要領』づくりにおいて，「カリキュラム」と「コース・オブ・スタディ」を区別する考え方が高まっていきました。たとえば，教師養成研究会[21]は，1949（昭和24）年に刊行した『教育課程－カリキュラムの構成と展開』の中で，以下のように述べています。

> コース・オブ・スタディは，わが国では学習指導要領といわれているが，それは学校において，教科の学習を指導するために，教師の参考になるように，教授内容と方法とを細密に具体的に説明した手引である。であるから，それは，カリキュラムの重要な部分をなしているが，教科書と同じものではなく，教科書はコース・オブ・スタディの案内にしたがって教授をする際の道具に転化している。このように後者の場合にあっては，カリキュラムとは教科の配列と学習指導要領の内容とを含んだ総体を意味している。学習指導要領については，それとカリキュラムとの関係や，その用い方等についていろいろな誤解がある。
>
> 引用文献）教師養成研究会『教育課程－カリキュラムの構成と展開』学芸図書，p.86, 1949

> 教育課程は前述したように，児童生徒が学校の指導のもとに具体的に経験する学習内容の組織である限り，それは実際に児童生徒によって学習活動として営まれるものでなければならない。そのためには，児童生徒一人一人の個人差から来る要求をも充すようなもの，少くともその含みを持ったものでなくてはならないから，厳密な意味では各学校または教師団によって構成された実際の教育の計画指導が本当の教育課程といわるべきである。
>
> 引用文献）教師養成研究会『教育課程－カリキュラムの構成と展開』学芸図書，p.330, 1949

---

* 20　GHQの部局のひとつで，教育や宗教など文化政策を担当した機関。Civil Information and Educational Sectionの頭文字をとってCIEと呼ばれた。
* 21　1947（昭和22）年1月から民間情報教育局（CIE）の指導のもとにカリキュラムやガイダンスの研究を始めた組織。

このように，戦後の民主的な教育改革において，「カリキュラム」は「教育課程」と訳され，「カリキュラム」の英訳である「コース・オブ・スタディ」は『学習指導要領』と訳されて区別されました。そして，「教育課程」である「カリキュラム」は，「コース・オブ・スタディ」である『学習指導要領』よりも幅広い概念として位置づけられました。また，「教育課程」である「カリキュラム」は，実際に教育を担う学校や教師たちがつくるものであり，「コース・オブ・スタディ」である『学習指導要領』はそのための手引きとして，国レベルでつくられるものと解釈されました。

では，こうした「カリキュラム」と「コース・オブ・スタディ」を区別する動きは，いつごろから始まったのでしょうか。

2　進歩主義によるコース・オブ・スタディづくり

教師養成研究会の著書『教育課程－カリキュラムの構成と展開』では，戦後の民主的な教育改革が，1930年代から40年代にわたってアメリカで盛んに試みられたコース・オブ・スタディづくりの影響を受けていたことが紹介されています。

このコース・オブ・スタディづくりは，19世紀末から高まってきた革新主義（progressivism）の政治改革運動を背景とした教育改革運動である進歩主義教育（progressive education）に基づいて展開されたもので，「カリキュラム改造運動」とも呼ばれます。

進歩主義教育は，教科・教科書中心，また，教師中心の教育に対する批判として始まりました。それは世界的な教育改革運動となった児童中心主義教育（child-centered education）とも深く関連している取り組みであり，フランシス・W・パーカー（Francis Wayland Parker）[22]やジョン・デューイ（John Dewey）[23]が主導しました。進歩主義教育を推進する人びとは，児童中心の教育の実現に向け，積極的にカリキュラム改造に取り組み，これがアメリカの各州単位でのコース・オブ・スタディの改訂運動に結びつきました。元来，アメリカは教育内容について，中央集権的な教育制度をとらず，国による統一的な基準も設けていません。そのため，地域ごとに多様な教育制度を採用するという地方分権的な教育制度を主としており，カリキュラムづくりの自由度も高いわけです。こうした事情も，州ごとのコース・オブ・スタディの改訂運動を下支えしました。

---

*22　パーカー（1837〜1902）：アメリカの教育者。児童中心主義の立場から教育実践を展開し，「進歩主義教育の父」と呼ばれる。

*23　デューイ（1859〜1952）：アメリカの哲学者・教育学者。児童中心主義教育，また進歩主義教育をリードし，現代のカリキュラムにも大きな影響を与えた人物。

こうしたアメリカのコース・オブ・スタディの改訂運動（カリキュラム改造運動）は、「カリキュラム」を幅広くとらえようとする動きにもつながっていきました。

3 カリキュラム改造運動にみられるカリキュラム観の変化

アメリカでのコース・オブ・スタディの改訂運動（カリキュラム改造運動）について、佐藤学は『米国カリキュラム改造史研究－単元学習の創造』[*24]の中で、4つの系譜に分類しています。各系譜の特徴と推進した代表的人物を要約すると、表3－1のようになります。

佐藤の分類は、あまりに広い概念としてとらえられてきた児童中心主義にカリキュラム改造運動が包含され、その特徴があいまいとなることを避けるためのものであり、進歩主義教育の特徴を把握するうえで参考となるものです。

このうち、わが国の戦後の民主的な教育改革に大きな影響を与えたのが、「子ども中心主義」と「社会適応主義」によるカリキュラム改造運動でした。具体的には、カリフォルニア州で作成された、「カリフォルニア・プラン」[*25]と呼ばれる『子どもの発達のための教師用指導書』や、表3－2に示した、ヴァージニア州で作成された、「ヴァージニア・

表3－1 佐藤学のカリキュラム改造運動4つの系譜

主 義	特 徴	推進した代表的人物
子ども中心主義 （child centeredness）	子どもの解放を個性化原理で追求した系譜	フランシス・W・パーカー （Francis Wayland Parker） ジョン・デューイ （John Dewey）
社会的効率主義 （social efficiency）	産業主義の思想を背景とした効率主義の系譜	J.F. ボビット （John Franklin Bobbit） W.W. チャーターズ （Werrett Wallace Charters）
社会改造主義 （social reformism）	学校を社会改造の手段とみなした進歩主義教育の系譜	W.H. キルパトリック （William Heard Kilpatrick） G.S. カウンツ （George Sylvester Counts）
社会適応主義 （social adjustment）	社会適応と人格の統合を教育の中心目的とした系譜	H.L. キャズウェル （Hollis Leland Caswell） L.T. ホプキンス （Levi Thomas Hopkins）

[*24] 佐藤学『米国カリキュラム改造史研究－単元学習の創造』東京大学出版会, p.7, 1990

第3章　保育におけるカリキュラム観の再構築

表3-2　『ヴァージニア州初等学校のコース・オブ・スタディ試案』(Tentaive Course of Study for Virginia Elementary Scool, Grade I-Ⅵ, 1934)

社会生活の主要な機能（スコープ） \ 興味の中心（シークウェンス）	第一学年	第二学年	第三学年	第四学年	第五学年	第六学年	第七学年	第八学年	第九学年	第十学年	第十一学年
	家庭と学校の生活	村や町の生活	自然環境への順応	開拓者の生活	発明発見の人間生活に及ぼす影響		共同生活のための社会施設	機械生産の人間生活に及ぼす影響	自然、社会的及び機械的発明発見によるその人間生活への影響	農業主義と工業主義並びにその人間生活への影響	あらゆる文化と社会制度の人間生活に及ぼす影響
生命や財産や天然資源の保護保全	私たちは家庭や学校で生命や健康をどのように保護しているのか	強調のために選ばれた興味の中心の諸相	強調のために選ばれた興味の中心の諸相		強調のために選ばれた興味の中心の諸相		強調のために選ばれた興味の中心の諸相	強調のために選ばれた興味の中心の諸相	強調のために選ばれた興味の中心の諸相	強調のために選ばれた興味の中心の諸相	強調のために選ばれた興味の中心の諸相
物や施設の生産と分配	私たちが作ったり飼育したり栽培したりするものはどのように私たちを助けているのか										
物や施設の消費	お家の人々はどのようにして衣食住をととのえているのか										
物や人の通信と輸送	お家の人々はどのようにして衣食住をととのえているのか方々を旅行しているのか										
娯楽	私たちは家庭や学校で楽しく過ごすにはどうすればよいか										
美的欲求の表現	私たちの家庭や学校をもっと美しく、もっと楽しくするにはどうしたらよいか										
宗教的欲求の表現											
教育											
自由の拡張											
個体の統合											
開拓											

※第二学年以降は省略。
※第一学年のスコープは「宗教的欲求の表現」以下は空欄。全スコープに内容が示されるのは第八学年以降となる。

資料）倉沢剛『近代カリキュラム』誠文堂新光社、p.36　1949の折り込みより抜粋して作成

プラン」*26 と呼ばれる『ヴァージニア州初等学校のコース・オブ・スタディ試案』などが民間情報教育局（CIE）を通じて紹介されました。これらは，わが国でコース・オブ・スタディとして初めて作成された『学習指導要領』のもとになりました。

4 カリキュラムづくりのコンセプトの変化

　こうしたカリキュラム改造運動を通して，カリキュラムの性格づけやカリキュラムづくりのコンセプトも大きく変化していきました。代表的なものは，「ヴァージニア・プラン」などの指導にあたったH.L.キャズウェル（Holls Leland Caswell）*27 とD.S.キャンベル（Doak Sheridan Campbell）*28 の研究です。キャズウェルとキャンベルは，その著『カリキュラム開発』*29 において，「カリキュラム」という言葉を意識的に使い，主に学校において子どもが経験すると予測される内容や過程を，教師が組織・配列した学習経験の総体を指すものと，コンセプトを位置づけました。

　具体的には，児童中心主義の学校で重視されてきた子どもの「興味の中心（center of interests）」を基盤に，生産，分配，消費，輸送，通信，娯楽，教育，宗教など，社会生活に共通に見られる項目を「スコープ（scope）」*30，各学年ごとの発達の特徴を「シークェンス（sequence）」*30 に位置づけ，このスコープとシークェンスを縦横の軸としてカリキュラムづくりを進めることを提案しました。

　そのため，本のタイトルにもあるように，「カリキュラム開発（curriculum development）」という新たな言葉を用い，当時の支配的なカリキュラムづくりが「カリキュラム作成（curriculum making）」という用語のもと，単に先行する文化や知識体系に基づく教科・教材の組織・配列にすぎなかったことを批判し，その意味を再構築する姿勢も示しました。

＊25　佐藤の前掲書によれば，カリフォルニア州が現場で展開されている「子ども中心主義」の革新的実践を援助する目的で，教師の開発力量を高めるために『子どもの発達のための教師用指導書』（Teachers' Guide to Child Development : Manual for Kindergarten and Primaly Teachers, 1930）として作成したものである。
＊26　佐藤の前掲書によれば，ヴァージニア州が「社会改造」と「社会適応」を指導理念として，州主導で統一的プログラムとして作成した『ヴァージニア州初等学校のコース・オブ・スタディ試案』（Tentaive Course of Study for Virginia Elementary Scool, Grade I-Ⅶ, 1934）である。
＊27　キャズウェル（1901～1988）：ネブラスカ州のハイスクールの校長と教育長を務めた後，ジョージ・ピーボディ教育大学の助教授時代に多くの自治体でカリキュラム改造のコンサルタントを努めた。その後，ティーチャーズ・カレッジの学長などを務めた。
＊28　キャンベル（1888～1973）：ジョージ・ピーボディ教育大学の研究科長を務めた後，フロリダ州立大学の学長となる。
＊29　H.L.Caswell & D.S.Campbell., Curriculum Development, American Book Company, 1935
＊30　スコープとシークェンス：1930年代のアメリカで採用され，普及したカリキュラムづくりの方法論。一般に，スコープは「領域」や「範囲」，シークェンスは「系列」や「配列」と訳される。詳しくは第4章参照。

このように，アメリカにおけるカリキュラム改造運動は，「コース・オブ・スタディ」を教師が「カリキュラム」をスムーズに展開できるための指導書，あるいは統一的なプログラムと位置づけ，「コース・オブ・スタディ」と「カリキュラム」を質的に異なるものとして区別していきました。また，「カリキュラム」を学習経験の総体と幅広くとらえる中，「カリキュラム開発」という新たなカリキュラムづくりのコンセプトを示し，理論的にも実践的にも児童中心主義の教育の実現を図ろうとしました。

ここにみられるカリキュラム観は，前述した「教科課程」「学科課程」と訳された際にみられたものとは異なり，大変幅広いとらえ方といえます。

「カリキュラム」を学習経験の総体と幅広くとらえる見方は，「競争路」のイメージとは異なり，「curriculum」のもうひとつの意味である「人生の履歴」というイメージに近いものです[31]。その意味でアメリカのカリキュラム改造運動は，カリキュラム観の拡大を促す取り組みであったといえます。また，教師主導で教科という客観的知識の系列を主眼とした「教科カリキュラム」（subject curriculum）から，児童中心の立場から学習者の経験を重視した「経験カリキュラム」（experience curriculum）への転換を促すことにもなりました[32]。

5 カリキュラム改造運動と戦後新教育

前述した，戦後のわが国の民主的な教育改革，また，戦後新教育と呼ばれる進歩主義的な教育運動は，こうしたアメリカのカリキュラム改造運動の影響を受けて，進められました。そのため，「curriculum」を「教育課程」，「couse of study」を「学習指導要領」と訳し，その中味も区別しようとしたわけです。さらに，「カリキュラム」の内容についても，教科でなく，経験というより幅広い観点から編成することを試みたのです。この点について，倉沢 剛[33]も『近代カリキュラム』において，次のように述べています。

> 教師のための指導要領書を「コース・オブ・スタディ」（学習指導要領）という。バーニア案では，これをコース・オブ・スタディといい，カリフォルニア案では，これを「教

---

[31] ラテン語の「curriculum」には，「競争路」また「競走用の戦車」に加え，「人生（じんせい）行路（こうろ）」という意味もあります。この「人生行路」という意味をもとに，「経歴」「履歴」を意味する「curriculum vitae」という言葉があり，これが英語では「cource of life」と訳され，「人生の履歴」また「履歴書」を指すことになりました。
[32] 「教科カリキュラム」と「経験カリキュラム」については，第4章を参照。
[33] 倉沢剛（1903～1986）：アメリカのカリキュラム研究の成果を紹介した第一人者。東京文理科大学卒業後，師範学校教授を経て，戦後は東京学芸大学教授を務めた。

> 師の手引」といっている（もっとも一部にはコース・オブ・スタディという言葉が用いられることもある）が，一般の傾向としては，コース・オブ・スタディというよりも，むしろ「教師の手引」という場合が多くなった。要するに，カリキュラムとは「学校の指導のもとに生徒によって行われる一切の経験と活動」であり，コース・オブ・スタディとは「カリキュラムを計画し展開する手引として，教師のために書かれた指導書」である。
>
> 引用文献）倉沢剛『近代カリキュラム』誠文堂新光社，p.4，1949

　当時の保育界も，こうした影響を受けました。たとえば，戦後初めて国から示された『保育要領－幼児教育の手びき』は，民間情報教育局（CIE）において小学校係であったヘレン・ヘファナン（Helen Heffernan）[*34] が作成・提示した「Modern Development in Kindergarten Education（幼稚園教育の現代における発展状況）」をもとに，『学習指導要領』と対になるものとして作成されました。『保育要領』の副題に『幼児教育の手びき』と記されたのは，保育者用の指導書に留めることを強く意識したからです。また，『保育要領』が示した12種類の保育内容も，「楽しい幼児の経験」を例示するという考え方に基づいていました。こうした『保育要領』作成のコンセプトについて，多田鉄雄[*35] は日本保育学会による聞き取りにおいて，次のように述べています。

> 　わが国では文部省が何か基準を決めると，それを守らなければならないと思う傾向があって，何か起こるとすぐ「文部省はどう思いますか」とたずねる傾向がありました。そこで，小学校や中学校の教育要領を考えるときは，その風潮をやめようとして，カリキュラムはごく簡単なことだけにして現場の人が自主的に考えるようにされましたが，その考えを幼稚園の場合も採り入れました。たとえば，こういうやり方がある，あるいはああいうやり方もある，というように書き，「実例」としてこんなものがあるというように参考にしてもらおうとして作られたのが保育要領でした。なんでも押しつけないようにしようという考え方がすべての学校について強く考えられ，それが保育要領にも現れたわけです。
>
> 引用文献）日本保育学会編『日本幼児保育史』第6巻，フレーベル館，p.253，1975

＊34　ヘレン・ヘファナン（1896～1987）：連合国総司令部（GHQ）民間情報教育局（CIE）の教育部顧問。カリフォルニア州の教育局初等教育課長として，『教師用指導書』として作成された「カリフォルニア・プラン」を作る上で中心的な指導者の一人。

＊35　多田鉄雄：『保育要領』を作成した「幼児教育委員会」の委員。教育制度・行政の研究者として文部省調査官を務めた後，私立池袋幼稚園や武蔵野女子学院幼稚園などの園長，成城大学教授を務めた。

このように，カリキュラム観の拡大を促した戦後の民主的な教育改革は保育界にもおよび，コース・オブ・スタディとカリキュラムの違い，また，コース・オブ・スタディの性格を意識し，『保育要領－幼児教育の手びき』を生み出すことへとつながりました。そして，カリキュラムについても，保育現場が，子どもの経験を重視した内容を自園で考え，つくりあげていくことを期待していくことになったわけです。

6 実践を基盤とするカリキュラム開発

 1974（昭和49）年3月18日から23日までの間，東京において，経済協力開発機構（OECD）[36] の教育研究革新センター（CERI）[37] と当時の文部省共催による「カリキュラム開発の関する国際セミナー」（以下，国際セミナー）が開催されました。その内容は，翌1975（昭和50）年2月に，文部省から『カリキュラム開発の課題－カリキュラム開発に関する国際セミナー報告書』（以下，『セミナー報告書』）としてまとめられ，わが国のカリキュラムづくりについて，一石を投じました。

 とくに，このセミナーでは「curriculum development」という原語を忠実に使い，わが国において，カリキュラムづくりが「カリキュラム改訂＝国家的事業」ととらえがちだったことに対し，見直しを迫りました。また，下火になっていたわが国の教育・保育現場，また，教師や保育者自身によるカリキュラムづくりに対しても，大きな刺激を与えました。なかでも，M. スキルベック（Malcolm Skilbeck）[38] と J.M. アトキン（Jhon Myron Atkin）[39] らの提案は，カリキュラムづくりに関し，より幅広い視野，また，新しい視座を与えることとなりました。まず，スキルベックは，カリキュラムについて，以下のように述べました。

> カリキュラムは授業・学習の計画や教授細目，その他の教育内容について述べられた意図（指導要領のようなものをいうのであろう）を指すばかりでなく，この意図や計画が実践に移されてゆく方法までも指す。
> 引用文献）文部省『カリキュラム開発の課題－カリキュラム開発に関する国際セミナー報告書』p.8　1975

---

*36 フランスのパリに本部を置く。1948年に発足し，先進国間の情報交換を通じて，「経済成長」「貿易自由化」「途上国支援」に貢献を目的とする国際機関。Organisation for Economic Co-operation and Development の頭文字をとって OECD と呼ばれる。
*37 OECD が 1967 年に設置した国際的共同研究の場。中長期的な視点から専門的研究者が調査研究を行っている。Centre for Educational Research and Innovation の頭文字をとって CERI と呼ばれる。
*38 スキルベック（1932～）：イギリスの教育学者。
*39 アトキン（1925～）：アメリカの教育学者。

このようにスキルベックは，カリキュラムを計画だけではなく，実践過程そのものも含んだ概念ととらえたわけです。こうした広義のカリキュラム観は，「curriculum development」としての「カリキュラム開発」についても，自ずと大変幅広い見方を求めることになります。
　この点について，スキルベックは，以下のように述べています。

> 　カリキュラム開発とは，教授目標の再検討に始まり，教材，教授，学習の手続き，評価方法などの計画や構成を含むものである。それは一度つくり上げればそれでしばらくはおしまいといったようなものではなく，絶えず検討され，評価されてゆく継続的なプロセスである。
> 引用文献）文部省『カリキュラム開発の課題―カリキュラム開発に関する国際セミナー報告書』p.9，1975

　こうしたスキルベックの広義のカリキュラム観，カリキュラム開発観をもとに，OECD-CERI は「上からの」カリキュラム開発ではなく，「下からの」開発のひとつの考え方として，「学校に基礎をおくカリキュラム開発（SBCD）」[40]という新たな概念を国際セミナーにおいて紹介しました。これは，「文字通り学校をカリキュラム開発の場と考え，そこでの日常的な活動を通して開発を進めてゆこうとする考え方」[41]です。つまり，カリキュラム開発の主役は国ではなく，学校，または教師であり，教師と子どもがかかわりあう実践の場こそ，カリキュラム開発の場だとしたわけです。まさに，カリキュラムづくりを中央集権的なものから，地方分権的なものに戻そうとする提案であり，各学校，また，幼稚園・保育所単位で，自主的・自律的にカリキュラムを生み出すことを求めているといえます。
　さらに，アトキンらによって，カリキュラム開発のアプローチとして，異なるふたつの立場があることが示されました。具体的には「工学的接近（technological approach）」と「羅生門的接近（rashomon approach）」です。
　「工学的接近」とは教育工学的アプローチのことであり，「タイラーの原理」，そして「学問中心カリキュラム」などで進められてきた行動科学に基づく合理的なカリキュラム開発の方法です[42]。一方，「羅生門的接近」とは黒沢明監督によって映画化され，世界的に知られた芥川龍之介の小説『羅生門』にちなんだものであり，事実を異なる立場，異なる視点から多様かつ全体にとらえていこうとする相対主義的なカリキュラム開発の方法です。

＊40　school-based curriculum development の頭文字をとって SBCD と呼ばれる。
＊41　文部省『カリキュラム開発の課題―カリキュラム開発に関する国際セミナー報告書』p.21，1975
＊42　「カリキュラム研究の動向②」参照

第3章　保育におけるカリキュラム観の再構築

『セミナー報告書』は、このふたつのアプローチを「一般的な手続き」（表3-3）、「評価と研究（表3-4）」、「目標、教材、教授・学習過程」（表3-5）の3点から比較しました（p.74参照）。

　このうち、「一般的手続き」に関しては、表3-3に示したように、「工学的接近」は「一般的目標」を設定した後、それを「特殊目標」→「行動的目標」へと分節化、定式化、明確化し、それを達成するために「教材」が作製され、「教授・学習過程」が展開される。そして、最後に、「行動的目標に照らした評価」を行い、その結果を「教材」や「教授・学習過程」にフィードバックさせ、必要に応じて修正・改善していくアプローチとしました。これに対し、「羅生門的接近」では「特殊目標」や「行動的目標」は設定されず、「一般的目標」は、「創造的教授・学習活動」において実現が図られる、としています。そのため「創造的教授・学習活動」は、出来る限り多様な視点から、出来る限り詳しく「記述」され、その記述に基づいて「一般的目標に照らした判断評価」がなされるものである、と位置づけています。つまり、「羅生門的接近」におけるカリキュラム開発は、「創造的教授・学習活動」を積み重ね、それを組織する中で行うものだ、ということです。

　また、「評価と研究」に関しては、表3-4に示したように、「工学的接近」は「目標に準拠した評価」を実施することを前提に、「一般的な評価枠組」が設定され、それを「心理測定的テスト」や「標本抽出法」といった研究方法で確認し、結果を客観的かつ数量的に評価するものとしました。これに対し、「羅生門的接近」では「目標にとらわれない評価」を実施することを前提に、「常識的記述」や「事例法」といった研究方法を重視し、その結果を「さまざまな視点」から気づき、考えることを重視するものだとしています。

　さらに、「目標、教材、教授・学習過程」に関しては、表3-5に示したように、「工学的接近」では、まず「目標」について、「行動的目標」ないしは「特殊的であれ」と考えるのに対し、「羅生門的接近」では「非行動的目標」ないしは「一般的であれ」を重視する、と整理しています。「羅生門的接近」が「非行動的目標」ないしは「一般的であれ」を重視するのは、それが「創造的教授・学習活動」を展開するためにも必要不可欠だからです。

　次に、「教材」については、「工学的接近」が「教材のプールからサンプルをとりだし、計画的に配置せよ」と考えるのに対し、「羅生門的接近」では「教授学習過程の中で教材の価値を発見せよ」との姿勢を重視する、と整理しています。つまり、「羅生門的接近」では、同じ教材であっても、子どもが経験することは多様であり、教材の質は教授・学習過程の中で問われるべきだ、と考えるわけです。そのため、「教師は、ひとりの人間として、教材の意味を実践の中で発見していく」ことにもなるわけです。

　そして、授業観、教授・学習過程観を対比した「教授学習過程」についても、「工学的接近」が計画通りに進めようとするなど「既定のコースをたどる」ことを重視するのに対

表3-3 「工学的接近」と「羅生門的接近」の対比（1）－一般的手続き－

工学的接近 （technological approach）	羅生門的接近 （rashomon approach）
一般的目標（general objectives） ↓ 特殊目標（specific objectives） ↓ 「行動的目標」（behavioral objectives） ↓ 教材（teching materials） ↓ 教授・学習課程（teaching-learning processes） ↓ 行動的目標に照らした評価 （evaluation based upon behavioral objectives）	一般的目標（general objectives） ↓ 創造的教授・学習活動（creative teaching-learning activities） ↓ 記述（description） ↓ 一般的目標に照らした判断評価 （judgement against general objectives）

表3-4 「工学的接近」と「羅生門的接近」の対比（2）－評価と研究－

工学的接近	羅生門的接近
目標に準拠した評価 （goal-reference evaluation） 一般的な評価枠組 （general schema） 心理測定的テスト （psychometric tests） 標本抽出法（sampling method）	目標にとらわれない評価 （goal-free evaluation） さまざまな視点 （various perspectives） 常識的記述 （common sense description） 事例法（case method）

表3-5 「工学的接近」と「羅生門的接近」の対比（3）－目標，教材，教授・学習過程－

	工学的接近	羅生門的接近
目　標	「行動的目標を」（behavioral objectives） 「特殊的であれ」（be specific !）	「非行動的目標を」（non-behavioral objectives） 「一般的であれ」（be general !）
教　材	教材のプールからサンプルし，計画的に配置せよ （sampling from material pool and "planned allocation"）	教授学習過程の中で教材の価値を発見せよ。 （discovering the value of materials in teaching-learning processes）
教授学習過程	既定のコースをたどる （predecided）	即興を重視する （impromptu）
強調点	教材の精選，配列 （design of teaching materials）	教員養成 （teacher training, in-service training）

資料）文部省『カリキュラム開発の課題－カリキュラム開発に関する国際セミナー報告書』p.50, 52, 54, 1975を改変

し,「羅生門的接近」では「即興を重視する」としています。そのうえで,互いの「強調点」について,「工学的接近」では基本的には「教材の精選・配列」が重視され,「羅生門的接近」では「教員養成」がもっとも重視される,と整理しています。つまり,「工学的接近」では「教材」がもっとも重視されるのに対し,「羅生門的接近」では,「教師」がもっとも重視され,その専門的な能力や人格が重要となる,と指摘しているわけです。そのため,「羅生門的接近」では,教員養成教育,現職教育がより重視されるのです。

　「羅生門的接近」の提案は,実践を基盤にカリキュラム開発を進める重要性を,改めて気づかせてくれるものでした。国際セミナーでは,従来のカリキュラム観,また,カリキュラム開発観を大きく広げる,この「羅生門的接近」を提案しつつも,一般に主流とみられる「工学的接近」も排除せず,ふたつのアプローチを関連させながら,カリキュラム開発の方法を創意工夫することを期待したのです。

7　カリキュラムの開発モデルの再構築

　一方,わが国のカリキュラム研究,とくにカリキュラム開発に関する研究においても,新しい提案がなされてきました。代表的なものは,佐藤学の「教師を主体とする開発モデル」です。カリキュラムを「学びの経験の履歴」と再定義する佐藤は,図3−1,3−2に示した開発モデルを提示しました[43]。

　佐藤は教師を主体にカリキュラムを開発するべきだとの立場から,カリキュラムの開発過程を,図3−1の〈研究・開発・普及モデル〉から図3−2の〈実践・批評・開発モデル〉へと転換するよう求めています。図3−1の典型例は,国家レベルのカリキュラム開発を基準にした展開であり,いわゆるトップダウン型となっています。佐藤によれば,ここには次のような問題点があるといいます。

(1) 開発システムと授業システムが分離されているため,開発過程への教室からのフィードバックが希薄であり,一方的にカリキュラムを教室に押しつける結果となっている問題
(2) 達成目標の明確化と教育内容の確定により,学習経験をせばめ画一化する傾向がある問題
(3) どのような教師にも有効とされる耐教師性のある(ティーチャー・プルーフ)教

---

[43] 佐藤学「カリキュラムを開発する」(岩波講座『教育の方法(3) 子どもと授業』)1987。同論文は,佐藤学『カリキュラムの批評―公共性の再構築へ』世織書房,1996に再録されている。

材パッケージの開発は，その有効性が疑問であるだけでなく，教師の創意や専門性を限定し実践を画一化する傾向をもつ問題
(4) 結果の測定としての評価は，授業と学習の過程を暗箱（ブラック・ボックス）とみなし，学習過程における経験の価値を軽視している問題
(5) カリキュラムの副次的な効果や潜在的カリキュラムの機能について無自覚化である問題

引用文献）佐藤学『カリキュラムの批評－公共性の再構築へ』世織書房，p.34，1996に再録

　これに対して，図3－2の典型例は，前述した国際セミナーで提案された「学校に基礎をおくカリキュラム開発（SBCD）」であり，その開発過程はいわゆるボトムアップ型を

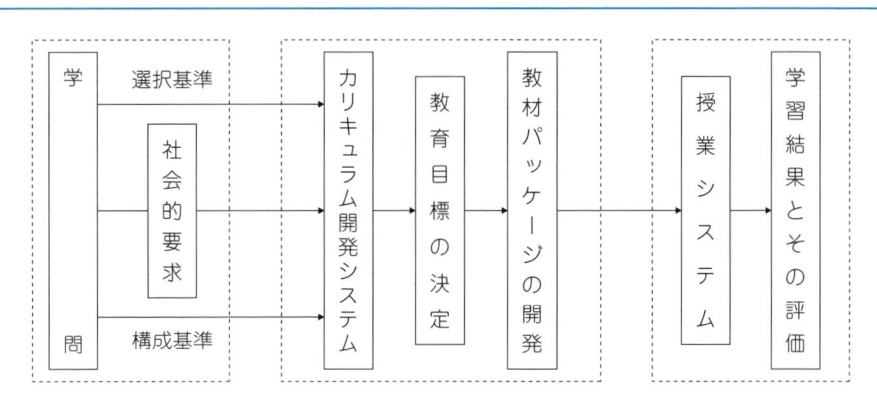

図3－1　研究・開発・普及モデル

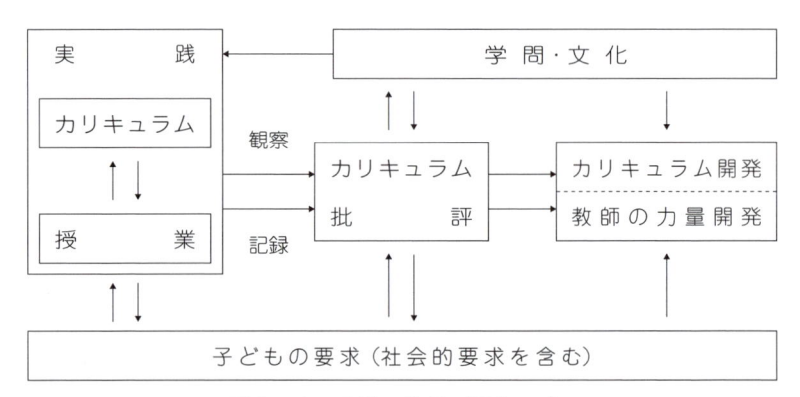

図3－2　実践・批評・開発モデル

資料）佐藤 学『カリキュラムの批評－公共性の再構築へ』世織書房，pp.33-34，1996

示しています。この過程では，教師はカリキュラムの実践者であると同時に，研究者，開発者でもあります。ですから，教師は自ら立案したカリキュラムに基づいて授業しつつ，子どもの学習経験の事実という観点から実践を観察・記録し，それを批評しながら当初のカリキュラムを修正していく必要があるわけです。つまり，カリキュラムは，この過程を通して，教師と子どもが織り成す実践から生まれ，批評を経て，再度見直されていくといった柔軟かつ弾力的なものとなっていくのです。〈実践・批評・開発モデル〉という開発過程をたどる時，カリキュラムも柔軟かつ弾力的なものになるともいえます。

　佐藤は，この開発モデルと，この開発過程を支える実践的研究として「カリキュラム批評」を重視し，その着想が前述した「羅生門的接近」，つまり「多様な視点の総合による質的評価の方法」と相通ずるものと位置づけています。

　このように1970年代以降は，カリキュラム，また，カリキュラムづくりをより幅広く，そして奥深くとらえることを促す研究成果がみられるようになっていきました。

3 保育カリキュラムの全体構造

　前節までに学んできたカリキュラムの意味，カリキュラム観やカリキュラムづくりが拡大されてきた成果を踏まえ，保育におけるさまざまな計画を「カリキュラム」という用語を基盤に整理してみましょう。

1 国レベルで示される基準の位置づけ

　進歩主義教育におけるカリキュラムの改造運動は，「カリキュラム」を子どもの「学習経験の総体」[*44]，「コース・オブ・スタディ」を地域レベルで作成する「教師の手引き」と位置づけ，区別する見方を示してきました。

　こうした区別をもとに，アメリカでは，地域ごとのコース・オブ・スタディの改訂運動が盛んとなり，大きな成果をあげてきました。わが国も，戦後にその影響を受け，国が作成する『学習指導要領』を「コース・オブ・スタディ」と位置づけ，当初は「教師の手引き」という性格を重視してきました。いいかえれば，具体的なことは現場に任せ，国が示すものは参考程度にとどめようとしたのです。

　その後，わが国の『学習指導要領』は規範性を有する基準として告示化され，今日に至っています。保育界も，2008（平成20）年に改定された『保育所保育指針』が初めて告示

---

*44　乳幼児期に限れば「経験の総体」といった方が適切である。

化されたことで,『幼稚園教育要領』と足並みをそろえ,国が保育現場に向けて基準を示す体制が確立しています。

ただ,『幼稚園教育要領』と『保育所保育指針』は大綱化もされており,国が示す規範性を有する基準とはいえ,その内容は大枠を示すだけにとどまっています。つまり,具体的な保育の内容や進め方については,各園レベルで考え,つくっていくことを期待している構造となっているのです。その意味で,現行の『幼稚園教育要領』と『保育所保育指針』は,進歩主義教育の中で「教師の手引き」として「カリキュラム」と区別された「コース・オブ・スタディ」に極めて近い性格をもっているといえます。

こうした点を踏まえると,以下に例示するような「カリキュラム」「コース・オブ・スタディ」「教育課程」を同じとする見方も見直しが必要だと思います。

> (カリキュラム curricuium とは)いわゆるコース・オブ・スタディ couse of study と同義。一般に「教育課程」と訳され,教育目標に即して児童生徒の学習を指導するために,学校が文化遺産の中から選択して計画的・組織的に編成して課する教育内容の全体計画を意味する。　　　　　　　　　　※()部は筆者挿入
> 引用文献)細谷俊夫・奥田真丈他編『新教育学大事典』第2巻,「カリキュラム」今野喜清執筆部分を一部改変,第一法規出版,p.40,1990

現在,国は保育界に対して『幼稚園教育要領』『保育所保育指針』『幼保連携型認定こども園教育・保育要領』を示していますが,これらは「コース・オブ・スタディ」と位置づけるべきものとなるでしょう。事実,文部科学省が作成している『幼稚園教育要領』の英訳版も「Course of study for Kindergarten」となっています。そこで,筆者は「コース・オブ・スタディ」を以下のように定義しておきたいと思います。

> コース・オブ・スタディ(couse of study)とは,園保育(あるいは学校教育)を援助・補助する立場の行政機関が,各園(あるいは各学校)また各保育者(あるいは各教師)がカリキュラムを編成また展開するうえで必要となる手引きを示すものである。

こうした「コース・オブ・スタディ」の位置づけは,今後,各保育現場が目の前の子どもの実態,また,園の規模や地域の特性を踏まえた保育を自由,かつ責任をもってつくり出すためにも,国に求めていきたいものです。

また,告示化という姿勢も見直しが必要でしょう。保育現場も『幼稚園教育要領』や『保育所保育指針』『幼保連携型認定こども園教育・保育要領』に実践的な答えを求めるので

はなく，あくまでも「コース・オブ・スタディ」であり，実践に対する「手引き」に過ぎないととらえる姿勢が求められます。

2 園レベルでつくられる計画の性格

(1) カリキュラムの再定義

　国レベルでつくられる『幼稚園教育要領』と『保育所保育指針』が，「手引き」としての「コース・オブ・スタディ」であるととらえると，どのような保育を目指し，日々実践するかという見通しを立てる「カリキュラム」は，各園，または保育者レベルでつくられる（自主編成される）べきものと理解できます。

　そこで筆者は，「カリキュラム」と「コース・オブ・スタディ」を区別したうえで，「カリキュラム」を，ラテン語の「カリキュラム（curriculum）」の語源である「currere（クレーレ）」，すなわち「走る」ことを意味する点に注目し，次のように定義したいと思います。

> カリキュラム（curriculum）とは，園（あるいは学校）または保育者（あるいは教師）が，その園（あるいは学校）の子どもたちが自ら歩むであろう生活内容やそのプロセスを，子どもに代わって予測し，それを教育的価値の実現の中で組織・編成した経験の総体である。

　このように「カリキュラム」をとらえ直したうえで，整理しておきたいのは，「保育者が子どもに代わって，園生活における経験の総体を見通す場合，さまざまな見通しがある」ということです。

　たとえば，各園には，固有な保育目標および地域・施設環境を背景にした，長年にわたる実践成果から，子どもの育ちや園生活の流れを大筋で体系化した見通しも必要です。これは，やや具体性に欠けるものでしょうが，各園の基本的な計画として不可欠です。こうした見通しは，現在，『幼稚園教育要領』『保育所保育指針』に基づき，幼稚園では「教育課程」，保育所では「保育課程」と呼ばれています。

　一方，この基本的な計画をもとに，毎年変わる子どもたちに対して，各保育者が具体的なかかわりの見通しを考えることも必要です。こうした具体的な計画は，『幼稚園教育要領』や『保育所保育指針』では「指導計画」と呼ばれています。

　このように，園レベルでつくるべき「カリキュラム」も多様な内容をもち，現状，制度的な言葉として「教育課程」「保育課程」「指導計画」といった用語で表されています。

　では，次にこれらの用語を整理し，「カリキュラム」の内実を確認してみましょう。

(2) 基本的な計画の整理

第一に，園の基本的な計画を指す用語を考えてみましょう。

まず「教育課程」と「保育課程」ですが，現在，「教育課程」は学校教育法に位置づく教育機関である幼稚園の全体的な計画，「保育課程」は児童福祉法に位置づく児童福祉施設である保育所の基本となる計画を指すものとされています。確かに，行政区分としては二元化されている幼稚園と保育所ですが，就学前の3年間在園する幼児に質的な違いがあるわけではありません。また，両施設ともに保育という営みにおいては，共通する場です。したがって，法的側面のみでいえば，両者を区別することは妥当であっても，先に筆者が定義した「カリキュラム」概念からすれば，区別する意味を見出すことはできません。

また，「教育課程」という用語ですが，これは，前述した通り，戦後「カリキュラム」の訳語と定着されてきた言葉です。ただ「教育課程」という言葉は，戦前の「教科課程」「学科課程」という言葉を踏まえ，教科外，学科外の活動も含めた教育の計画として使われてきたという側面もみられます。「課程」という言葉からも明らかなように，学校である期間に割り当てられる教科のコースを指すニュアンスが強いものです。そのため「課程」という言葉は，保育・教育現場では，仮説性あるいは予測性を含意する「計画」という言葉に意識的に置き換えられてきました。戦後新教育期において，地域教育計画の実践が「川口プラン」「本郷プラン」「桜田プラン」など，「プラン＝計画」という言葉で呼ばれたのはその好例です。したがって，各園に固有な保育目標および地域・施設環境を背景に，長年にわたる実践成果から，子どもの育ちや園生活の流れを，大筋なかたちで体系化したものは，「課程」というよりも「プラン＝計画」と呼ぶ方が妥当です。

(3) 指導計画の再検討

第二に，各保育者が具体的なかかわりの見通しを立てる「指導計画」という用語を考えてみましょう。

この「指導計画」は「ガイダンス・プログラム（guidance program）」の訳語であり，わが国へは戦後になって導入された言葉です。つまり，連合国総司令部（GHQ）の民間情報教育局（CIE）の指導のもと，子どもの個性尊重の思想と結合して導入されたガイダンス理論を土台にした言葉なのです。

この「ガイダンス（guidance）」は，「カリキュラム」同様，児童中心主義の立場に立つアメリカの進歩主義教育運動の中で見出された概念です。その経緯について，宮坂哲文は『生活指導の基礎理論』において，次のように述べています。

> 19世紀末のアメリカにおいては，ドイツ教育学における指導（Führung）の概念にちょうど適当する定まった概念ないし用語が存在しなかったこと，管理と訓練を包

括した用語としての「指導」をあらわす概念を求めようとしたとき，管理に重点がかけられたばあいに school discipline という訳語がえらばれ，訓練（その語源的意味に注意）あるいは指導（Führung）という概念に重みがかけられたときに guidance ということばがえらばれたのではないかと推測される。いずれにしても，このようにして，19世紀末の10年間に，学校教育の方法体系をインストラクションとディシプリン，またはインストラクションとガイダンスという対応的概念をもってとらえる試みが示されたことは注意されねばならないことである。…（中略）…20世紀前半期におけるアメリカ教育界の二つの潮流を形成することになるからである。訓練（ディシプリン）という概念はエッセンシャリズムの系統に，指導（ガイダンス）という概念はプログレッシヴィズムの系統に受けつがれていく。

引用文献）宮坂哲文『生活指導の基礎理論』誠信書房，p.12，1962

　こうした経緯で登場してきた「ガイダンス＝指導」という概念は，もともとの意味である「歩むべき道をよく知っている人が案内する」という点を踏まえ，エッセンシャリズム（essentialism）[45] が重視する教師中心の教育の在り方を根本から見直しました。そして，児童中心の教育を具現化する概念として，プログレッシヴィズム（progressive），つまり進歩主義教育の中で注目されていったのです。とくに，教師のかかわりを一方的な教授，訓練，管理ではなく，子どもが経験していく活動や内容を，子ども自身が組織，あるいは問題解決していけるように手助けすることと位置づけ直してきました。授業を中心とする学校教育とは異なり，生活そのものをテーマにする保育実践において，こうした考え方がより強められたことは当然のことです。したがって，各保育者による具体的なかかわりの見通しを指す用語は「基本的な計画で編成した内容をそのまま行う」，または「子どもに下ろす」といったニュアンスの強い実施計画などではなく，「指導計画」と呼ぶことがふさわしいものです。

　ただ，「指導計画」の位置づけをめぐっては，もう少し違った解釈もなされてきました。たとえば，教師養成研究会は前掲著である『教育課程』において，以下のように述べています。

　教育課程構成の原則として，指導計画（guidance program）を教育課程から分離させることはできない。…（中略）…教育課程を児童生徒の一人々々に即したものに

---

[45] 教育を人類の文化遺産の本質的な部分の継承と考える立場であり，「本質主義」と訳される。1938年には，進歩主義に対抗するため，「アメリカ教育向上のための本質主義者委員会」も結成された。

> するためには学習単元の計画と共に生活指導を欠くことができない。
> 引用文献）教師養成研究会『教育課程－カリキュラムの構成と展開』学芸図書，p.341，1949

　ここには，「指導計画」が「学習単元の計画」とともに，子どもの生活活動の在り方を適切に援助する「生活指導」の計画の一部である，との位置づけがみられます。さらに，戦後新教育において「コア・カリキュラム」が台頭してくると，こうした位置づけはさらに強調されるようになります。たとえば，倉沢剛は『カリキュラム構成』の中で，次のように述べています。

> 　中心学習は，生徒の関心や問題を，じかにとりあげるのであるから，中心学習のプログラムは，本質的にガイダンスのプログラムである。
> 引用文献）倉沢剛『カリキュラム構造』誠文堂新光社，p.274，1949

　こうした倉沢の指摘を踏まえると，「指導計画」はもはや「カリキュラム」の一部ではなく，「カリキュラム」と一体的にとらえられるべきものとなります。こうした主張を受け，その後「ガイダンス＝指導」は単に課外的な生活活動に対する働きかけだけではなく，子どもの学校生活全体に対して働きかけを行うこと，つまり「生徒指導」として位置づけられていきました。そして，「学習指導」という言葉も生まれたように，子どもに対して行う教授・管理・統制・強制など，質的に異なるものを区別せず，とにかく教師が具体的に子どもに働きかけることすべてが「指導」であるとみなすようにもなりました。そのため，「指導計画」は教師が子どもにさせたい内容を一方的に決定し，それをどう理解させるかの手順を記述するものとなってしまったわけです。ここには「ガイダンス」の本来的な意味，つまり「子どもの個性を尊重する」という思想が欠落しています。

　このように，「指導計画」を「カリキュラム」そのものと拡大解釈すると，「ガイダンス＝指導」の本来の意図が見失われたり，基本的な計画との関係もあいまいになってしまいます。

　そのため，基本的な計画との違いを明確に理解しておく必要があります。確かに，ガイダンス理論を土台にした「指導計画」という言葉にも，子どもの個性を尊重する視点からいえば，計画の仮説性・予測性は，「カリキュラム」同様に重視されています。しかし，だからといって両者を同一のものとみなすと，「カリキュラム」の内実である基本的な計画と，具体的な計画の質的な違いを見落としてしまいます。

（4）園レベルでつくられる計画の再定義

　そこで筆者は，「カリキュラム」の内実にある質的な違いを意識して，基本的な計画と

第3章　保育におけるカリキュラム観の再構築

具体的な計画を次のように定義したいと思います。

> カリキュラム（curriculum）には，各園に固有な保育目標および地域・施設環境を背景に，長年にわたる実践成果から，保育期間の子どもの育ちや園生活の流れを，大筋なかたちで独自に体系化したものと，これをもとに，毎年変わる子どもたちに対して，各保育者が具体的な指導の見通しを立てるものの二つのレベルがある。前者は，概括的な内容を示すところから「基本計画 master plan」，また後者は，具体的な内容を示すところから「指導計画 guidance program」と呼ぶ。
> なお，「指導計画」の中には，計画する期間により長期（年間）中期（期・月）短期（週・日）の区分がある。

なお，「基本計画」を「master plan」，「指導計画」を「guidance program」と訳するのは，ポストモダンの建築学の考え方を参考にしました。建築学の知見がカリキュラム観やカリキュラム開発観の拡大に役立つことは，前述した佐藤学も指摘している通りです。

ではここで，ポストモダンの建築学をひもといてみましょう。黒川紀章[*46]は，今後の建築のコンセプトをメタボリズム（metabolism＝新陳代謝）論として提示しています。そのコンセプトを，黒川は『朝日新聞』のコラムの中で，次のように述べています。

> 建築はつくられたときに固定してしまうのではなく，過去から現在，そして未来へ向けて変化していく実践として捉える。あるいは変化していく過程として捉える。
> 引用文献）黒川紀章「生命の時代の建築」『朝日新聞』（1994年12月18日付東京版・朝刊）

このコンセプトは，カリキュラムづくりを絶えず評価し，改革していく継続的な活動という動的概念からとらえ直すことを提起した「学校に基礎をおくカリキュラム開発（SBCD）」と相通ずるものです。なお，黒川はこのメタボリズム論を土台に，『建築論Ⅱ～意味の生成へ』[*47]において，「メタモルフォーシス（metamorphosis＝変身）」「シンビオス（symbios＝共生）」という概念を提唱し，共生の時代を支える建築のあり方を希求しました。このふたつの概念をカリキュラム論に当てはめるなら，メタモルフォーシスは「カリキュラム」の仮説性を意識する中で，幅をもって活動内容や指導のあり方を予測

[*46] 黒川紀章（1934～2007）：ポストモダン建築を代表する建築家。1961年パリに発足し，新しい建築を宣言したTEAM.X（チーム・テン）にも参加した。合理性，機能性を追求した結果，味気ない都市・建築づくりを進めたモダニズム建築を批判し，装飾性などを重視した。

[*47] 黒川紀章『建築論Ⅱ～意味の生成へ』鹿島出版会，1990

しつつ，実践ではさらにその予測が変化することを受け入れていく姿勢と重なります。また，シンビオスは，保育者と子どもの一対一的な関係でのみ「カリキュラム」を構想するのではなく，クラス集団や家庭・地域社会をも視野に入れた多面的な視点を加味してカリキュラムづくりを進めることに重なります。

以上のコンセプトのもと，黒川は従来の建築設計が固定的で単線的なものが主流であったことを批判しました。そして今後の建築設計は，基本となるマスタープラン（master plan）だけではなく，具体的かつ予定的な内容を設計するマスタープログラム（master program）も大切であるとしました。つまり，黒川は建築家の論理が強く反映されるマスタープランだけではなく，具体的に居住する側の論理を組み込んだマスタープログラムが重要だと述べているわけです。

通常，「plan」も「program」も，ともに「計画」と訳される言葉ですが，本来「plan」は「ある事柄をなすための精神的準備を整える」といった基本的な計画を指し，時系列が含まれない構造を示している言葉です。これに対して「program」は，時系列にそった計画を含んだ言葉であり，「plan」をより具体的に計画する際に用いられる言葉です。黒川は，この「plan」と「program」の本来的な意味の違いに注目し，両者がそろって初めて生命ある建築が生み出されると考えたわけです。

先に定義したように，「カリキュラム」の内実には「基本計画」と「指導計画」があります。そして，両者の内容は決して同じではなく，まさに「plan」と「program」の関係になっています。したがって，筆者は黒川の提言に学びつつ，両者の内容差を考慮して「基本計画」を「master plan」，「指導計画」を「guidance program」と訳すことを提案したわけです。

ただ，「guidance program」としての「指導計画」は，「基本計画」よりも実践に近い分，仮説性が高いものです。「plan」と「program」という訳語の相違も考慮すれば，「指導案」と呼ぶ方が，よりふさわしいものであることも付け加えておきます。

表3-6　カリキュラムの内実と内容差

「基本計画」=「master plan」 （「教育課程」「保育課程」）	用　語 （制度的用語）	「指導案」=「guidance program」 （「指導計画」）
基本的な計画（基本計画）	性　格	具体的な計画（具体計画）
編成するもの	コンセプト	作成するもの
在園児全て（3～6年間）	対　象	当該，担当クラスの子ども
園長の責任の下に編成	つくる主体	クラス担任の責任の下に作成
抽象度が高い	記載内容	具体性が高い
固定的な位置づけ（不変性）	見直し	修正が前提（可変性）

なお、制度的な用語としては、「教育課程」「保育課程」である「基本計画」を「master plan」、制度的な用語としては「指導計画」である「指導案」を「guidance program」として位置づけると、両者の質的な違いは、おおむね表3-6のように整理することが出来るでしょう。

ここに示した園レベルでつくられるふたつの計画の性格などに関し、「基本計画」については第4章、「指導案」については第6章で詳しくふれることにします。

3 循環的サイクルとしての保育カリキュラムの再構築

以上、「カリキュラム」と「コース・オブ・スタディ」および「カリキュラム」の内実としての「基本計画」と「指導案（指導計画）」を筆者なりに定義しました。

そのうえで、「カリキュラム」と「コース・オブ・スタディ」を区別すること、また、園レベルの計画についても、制度的な用語の違いを超えて、「基本計画」と「指導案（指導計画）」のふたつからとらえることを示しました。そして、「基本計画」を「master plan」、「指導案（指導計画）」を「guidance program」と位置づけ、その質的な差についても整理しました。

また、「学校に基礎をおくカリキュラム開発（SBCD）」に学ぶ時、改めて、カリキュラムづくりを進める営みを動的概念でとらえるべきことも提案しました。3章において、これまで学んできたことを保育カリキュラムの全体構造として図示すると、図3-3のようになります。

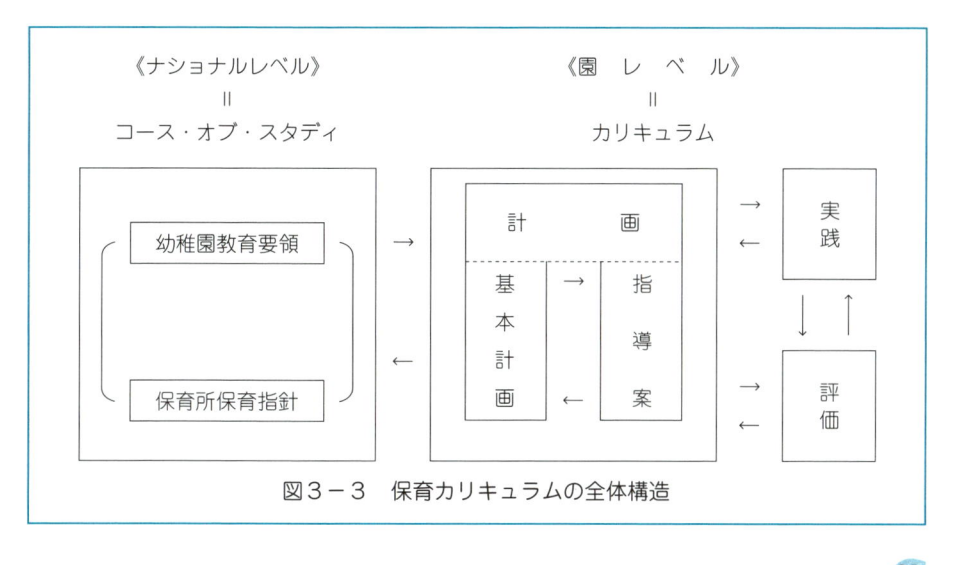

図3-3 保育カリキュラムの全体構造

こうしたとらえ方は，保育者から一方的に伝えたい活動内容を，固定的かつ羅列的に配列することを意図してきたこれまでのカリキュラム観を大きく転換し，また拡大することになることでしょう。そして，計画は実践，評価と連動する中でこそ，その存在意義を発揮するという点も，よりはっきりしていくでしょう。

　さらに，カリキュラムづくりについても，近年「カリキュラム開発（curriculum development）」という言葉に代わって，「カリキュラムの形造り（curriculum shaping）」，または「カリキュラム・デザイン（curriculum design）」という言葉が使われ始めています[*48]。図3-3の整理は，カリキュラムづくりをこうした循環的かつ創造的な営みとしてとらえ直すことにもつながると思います。

♣参考・引用文献
○ 安彦忠彦編『新版カリキュラム研究入門』勁草書房，1999
○ 阿部重孝「教科課程」『教育学辞典』岩波書店，1936
○ 磯田一雄「生活指導と教育課程」,肥田野直・稲垣忠彦編『教育課程 総論』（戦後日本の教育改革6）東京大学出版会，1971
○ 井上義巳『広瀬淡窓』（人物叢書 新装版）吉川弘文館，1987
○ 梅根悟『コア・カリキュラム－生活学校の教育設計－』光文社，1949
○ 梅根悟『世界教育史』新評論，1967
○ 小田貴雄『斯邊鎖氏教育論講義』真理書房，1885
○ 『The Oxford English Dictionary』Volume Ⅱ-C，1989
○ Caswell, H. L., Campbell, D. S., Curriculum Development, American Book Company, 1935
○ 教師養成研究会『教育課程－カリキュラムの構成と展開』学芸図書，1949
○ 倉沢剛『近代カリキュラム』誠文堂新光社，1949
○ 倉沢剛『カリキュラム構成』誠文堂新光社，1949
○ 黒川紀章『建築論Ⅱ～意味の生成へ』鹿島出版会，1990
○ 黒川紀章「生命の時代の建築」,『朝日新聞』（東京版・朝刊），1994年12月18日付
○ 佐藤学「カリキュラムを開発する」,岩波講座「教育の方法」(3)『子どもと授業』岩波書店，1987
○ 佐藤学『米国カリキュラム改造史研究－単元学習の創造』東京大学出版会，1990
○ 佐藤学『カリキュラムの批評－公共性の再構築』世織書房，1996
○ 佐藤学『教育方法学』岩波書店，1996
○ 尺振八『斯氏教育論』文部省，1880
○ Spencer, H., Education － Intellectual, Moral and Physical －, Hurst & Company, 1861
○ 日本保育学会編『日本幼児保育史』第6巻，フレーベル館，1975
○ Hamilton, D., Towards A Theory of Schooling:The Falmer Press, 1989（安川哲夫訳『学校教育の理論に向けて－クラス・カリキュラム・一斉教授の思想と歴史』世織書房，1998）
○ 細谷俊夫・奥田真丈・河野重男・今野喜清編『新教育学大事典』第2巻，第一法規出版，1990
○ 水谷智洋編『羅和辞典 改訂版 LEXICON LATINO-JAPONICUM Editio Emendata』，研究社，2009
○ 宮坂哲文『生活指導の基礎理論』誠信書房，1962
○ 文部省『学制百年史』，1972
○ 文部省『カリキュラム開発の課題－カリキュラム開発に関する国際セミナー報告書』文部大臣官房調査統計課，1975
○ 師岡章「教育の計画」,小川博久・小笠原喜康編『教育原理の探究－問い直しの教育学』相川書房，1998
○ 師岡章「保育におけるカリキュラム概念の再検討」『白梅学園短期大学教育・福祉研究センター研究年報』No4，1999

*48 「カリキュラム研究の動向①」参照

カリキュラム研究の動向 ❸
「ヒドゥン・カリキュラム(hidden curriculum)」の登場

　1970年代に入り，アメリカのカリキュラム研究において「ヒドゥン・カリキュラム(hidden curriculum)」という概念が提案され，大きな関心を集めました。

　「隠れたカリキュラム」「潜在的カリキュラム」とも訳される「ヒドゥン・カリキュラム」に最初に注目したのは，P.W.ジャクソン(Philip Weskey Jackson,1928-)です。ジャクソンは，参与観察という研究方法を用い，教室で生じるすべての事象をありのままに把握し，解釈していきました。そして，教室での生活を生き抜くものとして3R's(スリー・アールズ)-規則(rules),規制(regulations),慣例(Routines)が「ヒドゥン・カリキュラム」の主成分となっていると分析しました。そのうえで，「顕在的カリキュラム」と訳される文章で書かれる「マニュフェスト・カリキュラム(manifest curriculum)」だけが子どもの成長・発達に影響を与えているのではなく，目に見えない，隠された部分にもカリキュラムとしての価値があると指摘しました。この指摘は，それまでのカリキュラム観を大きく変化させるものでした。

　この「ヒドゥン・カリキュラム」は，進歩主義教育が重視してきた，カリキュラムを「学習経験の総体」と幅広くとらえる見方を深めるうえで，とても参考になる考え方です。つまり，子どもが経験する事柄は，顕在的，あるいは明示的なものだけでなく，潜在的，あるいは暗示的なものも含んでいるということなのです。登園から降園まで，保育者と子どもがずっと一緒に生活するという保育の実態を考えると，「ヒドゥン・カリキュラム」は保育実践を見直すうえでも有効な視点となるでしょう。

　その後，「ヒドゥン・カリキュラム」の研究は，「隠された」点にも注目し，「隠す主体」を想定し，教育における権力の所在を批判的に研究していく動きへと発展していきました。その代表的なものは，M.W.アップル(Michael Whitman Apple,1942-)の研究です。アップルは，学校が不平等な社会を維持，再生産させるための機能と役割をになっていることを批判的に検証し，いかに「生きられた文化」を創造し，再生産するかを検討しています。

　こうした，政治的，社会的な視点に立つ「ヒドゥン・カリキュラム」の研究は，行動科学に基づく合理的なカリキュラム開発の方法に対して見直しを迫り，なおかつカリキュラム観をさらに広げるきっかけとなりました。ただ，政治的かつ社会的なものを重視するあまり，それが子ども個人の育ちを決定するという見方におちいりがちという一面もありました。

♣参考文献
・Apple, M.W., Education and Power, Routledge & Kegan Paul Ltd, 1982(浅沼茂・松下晴彦訳『教育と権力』日本エディタースクール，1992)
・Jackson, P., Life in ClassroomsHolt, Rinehart & Winston, 1968

4 基本計画（マスタープラン）のデザイン

　幼稚園は，文部科学省が所管する学校として，法令上，教育機関としての用語が用いられています。一方，保育所は厚生労働省が所管する児童福祉施設として，法令上，教育機関とは別の用語が使用されています。

　しかし，子どもの健やかな育ちを支えるという保育の質的な側面において，幼稚園と保育所に違いがあってはなりません。2006（平成18）年からスタートし，現在，少子化対策や待機児童対策，子育て支援などをより積極的に推進するため，拡充が図られている幼保連携型認定こども園も同様です。そして，保育の質に影響を与える計画についても，同じく違いがあってはなりません。

　そこで本章では，幼稚園における「教育課程」と，保育所における「保育課程」が質的に同じ計画であるとの立場から，それらを区別せず，第3章で示した「基本計画（マスタープラン）」（以下，基本計画）という用語をもとに，そのあり方，作り方を検討していきましょう。そして，基本計画をつくる営みについても，保育現場が創造的に行うべきとの立場から，「カリキュラム・デザイン（curriculum design）」[*1]という視点で考えていきたいと思います。

1 基本計画としての「教育課程」「保育課程」の性格

　保育の見通しを考えるうえで，基本計画をつくることは必須です。では，幼稚園の基本計画である「教育課程」，同じく，保育所の基本計画である「保育課程」は，どのような計画を指すのでしょうか。

　まず，その位置づけについて把握していきましょう。

---

*1 「カリキュラム研究の動向①」参照

1 基本計画とは何か

　2008（平成20）年に改定・告示された『保育所保育指針』から「保育計画」が「保育課程」に改められ，その編成が求められました。以前は，「保育計画」とほかの計画との混同や，自治体が策定している保育計画との混同，といった混乱状況が保育所現場でみられ，問題視されていました[*2]。この状況を踏まえ，改定では，国は「保育課程」という新たなコンセプトに立つ計画づくりを求めたわけです[*3]。

　しかし，保育所の「保育課程」だけでなく，幼稚園の「教育課程」についても，いまだに「全体的な計画（全体計画）」といった説明もみられます。しかし，「全体的な計画（全体計画）」と「基本的な計画（基本計画）」では，イメージするものがかなり異なります。

　一般に「全体」という言葉は，「ある物事の全てをひとつのまとまりとして考えたもの」を指します。こうしたイメージで「教育課程」や「保育課程」をとらえると，見通す期間の短い指導案を寄せ集めたもの，つまり年間の指導案が「教育課程」や「保育課程」と考えてしまうケースも起こります。

　一方，「基本」という言葉は，「物事のよりどころとなる大もと」を指し，ある物事，また，その物事を進めることを具体的には示すものではありません。ですから，物事を実際に進める際は，「基本」だけでは不十分で，「基本」を踏まえつつ，具体的な道筋を考えていかねばならないわけです。

　このように言葉の意味合いから考えても，「全体的な計画」と「基本的な計画」では，かなり性質が違います（図4-1参照）。あいまいなまま用語（言葉）をとらえるのではなく，こうした違いをきちんと踏まえておくようにしましょう[*4]。

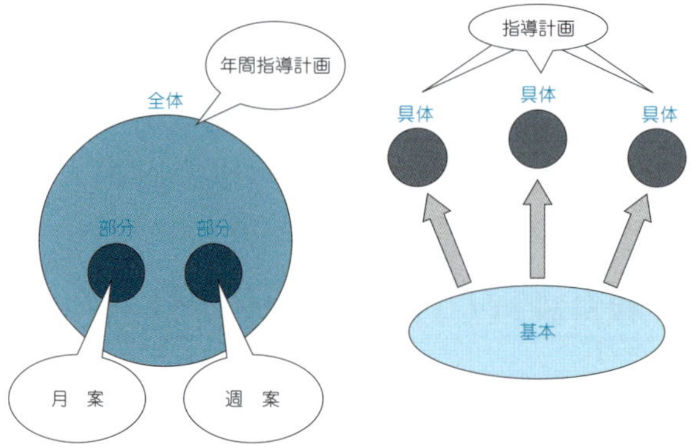

図4-1　全体計画と基本計画のイメージの違い

[*2] 第2章❸参照
[*3] 「保育課程」は，『保育所保育指針解説書』および『改定保育所保育指針Q&A 50（改定保育所保育指針研修会資料）』によれば，「新たな，そして，包括的な捉え方」のもと，「保育の基本となるもの」「すべての計画の上位にあり，全体像を示すもの」「保育所保育の根幹となるもの」と説明されている。

第4章　基本計画（マスタープラン）のデザイン

　保育現場では，いまだ「教育課程」「保育課程」と年間の指導案を混同し，その結果，「教育課程」「保育課程」自体を編成していない園もあります。まずは，基本計画が全体計画とは異なることを理解し，その編成に取り組むことが大切です。そして改めて，基本となる計画をつくる重要性を認識する必要があるでしょう。

2 編成するものとしての基本計画

　基本計画をつくる場合は「編成」[*5]，指導案をつくる場合は「作成」という言葉を使うのが一般的です。計画は「つくる」ものですが，このように計画によって「編成」と「作成」という言葉が使い分けられます。

　この「編成」という言葉は，一般に「個々のものを組み立てて，ひとつのまとまったものにすること」を意味します。つまり，「編成」という言葉は，「あむ」を意味する「編」と，「なす」を意味する「成」という漢字から成り立っていることからもわかるように，白紙の状態から，あるものをつくるために，素材や材料を組み合わせ，ひとつのまとまったものに仕上げる営みを指すわけです。一方，「作成」という言葉は，単純に「あるものを作り上げること」を指します。

　園の基本計画は，もちろん，国が示す『幼稚園教育要領』『保育所保育指針』を踏まえる必要はありますが，園が独自に設定していくものです。しかし，5領域自体が「子どもの発達を見る視点」に過ぎないことを考えれば，具体的な保育内容ひとつとっても，園独自に設定していく必要があります。しかも，園の規模や地域の実態などをみても，同じ条件の園はひとつとしてないわけですから，その意味でも，園独自につくるべきものなのです。そのため，「編成」という言葉が使われているのです。基本計画は「編成すべきもの」との共通理解に立ち，編成作業に取りかかることが求められます。

3 基本計画の対象

　園の基本計画は，在園するすべての子どもを対象にして編成されます。
　幼稚園であれば，基本的には3歳児から5歳児までの3年間を対象に編成されます。

---

* 4　ただ，2014（平成26）年，初めて告示された『幼保連携型認定こども園教育・保育要領』では，幼保連携型認定こども園が幼稚園と保育所を兼ねるため，「教育課程」「保育課程」のいずれの用語も使えず，法的に教育及び保育の内容に関する「全体的な計画」という用語を使っている（無藤隆『はじめての幼保連携型認定こども園教育・保育要領ガイドブック』フレーベル館，2014）。
* 5　『幼稚園教育要領』また『保育所保育指針』においても，基本計画である「教育課程」「保育課程」づくりは，すべて「編成」という言葉が使われている。

91

しかし，近年では満3歳になった時点で入園を許可しているケースもあり，その場合は，4年間を見通す中で基本計画を編成する必要があります。

また，0歳児保育を行っている保育所であれば，0歳児から5歳児までの6年間を対象に，基本計画を編成します。

さらに，現在，広がりつつある，幼稚園と保育所の機能を一体化した幼保連携型認定こども園の中には，3歳以上児の3年間と，3歳未満児の3年間を別々に計画する場合もあるようです。しかし，保育の骨格となる重要な計画ですから，やはりこのようなケースでも6年間の全体を見通す中で基本計画を編成する必要があるでしょう。

いずれにしても，保護者から委ねられ，保育しているすべての年齢にわたって，一貫した計画を園の基本として編成することが大切です。

4 基本計画の編成主体

園の基本計画は，園の保育の基本となる重要な計画です。そのため，編成する主体となるのは，保育所では「施設長」「所長」と呼ばれることもありますが，一般的には「園長」と呼ばれる園の最高責任者です。

園長は，園の保育に責任を負う立場ですから，編成された基本計画そのものについても，園の内外に対して責任をもつ必要があります。

しかし，ひとりで編成すべきというわけではありません。実際に保育に携わる保育者たちを無視し，現状にそぐわない机上の基本計画になっては，当然ながら意味がなくなってしまいます。求められるのは，園の最高責任者が主体となって，日ごろから熱心に保育に携わっている保育者たちと共に基本計画を具体的に編成し，実施していくことです。そして，園長はその結果に責任をもち，さらに充実した保育になるよう園を導いていくことが望まれます。

5 基本計画の記載内容

基本計画は，性格上，記載内容はあまり具体的ではなく，あえて大まかに示す程度にとどめるべきものです。なぜなら，基本計画の記載内容を具体的にすればするほど，保育実践が柔軟に展開しにくくなるからです。

たとえば，基本計画に年齢ごとに毎月取り組む遊びや活動が具体的に記されていたり，年間行事の日程やプログラムが明記されていたりしたらどうでしょう。園の基本計画に明記されている以上，クラス担任にとって，その取り組みはすべて「やらねばならない」こ

とになります。基本計画を信頼し，わが子を入園させた保護者も，基本計画通りに保育することを求めるわけですから，具体的な活動が明記されていれば，それらが実施されているか否かを問うでしょう。

　しかし，同じ3歳児であっても，年々子どもたちの興味・関心は異なります。また，クラス担任も個性をもつひとりの人間ですから，同じく個性のある子どもとの間で，日々新たなる出来事が生じるはずです。こうした保育実践の実態を踏まえれば，毎年，同じ時期に同じ活動を，同じように展開するのは不自然です。やはり，実際の保育は，年々の子どもの実態に興味・関心に即して，クラス担任である保育者が考え，展開していくべきです。行事も同様に，何年も同じパターンでよいわけではないでしょう。

　こうした年々，またそのときどきの実態を踏まえ，具体的な見通しを立てていくのは，指導案[*6]です。基本計画は，指導案を立てる際の大元（基本）になります。そのため，指導案よりも記載内容はあえて抽象度が高いものにしておくことが大切です。クラス担任が展開する保育実践の自由度を保障するうえでも重要なポイントです。

6　基本計画の見直しのタイミング

　園の基本計画は，毎年，変更されるようなものではありせん。毎年，変更されるようなものを，通常，基本とはみなしません。

　とはいえ，基本計画も人間がつくったものですから，常に完璧なものであり続けることは出来ません。そのため，一定の時期が来たら見直しも必要となります。

　見直しのタイミングは，とくに規定がなく，各園の判断に任されています。たとえば，「園長が交代した」「園児数やクラス数が大きく変化した」「園が認定こども園になった」場合などは，基本計画の責任者や根底となる園の状況が変化しているので，基本計画も当然，見直すべきでしょう。

　ただ，こうした大きな変化がないケースでは，見直しのタイミングも計りにくいでしょう。そうした園に対しては，おおよそ10年単位での見直しをお勧めします。この「おおよそ10年単位」との提案は，国が示す『幼稚園教育要領』『保育所保育指針』等の改訂（改定）のタイミングを踏まえたものです。現在，『幼稚園教育要領』『保育所保育指針』は5領域時代に入り，おおよそ10年単位で見直し作業が進められています。この流れは，小学校以上の国の基準である『学習指導要領』がおおよそ10年単位で見直されてきたことに呼応するものです。しかも，現行の『幼稚園教育要領』『保育所保育指針』『幼保連携型

[*6]　指導案については，第5章参照。

認定こども園教育・保育要領』は，規範性を有する基準として告示化されています。今後も，こうした流れ，また，位置づけは維持されることが予想されます。とすれば，『幼稚園教育要領』『保育所保育指針』等の改訂（改定）後，園の基本計画を見直すことは当然必要です。基本計画をおおよそ 10 年単位で見直すという提案は，こうした意味も含んでいるわけです。

もちろん，『幼稚園教育要領』『保育所保育指針』等の改訂（改定）後，園の基本計画を見直し，大きく変更する必要がなければ，それでもよいわけです。ただ，基本計画を編成してから 10 年もたてば，子どもの育ちや家庭の状況，地域の実態にも変化がみられるはずです。とすれば，10 年前は通用した保育目標ひとつとっても，変更が迫られるケースもあるでしょう。契機が訪れたタイミングや一定の年月が経過した際には，変更の必要があるかどうかも考慮しながら基本計画を見直し，時代の変化や園の状況を踏まえたうえで，再編成を考えていくようにしましょう。

また，「基本計画をおおよそ 10 年単位で見直す」との提案は，いいかえれば，「10 年程度は維持できる計画を編成しよう」ということです。おおよそ 10 年程度は維持できる計画こそが，基本となる計画の名にふさわしいでしょう。この点も踏まえて，園長の責任のもと，全教職員が協力・連携し，基本計画を編成していく必要があります。

2 「教育課程」「保育課程」の編成原理

基本計画である「教育課程」「保育課程」を園独自にデザインするうえで，その方向性を左右するのは，「カリキュラム編成の基軸として，何を重視するか」です。基軸として設定するものが異なれば，自ずと生み出されるカリキュラムも異なります。カリキュラム研究では，こうした違いをカリキュラムの類型としてとらえ，整理してきました。

では，カリキュラムにはどのような類型があるのでしょうか。

1 カリキュラムの類型

カリキュラムの類型は，大別すると，「教科型」と呼ばれる「知識内容を重視する立場」と，「経験型」と呼ばれる「学習者を重視する立場」があります[*7]。

しかし，実際には「教科型」と「経験型」を改造，また混合させ，カリキュラムを編成した試みもみられます。園の基本計画を編成する際，どんな保育内容を選択し，それらを

---

*7 第 3 章 2 参照

組織する原理を何に求めるのかを考えるうえでも，過去の試みは参考になります。
　そこで，これまでのカリキュラム研究の成果を踏まえ，代表的な類型を紹介しましょう。

(1) 教科カリキュラム（subject curriculum）

　教育の目的を，「人類が築き上げてきた文化遺産の伝承」と位置づけ，伝承すべき客観的な知識や技術，また学問や芸術などの系列を教科として設定し，それによって教育内容を組織するタイプのカリキュラムで，一般的に「経験カリキュラム（experience curriculum）」と対比されます。

　教師が教えるべきもの（教科）の系統性が重視されるので，基本的に子どもの興味・関心は考慮されません。そのため，実践も教師主導で展開されます。保育においては，ナショナル・カリキュラムが示してきた「項目」や「領域」を「教科」ととらえ，計画化してきたカリキュラムがその典型例といえます。

　表4-1（p.96）に示した大分市立南大分幼稚園が編成したカリキュラムはその一例です。このカリキュラムは，当時，国が示していた『保育要領－幼児教育の手びき』[8]が掲げる「楽しい幼児の経験」としての12項目を，それぞれを保育内容として区別して計画しており，「教科的に保育の内容を設定している」といえます。そして，項目間の関連性も考慮せず，週単位で指導，また設定すべき活動を列挙するだけにとどまっています。

　現在でも5領域，また養護と教育など，『幼稚園教育要領』『保育所保育指針』等が示す保育の内容を，小学校以上の教科と同様なものととらえ，相互の関連性を踏まえないカリキュラムもみられます。また，音楽や体育，絵画製作，英語などを特色とする園では，5領域にとらわれず，独自に重点を置きたい分野を教科的に設定し，その系統性を踏まえた指導内容を計画化したカリキュラムを編成するケースもあります。

　このように，保育における「教科カリキュラム」とは，保育者が教えるべき内容を小学校以上の教科を想定しながら，内容別の系統性を重視し，それらを組織，編成するタイプのカリキュラムを指します。

(2) 相関カリキュラム（correlated curriculum）

　教科カリキュラムで設定される各教科が，互いに無関係でありすぎることを反省し，教科の区分自体は維持しつつも，学習効果を高めるため，教科間を関係づけようとするタイプのカリキュラムのことです。教科カリキュラムの改造版ととらえるとよいでしょう。

　保育においては，一定の期間，主題を設定し，各項目に示す活動も，その主題に関連したものを組織していくカリキュラムがその典型例といえます。

　表4-2（p.97）に示した鳥取西高校附属幼稚園[9]（p.98）が編成したカリキュラムは

---

[8] 第2章❶参照

表4-1　教科的カリキュラムの例（大分市立南大分幼稚園）

		21 週 10.2 – 10.8	22 週 10.9 – 10.15	23 週 10.16 – 10.22	24 週 10.23 – 10.29
	季節行事	運動会（六日）お月見	お月見	秋の虫取（上手に入れる）	秋の虫取
	自由遊び（ごっこ遊び）	かけっこ かげふみ	輪投げ（お友だちと仲よく）	輪投げ（上手に入れる習性を発見させる）	鬼ごっこ
	観察	秋の草花（すすきの風にゆれる様を見せる）	お月見のお供え物おだんごおいもくだもの	みのむし（みのむしの習性を発見させる）	霜（初めて寒かった朝お庭の草花の霜に注意させる）
十月保育案	幼児の言葉	大勢のお友だちの前で話す（元気にもできませんどうかわたしを食べて下さいと申し出た兎のけなげさ）	言葉集め（正しい発音）	大勢のお友だちの前で話す（元気に自由に話しろさ）	言葉集め（正しい発音）
言語	童話	月の兎（兎になって積木遊びをする）	赤頭巾さん（お婆さんのお家の出来事）	天狗と平助（平助のとんちで天狗の太鼓を使って長途中をたのしく）	赤いローソクと人魚（紙芝居）するい狼が退治されるまで
	劇遊び	積木の汽車（四拍子四分音符を正しく歌わせる）	積木の汽車（汽車に乗って遊ぶ様子を活発にさせる）	赤頭巾さん（お婆さんの家にゆく途中をたのしく）	（きれいな人魚がにいに連れ去られるかなしみ）
音楽体育	唱歌	お月様（四拍子四分音符を正しく歌わせながら円輪をつくる）	お月様（四拍子四分音符を正しく歌わせる）	はたおり虫（三拍子を曲により虫になりきった表現を正しく）	お店ごっこ（音程をはっきりさせる）
	リズム	きれいな円輪（四拍子で歩きながら上手に円輪をつくる）	きれいな円輪（四拍子で歩きながら上手に円輪をつくる）	虫のリズムの曲（はたおり虫）「キッコンバタリ」発音を正しく	お店ごっこ砂糖屋菓子屋果物屋（買手売手になる）
	遊戯	お月様（見えたりかくれたりの表現）	お月様（大きな大きなお月様）	はたおり虫（はたおる様に）（説明をさせ生活内容を豊富にする）	はたおり虫（うまい虫のとりかたをはっきりさせる様子）
	図画	お月見クレヨン画（鋏とのりを上手に使って）	月と兎（むらのような供えものをいろいろ工夫創作させる）	色別指導 想画（何でも好きなものを描く）	虫の印象画（輪かくをはっきりとらせる指導）
	製作	月兎（形を自由に工夫させる）	粘土細工（お月様の供えものをよく考え工夫創作させる）	虫のお家紙でつくる（きれいに切る）	魚果物菓子（形を自由に工夫させる指導）
躾	幼稚園	集りを正しく	お友だちと仲よく	物を大切にする	
	家庭	食事に好き嫌いをいわない	食事に好き嫌いをいわない	早起き	

資料）梅根 悟「幼稚園のカリキュラム」,東京教育大学教育学研究室 編『教育大学講座9　幼稚園教育』金子書房,pp.147-148,1950を一部改変

第4章　基本計画（マスタープラン）のデザイン

表4-2　相関カリキュラムの例（鳥取西高校附属幼稚園）

月	四月	五月	六月	七月
保育主題	楽しい幼稚園　仲よしお友だち	子供の日　春の野原　つみ草	雨の日のあそび　ままごと	七夕　水あそび
生活指導	部屋・下駄箱・帽子掛けなど覚える　二、挨拶・自分の道具は自分でしまつする。だまって帰らないこと　水道栓、便所の注意	お弁当をはじめるにあたり食事の作法　口すすぎ　仕事の後しまつ　帰るときの身仕度　途中遊びをしないように	雨具のしまつ　小雨のときでも外で遊びたいよう　室内砂箱および仕事　ままごとの後片付	衣類の清潔　お道具箱の整理　水あそびの注意　水あそびできたない溝つきをしないよう
教育課程案　年少組　四月—七月 自由遊び（ごっこ遊び）	砂あそび　ぶらんこ　ジャングルジム　積木　滑り台　かごめかごめ　ひらいたひらいた	花一もんめ　さくらさくら　かくれんぼ　おにごっこ　積木　おたまじゃくし　クローバーの輪つなぎなど	番犬あそび　はんかち落し　おひさん　おばあさん　時計店　いちご　ままごと遊び　お客様ごっこ	しゃぼん玉　かみなり遊び　水あそび
見学・観察	園内　各室　庭園　花見	五月人形　チューリップ　菜の花　春の花　種まき　伊吹植物園	雨　天気観察　かたつむり　田植	朝顔の成長　野菜　きうり　なす　すいか　ほうずき　水鉄砲
お話・劇遊び	桃太郎　地蔵様　花咲爺　紙芝居　桃太郎　赤いまり　人形芝居　花坂爺　誕生会	金太郎　牛若丸　こいのぼりとすずめ　蝶々のお首かざり　ジャックと豆の木　紙芝居　だるまのあくび　人形芝居　お菓子の家　誕生会	ぴょん太郎　かたつむりさん　梅雨の話　めだかのボーヤ　紙芝居　青かえるぴょん吉　お友だち　人形芝居　赤ぼうばあさん　誕生会	七夕の話合　七夕様　七夕祭の会　浦島太郎　紙芝居　正雄さんの夢　人形芝居　浦島太郎　誕生会
音楽・リズム	結んで開いて　かいぐり　行進　はり紙　蝶々　桃太郎	金太郎　鯉のぼり　お弁当のうた　チューリップ　おたまじゃくし　スキップ　出して引っこめ　誕生会のうた	雨　雨だれ　蛙　お客様　ものまね　レコード時計屋　かたつむり	小さいお庭　七夕　お星様　楽隊遊び　水あそび　水鉄砲　お洗濯
絵画・製作	自由画　輪つなぎ　折紙　はり紙	自由画　塗板画　こいのぼり　おたまじゃくし　チューリップ	自由画　時計屋　お客様　いちごはり紙　いちご道具（ねんど）	七夕用意　ちょうちん　色紙　なす　きうり　すいか　ほうずき　竹につける野菜　舟　自由画　はネンドで作る
健康保育	手洗　うがい　鼻かみ　身体検査　百日咳予防	お弁当のすきらいをいわぬこと　腰掛を正しく　戸外で遊ぶ　身体検査（測定）　給食に関して相談	ぬれたものを着ていないように　食物腐敗の注意　天気のときは外に出す　身体測定　検便　蛔虫駆除	乾布摩擦　食べ過ぎ呑み過ぎしないよう　長く水につからない　身体測定
年中行事	入園式　始業式　誕生会　天皇誕生日	子供の日　福祉週間　端午の節句　身体検査　誕生会　参観日	入梅　時の記念日　誕生会　参観日	七夕　誕生会　参観日　終業式
P・T・A	保育方針を語る会	福祉週間　行事ごとに給食に関して相談	個人的個性について	夏休み中の注意健康と躾の点について話す

資料）梅根 悟「幼稚園のカリキュラム」、東京教育大学教育学研究室 編『教育大学講座9　幼稚園教育』金子書房、pp.145-146, 1950 を一部改変

その一例です。このカリキュラムも、前述の大分市立南大分幼稚園と同様、『保育要領－幼児教育の手びき』が示す12項目を教科的にとらえ、保育の内容を設定してはいます。しかし、最上位に設けた保育主題によって、各項目が関連するように工夫されている点が異なります。

現在でも主題を設定し、それに基づき各内容間に関連性をもたせようとしているカリキュラムもあります。また、園によっては、主題が単なるスローガンに終わらぬよう、季節感を踏まえたものを設定したり、園全体で取り組む行事を主題化したりするなどの工夫を行っています。

ただ、相関カリキュラムの基軸が、教科カリキュラム的であることは否めません[*10]。

(3) コア・カリキュラム (core curriculum)

コア（中核、あるいは中心）をもったカリキュラムのことです。

このカリキュラムは、図4-2に示すように、コアとなる課程（中心課程）と、それを支え、関連する内容を設定した周辺となる課程（周辺課程）が同心円的に構成されるのが特徴です。この中心課程は、一般的に子どもが生活の中で出会う問題が設定され、それを解決していく学習活動、つまり問題解決場面が重視されます。その意味で、コア・カリキュラムは「経験型」のカリキュラムといえます。

表4-3に示した香川師範学校附属幼稚園（現、香川大学教育学部附属幼稚園）が編成したカリキュラムはその一例です。このカリキュラムは、中心課程として単元を設定し、「お店やごっこ」や「夏のあそび」など、その時期、子どもが興味・関心をもって取り組むであろう遊びを重視し、カリキュラムを編成しています。そして周辺課程も、中心課程で取り組む単元活動と関連した保育内容が幼児の生活

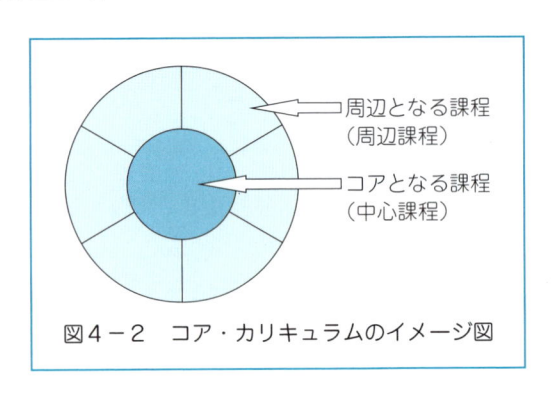

図4-2 コア・カリキュラムのイメージ図

[*9] 正式名称は鳥取県立鳥取西高等学校附属久松幼稚園。唯一の県立幼稚園として長く鳥取県内の保育をリードしてきたが、2003（平成15）年に廃園となり、96年の歴史に幕を閉じた。現在、園舎が鳥取市立久松保育園に継承されている。

[*10] 近年、小学校以上の教育現場では、「相関カリキュラム」の教科カリキュラム的な性格を改善するため、さまざまな工夫がみられる。たとえば、小学校低学年で「生活科」、中・高学年で「総合的な学習の時間」を設定するなど、従来の教科の枠を越えた教育内容も設定されている。こうした教科間で類似した内容をまとめたものは、「融合カリキュラム（fused curriculum）」と呼ばれる。また、基礎的な教科群で共通に取り扱われる要素を複数の教師で協力しながら展開するティーム・ティーチング（team teaching、T・T）では、「クロス・カリキュラム（cross curriculum）」と呼ばれる教科間連携的学習も実践されている。

表4-3 コア型カリキュラムの例（香川師範学校附属幼稚園）

期間	七　月	
単元	おごっこ店	夏のあそび
目標	1 ごっこ遊びにより社会性の発展をはかる 2 一六デー遊びを通して製作の喜びを味わせ工夫・創作力を養う	1 海辺や川で自由にのびのびと遊ばせて楽しいときを過ごす 2 いろいろの水遊びを通して科学心の芽生えを培う
保育内容（幼児の生活経験）言語	○紙芝居「お母さんはどこへ」 ○食べものの好ききらいについて話し合う ○買物ごっこの御挨拶について	○紙芝居「かにの遠足」 ○劇あそび「かにの遠足」
社会	○一六デーの買物の話から幼稚園の小父さんたちとお話をすることで一六デー遊びが生まれてくる（幼児に理解できる程度に社会をありのままに知らせる） ○売買の作法を知る ○どんな食物をとれば体が丈夫になるか	○しゃぼん玉あそび ○池や小川に舟を浮かべて遊ぶ ○幼稚園の社会生活を家庭生活に移し楽しい夏休みをすごしいろいろの経験をさせる
見学・視察	○町へ先生と一緒に買物にゆく ○お店のおじさんからいろいろ話をきく ○お金の正しい使い方を知る ×どんなお店があるか ×お店の装飾	○幼稚園のお池で蛙の飼育
音楽リズム	○唱歌あそび　うりもの ○唱歌あそび　うりやさん	○直接経験から表現活動へ ×おたまじゃくし ×めだか ×金魚 ○リズム遊び 　蛙あそび（二拍子）
製作・絵画	○一六デーの印象画を描く ○お店の品物つくり（製作中教師はよき助言者であるよう協同製作へ導く）個人製作より協同製作へ偏食しないよう注意する	○木工で ×水鉄砲 ×お船づくり ○海水浴の絵をかく
保健・体育	○夏の衛生 ○飲食物について ○汗の始末 ○寝冷せぬよう ○蚊・のみに気をつける ○食事の仕方を注意する	○海水浴の注意 ○夏休み中の健康について注意をなす
行事	○一六デー ○誕生会 ○終業式	夏休み
躾	○危いところで遊ばない ○お友だちに水をかけないこと ○創作力・工夫力を養う	○水を大切にする

資料）梅根 悟「幼稚園のカリキュラム」，東京教育大学教育学研究室 編『教育大学講座9　幼稚園教育』金子書房，pp.144-145，1950 を一部改変

経験として設定されています。

このように，コア・カリキュラムは中心となる活動を設定したうえで，その周辺に中心となる活動に関連する多様な経験を設定し，その経験を通して身につく生きた学びを大切にしようとするカリキュラムです。

(4) 経験カリキュラム (experience curriculum)

子どもの生活経験を重視し，教育内容を組織するタイプのカリキュラムで，「教科カリキュラム」と対比されます。教師主導で展開するのではなく，子どもの主体性や社会性の育成に主眼を置くのが特徴です。戦後新教育期には，「生活カリキュラム」と呼ばれることもありました。

経験カリキュラムは，子どもの興味・関心を重視し，その都度，子どもとともに経験内容をつくりあげようと心がけるため，実践も子ども中心に展開されます。よって，子どもの興味・関心を重視する分，教科の体系に基づく系統的な学習が希薄になります。

保育においては，『幼稚園教育要領』『保育所保育指針』も「教科的な学習」よりも，「子どもの興味・関心に基づく経験」を重視しています。そのため，保育のカリキュラムは経験カリキュラムを基本として編成すべきと考えられます。

その一例として，戦前の取り組みではありますが，表4-4に，明石女子師範学校附属幼稚園[*11]の保育案を示します。

「海軍記念日」のように軍国主義の影響もみられますが，基本は及川平治が示した「カリキュラムとは生活経験の系列である」との理念に基づいてつくられています。コロンビア大学附属幼稚園の「コンダクト・カリキュラム (Conduct Curriculum)」[*12]に学びつつ，教材本位ではなく，「生活単位法＝経験単位法」によってカリキュラムを編成しているのが特徴です。たとえば，入園してから1ヶ月経過した4歳児の5月期を対象に，子どもが経験する生活単位として「公園での遊び方」「お昼ご飯」「電車遊び」「遠足」などを設定しています。そのうえで，主たる経験となる部分を「保育綱目」に掲げ，そのほかにも「躾の要点」「保健に関する要点」なども計画化し，生活経験の充実・発展を意図したカリキュラムとなっています。

このように，経験カリキュラムは，児童中心主義の立場をもっとも反映したものであり，子どもの生活経験の質を高めながら，子どもの主体性，社会性の育成を図るタイプのカリ

[*11] 現，神戸大学附属幼稚園。1904（明治37）年に設立され，ジョン・デューイ（John Dewey, 1859～1952）に学びつつ分団式動的教育法を構築した及川平治（1875～1939）が1907（明治40）年から主事を務め，明治後期から児童中心主義による進歩的な保育実践に取り組んできた園である。

[*12] Hill,P.S.,A Conduct Curriculum for the Kindergarten and First Grade, Charles Scribner's Sons, 1923（高森冨士 訳『幼稚園及び低学年の行為課程』教文館，1936）

第4章　基本計画（マスタープラン）のデザイン

表4-4　明石女子師範学校附属幼稚園の保育案（昭和十五年，二年保育年少組五月）（二）

題目	公園ニテノ遊ビ方	オ昼御飯	電車遊ビ	遠足	海軍記念日
保育綱目	1 公園ヘハドンナ時ニ行クカヲ話シ合フ 2 ドンナ遊ビヲスルカ 3 公園デハドンナコトニ注意スルカ	1 食器ノ後始末 2 食事ヲスル 3 食事ノ準備ヲスルコト 4 手ヲ洗フコト	1 停留場ノ見学 2 電車運転手ノ仕事ヲミル 3 電車ノ型・種類ヲミル 4 積木デ電車ヲツクリ 5 電車停留所ヲ作ル 6 電車掌・運転手ヲキメル 電車ゴッコヲスル	1 帰リ道 2 昼食ノ時ノ注意 3 目的地ニツイテノ注意 4 車中ニオケル注意 5 遠足ニ出発時刻 6 ドコニ行ク	1 ポートレースノオ遊戯ヲスル 2 信号旗ヲ作ル 3 中崎遊園地ノポートレースヲ見ル 4 招魂祭ニツイテ話ヲキク 5 東郷元帥ノ話ヲキク 6 記念日ノ話ヲキクコト 7 海軍記念日
躾ノ要点	○公園ニ行ク時ノ注意ヲヨク守ル ○公園ノ利用法 ○芝生ニ入ラヌコト ○下駄芝生ニ入ラヌコト ○紙屑紙屑籠ニ入レルコト ○草木ヲ折ラヌコト ○池ニ石ヲ投ゲ入レヌコト	○机ニ水ヲ出スコト ○人ニ水ヲカケヌコト ○上ヲフイテカラ食器，弁当ヲ出スコト ○箸，楊子，コップ静カニ運ブコト ○挨拶ヲナシオ行儀ヨクイタダク ○茶ヲ配リテ「有難フ」ト言フ	○電車ノ乗降ノ際ノ躾 ○車掌運転手ノ仕事 ○車掌ニ譲リテノ作法 ○積木ノリヤリセズ使フコト ○人ニ邪魔セヌ様ニスルコト ○順番ヲキメル ○普通・急行・特急・交替ヲ車掌，運転手ニナル ○簡単ナ積木ノ使ヒ方ヲシル ○正シイ描キ方ヲシル	○遠足ニ関スル通知書ヲ持チ帰リ返事ヲ持ッテクルコト ○時刻ニ遅レヌヤウニ ○用意ノシテクルコト ○歩道ヲ歩キ車道ヲ正シテ左側通行スルコト ○汽車電車ニ人ガリテ乗降ヤリ手出サヌコト ○窓カラ顔ヤ手出サヌコト ○ヨク一緒ニ下ケルコト ○図ヲヨクキキルコト ○紙屑ノ始末ヲスルコト ○合図ヲヨクケルコト ○「先生サヨナラ」ト告ゲテ別レルコト ○忘レモノヲセヌ様ニスルコト	○ドンナ日カヲ知ラセル ○偉人ヲ崇拝セル ○報恩感謝ノ念ヲ培フ ○折紙デ簡単ナポートヲ折ラセル ○一生懸命パイ遊戯ヲスル ○早ク整備スル訓練
保健ニ関スル要点	○芝生デ思フ存分元気ニ遊ブコト ○池溝ニハマラヌヤウ ○先生ノ指示ニシタガヒ勝手ナトコロヘユカヌコト	○小口ニトル ○コボサヌ様ニ ○コボレタラ拾フ ○食事中ハ話ヲシナイコト ○食後ノロススギ歯ブラシ使用	○踏切番ノイナイ所ヲ通ラヌコト	○姿勢ニ注意スル	○心身ノ鍛錬 ○夜ハヨク休ムコト ○途中菓子，果物ヲタベヌコト ○ヨク注意シテ過ラセヌコト
備考	△此ノ季節ハ百日咳，はしかノ小児病ノヨク流行スル時ナレバヨク注意ス	△家庭ニ於テ何デモ食ベヤウニスルコト ○間食ヲヤメルヤウ ○食事中用便セヌ様	△植木ニヨリ色々ノモノヲ作ルコトヲ覚エル	○姿勢ニ注意スル	○父兄ハ通知書ヲヨク見ルコト ○家庭ヘノ注意ト服装 ○間食ヲ多ク持タサヌ様ニスルコト ○素ニナル所デ解散シ勝手ニ途中カラ帰ラヌコト

資料）文部省『幼稚園教育百年史』ひかりのくに，pp.242-244，1979を一部改変

キュラムです。戦後新教育期において自主編成されたカリキュラムも，こうした経験カリキュラムでした。

しかし，子どもの興味・関心を重視するとはいえ，実際には，教師や保育者の意図がまったくないまま実践が展開されるということはあり得ません。そのため，経験カリキュラムは，ひとつの理念型に過ぎないとの見方もあります。実際に経験カリキュラムを編成する際は，大人側の意図を自覚しながらも，その中味は出来る限り大まかなものにとどめ，主な内容は子どもの興味・関心を主軸にするような配慮が求められます。保育ではこのような経験カリキュラムを基本とすべきですが，「具体的にどのような生活経験を選択し，どう組織しながら質的な発展を図るのか」「系統的な学習活動の希薄化を避けるための工夫は何か」など，実際にカリキュラムを編成するうえで考えるべき課題も多くあります。

2 多様な編成原理

保育におけるカリキュラムの基本を経験カリキュラムに置く場合，園の基本計画をデザインする際の基軸も，当然ながら子どもの経験となります。ただ，実際にカリキュラムを編成するうえで，どのような経験を選択し，組織するかについては，さまざまな考え方があります。

そこで，経験を基軸とした場合のカリキュラム編成の基本となる考え方，つまりカリキュラムの編成原理について，代表的なものを概観していきたいと思います[13]。

(1) 活動分析法（activity-analysis procedure）

現在，大人が実際に生活している中で取り組んでいるさまざまな活動を分析し，その準備となる経験を，教育目標や教育内容として編成していく方法です。

たとえば，J.F. ボビット（John Franklin Bobbit）[14] は，20世紀初期のアメリカの社会生活を，「①言語活動，②健康活動，③市民活動，④一般の社会活動，⑤精神の健康活動，⑥余暇活動，⑦宗教活動，⑧両親活動，⑨非専門的な実際活動，⑩職業活動」に分け，それぞれの活動内容を分析しました。そして，大人になった時，それらの活動を進めるうえで必要となる能力や技能，知識を教育目標や教育内容として選定し，カリキュラムを編成することを提唱しました[15]。

---

[13] 倉澤剛『カリキュラム構成』誠文堂新光社，pp.123～178，1949，および，日本カリキュラム学会編『現代カリキュラム事典』ぎょうせい，pp.24～26，2001 を参考とした。

[14] ボビット（1876～1956）：アメリカの教育学者で，近代カリキュラムの基礎を築いた人物のひとり。「活動分析法」の提唱者でもある。

[15] J.F.Bobbit．．．How to Make a Curriculum:Honghton Mifflin，1924

第4章　基本計画（マスタープラン）のデザイン

　今日(こんにち)の学校教育でいえば，「社会科」における「社会見学」や，「家庭科」における「調理実習」「保育体験」，「総合的な学習の時間」における「職業体験」，さらに「道徳」における「奉仕活動」や，「英語」による「コミュニーケーション活動」などが，実社会を生きるための準備として設定されているといえるでしょう。

　保育現場でも，「食育」の一環として「クッキング保育」を取り入れたり，「英語」を熱心に導入している園もありますが，こうした活動も今日の大人社会の実生活を意識したものでしょう。

　このように，「活動分析法」は，教育（保育）目標や教育（保育）内容を実生活に基づき，合理的に導き出す方法です。

　しかし，大人になるまで，かなり時間がある乳幼児期を対象とする保育では，大人社会の実生活をスムーズに生きるための準備となる経験を，保育内容としてそのまま設定していくことには，無理もあります。保育においては，活動分析法によって得られた結果よりも，その科学的手法，たとえば統計調査による現状把握といった方法を活用することが大切でしょう。この点こそ，カリキュラムを客観的かつ科学的に編成するために，参考にすべき方法論だと思います。

（2）社会機能法（social-function procedure）

　いつの時代においても，社会生活を送るうえで重要となる出来事や問題を教育内容として設定する方法です。

　たとえば，第3章で取り上げたH.L.キャズウェル（Holls Leland Caswell）[16]は，「公民の関係（Civic Relation）」「消費（Consumption）」「生活の哲学（Philosophy of Living）」などを，この要素として示しました。そのうえで，それらの要素を社会生活の主要な機能ととらえ，「カリキュラムはこうした社会機能を教育内容として設定し，編成するものだ」と提案しました[17]。この考えを具体化したものが，「ヴァージニア・プラン」[18]です（第3章参照）。ヴァージニア・プランでは，小学1年生から「生命や財産や天然資源の保護保全」「物や施設の生産と分配」「物や施設の消費」「物や人の通信と輸送」「娯楽」「美的追求の表現」といった活動や経験を，教育内容として設定していきました。

　今日の学校教育でいえば，「社会科」における「人権学習」や，「図画工作科」「音楽科」

---

[16] キャズウェル（1901～1988）：ネブラスカ州のハイスクールの校長と教育長を務めた後，ジョージ・ピーボディ教育大学の助教授時代に多くの自治体でカリキュラム改造のコンサルタントを努めた。「ヴァージニア・プラン」も指導した。

[17] H.L.Caswell & D.S.Campbell., Curriculum Development, American Book Company, 1935

[18] ヴァージニア州が「社会改造」と「社会適応」を指導理念として，州主導で統一的プログラムとして作成した『ヴァージニア州初等学校のコース・オブ・スタディ試案』（Tentaive Course of Study for Virginia Elementary Scool, Grade I-Ⅶ, 1934）である。詳しくは第3章2参照。

における「鑑賞教育」，さらに「消費者教育」や「道徳」における「心の教育」などが，これにあたるでしょう。

　保育現場でも「人権保育」や「幼児期からの心の教育」などを重要な保育内容としてとらえ，カリキュラムを編成しているケースがみられます。こうしたカリキュラムは，時代が変わっても，社会生活を送るうえで必要な要素を重視して編成されたものといえます。

　このように，「社会機能法」は，教育（保育）目標や教育（保育）内容を，時代を超えた出来事や問題によって編成していく方法です。

　しかし，大人になるまで，かなり時間がある乳幼児期を対象とする保育では，時代を超えて大人社会で機能している要素を，保育内容としてそのまま設定していくことには無理もあります。そのため，より基礎的な活動や経験に置き換える必要があるでしょう。たとえば，「食育」の一環として取り組まれている「クッキング保育」は，小学校高学年に設定されている「家庭科」における「調理実習」と変わりない面もあります。それよりも，保育における「食育」では，十分に遊ぶことと，食事の充実がつながっていることを大切にしたカリキュラムを編成し，実践していく方がよいでしょう。

(3) 青少年欲求法（adolescent-needs procedure）

　青少年欲求法は，活動分析法や社会機能法が，大人の社会生活を対象にカリキュラム編成を進めてきたことへの批判として登場した，教育の対象となる子どもそのもの欲求や要求を中心としたカリキュラム編成を促す方法です。

　たとえば，進歩主義教育を推進した進歩主義教育協会（Progressive Education Association, PEA）の「中等学校カリキュラム委員会」は，青少年の欲求を「個人的生活（Personal Living）」「身近な個人的・社会的関係（Immediate Personal-Social Relationships）」「社会的・公民的な関係（Social-civic Relationships）」「経済的な関係（Economic Relationships）」の4つの基本的な側面からとらえ，さらに各側面にみられると予測される欲求を細かに設定しました[19]。

　このように細かな視点から，目の前の子どもの欲求を把握し，カリキュラムを編成しようと試みた青少年欲求法は，児童中心主義教育の立場に立つコア・カリキュラムの推進に大きな影響を与えました。それは，青少年欲求法が，教科の枠を越えた教育内容の設定を必然的に促す方法だったからです。児童中心主義による教育は，しばしば理念を掲げるだけにとどまり，具体的な教育内容を設定できずに終わるケースもありました。しかし，子どもの欲求に注目したことで，実践につながる具体的な教育内容が設定できたわけです。

　保育においても，子ども中心に実践を展開したいと考えれば，まずは目の前の子どもが

＊19　倉澤剛『カリキュラム構成』誠文堂新光社，pp.158～160，1949

求めるものを把握することから始めなくてはなりません。青少年欲求法は，カリキュラム編成において，「まず優先されるべきものは大人による教育課題の設定ではなく，子どもの興味・関心の把握である」ということを気づかせてくれる方法だといえるでしょう。

(4) 問題領域法（problem areas）および恒常的生活場面法（persistent life situations）

子どもが大人になっていく過程で，くり返し直面していく恒常的な生活場面を実態調査で明らかにしたうえで，その恒常的な生活場面を各発達段階ごとに分析し，そこに潜む青少年の問題領域を教育内容として編成する方法です。

活動分析法と社会機能法は，どちらかといえば大人本位の方法原理であり，青少年欲求法は子ども本位の方法原理ととらえられるものでした。しかし，保育や教育は，基本的に子どもと大人の両者がかかわりあう中で展開されるものであり，いずれか一方の思いだけに偏ることは，保育・教育の成立を妨げることにもなります。こうした異なるふたつの立場を総合する試みが「問題領域法」，あるいは「恒常的生活場面法」と呼ばれる方法です。

代表的な試みとしては，コロンビア大学教育学部の附属実験学校であったホレースマン・スクールとリンカン・スクールにおいて，F.B. ストレートマイヤー（Florence Barbara Stratemeyer）[20] が中心となって編成されたカリキュラムがあります[21]。

具体的には，ストレートマイヤーらは，「民主社会での教育の構造と生活の場の分析」を行い，表4-5（p.106）のように整理しました。表4-5の下部には「人間生活の主な側面」として5つ上げ，中部から上部にかけては，恒常的な生活場面として「個人能力の成長」「社会参加の成長」「環境の要素や力を処理する能力の成長」の3領域を示しました。そして，恒常的な生活場面である3領域には，さらに詳しく成長を促す領域が示されました。こうした考え方をもとに，カリキュラムを具体化する段階では，より詳細な恒常的な生活場面を提示し，各場面において日常的に現れる典型的な経験を示しています。そして，それらを児童前期（幼児期），児童後期，青年期，成人期の4期の発達段階に即して，整理しました。

大変，膨大かつ細かなカリキュラム編成の方法ですが，大人側の願い，あるいは社会からの要求と子どもの思いを重ね合わせる中で保育・教育が展開されることを考えれば，参考にすべきアプローチといえるでしょう。

---

[20] ストレートマイヤー（1900～1980）：アメリカの教育学者で，公立学校の校長を務めた後，ティチャーズ・カレッジの教員として，恒常的生活場面に基づくカリキュラム編成を提唱した。

[21] F.B.Stratemeyer., Developing a Curriculum for Modern Living: Bureauof Publications, Teachers College, Columbia Univ. 1947

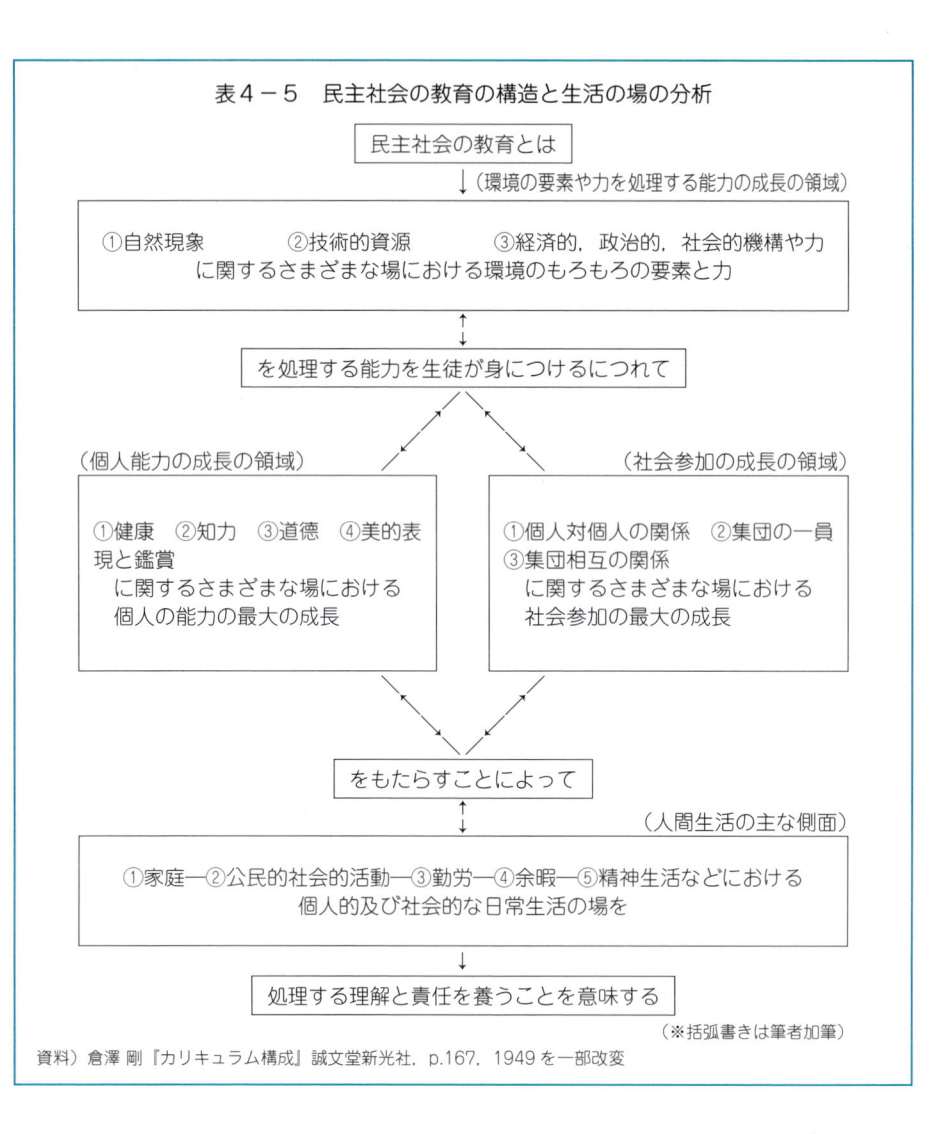

表4-5 民主社会の教育の構造と生活の場の分析

民主社会の教育とは

↓（環境の要素や力を処理する能力の成長の領域）

①自然現象　②技術的資源　③経済的，政治的，社会的機構や力
　に関するさまざまな場における環境のもろもろの要素と力

↑

を処理する能力を生徒が身につけるにつれて

（個人能力の成長の領域）　　　　　　　　（社会参加の成長の領域）

①健康　②知力　③道徳　④美的表現と鑑賞
　に関するさまざまな場における個人の能力の最大の成長

①個人対個人の関係　②集団の一員　③集団相互の関係
　に関するさまざまな場における社会参加の最大の成長

をもたらすことによって

↑

（人間生活の主な側面）

①家庭―②公民的社会的活動―③勤労―④余暇―⑤精神生活などにおける
　個人的及び社会的な日常生活の場を

↓

処理する理解と責任を養うことを意味する

（※括弧書きは筆者加筆）

資料）倉澤 剛『カリキュラム構成』誠文堂新光社，p.167，1949 を一部改変

　ただ，問題領域法，あるいは恒常的生活場面法も，活動分析法や社会機能法と同じく，大人社会の実生活を前提にカリキュラムを編成する姿勢に変わりはありません。そのため，選択・組織される教育内容も，結局は現状の社会への適応を主としたものになりがちです。
　しかし，社会は現状を維持するだけでは発展しません。いつの時代でも，社会はいくつかの問題を抱えており，それらの問題状況の解決も求められます。とすれば，子どもには，大人社会の実生活に適応することを求めるだけでなく，現状の社会を批判的にみる目や，発見した問題を解決・改善していく力量，創造力など，現状の大人がもっている発想を超

えた力も育んでいく必要があります。子ども中心の保育を推進するためにも，こうした力量を育成することにつながる基本計画をデザインしていくことが求められます。

3 カリキュラムの編成要件

　カリキュラムを編成する際，最小限必要となる要素は，一般に「カリキュラムの編成要件」と呼ばれます。編成要件を理解しておくことは，園の基本計画をデザインするうえでとても大切なことです。なぜなら，カリキュラムの類型や編成原理をもとに，基本計画をデザインする方向性や方法論を確認しても，考えるべき中味がイメージできなければ具体的な編成作業も進まないからです。

　ただ，編成要件はカリキュラムの類型によって異なります。保育においては経験を基軸としてカリキュラムを編成するべきですから，編成要件も自ずと経験カリキュラムに基づいて，確認しておく必要があります。一般的に，こうした経験カリキュラムの編成要件は，「教育目標」「スコープ」「シーケンス」「単元」の4点が本質的なものであるといわれています[22]。

　では次に，この4点について，その要点を整理しておきましょう。なお，「教育目標」については，幼稚園・保育所での営みを統一的に「保育」ととらえる立場から，「保育目標」といいかえておきます。

(1) 保育目標

　実践への見通しを立てる計画においては，子どもをどのように育てるのかという意図を明確にしておくことは不可欠な作業です。子ども中心に保育を展開するとはいえ，保育者がまったく意図をもたず，実践を進めることなどあり得ないわけですから，当然のことです。とすれば，責任ある保育実践を進めるためにも，計画の段階でめざすべき園の保育や，子どもに期待したい育ち，あるいは保育者の願いを明確にしておくことは不可欠な要素となるわけです。保育目標とは，こうした不可欠な要素，すなわち，園として望ましい子ども像を示すことです。

　ただ，めざすべき保育の方向性や，子どもに期待したい育ち，あるいは保育者の願いは，保育・教育の世界ではさまざまな言葉で表現されてきました。たとえば，「目的」「目標」「ねらい」といった言葉が代表的なものです。このうち，園の基本計画で整理しておくべき子ども像は，一般に「目標」という言葉が使われます。では，「目標」という言葉と，「目的」や「ねらい」にはどのような違いがあるのでしょう。

* 22　山下俊郎監修『保育学事典』光生館，p.192，1976

この点について，岸井勇雄(きしいいさお)は以下のように整理しています。

> 目　的…結果として最終的にめざすもの。多くの場合，総括的・抽象的である。
> 目　標…具体的に達成されることをめざすもの。目的よりも個別的・直接的である。
> ねらい…個別の事例の中で達成をめざすもの。目標の，より具体化・細分化された個々の事項や，その意図。
>
> 引用文献）岸井勇雄『幼児教育課程総論』同文書院，p.116，1990

　このように岸井は，人間がある意図をもって成し遂げようとめざす事柄を指す言葉である「目的」「目標」「ねらい」の概念を，意図の所在が総括的・抽象的なレベルから個別的・具体的なレベルまでの差に応じて「目的」→「目標」→「ねらい」の順で整理しました。保育・教育における計画のレベル差を踏まえると，おそらく「目的」は「法令等，国レベル」で示されるもの，「目標」は「園で編成される基本計画」，そして「ねらい」は主に「具体的な計画である指導案で用いることがふさわしいもの」といえるでしょう。

　ちなみに，英語でも意図をもって成し遂げようとめざす事柄を指す言葉は，「aim」「end」「goal」「intention」「objective」「purpose」などたくさんあります。『教育学学術用語集』[*23]には，「教育目的」は「aim of education」，「教育目標」は「education objects」といった翻訳もみられます。また，文部科学省による『幼稚園教育要領』の英訳版をみると，国が幼稚園教育に対し，総括的に達成を求めている「ねらい」という用語は，「aims」という言葉が使われています。こうした翻訳を踏まえると「目的」は「aim」，「目標」は「objective」，また，「ねらい」については，より具体的な意図を指す言葉である「purpose」という言葉が適当かもしれません。

　以上の「目的」「目標」「ねらい」のレベル差を整理すると，表4－6のようになるでしょう。

　いずれにしても，基本計画を編成する際の要件となる「保育目標」は，「目的」ほど総括的・抽象的ではないものの，「ねらい」ほど具体的でもないといえます。そのため，「保育目標」は，その性格を踏まえ，設定していく必要があるわけです。

　ただ，園として具体的に達成したい事柄を設定するわけですから，時期的な目安は子どもが卒園する時点と考えておくのが適当でしょう。つまり，基本計画に示すべき「保育目標」とは，保育所や幼保連携型認定こども園であれば最長6年間，幼稚園であれば最長3年間の保育を積みあげた結果，卒園する時点で期待したい子どもの育ちを，子ども像として示すことが求められるわけです。

＊23　日本教育学会教育学学術用語研究委員会編『教育学学術用語集』日本教育学会，1996

表4-6 「目的」「目標」「ねらい」の相違

意図のレベル差	用語	対応する計画	使用レベル
総括的　間接的　抽象的　↑↓　個別的　直接的　具体的	「目的」(aim)	『幼稚園教育要領』『保育所保育指針』『幼保連携型認定こども園教育・保育要領』等、法令として国から示されるもの	国レベル
	「目標」(objective)	「教育課程」「保育課程」といった園の基本計画	園レベル
	「ねらい」(purpose)	具体的な計画である指導案	

（2）スコープ（scope）

スコープとは，カリキュラムの領域または範囲を意味します。経験を基軸にカリキュラムを編成する場合，どのような経験を選択し，保育内容として設定するのかを考えていくもの，つまり重視したい経験の幅，経験の種類や分野ともいいかえられるでしょう。

第2章で述べたように，『幼稚園教育要領』『保育所保育指針』『幼保連携型認定こども園教育・保育要領』において，国は3歳以上児に対し，保育の内容として5領域を示しています。しかし，それらはあくまでも「子どもの発達を見る視点」に過ぎず，5領域は「望ましい経験」として設定され，保育者が指導しなければならない保育内容の枠組みとして示されたものではありません。そのため，具体的な保育内容は，園レベルで考えていかねばならない，逆にいうと，考えていってよいということになります。

園の基本計画を立てるとき，「保育目標」を達成するために，どのような経験内容を重視するのかをしっかり考えておくことは不可欠です。基本計画を理念的なものだけにとどめないためにも，重視したい経験の幅，経験の種類や分野である「スコープ」を考えることは，保育内容設定の骨格となる，大切な作業です。後述する指導案も，この基本計画に設定された保育内容にしたがって，実践への具体的な見通しを立てます。

この重要性を踏まえたうえで，「活動分析法」「社会機能法」「青少年欲求法」「問題領域法」「恒常的場面法」など，前述したカリキュラムの編成原理を参考に，実践を展開する際の窓口となるようなものを保育内容として設定していくようにしましょう。

（3）シークェンス（sequence）

シークェンスとは，カリキュラムの系列または配列を意味します。このシークェンスは，「スコープ」を考えることによって選択された経験の種類や分野を，年齢や発達過程，あるいは子どもの興味・関心にそって，順序立てて構成していくことです。つまり，「保育

目標」の達成に至るまでの保育内容を時系列的にそって考えることといえます。

　前述した通り，大綱化されている『幼稚園教育要領』『保育所保育指針』『幼保連携型認定こども園教育・保育要領』は，5領域を「子どもの発達を見る視点」として示すだけでなく，年齢や発達過程にそって保育の内容を示すこともしていません。そのため，具体的な保育内容を年齢や発達過程，あるいは子どもの興味・関心にそって，順序立てて構成していく作業も，園レベルで考えていかねばならない，また，考えていってよいものとなるわけです。

　したがって，園の基本計画では，「保育目標」を達成するために，「スコープ」を考え，それによって設定した保育内容をどのように積みあげていくのかをしっかり考えておく必要があります。シークェンスを考える際には，発達心理学等の知見に学ぶことを始めとし，園として積み重ねてきた実践の成果をふり返り，自園ではどのようなプロセスを得て，子どもが成長・発達していくのか，また，時期ごとの「興味の中心」は何かを踏まえ，実践において促す具体的な活動の目安を考えるという筋道を意識するようにしましょう。さらに，発達課題，教材等の選択についても，系統性を考えておくことは不可欠ですから，学童期以降の発達等も視野に入れ，「シークェンス」を考えていきましょう。

(4) 単元（unit）

　単元とは，一般には，ひとまとまりの指導内容，あるいは学習内容を指します。

　この「単元」という概念を初めて明確にしたのは，T. チラー（Tuiskon Ziller）[24]です。チラーは，まとまった学習のひとつの単位，あるいは教材の単位を「単元」ととらえました。しかし，当時，チラーが設定したこの単元は，教科カリキュラムを基盤にしており，いわゆる「教科単元」と呼ばれるものです。

　しかし，経験を基軸にカリキュラムを編成する場合は，単元も「教科単元」ではなく，「経験単元」を主とし，学習や教材の単位ではなく，まとまった経験の単位を「単元」として設定すべきです。経験カリキュラムでは，こうした「経験単元」を，「スコープ」と「シークェンス」を設定した後，具体的な保育内容として計画していきます。

　こうした「経験単元」で取りあげる内容や方法について，たくさんのアイディアを生み出したのは，進歩主義教育によるカリキュラム改造運動です[25]。その中で代表的なものは，W. キルパトリック（William Heard Kilpatrck）[26]の「プロジェクト・メソッド（project

---

[24]　チラー（1817～1882）：ドイツ・ヘルバルト派の教育学者。J.F. ヘルバルト（Johann Friedrich Herbart, 1776～1841）が示した教授過程の段階説である「明瞭→連合→系統→方法」の4段階説を発展させ，「分析→総合→連合→系統→方法」の5段階説を提唱した。そして，5段階を経て進行するひとつの学習を「方法的単元（Methodische Einheit）」という用語で表した。

[25]　詳しくは第3章❷参照。

[26]　キルパトリック（1871-1965）：アメリカの教育学者。進歩主義教育をリードしたデューイのプラグマティズムの影響を受け，プロジェクト・メソッドを提唱。経験カリキュラムの発展に貢献した。

method)」です。このプロジェクト・メソッドは，子どもの自発的な経験による学習を重視する方法であり，子どもが生活する中で気づいた身近な問題をテーマに掲げ，その問題を解決するため，「目的→計画→実行→判断」の 4 段階によって展開されます。

近年，この方法は保育においても注目されています。その契機となっているのが，イタリアの「レッジョ・エミリア・アプローチ（Reggio Emillia Approach）」[*27] です。

この「レッジョ・エミリア・アプローチ」は，プロジェクト・メソッドに学びつつ，独自のプロジェクト型実践を展開しています。具体的には，従来，クラス単位で取り組まれることの多かったプロジェクトを，4〜6 人程度の小グループで展開していきます。また，プロジェクトの主題も大まかに設定するだけで，それが活動の目的として固定されることはなく，子どもたちの発想によって柔軟に発展，修正していきます。一例として，筆者が視察した際，レッジョの保育者から報告を受けた事例を要約し，以下に紹介します。

> **主題 「ジェルソミーナ（ジャスミン）」**　　　4 歳児：男女 6 名，4 月〜6 月期
> ジャスミンが咲き始める春頃，中庭にジャスミンの鉢植えを置いておいた。すると，3 人の男児がさわりにきた。しかし，植物をあまり知らないその子たちは，やさしくないさわり方をした。その後，保育者からジャスミンについて話をし，絵を描くことを投げかけた。最初，白い用紙を渡し，子どもたちは自分で大きな画用紙とクレヨンを選択し，描き始めた。自分が水をあげているところを描く子もいれば，ぬたくりのような表現でいい香りがするところを描く子もいた。
>
> その後，アトリエにジャスミン（の香り）を隠しておくと，子どもたちはさっそく，香りを探す冒険に出かけた。そして，薄いベールで隠されていたジャスミンを見つけると大喜びをしていた。「目でなくとも，香りでも見つけることができる」ことを学んだのである。
>
> こうして子どもたちは，今度は匂いに興味を持った。そして，ほかの植物には匂いがないのに，なぜジャスミンにはあるのかを考え出した。その結果，「花，つぼみがあるからだ」ということを発見した。しかし，いずれ花は落ちていくしかない。そのことに気づいた時，人間も死んでいくことが話題にもなった。
>
> その後，ジャスミンが枯れていく過程の写真をコピーして見せた。そして，好きな写真を選ばせ，「どこに匂いがあるか」を描かせた。すると，子どもは透明感のある

[*27] イタリア北部エミリア・ロマーニャ州の小都市であるレッジオ・エミリア市の公立幼稚園や乳児保育所で展開されている保育実践，保育システムである。市全体をあげての保育事業体制・組織力，家庭および地域との協力・連携，保育研修のシステム，子どもの豊かな表現を育成する教育などの特徴が，現在，世界中から注目されている（「カリキュラム研究の動向⑥」参照）。

紙（OHP用紙）を選び，写真の上に置き，マジックで香りの絵を描き始めた。それをOHPでスクリーンいっぱいに映し出すと，子どもたちはその前で踊り出した。

また別の日には，リボンなどでジャスミンをつくってみることにした。子どもたちはジャスミンの特徴にあった素材を選んでいった。つくる過程では，ジャスミンを手や頬でふれ，体全体で知り，感じ取るようにしていた。つくった作品はコピーし，それに透明感のある紙（トレーシングペーパー）を重ね，触覚だけのイメージを表現していった。

この作品もスクリーンに映し出すと，子どもたちは「やわらかい」などジャスミンの特徴を自分で考え，ダンスとして表現していった。また，戸外でもダンスを始めた。

そして最後に，他者にわかるために一連の活動をパネル（記録＝ドキュメント）にまとめた。

　この「ジェルソミーナ（ジャスミン）」と題するプロジェクトは，取り組む子どもたちにとって，生きた学びとなっており，この学びは，ひとまとまりの経験学習「経験単元」ととらえることができます。現行の『幼稚園教育要領』『保育所保育指針』『幼保連携型認定こども園教育・保育要領』では，改めて「協同して遊ぶ経験を重ねること」，つまり「協同的な遊び（学び）」が重視されています。こうした要請も踏まえると，経験カリキュラムとして園の基本計画をデザインする際は，「経験単元」を重要な要素として設定していくことが大切になるわけです。「レッジョ・エミリア・アプローチ」などを参考に，子どもが主体的に取り組む活動を具体的な保育内容として考えていきましょう。

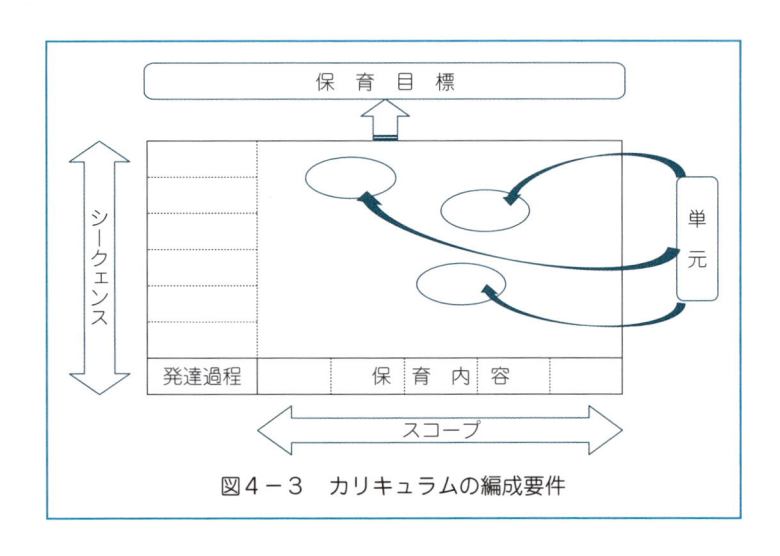

図4-3　カリキュラムの編成要件

以上，経験カリキュラムに基づき，カリキュラムの編成要件として，「保育目標」「スコープ」「シークェンス」「単元」の4つをあげ，それぞれの要点を述べてきました。こうした4つの編成要件の関係を整理すると，図4-3のようになります。園の基本計画は，このように4つの編成要件を相互に関連させることによって，オリジナリティがあふれるものとしてデザインできるのです。

3 基本計画の編成手順

　園の基本計画を具体的に編成していく順序のことを「編成手順」といいます。園としてオリジナリティあふれる基本計画をデザインするためには，編成手順についても，前節までで述べてきたカリキュラムの編成原理を参考に，各園独自に考えていく必要があります。
　では，編成は具体的にどのような手順で進めたらよいのでしょうか。

1 一般的な編成手順

　園の基本計画を具体的に編成していく「編成手順」について，『幼稚園教育要領解説』および『保育所保育指針解説書』が示している例を参考に確認しておきましょう。

(1) 『幼稚園教育要領解説』が例示する教育課程の編成手順
　『幼稚園教育要領解説』には，「教育課程」の編成について，参考として，以下の手順が例示されています。

具体的な編成の手順について（参考例）
① 編成に必要な基礎的事項についての理解を図る。
　・関係法令，幼稚園教育要領，幼稚園教育要領解説などの内容について共通理解を図る。
　・自我の発達の基礎が形成される幼児期の発達，幼児期から児童期への発達についての共通理解を図る。
　・幼稚園や地域の実態，幼児の発達の実情などを把握する。
　・社会の要請や保護者の願いなどを把握する。
② 各幼稚園の教育目標に関する共通理解を図る。
　・現在の教育が果たさなければならない課題や期待する幼児像などを明確にして教育目標についての理解を深める。
③ 幼児の発達の過程を見通す。

- 幼稚園生活の全体を通して、幼児がどのような発達をするのか、どの時期にどのような生活が展開されるのかなどを発達の節目を探り、長期的に発達を見通す。
- 幼児の発達の過程に応じて教育目標がどのように達成されていくかについて、およそ予測する。

④ 具体的なねらいと内容を組織する。
- 幼児の発達の各時期にふさわしい生活が展開されるように適切なねらいと内容を設定する。その際、幼児の生活経験や発達の過程などを考慮して、幼稚園生活全体を通して、幼稚園教育要領の第2章に示す事項が総合的に指導され、達成されるようにする。

⑤ 教育課程を実施した結果を反省、評価し、次の編成に生かす。

引用文献）文部科学省編『幼稚園教育要領解説』フレーベル館、p.57、2008

このように『幼稚園教育要領解説』では、参考例として、5段階の手順に従って、幼稚園の基本計画である「教育課程」を編成することを示しています。

この手順を整理、要約すると表4-7のようになります。

つまり、『幼稚園教育要領解説』によれば、「教育課程」は大別すると「準備（事前）段階→編成段階→事後段階」の3つのステップを踏まえ、編成することが一般的ということになります。

表4-8に、『幼稚園教育要領解説』が例示する編成の手順を踏まえ、東京都内の私立幼稚園が編成した「教育課程」の実際を例示しました。参考にしてください。

表4-7 「教育課程」の一般的な編成手順

編成手順の段階	編成内容
準備（事前）段階	①編成に必要な基礎的事項の理解
編成段階	②教育目標に関する共通理解 ③幼児の発達過程の見通し ④具体的なねらいと内容の組織
事後段階	⑤実施結果の反省・評価と、教育課程の再編成

表4-8 教育課程の例（東京都：私立A幼稚園）

教育目標	○人間を大切にし，主体的に生活を営む子ども ・健康な子ども ・自律・協力できる子ども ・生活をつくる子ども ・文化的・思考的な子ども
教育方針	○創造的人間形成＝自分づくりと生活づくり ○人間としての価値観・感性の形成

学年	期	個と集団の発達過程	ねらい及び内容
3歳児	Ⅰ期	〔一人からの出発〕 ○園生活に慣れ，身の回りのことを自分でやろうとしながら好きな遊びを見つけ，仲間に出会う。	○幼稚園が安心できる場所であることを実感する。 ○生活の仕方や流れに気づく，自分でしようとする ○好きなことを自由に遊んで良いことを知り，充実感，満足感を味わう。 ○他児の存在に気づき，一緒に遊ぶことを楽しむ。 ○相手の気持ちに気づき，関わり方を知る。 ○活動や行事などクラスで共有する体験を楽しむ。
	Ⅱ期	〔仲間の発見と出会い〕 ○園生活を知りながら，好きな遊びや友だちを見つけ，自分思いを持っていく。	○自分でできることを増やし，自信をもつ。 ○体を動かして遊ぶ楽しさを味わう。 ○共通の体験を通して，発見・感動を共感しあい，大勢の仲間と遊ぶ楽しさを味わう。 ○遊びに必要なものを自分で作り，遊びに生かす。 ○自然の変化に気づき，関心を持つ。
	Ⅲ期	〔簡単な協力〕 ○共通の手だてを持ちながら，めあてを持った活動を自主的にやろうとする力を養う。	○新しいことにも挑戦し，遊びの内容を広げる。 ○ルールのある遊びの楽しさを知る。 ○自分の思いを伝えたり，一緒に遊ぶ仲間の言葉や動きを受けとめながら遊ぶ。 ○進級を楽しみにし，大きくなったことを喜ぶ。
4歳児	Ⅳ期	〔要求のぶつかりあい〕 ○おもしろかったことを再現しながら，仲良しの友だちを見つけ，生活のすみずみで自分の思いを出していく。	○3歳児期や家庭で慣れ親しんだ遊びを楽しむ。 ○新しい環境の中で，自分の好きな遊びを見つけ，次第に友だちと一緒に遊ぶ楽しさを味わう ○保育者と一緒に身のまわりのことを進めながら，自分のことは自分でやろうとする。 ○一人一人が興味を持って取り組んでいる遊びの中で充足感・満足感を味わう。 ○グループでの生活に親しみ，新しい仲間に出会う。

	V期	〔意識的な協力の実現〕 ○仲間同士で思いを伝え合いながら，自分たちで生活をまかなおうとする。	○体を思い切り動かす喜びを知る。 ○遊びを実現するために必要な手だてを友だちと一緒に考える。 ○遊びのルールを仲間と確かめ合い，問題が生じた時は自分たちで解決しようとする。 ○当番活動に気づき，グループで進めていこうとする。また，互いの役割を意識し，その姿を認め合ったり，迫り合ったりする。
	Ⅵ期	〔役割分担の成立〕 ○仲間同士が個々の課題をとらえ問題解決に向けての迫り合いをしながら，組織的な体験を積み上げる。	○遊びを持続，またより楽しくするために必要な手だて（知識，技術，方法）をつかんでいく。 ○問題解決に向け，粘り強くかかわり合おうとする。 ○年長の生活を意識する中，自分たちでまかなえる世界を広げる。
5歳児	Ⅶ期	〔自己課題の発見と挑戦〕 ○生活を広げながら，自分でできることを増やし，その思いを実現しようとする。	○自分の生活にかかわるしごとを自分たちで進め，スムーズに進めるための方法を考える。 ○自分のやりたい遊びの中で開放感を味わう。 ○ごっこやルールある遊びを楽しむ。 ○目的を共に持った小集団で取り組む楽しさを味わい，仲間同士のかかわり合いを大切にする。 ○目的を実現するために必要な手だてを考え，意欲的に取り組む。
	Ⅷ期	〔集団による組織的な活動の展開〕 ○めあて持った活動をしながら仲間とひとつのものを作り上げる喜びを知り互いに認め合おうとしていく。	○しごとを進めていく中での問題自分たちの事として受け止め，進めていこうとする。 ○体を動かすことやルールのある遊びを楽しみ，核になる子どもを中心に遊び込む。 ○目的実現に向けての手だてに気づき，自分たちで組織的に活動を進めていける力を養う。 ○目的に応じたグループ活動の中でも必要なことを伝え合うことができる。
	Ⅸ期	〔子ども同士による問題解決と価値観の共有〕 ○自分たちの生活を組織的に運営する。	○活動を進める中，必要に応じて時間や役割分担などを考えていく。 ○個々及び集団の課題に積極的に取り組み，自分たちで解決していこうとする。 ○卒園に向けて，自らの成長に気づきながら，園生活最後の時期を充実して過ごす。 ○生活をふり返りながら，自らの成長を知る。

資料）師岡 章「保育所・幼稚園における保育の計画」，金村美千子編『新保育課程・教育課程論』同文書院，p. 35，2011

（2）『保育所保育指針解説書』が例示する保育課程の編成手順

『保育所保育指針解説書』には，「保育課程」の編成について，参考として，以下の手順が例示されています。

■保育課程編成の手順について（参考例）
① 保育所保育の基本について職員間の共通理解を図る。
　児童福祉法や児童に関する権利条約等関係法令を理解する。
　保育所保育指針，保育所保育指針解説書の内容を理解する。
② 各保育所の子どもの実態や子どもを取り巻く家庭・地域の実態及び保護者の意向を把握する。
③ 各保育所の保育理念，保育目標，保育方針等について共通理解を図る。
④ 子どもの発達過程を見通し，それぞれの時期にふさわしい具体的なねらいと内容を一貫性を持って組織するとともに，子どもの発達過程に応じて保育目標がどのように達成されていくか見通しを持って編成する。
⑤ 保育時間の長短，在所期間の長短，その他子どもの発達や心身の状態及び家庭の状況に配慮して，それぞれにふさわしい生活の中で保育目標が達成されるようにする。
⑥ 保育課程に基づく保育の経過や結果を省察，評価し，次の編成に生かす。

引用文献）厚生労働省編『保育所保育指針解説書』フレーベル館，p.128，2008

このように『保育所保育指針解説書』では，参考例として，6段階の手順に従って，保育所の基本計画である「保育課程」を編成することを示しています。

この手順を整理，要約すると表4-9のようになります。

つまり，『保育所保育指針解説書』によれば，「保育課程」も「教育課程」同様，大別す

表4-9 「保育課程」の一般的な編成手順

編成手順の段階	編成内容
準備（事前）段階	①保育所保育の基本に関する共通理解 ②子ども，家庭・地域の実態把握と，保護者ニーズの把握
編成段階	③保育理念，保育目標，保育方針等の共通理解 ④子どもの発達過程の見通しと，具体的なねらいと内容の組織 ⑤保育時間の長短や家庭状況などに配慮
事後段階	⑥保育の経過や結果の省察・評価と，保育課程の再編成

ると「準備（事前）段階→編成段階→事後段階」の3つのステップを踏まえ，編成することが一般的ということになります。

なお，表4-10に，『保育所保育指針解説書』が例示する編成の手順を踏まえ，東京都内の公立保育園が編成した「保育課程」の実際を例示しました。参考にしてください。

2 編成手順上の留意事項

『幼稚園教育要領解説』および『保育所保育指針解説書』が例示している，園の基本計画編成の一般的な手順「準備（事前）段階 → 編成段階→事後段階」に沿って，各段階で留意すべき要点を具体的に整理しておきましょう。

(1) 準備（事前）段階
❶根拠法令，および関連諸法令の共通理解

幼稚園，保育所，さらに認定こども園も含め，認可されている園は，すべて法令に則る ことが求められています。各園の施設や人員配置など，保育実践に影響を与える条件も，すべて法令に基づいて整備することが求められているわけです。園の基本計画を編成する際，事前に，こうした根拠となる法令，また関連する法令を，園長を中心に全教職員で共通理解していくことが大切になります。

その際，幼稚園，保育所，認定こども園のすべての園にわたって共通に理解を図るべき法令と，園の種別ごとに踏まえておくべき法令が別個にあることを理解しておくことが重要です。幼稚園，保育所，認定こども園のすべての園にわたって共通に理解を図るべき代表的な法令には，以下のようなものがあります。

○幼稚園，保育所，認定こども園において共通に理解しておくべき代表的な法令
　『日本国憲法』『児童憲章』『児童の権利に関する条約』『教育基本法』
　『子ども・子育て支援法』『食育基本法』など

○『日本国憲法』

まず『日本国憲法』ですが，この法はわが国の根本規範を規定した法律です。ほかのすべての法令も，ここに示された基本原理，基本原則に則り，作成されています。それだけに，幼稚園，保育所，さらに認定こども園を問わず，『日本国憲法』をしっかり理解したうえで，園の基本を定めていくことは不可欠な作業です。幼稚園教諭の養成課程では，『日本国憲法』の学習は必修化されているとはいえ，卒業後，保育に忙殺されるなか，その理解があいまいになるケースも想定されます。基本計画を編成する場合は，その準備として，まず『日本国憲法』を再度学習し合い，共通理解を図ることを大切にしましょう。

118

表4-10 保育課程の例（東京都：公立B保育園）

		おおむね6ヶ月	おおむね6ヶ月から1歳3ヶ月	おおむね1歳3ヶ月から2歳未満	おおむね2歳	おおむね3歳	おおむね4歳	おおむね5歳	おおむね6歳
保育理念	私たちは保護者と共に一人ひとりを大切に愛情に満ち、希望あふれる保育を創造します。									
保育方針	身近な大人の深い愛情と関りを受け、環境（人、もの、事象）との関わりの中で、心も体もしなやかでたくましく生きる力の基礎を育てます。									
保育目標	★心身ともに元気で丈夫な子ども ★よく考え、すすんで行動する子ども ★よく聴き、のびのび自己表現する子ども									
						★自分のことが自分でできる子ども ★友だちと仲良くあそべる子ども ★豊かな感じのあふれる表現する子ども			
保育の内容 生命の保持		■体や衣服が汚れたままにならないようにしてもらい、心地よさを感じる。 ■快適な温度・湿度のなかで、健康状態に合わせて衣類の調節をしてもらう。 ■不快な欲求を体中で泣くことなどで知らせ、保育士に受け止めてもらう。 ■生理的欲求を受け止め、自分の欲求をだしていくなかで満たされていく気持ちを持つ。 ■温かな雰囲気の中で声をかけられ、慣れた保育士が身近にいることで安心感を得る。	■室内外の環境に留意し、子どもの状態に合わせて衣服の調節をする。 ■体や衣類の汚れがとれたり、きれいになって心地よく感じたりする。 ■健康状態や体の発育、異常の状態を把握し、異常のある場合は適切に対応する。 ■身の発育や発達の状態を把握しながら、保育の中で無理なく対応できるように、保育士との信頼関係のなかでゆったりと過ごせるようにする。 ■一人ひとりが安心してゆったりと過ごし、気分爽快な生活リズムが整うようにする。	■室内が安全で清潔したな場のなかで遊び、くつろぎ、保育士とのかかわりの中で安定感をもつ。 ■体の健康状態や気分の変化に留意する。 ■健康状態やしぐさや表情から異常や健康状態を把握し、生理的欲求を満たし、気持ちよく生活する。 ■身の発達に応じた安全な環境を整え、家庭と協力し合いながら子どもの状態に応じた健康増進と適切な対応のしかたから活発な動きや早寝早起きのリズムをつくる。 ■家族と一緒に健やかな成長をとげる。	■特定の保育士や親しい大人の保育士や気持ちを理解し、受容される人に受けられ、気持ちや欲求を具体に伝え、信頼関係を気持ちよく表し、自分の気持ちを安心してあらわす。 ■保育士に見守られているから安心感を持つ。 ■保育士に優しく受け止めてもらうという喜びを感じる。 ■落ち着ける場所で安心して過ごす。	■一人一人の健康状態を発育に応じた適切な対応をし、安心して過ごせるようにし、他の人との異変に気付いたら素早く対応する。 ■保育士が見守る中で安心して、生理的欲求を満たし、気持ちよく生活する。 ■生活習慣に興味を持ち、保育士と一緒にしようとする。 ■保育士や親しい大人に見守られ、受容される気持ちを安心して過ごす。 ■自分の気持ちや欲求を言葉に伝え、共感してもらう喜びを感じる。 ■保育士に見守られているという満足感を持ち、自分でやってみたい欲求を持つ。 ■保育士に見守られているという安心感を持って過ごす。	■快適に生活で困っていることを伝えて困ったとき大人に伝え意識とることができる。 ■運動する場所の清掃を受け止められ、気をつけるようにする。 ■健康・安全の大切さを知り、人に伝え、満たそうとする。 ■様々な生活習慣を知り自分で行おうとする。 ■疲れたら適切な休息をとり、身の清潔を大切にしていく。 ■大人に促されて早寝早起きなど健康的な習慣を自ら生活活動を慣らしていこうとする。 ■健康維持に必要な食習慣を知り食事を楽しむ。 ■朝食後排泄をする。	■困っていることが自分でどうしたら大人に伝えてほしいことかがわかり、大人に伝えるようとする。 ■運動する場所の清掃を自分で付けるようにする。 ■自分の体の不調に気付き気をつけるようにする。 ■健康・安全の大切さを知り、人に伝え、満たそうとする。 ■様々な生活習慣の大切さを知り行動する。 ■基本的な生活習慣の大切さを知り、午睡など必要な休息をとるようにする。 ■朝食を食べ排泄をすませる。	■おおむね6歳 ■自分のことが自分でできる考え、身の回りの整理整頓を自分でする、必要に応じて着替えたり衣類を調節する。 ■危険な場所や危険な物が分かり、近づいたり触れたりしない。 ■自分たちの身の異変を知りすすんで行動する。 ■健康・安全の大切さを知り、様々な生理的要求を満たそうとする。 ■基本的な生活習慣の大切さを知る。 ■疲れたら自分で静かな遊び方をする。休息をとる。 ■朝食を食べ排泄をすませる。
情緒の安定		■特定の保育士が子どもを表す様々な欲求や要求に応え、受容的な関わりの中で安心して過ごすことや、不快感を取り除いてもらうことで、信頼感や安心を得る。 ■喜怒哀楽の表情や身振りなどの欲求を言葉に表し、自分の気持ちや行動の要求を伝え、受け止めてもらう。 ■特定の保育士が身近にいるという安心感を持つ。	■言葉や身振り、などの欲求や気持ちを理解や、保育士に身振りなどの欲求を理解しされ、信頼関係を持つ。 ■保育士に自分の気持ちを安心して過ごす。 ■保育士に見守られていると自分でやってみたい欲求を持つ。	■特定の保育士や親しい大人に身振りなどで、要求や欲求を受け止めてもらうことで、自分の気持ちを安心して過ごす。 ■保育士に見守られている満足感や愛情を感じる。 ■保育士に見守られているという満足感や愛情を感じる。 ■落ち着ける場所を見つけ、安心して過ごす。	■保育士や親しい人に受容される気持ちや欲求を言葉で伝え、自分の気持ちを安心して過ごす。 ■自分の気持ちや欲求を言葉に伝え、共感してもらう喜びを感じる。 ■保育士に見守られているとのびのびとやってみたいという意欲を持つ。 ■自分の場所を見つけ、安心して過ごす。	■保育士と信頼関係を築き、安心して気持ちや欲求を表していく。 ■自分の気持ちや欲求を友達に言葉で伝えようとする。 ■保育士に気持ちを認めてもらい、受け止めてもらう経験から自信を持ていく。	■保育士や友達に自分の気持ちや欲求を言葉で伝え受け止めてもらう喜びを味わう。 ■自分の気持ちを友達に伝えることや友達の言葉に耳を傾けることで安心して過ごす。 ■自分の気持ちや友達の気持ちを受け止め、認めてもらう経験から自信を持つようになる。 ■自分の場所を見つけ、安心して過ごす。	■安心できる信頼関係の中で過ごし、自主的に生活を送る。自分の気持ちを考え、相手の気持ちや欲求を認められ、自分に自信を持つ。 ■相手の気持ちや欲求を認められ、自分に自信を持つ。

119

保育の内容	おおむね6ヶ月	おおむね6ヶ月から1歳3ヶ月	おおむね1歳3ヶ月から2歳未満	おおむね2歳	おおむね3歳	おおむね4歳	おおむね5歳	おおむね6歳
健康	■保育士に抱かれたりあやされることを喜び、自分で動くことを楽しむ。 ■身近な大人に身の回りのことをしてもらい、気持ちよくすごす。	■自分の体を自由に動かし、探索活動を楽しむ。 ■特定の保育士との関わりの中で、安定した生活やあやす保育士の要情などの要情などから、人の要情などを深める。 ■安心できる保育士の関わりのもとで、食事、排泄、睡眠などの活動を自分でしようとする気持ちが芽生える。	■自分の体を自由に動かし、色々なものに触れたり、その経験を保育士に伝える。 ■歩行が安定し、全身を使った運動遊びを楽しむ。 ■安心できる保育士との関わりのもとで、食事、排泄、睡眠などの活動を自分でしようとする気持ちを伝える。	■自分の動きが活発になり、行動がより自由になり、遊びや運動での体を動かす喜びを味わう。 ■保育士と一緒に興味を持った遊びや運動を楽しむ。 ■安心できる保育士の関わりのもとで、簡単な身の回りの活動を自分でしようとする気持ちが芽生える。	■全身運動が活発になり、遊びの中で体を動かすことを喜ぶ。 ■様々な食べ物を進んで食べたり、自分から食べようとする。 ■安心できる保育士との関わりのもとで、食事、排泄、睡眠などの基本的な生活習慣を身に付ける。 ■手洗い、うがいなどをしようとしたり、自分から食べようとする。	■さまざまな動きが活発になり、遊んだり体を動かすことが楽しい。 ■身近な遊具、用具を使いかた、遊具のあるなどを自分で決めて遊ぶ。 ■保育士と簡単なルールのある遊びを楽しむ。 ■自分ですることに喜びを持ち健康で安全な生活に必要な基本的な習慣や態度を次第に身に付ける。	■戸外遊びや手伝いを楽しみ、認められることに自信を持つ。 ■様々な遊具や用具を使い、全身を動かすことを楽しむ。 ■自分で決めたことを楽しむ。 ■自分の目指すことに向かって意欲的な気持ちを持ち健康で安全な生活に必要な基本的な習慣や態度を身に付ける。	■戸外遊びを十分に楽しみ、友達と協力したり工夫したりする。 ■友達と協力し合って体を動かす喜びを味わう。 ■自分の目的に向かって意欲的に遊ぶことに喜び、感謝の気持ちに満足感を持ち、深める。 ■生活習慣、態度が身につき、必要性を理解し、行う。
人間関係	■泣く、笑うなどの表情の変化、体の動き、噛語などで自分の気持ちを表す。 ■特定の保育士の要情豊かな関わり、人への関心を持つ。 ■大人の呼びかけに対して実を表す、声を出したり体の動きで応答する。	■保育士と一緒に身近な植物や動物に興味を持ち、触れたりすることを楽しむ。 ■身近な保育士との関わりの中で、身の回りのものに対する興味や好奇心が芽生える。	■自分でやりたい気持ちが強くなる。保育士の手伝いを持ちたがる気持ちを強く持つようになる。そばでやりたいと言える大人がいて安心できる保育士との関わりから身近な大人に関わろうとする。 ■簡単なあいさつを保育士と一緒に行う。	■保育士に世話をしてもらいながらも、自分でやってみたい気持ちを持ち、そばで見守られることで安心して行う。 ■保育士の手助けの声を身近で聞く、保育士のそばで同年齢の子どもたちと遊び、自然に触れる。 ■簡単なあいさつを保育士と一緒に行う。	■保育士に色々なことを受け止めてもらいながら、安心して自分を出す。 ■保育士の手助けのもと、遊具の使い方の決まりを守り、年齢の近い友達と関わりを持つ。 ■足されて自分で進んで行動する。	■手伝いや声かけに、認めてもらったり、自信を持つ。 ■自分ではできないことは保育士に手助けを受けてやってもらいながら自分ですることができる喜びを持ち、次第に自分でやってみようとする。 ■同年齢の子どもの関わりのきっかけを保育士がつなげていく。	■手伝いや人への手助けをし、認められることに自信を持つ。 ■自分で考えて行動したり、自分からきっかけを作り人の立場を考える。 ■仲間とすることで喜びを感じる。 ■生活の中で必要な態度や挨拶をする。進んでする。	■進んで人の手助けを行おうとする。 ■人から考えて行動したり、思いやりの心を持ち、相手の気持ちや立場を考えて行動する。 ■周りの人との安定した関係の中で世話したり、思いやりや声を掛けるなど共に助け合う体験を重ねて世代間の信頼感を深めていく。
環境	■周りのものに興味を示す。 ■保育士の関わりの中で、見る、聞く、触るなどの感覚の働きが豊かになっていく。 ■身近なものとの関わりや感覚を通してその機能を働かせようとする。	■保育士と一緒に身近にある植物や動物に興味を持ち、触れ遊を楽しむ。 ■身近な保育士との関わりの中で、身の回りのものに対する興味や好奇心が芽生える。	■身近な動植物や自然現象を見たり、触れたりして親しみを持ち、関わりを楽しむ。 ■身近な環境の中で友達と遊ぶ楽しさや生活する楽しさを味わう。 ■イメージを膨らませ、遊具や身近にあるものを見立てて遊ぶ楽しさを味わう。	■身近な動植物や自然現象を見たり、触れたりして親しみを持ち、興味を持つ。 ■保育士と一緒に、身近な色や形に気付く。 ■身近な人の生活に興味や関心を持ち、関わろうとする。	■身近な人の生活の様子を見たり、遊びに取り入れたりする。 ■身近な友達と遊びに興味や親しみを持つ。 ■生活や遊びの中で生活や遊びを中心とした生活を楽しむ中で身の回りに関わるものなどの生活に関心を持つ。 ■身近なものに興味を持ち、関わり、身近な色や形に気付く。	■自然や身近な事象に触れ、興味や関心を持つ。 ■自然や社会の人々との関わりを広げる。 ■身近な社会の事象に関心を持つ。身近な社会の人々との関わりの中で社会生活に必要な態度や関わり方に気付く。 ■身近な事物に興味を持ち、関わったりすることから、数、量、形などに関心を持つ。	■自然環境に親しみ触れ合う中で、それらに興味や関心を持ち、生活や遊びに取り入れ親しむ。 ■身近な社会の人々との関わりの中で社会生活に必要な態度や関わり方に気付く。 ■生活に必要な数や文字などに関心を持ち、取り入れたりする。 ■身近な事物を観察したり、扱ったりする中で、数、量、形などへの関心を深める。	■身近な社会の事象に自ら取り組み、それらに自分たちの生活に関わることに気付き、生活に取り入れる。 ■身近な事物に愛情や畏敬の念を抱く、見たり、扱ったりし、日常生活に必要な言葉に関心を深める。 ■身近な事物の性質、数量、位置、形などへの関心を深める。

第4章 基本計画（マスタープラン）のデザイン

保育の内容	おおむね6ヶ月	おおむね6ヶ月から1歳3ヶ月	おおむね1歳3ヶ月から2歳未満	おおむね2歳	おおむね3歳	おおむね4歳	おおむね5歳	おおむね6歳
言葉	■喃語や言語盛んに。身近な大人に応答してもらい満足する。■不快を取り除いてくれる保育士の声を心地よさと感じ表情で応答する。	■表情も身振りに。自分の気持ちを表すことを楽しむ。■簡単な言葉で応答される中で自分の要求が受け止めてもらえる感じを持つ。■指差しや片言で安心できる大人とのやりとりが楽しくなる。欲求をことばで知らせる。■要求・欲求を声に出して、身近な大人にゆっくりと関わり語りかけてもらう。スキンシップを通して満足な表情や、表情を通して満足を味わう。	■指差し、身振りなどで自分の気持ちを表すことを楽しむ。■簡単な言葉や言葉のやりとりを楽しむ。■大人の言うことが分かるようになり、指差し、身振り、片言で親しみをもって応答。言葉のやりとりを楽しむ。■日常生活に必要な簡単な言葉が分かり、言葉で表現することで楽しさを味わう。■興味のある絵本を保育士と一緒に見ながら簡単な言葉の繰り返しや模倣を楽しむ。	■保育士と触れ合い、話を通して気持ちを通わせる。■大人の言葉や簡単な言葉のやりとりを楽しむ。■自分がしたいこと、してほしいことを言葉で表す。■日常生活に必要な言葉が分かり、話したいこと、してほしいことを言葉で表す。■絵本や紙芝居などを見て、聞いたりして、言葉の繰り返しや模倣を楽しむ。	■生活に必要な言葉がある程度分かり、したいこと、してほしいことを言葉で表したり、分からないことを尋ねたりする。■自分の経験したことや考えたことを話し、伝え合う喜びを味わう。■日常生活に必要な言葉が分かるようになるとともに、絵本や物語などに親しみ、興味をもって聞き、想像する楽しさを味わう。	■自分のしたいこと、してほしいことを言葉で表したり、分からないことを尋ねたりする。■自分の経験したことや考えたことを話し、言葉で伝える喜びを味わう。■日常生活に必要な言葉が分かるようになるとともに、絵本や物語などに親しみ、興味をもって聞き、想像する楽しさを味わう。友達とのつながりを持つ。	■自分の経験したこと、考えたことなど適切な言葉で表現し、友達と話を楽しむ。■人の話を注意して聞き、相手に分かるように話す。■日常生活に必要な言葉が分かるようになる。絵本、物語、視聴覚教材などに親しみ、保育士や友達と心を通わせる。	■自分の経験したこと、考えたことなど適切な言葉で表現し、伝え合う。■人の話を注意して聞き、相手に分かるように話し、伝え合う喜びを味わう。■日常生活に必要な言葉が分かるようになる。絵本、物語、視聴覚教材などに親しみ、その中の言葉を通じて、保育士や友達と心を通わせる。
表現	■様々な色や形、音、素材に触れる。■身近な大人の表現を喜んで見る。■泣くという表現で体や心の変化、欲求を表現しようとする。	■身近な素材や社会の感覚を豊かにする。■大人の歌や音楽に合わせて体を動かしたり、リズムをとったりする。■身近な音楽を楽しみ、保育士と関わって声を出す気持ちよさや感動を表現する。	■様々な経験を通して、世の中の美しさ、楽しさ、面白さに気付く。■身近な素材に触れて遊び、見る、触れるなどの感覚を楽しむ。■大人の歌や音楽に合わせて体を動かしたり、リズムをとったりする。	■保育士と一緒に様々な色や形、音に触れて楽しむ。■身近にあるものを見て、自分も作ってみたいという気持ちを持つ。■身近な音楽を楽しみ、保育士と一緒に声を出したり歌ったり、生活や遊びの中で保育士と一緒に体を動かすことを楽しむ。■色々な素材に触れることを楽しむ。	■様々なものを見たり、色々なものに触れたりして、それらの面白さや美しさに気付く。■様々な素材や用具の使い方が分かり、興味や関心を持ち、工夫して表現する楽しさを味わう。■生活の中で経験したことや想像したことなどを、自分なりに表現することを楽しむ。■身近な生活体験をごっこ遊びに取り入れ、役になりきって、自由に表現することを楽しむ。	■自然や身近な物事などに関心を持ち、それらの面白さや美しさ、不思議さに気付く。■身近な素材や用具の使い方が分かり、考えたことやイメージしたことを描いたり作ったりすることを楽しむ。■身近な生活体験をごっこ遊びに取り入れ、自分なりに表現することを楽しむ。■友達と共通のイメージを持って遊ぶ。	■身近な社会や自然事象への関心が深まり、美しさ、優しさ、豊かさに対する感動を豊かにする。■様々な素材や用具を利用し、考えたり、想像したことを工夫して作り出すことを楽しむ。■感じたことや、考えたこと、想像したことなどを、造形や身体など様々な方法で自由に表現することを楽しむ。	■身近な社会や自然事象への関心の深まり、優しさ、豊かさに対する感動を豊かにする。■様々な素材や用具を適切に使い、経験したこと、想像したことを工夫して作り出すことを創造的に楽しむ。■感じたこと、考えたこと、想像したことなどを様々な造形や身体で自由に表現することを友達と楽しむ。
食育（食を営む力の基礎）	■よく遊び、良く寝る。■お腹がすくリズムが持てるように継続的に応答してもらうと。■泣くことで欲求が満たされることにおいて、身近な人との信頼関係を持ち、安心して過ごすこと。■特定の保育士に継続的に関わってもらう。もぐもぐして、安心してもらい、食事を喜んで食べること。■身体の発育に必要な食事を喜んで食べる姿を育む。	■お腹がすき、欲求を表現し、たっぷり遊びまたはお腹を満たす。■いろいろな食べ物に親しみ、自分から食べ物を手づかみしようとする。■いろいろな食べ物を見て、触れて、味わう体験を通して自分で進んで食べようとする。	■いろいろな食事を楽しみ、手づかみやスプーン、フォークなどを使って食事をしようとする。■みんなで食事をすることを楽しむ。■促されて自分から食べ物を食べる。食事の前後や食事中の挨拶などを保育士と一緒に行うとする。	■おいしいねと言葉がけがかわされる食事を楽しむ。■スプーン、フォークなどを使って食べる気持ちよさを味わう。■絵本やお話に出てくる食べ物に興味を持つ。■水を飲みかけ、食べる。	■いろいろな食べ物に興味を持ち、手を洗って食事の準備を楽しむ。■食事のマナーを知り、箸やフォークを正しく使って食べる。■食べ物の大切さを知り、食事を楽しむ。■食事の前後に挨拶などができる。	■栽培の手伝いを通して興味や関心を高める。■楽しく食事をする。■身近な人々と一緒に食事を楽しみ、食事のマナーをよくする。■食器の使い方や準備・片付けも少しずつ取り組む。	■栽培を通して野菜等食べ物に興味を持ち、その過程を知る。■様々な食品を食べ、好き嫌いなく健康な体づくりのための食事を知り、食べる意欲を持つ。■身近な人と一緒に食事を楽しみ、食事のマナーが身に付く。■箸を正しく持ち、三角食べの良さが分かる。	■収穫や調理を通してクッキングや野菜を食べることへの関心、食べ物や食物に必要な働きが分かり、食に関心を持つ。■食材と食べ方の関係を大切にし、健康と食べ物の関係について関心を持つ。■栽培物の収穫に必要な友達と共に解決しようとする姿を見せる。■食事新聞のテーブルを配るなど、簡単な伝達ができる。■調理している人への感謝の気持ちを持ち、自分やみんなで食事を楽しみ、感謝の気持ちを持って食べる。

資料）師岡章「保育所・幼稚園における保育の計画」、金村美子子編『新保育課程・教育課程論』同文書院、pp. 24-27, 2011

◯『児童憲章』と『児童の権利に関する条約』

『児童憲章』とは,『日本国憲法』の精神に従い, 児童に対する正しい観念を確立し, すべての児童の幸福を図るために定められた, わが国独自の児童の権利宣言と呼べるものです。

また,『児童の権利に関する条約』とは, 1989 (平成元) 年に国連総会で採択され, わが国も1994 (平成6) 年に批准した国際規約です。

『児童憲章』と『児童の権利に関する条約』は, いずれも18歳未満のすべての児童を対象に, その人権を尊重することを求めたものであり, 子どもの基本的人権に十分配慮し, 一人一人を大切にした保育を行うためにも, その内容をきちんと理解しておきましょう。

◯『教育基本法』

2006 (平成18) 年の改正において,『教育基本法』第11条に「幼児期の教育」が盛り込まれました。この規定には,「幼児期の教育」の重要性がうたわれ, 国および地方公共団体に対して, その振興に努めることを求めています。この規定により, 法律上, 児童福祉施設である保育所においても,「教育」を担うことが認められました。つまり,「教育」は, 法令上学校である幼稚園だけで実施されるものではなくなったということです。こうした点も, 園の基本計画に大きな影響を与えるものですから, しっかり共通理解を図っておきましょう。

◯『子ども・子育て支援法』

『子ども・子育て支援法』とは, 2012 (平成24) 年に制定され, 2015 (平成27) 年度から施行された, 次代の社会を担う子どもの育ちを社会全体で支援するための法律です。少子化社会を迎える中, 幼稚園, 保育所, 認定こども園を問わず, 安心して子育てができる環境整備を担うことが求められています。『子ども・子育て支援法』はそのために必要な施策として,「質の高い幼児期の学校教育, 保育の総合的な提供」や「地域の子ども・子育て支援の充実」などをうたっています。また, 幼保連携型認定こども園の拡充も図られています。子ども支援の行く末を左右する法律だけに, 基本計画を編成するうえで, すべての園で共通に理解すべきものといえます。

◯『食育基本法』

『食育基本法』は,「子どもをはじめ, すべての国民が心身の健康を確保し, 生き生きと暮らすためには食が重要である」との立場から, 健全な食生活を実践できる人間を育てる食育の推進を規定した法律です。この中で, 幼稚園や保育所, 認定こども園も, 地域における食育推進の拠点となることが求められています。保育内容にかかわる点も含むだけに, この法律も園の基本計画を編成するうえで, 園長を中心として全教職員で共通理解しておくべき重要なものといえるでしょう。

では次に，園の種別ごとに踏まえておくべき重要な法令や，参考にすべき通知文書にはどのようなものがあるのかをみてみましょう。

○幼稚園として共通に理解しておくべき代表的な法令
『学校教育法』『学校教育法施行令』『学校教育法施行規則』
『幼稚園教育要領』『幼稚園教育要領解説』『幼稚園設置基準』
『幼稚園における学校評価ガイドライン』など

○保育所として共通に理解しておくべき代表的な法令
『児童福祉法』『児童福祉法施行令』『児童福祉法施行規則』
『保育所保育指針』『保育所保育指針解説書』
『児童福祉施設の設備および運営に関する基準』
『保育所における自己評価ガイドライン』など

○認定こども園として共通に理解しておくべき代表的な法令
『就学前の子どもに関する教育，保育等の総合的な提供の推進に関する法律』
（以下　『認定こども園法』）
『認定こども園法施行細則』
『認定こども園法に基づく施設の設備及び運営に関する基準』
『幼保連携型認定こども園教育・保育要領』
『幼保連携型認定こども園教育・保育要領解説』など

　これらの各法令は，それぞれの名称からもわかる通り，幼稚園，保育所，そして認定こども園が果たすべき役割や機能をはじめとして，目指すべき保育の目的，保育の内容や方法の基本，整備すべき設備や運営の基準を定めたものです。改正状況も随時確認し，園内でしっかり共通理解を図るようにしましょう。また，必要に応じて外部研修にも出向き，それぞれの法令の趣旨を把握するように心がけることも必要です。
　なお，制度上，学校教育に位置づく幼稚園に関して，『幼稚園教育要領』は「教育課程」を編成するうえで，以下の点に配慮することも求めています。

第1章　第2　教育課程の編成（一部，抜粋）
　2　幼稚園の毎学年の教育課程に係る教育週数は，特別の事情のある場合を除き，39週を下ってはならないこと。

> 3　幼稚園の1日の教育課程に係る教育時間は、4時間を標準とすること。ただし、幼児の心身の発達の程度や季節などに適切に配慮すること。

　このように、幼稚園において基本計画である「教育課程」を編成する場合、『幼稚園教育要領』が規定している教育週数と教育時間を踏まえることも重要です。この規定は、幼保連携型認定こども園において、「教育課程に係る教育期間や園児」を対象とする場合も踏まえなければならないものです。こうした規定も共通理解しておきましょう。

❷実態、およびニーズの把握

　基本計画を編成するうえで、子どもの育ちの課題や園が置かれている状況を把握しておくことも大切なことです。基本計画を観念的、あるいはスローガンの羅列的にとどめないためにも、園長を中心に全教職員で把握しておくようにしましょう。

　具体的には、まず子どもの発達について共通理解を図ることが大切です。園として保育する時期である乳幼児期はもちろんのこと、『幼稚園教育要領』などにおいて「義務教育及びその後の教育の基礎を培う」ことが求められている昨今、少なくとも卒園直後の児童期ぐらいまでについては、その発達特性を踏まえておきたいものです。最新の発達理論についても文献を通して学び、理解を深めておきましょう。また、園内のスタッフだけで学習が困難な場合には、外部講師として発達研究の専門家を招くこともよいでしょう。

　しかし、理論を学ぶだけでなく、これまでの実践の積み重ねの中で、自園の子どもたちが3年間、あるいは6年間の保育を通して、どのように成長・発達しているのか、その成果と課題を具体的に把握しておくことも大切です。子どもの発達理解を一般的なものにとどめないためにも実践を通した学びにも取り組み、不可欠である子どもの実態把握にも努めるようにしましょう。そして、子どもからだけではなく、保護者に対してもアンケート調査を実施するなど、家庭の生活状況についても把握し、保育の中で重視すべき課題が何なのかを明らかにしておきましょう。

　さらに、子どもや保護者等についてだけでなく、園を取り巻く状況、とくに地域の実態についても、把握しておく必要があります。10年も経てば、園周辺の環境も大きく変わります。都市化が進んでいるか、あるいは人口減少となっているかなど、地域の実情を客観的な情報をもとに把握できるよう気をつけておきましょう。「客観的な情報」というと難しそうに思えてしまうかもしれませんが、このような情報は役所に照会すれば統計データも提供してもらえるはずです。また、あわせて風習や祭など、地域の伝統文化を把握しておくことも心がけましょう。このように自分自身のアンテナを園の外にも向けていると、特産物や新たな行事、さらにそれらを担う人びとなど、地域資源として活用できる側面等にも出会えるでしょう。そして、それらを把握していることによって、地域に根ざした保

育の展開もより具体化できるようになるはずです。

　このように、さまざまな観点からの幅広い実態把握に努めつつ、さらに保護者の願いや現代社会特有のニーズなどにも把握できるよう、心がけましょう。「行政から示される文書を通して、社会からの要請を理解する」「保護者アンケートを実施し、その意向を把握する」「常日頃の取り組みを通し、広い視野から実態やニーズなどの情報を把握していく」ことで、園として新たに取り組むべき課題も的確に整理されていくでしょう。

(2) 編成段階
❶保育目標、保育方針に関する共通理解

　準備（事前段階）を踏まえ、基本計画を具体的に編成するうえで、まず共通理解を図るべきことは、保育目標と保育方針です。

　保育目標とは、園として卒園するまでに子どもに期待したい育ち、あるいは保育者が願う子どもの発達の姿です。園は、この望ましい子ども像（子ども観）を示すことが必要です[28]。これを明確にし、園全体で共通理解しておかないと実践自体も混乱します。前述した編成原理を参考にして、園長を中心に全教職員でしっかりと共通理解を図りましょう。

　また、望ましい子ども像（子ども観）を掲げる際、「保育目標がたった1点しかない」ということは考えにくいものです。編成原理を参考に、多様な子ども像を掲げ、構造的に整理していくとよいでしょう。たとえば、表4-8に示した「教育課程」の具体例をみると、5つの子ども像をあげていますが、並列的に示してはいません。「人間を大切にし、主体的に生活を営む子ども」という大きな目標を掲げ、その内実として「健康な子ども」「自律・協力できる子ども」「生活をつくる子ども」「文化的・思考的な子ども」という4つの子ども像を示しています。このような提示の仕方は参考にすべきでしょう。

　ただ、保育目標を達成するためには、園としてどのような保育を基本に据えるかについても考えておく必要があります。こうした保育の基本、また原則を整理したものが「保育方針」です。園としての「望ましい保育像（保育観）」を示している保育方針を通して、保育目標である子ども像（子ども観）は達成されるわけですから、保育像（保育観）もきちんと整理しておくようにしましょう。

　なお、『保育所保育指針解説書』が示している「保育課程」の編成手順の参考例には、「各保育所の保育理念、保育目標、保育方針等について共通理解を図る」と記されています。表4-10（pp.119-121）に示した「保育課程」の具体例は、この提案を忠実に踏まえたものと理解できます。

　しかし、「理念」と「方針」は、いずれも目指すべき基本的な方向性を示すものであ

---

*28　詳しくは本章❷の❸（p.107～）参照。

り[*29]．文章化してみると，類似した内容にとどまるケースも想定されます。表4-10に示したB保育園の場合も，「保育理念」と「保育方針」はいずれも保育を進めていくうえでの意気込みをスローガン的に示しており，ひとつの欄にまとめても支障がない内容といえます。『保育所保育指針解説書』も「保育理念，保育目標，保育方針等について」と記しているように，計画の様式上，「保育理念」「保育目標」「保育方針」の3つを別個に項目取りして編成することを求めているわけではありません。「等」という言葉が示すように，保育の基本的な方向性についても，園が独自に判断していくことを促しているのです。

編成段階で必要なのは，子ども像（子ども観）を示す「保育目標」と，それを達成するために不可欠な保育像（保育観）を明確にし，それを共通理解しておくことです。この2点を押さえておきましょう。保育像（保育観）を示すにあたり，「保育理念」という項目，あるいは「保育方針」という項目にするかの判断を含め，園長を中心に判断し，園全体として大切にすべき保育の基本を設定していきましょう。

❷ 3年間，あるいは6年間の発達過程の見通し

保育を子ども中心に展開していくためには，入園から卒園するまでの間，子どもがどのように発達していくのか，そのプロセスをしっかり見通しておくことが不可欠です。幼稚園であれば3年間，0歳児から保育する保育所や認定こども園であれば6年間の長期にわたり，発達の節目を探り，育ちの流れを具体的に考えていくようにしましょう。

発達過程の見通しを考えるうえで，まず踏まえるべきことは，準備（事前）段階で共通理解を図った子どもの発達および実態把握した年齢が高まるにつれ，変化していく子どもの特徴的な姿です。さらに，発達といった場合，個の育ちの過程だけをイメージする保育者も多いようですが，子どもは園生活の中で，ほかの子どもとかかわり合いながら育っていきます。その実態を踏まえ，園生活が集団生活として展開されることを考慮し，年齢の高まりに応じて，子どもの発達を子ども同士の関係でとらえていくことも留意すべきです。したがって，保育における長期的な発達過程の見通しは，個と集団の育ち合いの過程として整理していくことが大切となります。たとえば，表4-8に示した「教育課程」の例では，表4-11に示したように，3年間の発達過程を9期に分けてとらえています。

このようにA幼稚園では，まず個の育ちをとらえることから出発し，次第に仲良しの友だちをみつけ，トラブルを乗り越えながら，子どもたちが目的を実現するための協力や役割分担が芽生えていったのです。そして人間関係の輪が広がる中，クラス全体のまとまりも生まれ，子どもたちだけで問題解決をするなど，自分たちの生活を自分たちなりにま

＊29　一般に，「理念」は「物事がどうあるべきかの基本的な考え方」，また「方針」は「物事を行うときの，めざすべき方向や原則」を指す。

かなう姿もみられるようになりました。その結果，共に生活するために必要なルールや人間として大切にしてほしい価値観もつくられていきました。ここには３年間の発達過程，また節目を，個と集団の育ち合いのプロセスとしてとらえようとする姿勢がみられます。

一方，表４－10に示したＢ保育園は，表４－12に示すように，６年間の発達過程を８つに区分しています。

このとらえ方は，『保育所保育指針』が「第２章　子どもの発達」で示す発達過程の８区分を意識し，ほぼそのままを用いていると考えられます。Ａ幼稚園が３年間を９区分で整理していることと比べると，大まかに発達の節目をとらえているといえます。

また，Ｂ保育園の実際のクラス編成は，０歳児，１歳児，２歳児，３歳児，４歳児，５歳児の６クラス，

表４－11　幼児期３年間の個と集団の発達過程のとらえ方の例

Ⅰ期	一人からの出発
Ⅱ期	仲間の発見と出会い
Ⅲ期	簡単な協力
Ⅳ期	要求のぶつかりあい
Ⅴ期	意識的な協力の実現
Ⅵ期	役割分担の成立
Ⅶ期	自己課題の発見と挑戦
Ⅷ期	集団による組織的な活動の展開
Ⅸ期	子ども同士による問題解決と価値観の共有

表４－12　乳幼児期６年間の発達過程のとらえ方の例

| おおむね６ヶ月 |
| おおむね６ヶ月から１歳３ヶ月 |
| おおむね１歳３ヶ月から２歳未満 |
| おおむね２歳 |
| おおむね３歳 |
| おおむね４歳 |
| おおむね５歳 |
| おおむね６歳 |

つまり「満年齢」ではなく，「学年」的な基準で編成されています。そのため，基本計画である「保育課程」に示した８区分が，クラスの保育を具体的に見通す際に活用されにくいのではないか，という点も懸念されます。

『保育所保育指針』が示す発達過程の８区分は，「遵守事項」ではなく，「基本原則」として示されたものにすぎず，2008（平成20）年の改正で，わざわざ「おおむね～」という文言を追加したように，「均一的な発達の基準ではなく」，幅をもった目安として示されているものです。保育所全体として，「『保育所保育指針』が示す発達過程の８区分が妥当である」と共通理解をしているのなら良いのですが，もし「発達過程区分を踏襲せねばならない」と考えているのなら見直しが必要です。発達過程も園の実態を踏まえ，主体的に検討していくようにしましょう。

❸ねらいと内容の組織

　園独自に発達過程を整理した後は，保育目標の達成に向け，発達過程ごとにふさわしい生活が展開されるよう，適切な「ねらい」[*30] と「内容」[*31] を設定することが求められます。

　ねらいを設定する際には，各発達過程の特徴はもちろんのこと，前後の時期との関連，卒園に至るまでの一貫性などを考慮することが大切です。内容の設定も，各発達過程のねらいを達成するためにふさわしい経験を設定することはもちろんのこと，年齢により，経験の幅が拡大・深化していくことにも留意する必要があります。

　たとえば，表4－8に示したA幼稚園の場合，ねらいと内容は「ねらいおよび内容」というひとつの欄に示されています。発達過程に即して，その質的な変化は記述されていますが，ひとつの欄にまとめているため，経験の種類や幅の広がりなどをどのようにとらえていくかという点は不明瞭です。一方，表4－10に示したB保育園は，養護として生命の保持と情緒の安定，そして健康，人間関係，環境，言葉，表現，また食育の計8項目を内容として設定しています。この2箇所を比較すると，A幼稚園に比べB保育園は，経験の種類や幅の広がりを，より具体的に考えているといえます。

　ただ，前述したように『幼稚園教育要領』『保育所保育指針』が示す5領域は，3歳以上児の「子どもの発達を見る視点」として示されており，0歳児から5領域の枠組みに適用させようとすると適切さに欠けます。そのため，そのまま基本計画の内容の枠組みと取り扱うことには課題も残ります。また，『保育所保育指針』は，保育の内容として示している「養護」[*32]と「教育」[*33]を一体的に実施することも求めています[*34]。したがって，保育所の基本計画である「保育課程」を編成する際，養護と5領域を別項目として取り扱うと実践に混乱を与える可能性もでてきます。

　前述した編成原理を参考に，園全体で経験の種類や幅の広がりをどのように設定していくかが重要であることを認識し，主体的にねらいと内容を組織していくことが大切です。

　さらに，『保育所保育指針解説書』では，「保育時間の長短，在所期間の長短，そのほか子どもの発達や心身の状態および家庭の状況に配慮して，それぞれにふさわしい生活の中

---

* 30　「保育目標」をより具体化・細分化したもの。
* 31　「ねらい」を達成するために指導する事項のこと。
* 32　『保育所保育指針』は，保育の内容として示す「養護」について，「子どもの生命の保持及び情緒の安定を図るために保育士等が行う援助や関わり」と規定している。
* 33　『保育所保育指針』は，保育の内容として示す「教育」について，「子どもが健やかに成長し，その活動がより豊かに展開されるための発達の援助」と規定している。そして，「健康」「人間関係」「環境」「言葉」「表現」の5領域から構成される，としている。
* 34　『保育所保育指針』は，保育所生活は養護と教育が一体的に展開されることが特性であり，養護と教育は切り離せないものではないことを強調している。そのため，ねらいおよび内容を組織する際も，養護と教育を一体的に設定することを求めている。

で保育目標が達成されるようにする」ことも求められています。『幼稚園教育要領』も，2008（平成20）年の改訂で，いわゆる預かり保育について「家庭や地域での幼児の生活も考慮し，教育課程にかかわる教育時間の終了後等に行う教育活動の計画を作成するようにすること」を強調しました。今後，国も認定こども園の拡充を意図していますから，在園する子どもの中でも，保育時間が異なるケースが想定されます。ねらいや内容を組織するにあたっては，この点にも留意する必要があるでしょう。この点からも，園の実態に即して創意工夫し，園独自の基本計画を創造していくことが期待されます。

（3）事後段階

❶基本計画に基づく結果の反省・評価

　計画は保育を実施するための見通しです。そのため，保育を実施した後，結果を整理し，計画に基づく展開であったかどうかを検討しておくことは不可欠です。また，結果に照らして，計画そのものが適切であったかどうかも検討しておく必要があります。

　こうした作業を具体的に進めるためには，実践を記録すること，記録に基づき実践した保育者自身が自らの取り組みをふり返ること，などが必要です。さらに保育者間の検討作業も求められます。こうした作業を園長が中心となり，園全体で行うようにしましょう。

　基本計画は編成し，それに基づいて保育実践を終えればよいのではなく，事後において，しっかり反省・評価することも不可欠な作業ととらえ，基本計画のデザインを進めていくことが大切です。なお，こうした基本計画に基づく結果の反省・評価の詳細については，章を改めて論じることにします。

❷基本計画の再編成

　事後の反省・評価を通して，基本計画を修正する必要が出てくれば，当然ながら再編成に取り組む必要があります。基本計画とはいえ，人間がつくったものですから，完璧ということはありません。実践の結果，課題が多い場合は，計画そのものに無理があると考え，ためらわずに，基本計画を修正していきましょう。

　ただ，前述した見直しのタイミングでも述べた通り，毎年，再編成が求められるような計画は，質的に「園の基本」とはいいがたいものです。根本的な改編となる再編成については，国の基準である『幼稚園教育要領』『保育所保育指針』等の改訂（改定）期に合わせて実施することを目安として考えるとよいでしょう。そのため，再編成は「おおよそ10年程度」，年度単位の見直しは，「必要に応じた微調整程度」ととらえておけばよいでしょう。しかし，基本計画を編成したばかりの年度の場合は，修正すべき点も多くみつかるでしょうから，2年間程度を再編成の期間と位置づけることも一案です。

♣参考・引用文献
- 安彦忠彦編『カリキュラム研究入門』勁草書房，1985
- 梅根悟『コア・カリキュラム－生活学校の教育設計－』光文社，1949
- 梅根悟「幼稚園のカリキュラム」，東京教育大学教育学研究室編『教育大学講座9　幼稚園教育』金子書房，1950
- 梅根悟『単元』誠文堂新光社，1951
- 及川平治『分団式動的教育法』弘学館書店，1912
- Caswell, H. L., Campbell, D. S., Curriculum Development, American Book Company, 1935
- 岸井勇雄『幼児教育課程総論』同文書院，1990
- 倉澤剛『カリキュラム構成』誠文堂新光社，1949
- 厚生労働省『保育所保育指針解説書』フレーベル館，2008
- 厚生労働省『改定保育所保育指針　Q&A 50（改定保育所保育指針研修会資料）』2008
- Stratemeyer,F.B., Developing a Curriculum for Modern Living, Bureauof Publicatio ns, Teachers College, Columbia Univ. 1947
- Hill, P.S., A Conduct Curriculum for the Kindergarten and First Grade, Charles Sc ribner's Sons, 1923（高森冨士 訳『幼稚園及び低学年の行為課程』教文館，1936）
- 日本カリキュラム学会編『現代カリキュラム事典』ぎょうせい，2001
- 日本教育学会教育学学術用語研究委員会編『教育学学術用語集』日本教育学会，1996
- Bobbit, J.F., How to Make a Curriculum, Honghton Mifflin, 1924
- 無藤隆『はじめての幼保連携型認定こども園教育・保育要領ガイドブック』フレーベル館，2014
- 師岡章「レッジョ・エミリア・アプローチ（Reggio Emilia Approach）における『間接教育』の実践」『白梅学園短期大学　教育・福祉研究センター研究年報』No5，白梅学園短期大学教育・福祉研究センター，2000
- 師岡章「子どもの発達」，金村美千子編『教育課程・保育課程総論』（第二版）同文書院，2009
- 師岡章「保育所・幼稚園における保育の計画」，金村美千子編『新保育課程・教育課程論』同文書院，2011
- 文部科学省『幼稚園教育要領解説』フレーベル館，2008
- 山下俊郎監修『保育学事典』光生館，1976

カリキュラム研究の動向 ❹
自伝的方法によるカリキュラム研究

「ヒドゥン・カリキュラム」の研究が、政治的かつ社会的なものを重視するあまり、子ども個人の育ちを決定するという見方におちいりがちとなった難点を乗り越え、子ども個人の主観性に注目し、カリキュラム観をさらに広げる研究となったのが、W.F. パイナー（William Frederick Pinar, 1947-）の「自伝的方法（autobiographical method）」によるカリキュラム研究です。

「自伝的方法」とは、パイナーがカリキュラムの語源に注目し、見出した意味から導かれたものです。具体的には、パイナーはラテン語の「curriculum」の語源である「currere（クレーレ）」に注目し、そこに「観察可能なもの」「外的なもの」「公的なもの」とは別に、「個人的なもの」を見出し、「公的なもの」に対する「個人の経験のありのままの姿の探究（the nature of the individual experience）」の重要性を指摘したわけです。

そのうえで、パイナーは「currere」を以下のように定義づけます。

> 「currere とは走ることである。
> 　それは能動的であり、かつそうではない。つまり、私の走るトラックは変更不可能に強いられたものかもしれないが、私が走る速さや、私の走りの質や、空間・時間において身体的に活動する私の感覚的－知的－情動的経験は違うのである。すなわち、これらすべてが私の創作物なのだ。それらは私が責任を持ち得る対象なのである。……currere とは、種々の外的構造物についての私の実存的経験を意味する。」
> 資料）Pinar, W.F., "Preface", (1976, p.vii), 米村訳（1994, p.83）より

つまり、パイナーは、子どもや保育者がその個人として経験している実践レベルに注目し、両者が主観的に構成しているものを「currere」と呼び、重視するわけです。よって、「自伝的方法」とは、教育の場において生きて、かかわりあっている子どもと教師の個人的な経験、またそこに生じる主観的な世界を重視し、主体としての個人の意識過程を引き出し、その主体が葛藤しつつ生活する営みを自覚的に反省していく方法なのです。

こうしたパイナーの「currere」への注目、そして「自伝的方法」は、カリキュラムを個人的かつ主観的な視点からもとらえてみるという、新たな可能性を開く研究といえます。

♣引用・参考文献
・Piner, W.F., Preface in Piner, W. F., Grumet, M.R. (ed), Toward a Poor Curriculm. Dubuque, Iowa: Kendall / Hunt Publishing Company, 1976.
・米村まろか「currere：『カリキュラム』に潜む主観的行為の探求」日本カリキュラム学会編『カリキュラム研究』第3号、1994

5 保育カリキュラムの実際

　基本計画を園レベルで，園独自にデザインしていくうえで，具体的な手がかりは重要です。その手がかりとして，先人たちの知恵を学ぶことは大いに役立ちます。

　そこで本章では，わが国が近代化を図った明治期以降，園レベルで自主編成されてきた独自の保育カリキュラムのうち，代表的なものを取りあげ，その成果と課題を学んでいきます。また，保育研究者が考案した保育カリキュラムの中から，保育現場に影響を与えてきた理論的なモデルも紹介しますので，基本計画をデザインする際の参考としてください。

1 保育カリキュラムの自主編成史

　わが国において，"園保育の始まり"とされるのは，1876（明治9）年に創設された官立（国立）の東京女子師範学校附属幼稚園です。

　とはいえ，この幼稚園が創設される以前には保育施設がなかった，というわけではありません。たとえば，1871（明治4）年設立の亜米利加婦人教授所[*1]や1873（明治6）年頃に設立された鴨東幼稚園[*2]，1875（明治8）年設立の幼穉遊嬉場[*3]などが保育施設としてあげられます。しかし，残念ながら，これらのどの保育施設も1年前後で閉鎖されてしまいました。

　そのような中で，東京女子師範学校附属幼稚園は，設立後，長きにわたりわが国の保育をリードし，現在もお茶の水女子大学附属幼稚園として存続しています。その功績により，「日本初の本格的な保育の施設」，あるいは「日本初の幼稚園」と位置づけられているわけ

[*1] 横浜の外国人居留地内にアメリカから来訪した女性宣教師が設立した施設（安部純子訳著『ヨコハマの女性宣教師─メアリー・P・プライン』と「グランドママの手紙」EXP, 2000参照）。

[*2] 京都の建仁寺付近に外国人が設立したと示されている施設（日本保育学会編『日本幼児保育史』第1巻，pp.56-57参照）。

[*3] 京都の柳池学区に民衆が設立した施設（日本保育学会編『日本幼児保育史』第1巻，pp.64-71参照）。

です。
　では，官立として，東京女子師範学校附属幼稚園から本格的にスタートしたわが国の園保育は，どのようなカリキュラムを自主的につくってきたのでしょうか。

1 恩物中心の保育とカリキュラム

　1876（明治9）年11月に創設された東京女子師範学校附属幼稚園[*4]の取り組みは，ナショナル・カリキュラムが示されていなかった明治前期はもちろんのこと，1899（明治32）年に『幼稚園保育及設備規程』[*5]が制定された後も他園の模範となりました。
　1877（明治10）年6月に改正された同校附属幼稚園規則によれば，カリキュラムの骨格をなす保育内容は，以下のように設定されていました。

保育科目
第一物品科　日用ノ器物即チ椅子机或ハ花蝶牛馬等ノ名目ヲ示メス
第二美麗科　美麗トシ好愛スル物即チ彩色等ヲ示メス
第三知識科　観玩ニ由テ知識ヲ開ク即チ立方体或ハ幾個ノ端線平面幾個ノ角ヨリ成リ
　　　　　　其形ハ如何ナル等ヲ示メス
　右ノ三科包有スル所ノ子目左ノ如シ
　　五彩球ノ遊ヒ，三形物ノ理解，貝ノ遊ヒ，鎖ノ連接，形体ノ積ミ方，形体ノ置キ方，
　　木箸ノ置キ方，環ノ置キ方，剪紙，剪紙貼付，針画，縫画，石盤図画，織紙，畳紙，
　　木箸細工，粘土細工，木片ノ組ミ方，組片ノ組ミ方，計数，博物理解，唱歌，説話，
　　体操，遊戯
引用文献）お茶の水女子大学附属幼稚園編『年表・幼稚園百年史』国土社，p.23，1976

　このように東京女子師範学校附属幼稚園は，保育内容を，「物品科」「美麗科」「知識科」の3つの「保育科目」[*6]と，「五彩球ノ遊ヒ」から「遊戯」までの25の「子目」[*7]によっ

＊4　1890（明治23）年からは「東京女子高等師範学校附属幼稚園」，1952（昭和27）年からは「お茶の水女子大学文教育学部附属幼稚園」となり，現在は「国立大学法人　お茶の水女子大学附属幼稚園」となっている。
＊5　第2章参照
＊6　「保育科目」とは，今日でいえば「保育内容」のこと。フレーベルの恩物による表現の三形式（生活・美・認識）を踏まえたものである。そのうち，「物品科」は「生活の形式」を踏まえ，身近な事物の名称を著すもの，「美麗科」は「美の形式」を踏まえ，色彩を表すもの，「知識科」は「認識の形式」を踏まえ，形を表すものである。
＊7　「子目」とは，保育科目の細目のこと。今日でいえば，「国語科」の中にあげられる「話すこと・聞くこと」「読むこと」「書くこと」と同じ位置づけである。

て構成しました。25の「子目」の大半は、フレーベルの恩物[*8]であり、子どもたちは毎日30～45分程度机に座り、2～3つの恩物に取り組むことが求められました。また、「物品科」「美麗科」「知識科」の3つの「保育科目」は、こうした恩物に取り組む25の「子目」を通して育成が期待された目標であったといえます。そして、同附属幼稚園規則には、25の「子目」を3歳児、4歳児、5歳児の組別に一週間でどの程度、時間設定するかについて、表5-1のような「保育時間表」が示されていました。

　その後、1881（明治14）年7月に改正された同附属幼稚園規則では3つの「保育科目」はなくなり、「子目」も「保育諸課」という言葉に変わりました[*9]。そして、表5-2（p.136）に示すように、保育内容となる「保育諸課」も週単位で度数を表化するようなりました。

　目標である「保育科目」をなくし、「保育諸課」のみを列挙したことは、結果として教材の存在を大きくし、子ども不在の保育を促す可能性を高めたといえます。たとえば、「修身ノ話」「庶物ノ話」「唱歌」「遊戯」「体操」が各20分、それ以外は各30分とされており、室内での恩物を中心とした保育に比重を置いていたことがわかります。まさに、教科カリキュラムの発想から保育内容も設定されていたといえます。こうした保育内容の設定が、後に続く幼稚園を恩物中心の保育へと導くことになりました。

　1884（明治17）年2月における規則改正では、「保育諸課」を「保育ノ課程」という名称に変え、「保育課程表」（表5-3、p.136）として提示しました。おそらく、園レベ

表5-1　東京女子師範学校附属幼稚園の保育時間表　1877（明治10）年6月改正

	月	火	水	木	金	土	
第一ノ組　小児満五年以上満六年以下	室内会集	同	同	同	同	同	三十分
	博物修身等ノ話	計数（一ヨリ百二至）	木箸細工（木箸ヲ折リテ四分ノ一以下分数ノ理ヲ知ラシメ或ハ文字及ヒ数字ヲ作ル）	唱歌	木箸細工（豆ヲ用ヒテ六面形及ヒ日用器物等ノ形体ヲ模造ス）	木片組ミ方及ヒ粘土細工	三十分
	形体置キ方（第七箱ヨリ第九箱ニ至ル）	形体積ミ方（第五箱）	剪紙及同貼付	形体置キ方（第九箱ヨリ第十一箱ニ至ル）	形体積ミ方（第五箱ヨリ第六箱ニ至ル）	環置キ方	四十五分
	図画及ヒ紙片組ミ方	針画	歴史上ノ話	畳紙	織紙	縫画	四十五分
	遊戯	同	同	同	同	同	一時半

但シ保育ノ余間に体操ヲ為サシム

資料）お茶の水女子大学文教育学部附属幼稚園『年表・幼稚園百年史』国土社、p.23、1976

[*8]　恩物（ガーベ Gabe）：キンダーガルテン（幼稚園）を創始したドイツのフレーベルが創案し、体系づけられた一連の遊具の総称。20の種類があるため、二十恩物とも呼ばれる。
[*9]　湯川嘉津美『日本幼稚園成立史の研究』風間書房、2001

表5-2　東京女子師範学校附属幼稚園の保育諸課の表　(1881〈明治14〉年7月改正)

第八条　保育諸課各週ノ度数左ノ如シ。

体操	遊嬉	唱歌	書キ方	読ミ方	数ヘ方	画	結ビ物	紙剪リ	縫取リ	紙刺シ	紙褶ミ	紙織リ	鎖繋キ	土細工	豆細工	鐶排ベ	箸排ベ	板排ベ	木ノ積立テ	雛遊ビ	庶物ノ話	修身ノ話	会集	組
	六	六				一				二	二	二				一	一	二	四	二	三	三	六	四ノ組
五	六	六		一	二					二	二	二							四		三	三	六	三ノ組
五	六	六	一	二	二																三	三	六	二ノ組
五	六	六	二	四	二																三	三	六	一ノ組

資料）湯川嘉津美『日本幼稚園成立史の研究』風間書房，p.226，2001

表5-3　東京女子師範学校附属幼稚園の保育課程表　(1884〈明治17〉年2月改正)

表中の数字は毎週保育の度数を示す

通計	遊嬉	唱歌	書キ方	讀ミ方	数ヘ方	畫キ方	紙剪リ	縫取リ	紙刺シ	紙褶キ	紙織リ	珠繋キ	豆細工	環排ヘ	箸排ヘ	板排ヘ	木ノ積立テ	庶物ノ話	修身ノ話	會集	課組
四〇	六	六							二	二	二		一	一	二	五	三	三	六		六ノ組
四〇	六	六		一					二	二	二		一	一	二	五	三	三	六		五ノ組
四〇	六	六		一	一				二	二	二				二	四	三	三	六		四ノ組
四〇	六	六						二	二	二	二				二	四	三	三	六		三ノ組
四五	六	六	一	二	二				二							四	二	三	六		二ノ組
四五	六	六	三	五	二	三	一	二								二	四		六		一ノ組

資料）東京女子高等師範学校『東京女子高等師範学校六十年史』p.326，1934を一部改変

ルではじめて「保育課程」という言葉が使用されたものでしょう。その内容は，表5-2の「保育諸課」の表の示し方と大きな違いはありませんが，「保育課程表」という名称から考えれば，わが国において，園レベルではじめて編成された基本計画といえます。

2 初期の保育所の保育内容

わが国において，本格的な児童福祉施設としての保育所の始まりとされるのは，1890（明治23）年，新潟市東港町（現，新潟市中央区礎町）にて赤沢鐘美が私塾である新潟静修学校に附設した託児施設です。

この施設が創設される以前にも，子守学校[*10]などは保育所的機能をもっていましたが，これらの施設は，貧しい家庭の子どもを支援するものでした。

では，こうした初期の保育所的機能をもった施設は，どのようなカリキュラムを自主的につくっていたのでしょうか。

(1) 渡邉嘉重の子守学校の保育内容

1883（明治16）年，茨城県小山村（現，坂東市）にて渡邉嘉重が始めた子守学校[*11]では，校舎内に筵を敷くなどの安全管理への配慮がなされ，「空気」「採光・温度」なども重視されていました。

しかし，このように養護的側面に比重を置くだけでなく，教育的側面も大切にしていました。たとえば，乳児に対しては，物を注視する力の育成や，文化財への出会いとそれに対する興味・関心の育成なども意識されており，子どものさまざまな能力を育む取り組みもされていました。

また，幼児に対しては，恩物による保育ではなく，フレーベルが本来重視していた「遊び」に注目し，「遊園」と呼ばれる庭で自由に遊ぶことを大切にしました。幼児の保育室である遊戯室内には，五感を使って遊べる玩具も設定され，壁には豊かな感性と価値観を育むために，良質な図画も掲示していました。

さらに，学童期の子どもには「遊歩」と呼ばれる「散歩」の時間が設けられ，乳幼児も連れた戸外保育が実践されていました。いわば，異年齢保育（タテ割保育）が展開されていたわけです。

(2) 赤沢夫妻による新潟静修学校附設保育所の保育内容

1890（明治23）年，赤沢鐘美は妻である仲子の協力を得て，新潟静修学校[*12]（p.138）に付設しました。その託児施設は，1908（明治41）年に守孤扶独幼稚児保護会とその名を改め，本格的に保育事業を展開し，現在も，社会福祉法人守孤扶独幼稚児保護会による

[*10] 乳幼児を背負って登校してくる学童と乳幼児のために，乳幼児の保育と学童の教育を合わせて行う施設。義務教育の徹底と就学率の向上，とくに貧しい家庭への支援を考える人びとによって実施された施設である。

[*11] 渡邉は，3部屋でできた校舎のうち，真ん中の部屋を小学生の授業を行う「教場」とした。そして，両脇の部屋を，2歳未満の子ども用の「鎮静室」と，幼児用の「遊戯室」にし，小学生の教育と乳幼児の保育を並行して行った（渡邉嘉重『子守教育法』普及舎，1884）。

赤沢保育園として存続しています。

　当時，新潟静修学校に通う生徒の中には，幼い弟妹を連れてくる者もおり，また，東港町周辺には行商人や厳しい労務にあたる人も多く，幼いわが子の世話が十分にできない親もいました。そこで赤沢夫妻は，生徒は学業に，幼い子どもをもつ親は仕事に，それぞれ専念できるよう，別室にて幼い子どもを保護する事業を始めました。

　残念ながら，その保育内容を具体的に記した資料はありませんが，渡邉嘉重の子守学校同様，養護的側面を重視しつつも，「菓子玩具等ヲ与ヘ或ハ手芸唱歌等ヲ教ヘ愛撫訓育シタリシカ」[*13]とあるように，託児的な機能だけに終始するものではなかったようです。庶民のために，庶民にあった保育を展開したといえるでしょう。

　このように，託児を主とした保育所の前身の中にも，教育的な機能を重視する姿勢がありました。また，「学校教育」という枠組みにしばられない分[*14]，恩物中心の保育を展開していた当時の幼稚園とは異なり，目の前の子どもに即した保育内容を柔軟に展開する姿もみられました。

　ただ，その柔軟さのためか，いずれの施設でも，整理されたかたちでの計画は，記録として残されていません。そのため，現時点では，残念ながら，保育内容の概要が把握できるまでにとどまっています。

3　自由主義保育の展開とその内容

　20世紀への変わり目であった，明治期後半から第二次世界大戦に向かい始める昭和初期までの約30年間は，比較的自由な保育が展開されていました。

　この時期の保育界は，児童中心主義[*15]や大正自由教育の影響を受け，保育内容にもさまざまな工夫がみられました。代表的なものは，倉橋惣三（くらはしそうぞう）[*16]が主事として保育をリードしていた東京女子高等師範学校附属幼稚園[*17]の「系統的保育案」です。

[*12]　小学校教員であった赤沢鐘美が，自宅で行っていた私塾に専念するなかで立ちあげた学校。昼は尋常小中学科，夜は卒業生用に文学専修科を設けていた。昼の尋常小中学科は商業，夜の文学専修科は向学心の育成を主とするなど，その教育内容は画一的な正規の学校とは異なり，貧しい庶民の子女の教養となることを軸に設定されていた。

[*13]　日本保育学会編『日本幼児保育史』第2巻，フレーベル館，pp.117-118，1968

[*14]　1872（明治5）年の『学制』で「幼稚小学」が規定された後，1879（明治12）年の『教育令』では，「幼稚園の設置」が規定された。このように，幼稚園は，法的に学校教育を補完する機関として位置づけられていた。

[*15]　第3章❷参照。

[*16]　倉橋惣三（1882～1955）：東京女子高等師範学校教授であるとともに，1917（大正6）年から1949（昭和24）年まで（外遊による中断を含む）の長期にわたり，附属の主事（園長）を務めた。「日本のフレーベル」「幼児教育の父」と称され，保育界をリードした。現行の『幼稚園教育要領』も，倉橋の考え方を土台にしている。

[*17]　1890（明治23）年，本校が全国の女子師範学校の中核として高等師範に位置づけられたため，名称が変更となった（第2章❶参照）。

（1）東京女子高等師範学校附属幼稚園の系統的保育案の実際

　倉橋は同園の保育者とともに，子ども中心の保育を実践するため，さまざまな工夫を行いました。そのひとつとして，それまで保育の中心であったフレーベルの恩物を棚から下ろし，竹かごの中へバラバラに入れ，積み木と同等の扱いにしたというエピソードが残っています。これは，倉橋の保育姿勢を象徴するもっとも有名なものです。

　こうした自由な発想による保育実践の積み重ねは，1935（昭和10）年，『系統的保育案の実際』としてまとめられました。その一部分を示すと表5-4（p.140）の通りです。

　これをみると，倉橋は，保育をまず「生活」「保育設定案」の2つに整理し，「生活」の中には「自由遊戯」と「生活訓練」，「保育設定案」の中には「誘導保育案」と「課程保育案」をそれぞれ位置づけました。さらに，「課程保育案」には，1926（大正15）年に勅令として公布された『幼稚園令』に示されていた「唱歌・遊戯」「談話」「観察」「手技」という保育5項目を盛り込みました。つまり，倉橋らはナショナル・カリキュラムに示された保育5項目を羅列し，保育にあたるだけでは不十分と感じ，それも含んだ多様な保育内容を，子どもの生活全体を視野に入れながら，構造的に整理したのです。このように，多様な保育内容の設定と，保育内容相互の関連性への着眼は，保育内容の各論ばかりに目が向きがちな今日においても重要な視点を与えてくれるものです。

　また，その計画の中心に「誘導保育案」を位置づけている点もユニークです。

（2）誘導保育案

　「誘導保育案」とは，子どもの興味に基づいて主題を設け，そこに保育項目の目標や内容を含み込ませるものです。この誘導保育案は，シカゴ大学附属幼稚園で展開されていたプロジェクト・メソッド（project method）[*18]や，コロンビア大学附属幼稚園の「コンダクト・カリキュラム（conduct curriculum）」[*19]にふれていた倉橋が，附属幼稚園の保育者とともに生み出したものです。保育方法の工夫ともいえますが，子どもの遊びを尊重する中で，保育項目につながるさまざまな活動が生み出されていくという，総合的な取り組みでした。今日，『幼稚園教育要領』でも「遊びを通した総合的な指導」が重視されていますが，当時の東京女子高等師範学校附属幼稚園では，まさにそのさきがけとなる内容をカリキュラムに位置づけ，展開していたわけです。同園の子どもたちは年齢を重ねるごとに，たとえば「汽車ごっこ」といった主題をもつ活動を数週間にわたって楽しみ，その

＊18　アメリカの教育学者キルパトリックが考案した教育方法。子どもが自発的に目的として設定したテーマを，計画的に探究，解決していく一連の活動。わが国には1922（大正11）年頃に紹介され，注目されるようになった（第4章❷参照）。

＊19　「行為課程」とも訳された。遊びや片付けなど，日常的な活動を子どもが共同で行うことを通して，集団性や協同性を高めていく生活カリキュラムである。

表5-4　東京女子高等師範学校附属幼稚園の系統的保育案

年長組・第一保育期

		第一週 四月八日ヨリ	第二週 四月十五日ヨリ	第三週 四月廿二日ヨリ
生活	自由遊戯	ままごと中心の人形遊び、戦闘ごっこ、鉄遊び、砂場で地下諸注意	さくら通し椿通し鬼ごっこ（陣あり）	玉ころがし
	生活訓練	大きい組になっての年少組に対する心持、先生や友達への挨拶、廊下を走らぬこと、窓に登らぬこと、いたづら書をせぬこと等につき再び約束	食事前後の手伝ひ、お盆ふき・お盆くばり等帰りの時の整容	園内の芝生や・クローバーを踏まぬこと、ままごと砂場遊び等の後かたづけを徹底的に
誘導保育案	主題	おもちゃ作り	幼稚園を中心としてその附近の市街製作	家屋（白ボール）金太郎・熊の立絵に鯉幟を立てて、各児持たせ帰す。此週は金太郎・熊（画用紙）
	計画	花籠、風車、こまを作る。新入園児に贈る。	幼稚園を中心として、郷土教育の最初の階梯として、周囲の幼稚園附近の現況を実地に知らせる為に幼児製作の家を順次配置する。此週は作り方の相談観察製作の経験個人的分担全体的総合へ	同前五月節句ぶ持たせ帰す。家庭年中行事此週は金太郎・熊の興味
	期待効果	年少者に対する心、新来者を迎ふ手技		
	業時間	一週間	十週	二週間
保育設定案	唱歌・遊戯	演遊 花咲爺（童謡唱歌名曲全集）	律 兵隊遊び（律動遊戯） 自由表現 種まき（ザ・ソングプレーブック）	唱 天長節の歌 先生が歌って聴かせる 校歌みががずば 君ヶ代
		唱 遊	唱 遊	唱 遊
	数回	二 二	二 二	三 二
課程保育案	談話	釈迦 アリババ―アラビアンナイト―	森の王様（新実演）まちがひ（幼・楽）人形芝居 猿蟹合戦 動物のおどり	蜂大将 天長節のお話（新実演）靖國神社のお話
		話	人・芝 話	話
	数回	二	二 一	三
	観察	とかげ たね時き（コスモス 松葉牡丹 等）	桜の花	椿
	手技	自由画 風車 製作 花かご、こま	自由画 さくらの花 鋏仕事 粘土自在 ぬりえ チューリップ	自由画 一回は毛筆 鋏仕事 チューリップ 製作 誘導保育案による町・住宅 金太郎
	数回	二 四	一 一 一 一	二 四

資料）東京女子高等師範学校附属幼稚園『系統的保育案の実際』日本幼稚園協会，p.21，1935を一部改変

中でさまざまな力を獲得していきました。

　このように，東京女子高等師範学校附属幼稚園は，自由を重視しつつも，放任とは一線を画した実践を展開していました。そして，子どもを中心とした保育を志向するうえで，今日でも重視すべき保育内容を盛り込んだ保育カリキュラムを編成していったのです。

4　集団主義保育の展開とそのカリキュラム

　1919（大正8）年，大阪市西区に最初の公立託児所である大阪市立鶴町第一託児所が設立され，その前後から，託児所へのニーズは年を追うごとに高まりました。ただ，幼稚園以上に認知度が低く，また，託児所という名称からもわかるように，教育的な機能は期待されていませんでした。

　こうした状況を打破しようと，実践を科学的に分析し，その存在意義を示そうとする試みが行われるようになりました。こうした試みを代表するのが，1939（昭和14）年，大村英之助[20]・鈴子夫妻によって，東京の荏原区戸越町（現，品川区豊町）に設立された戸越保育所の保育案です。

(1) 戸越保育所の保育案の内容

　戸越保育所は設立当初から，城戸幡太郎[21]をリーダーとして発足した保育問題研究会[22]との関係が深く，同会の保育案研究委員会で検討された保育案を実践していました。戸越保育所はこうした城戸や保育問題研究会との関係をベースに保育を展開し，その成果を同会の機関誌である『保育問題研究』に報告していきました。表5-5（p.142）は，1939（昭和14）年7月に発行された『保育問題研究』第3巻第7号に掲載された戸越保育所の保育案の一部です。

　この保育案をみると，まず保育内容が「基本的訓練」「社会的訓練」「生活教材」「主題」の4項目に整理されていることがわかります。さらに，今日でいえば基本的生活習慣の形成にあたる「基本的訓練」は「清潔」「食事」「排泄」「着衣」「睡眠」，社会性の形成にあたる「社会的訓練」は「規律」「社交」，知識や技術の習得をめざす「生活教材」は「観察」「談話」「作業」「音楽」「遊戯」「運動」といった細目によって編成されています。

---

* 20　大村英之助（1905～1986）：映画プロデューサー，実業家。満鉄総裁などを務めた大村卓二の次男。労働運動にかかわりながら，記録映画や児童映画の制作を行う。
* 21　城戸幡太郎（1893～1985）：心理学者，教育学者。法政大学教授として，「社会中心主義」の立場から，戦前戦後にわたって保育界を理論的にリードし，倉橋と双璧をなした研究者。
* 22　1936（昭和11）年に，保育者と保育研究者によって結成された民間の研究団体。保育所保育を中心に，「保育の実際問題」をテーマに，今日まで研究を重ねている。

表5-5　戸越保育所保育案

昭和14年4月　　　　　　　　　　　　　　　（幼児数　16名　保姆数　2名）

項目		目標	第三週	第四週	整理
基本的訓練	清潔	鼻かみ 手洗 うがい	鼻かみ 　かみ方 　紙の捨方	手洗い （うがい水の使い方）	鼻かみの習慣未だつかず 水の使い方乱暴 うがい不徹底
	食事	残さない こぼさぬ	残さず食べる	こぼさぬように	残さず食べることの意は分る こぼす事注意足らず
	排泄	便所の使い方	便所ですること	はね返さぬよう戸の開け閉め	使い方大部分はよく出来る 戸の開閉不徹底，混雑す
	着衣	上着，靴の「脱ぎ着」	上着脱着	同	毎朝，夕繰り返すので大分慣れる
	睡眠	休養の姿勢	仰臥 手を腹	同	姿勢のとり方は皆わかる
社会的訓練	規律	携帯品整理片附け	朝と帰りの支度 （自分の置場）	順番，片附け 椅子のかけ方 持方	自分の置場は二，三名のみであいまい　椅子の扱い方もわかる　片附け順番はなかなかできない
	社交	挨拶	おはよう さよなら	同	皆喜び元気よくする
生活教材	観察	保育所内	所内 　名称 　何する所か	さくら チューリップ	
	談話	返事 自分の名	ハイ 先生の名	自分の名を云う，友達の名を知る	返事，自分の名，先生の名は完全に云う 友達の名は大半あいまい
	作業	道具の扱い方	クレヨン｝ 折紙　使い方	ハサミの使い方	
	音楽	リズム取り方 レコードを聞く	拍手でリズムをとる （レコード）	同　唱歌 「チューリップ」	リズムはレコードにより割合よくとれる 唱歌，楽器なきため調子外れる
	遊戯	行進，手をつなぐ 円形を作る	一列行進 手をつなぐ	同 円形を作る	行進の時間隔がとれぬ　ホールの円形の上にのれば形できる
	運動	遊具の使い方 姿勢，歩き方	歩き方	ブランコ乗り方 同	ブランコ興味をもって練習，歩き方リズムに合わぬ子大部分足，手の振り方悪し
主題			保育所の生活に慣れること		

資料）浦辺　史　他編『保育の歴史』青木書店，p.102，1981
　　　（保育問題研究会「保育問題研究」第3巻第7号，p.12，1939）

(2) 戸越保育所の保育案の意義

　このように幼稚園と異なり，早朝6時半から夕方6時までの長時間にわたって子どもが園生活を送る実態を踏まえ，戸越保育所はまず基本的生活習慣の形成を細かに内容化していきました。この点は，東京女子高等師範学校附属幼稚園の系統的保育案にはみられな

い細やかさです。

　また，城戸が主張していた「社会協力による生活訓練」[*23]という理念を踏まえ，「社会的訓練」を保育内容のひとつの柱にしているところも特徴的です。さらに，「生活教材」には保育5項目にとらわれず，より幅広い観点から，子どもに教授すべき教材，また文化財が位置づけられています。そのうえで，「基本的訓練」「社会的訓練」「生活教材」を包括するように「主題」が設定されていました。

　こうした保育内容相互の関連性を考えたカリキュラム編成は，前述した東京女子高等師範学校附属幼稚園の系統的保育案と共通します。ただ，その保育観や，それに基づくカリキュラムの編成原理は，かなり異なります。当時の幼稚園は，児童中心主義，あるいは自由主義的な保育が主流を占めていました。その代表的な存在が，倉橋や東京女子高等師範学校附属幼稚園でした。しかし，城戸を含む保育問題研究会は，倉橋らの保育観は，童心主義に傾斜しがちで，時には放任保育に陥ることさえある，と批判的でした。倉橋らの児童中心主義や自由主義の保育方法に対して，城戸らは，子どもたちに社会性を培い，集団で生きることの価値と方法を伝えられる保育を重視しました。

　戦後もこうした考え方は発展をみせ，いわゆる自由保育とは一線を画す保育論を展開していきました。こうした保育観は「社会中心主義」，あるいは「集団主義保育」とも呼ばれ，今日に至っても，代表的な保育の考え方のひとつとなっています。ただ，「訓練」「教材」という言葉が使われていることからもわかるように，子どもの興味・関心に基づく経験よりも，教示すべき内容が優先される分，保育カリキュラムでありながら，教科カリキュラム的な色彩が強いことは否めません。

5　経験主義保育とそのカリキュラム

　戦後の新教育期には，義務教育段階で積極的に取り組まれた学校単位のカリキュラムづくりに影響を受け，保育界も各園独自にカリキュラムを編成していく動きが活発となりました。さらに，ナショナル・カリキュラムが「楽しい幼児の経験」を参考資料にとどめるかたちで提示した『保育要領－幼児教育の手びき－』[*24]であったことも，こうした動きに拍車をかけました。

　そして，保育カリキュラムの自主編成が進む中，子どもの経験を重視する立場から，さまざまな保育内容が生み出されました。そうした幼稚園では，カリキュラム上，保育内容をバラバラに配列するのではなく，単元を中心に保育内容を編成していました。

---

* 23　城戸幡太郎『幼児教育論』賢文館，1939
* 24　第2章❶参照

図5-1　香川師範学校附属幼稚園のコア・カリキュラムのイメージ図

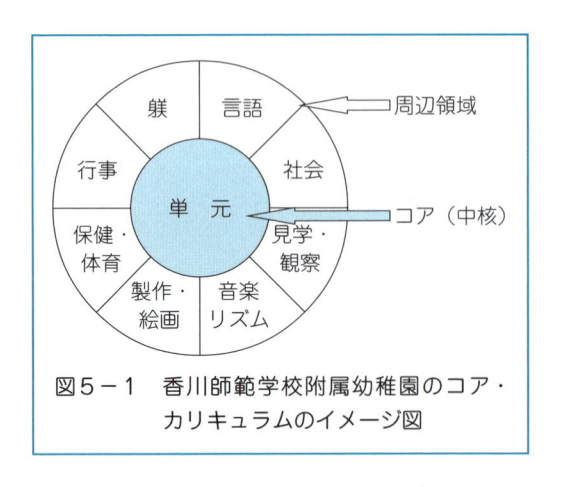

(1) 香川師範学校附属幼稚園のカリキュラム

　子どもの経験を重視する立場から編成されたカリキュラムの代表的なものに「コア・カリキュラム[*25]」があります。その一例として，香川師範学校附属幼稚園（現，香川大学教育学部附属幼稚園）のカリキュラムを表4-3（p.99）に示しました。

　香川師範学校附属幼稚園では，「お店やごっこ」や「夏のあそび」といった単元を中心に置き，その目標を示したうえで，その周囲に「言語」「社会」「見学・観察」「音楽リズム」「製作・絵画」「保健・体育」「行事」「躾」といった保育内容を「幼児の生活経験」として位置づけました。つまり，図5-1に示すように，コア（＝核）である単元を中心に園生活を展開させ，周辺領域として多様な保育内容を設定したわけです。カリキュラム編成上，保育内容を並列的，羅列的に配置することが子どもの興味・関心とかけ離れがちな点を避けるため，工夫された方法でした。

(2) 兵庫師範学校附属明石幼稚園の単元

　その一方で，経験カリキュラム，またその発展としてコア・カリキュラムを編成していく中で，コアをなす単元の内容や周辺領域との関係をめぐっては，問題点もみられました。

　たとえば，明石女子師範学校附属幼稚園[*26]は，以下に示すように，1948（昭和23）年度の年長組のカリキュラムにおいて，大きな単元とそれに含まれる複数の小単元的な活動によって保育内容を編成していました[*27]。

[*25] 第4章❷参照

[*26] 明石女子師範学校附属幼稚園は，本校が1943（昭和18）年から兵庫師範学校となったため，この時点では兵庫師範学校附属明石幼稚園となっていた。

[*27] 第4章❷の表4-4を参照。

第5章　保育カリキュラムの実際

単元一　親切ないいこの組の子供になりましょう
　　　　（1）始業式，（2）入園式，（3）歓迎遊戯，（4）舞子公園遠足，
　　　　（5）身体検査，（6）お誕生会
単元二　戸外で元気に遊びましょう
　　　　（1）れんげ摘み，（2）お庭をきれいにする，（3）おたまじゃくし取り，
　　　　（4）果物ごっこ
単元三　雨の時期を上手に過ごしましょう
　　　　（1）雨をみる，（2）お天気しらべ，（3）田植，（4）時計，
　　　　（5）いい子の一日の生活，（6）お部屋のあそび，（7）粘土あそび，
　　　　（8）リズムあそび，（9）外あそび
単元四　水あそびをしましょう
　　　　（1）水鉄砲，（2）しゃぼん玉，（3）洗濯あそび，（4）七夕まつり，
　　　　（5）貝から拾い，（6）船をつくる
単元五　兎を飼いましょう（九月）
　　　　（1）兎とあそぶ，（2）お月見をする，（3）家畜について話し合う，
　　　　（4）箱庭を作る
単元六　楽しく運動会をしましょう（十月）
　　　　（1）戸外で走りっこをする，（2）競争遊戯，（3）遊戯のけいこ，
　　　　（4）運動会，（5）野球あそび
単元七　秋の野山を見にいきましょう（十一月）
　　　　（1）お米のみのりを見にゆく，（2）お米の取り入れ，（3）動物園へ遠足
　　　　（4）どんぐり拾い，（6）落葉拾い
単元八　わたしたちの町めぐりをしましょう（十二月）
　　　　（1）町めぐり，（2）地図づくり，（3）お店やごっこ，（4）郵便ごっこ
単元九　お正月のあそびをしましょう
　　　　（1）お正月の経験を発表する，（2）たこ揚げ，（3）はねつき，
　　　　（4）かるた遊び，（5）すごろくつくり，（6）縄とび，（7）お客様ごっこ，
　　　　（8）あぶり出し遊び
単元十　幼稚園とお別れしましょう（二，三月）
　　　　（1）お雛まつり，（2）お庭の様子をみてまわる，
　　　　（3）幼稚園とお別れの用意をする，（4）送別会の準備，（5）保育終了式，
　　　　（6）送別遊戯会

引用文献）梅根悟「幼稚園のカリキュラム」東京教育大学教育学研究室編『教育大学講座9　幼稚園教育』金子書房，
　　　　pp.182-184，1950

このように，同附属明石幼稚園では，年長5歳児のカリキュラムを，総括的で主題に近い10の単元と，それのもとにした58の小単元的な活動を配列し，示しています。この小単元的な活動の大半は，自然とのかかわりと年中行事となっています。
　そのため，単元自体が総括的な題目，単なる主題（テーマ）に過ぎなくなっています。また，具体的に幼児が体験する活動も，あまり関連性のないものまで一括りにされる危険性もありました。こうした傾向を，梅根悟[*28]は「明石のプランはこのような『ふろしき単元』[*29]の先駆をなしたもので，その点で今日の幼稚園のカリキュラムの支配的な型を作った原型であるといっていい」[*30]と指摘しています。このような問題点は，園によっては現在でもみられます。
　ただ，梅根は同附属明石幼稚園のカリキュラムを，「『ふろしき単元』的な独特の方式によって日本式年中行事カリキュラムとアメリカ式社会機能カリキュラム[*31]とをうまく折衷し，調和させよう」[*30]としたとも述べています。この「アメリカ式社会機能カリキュラム」とは，時代が変化しても社会生活を送るうえで不可欠な要素を社会機能ととらえ，それを保育・教育内容として設定するカリキュラムのことです。しかし，幼児期の場合，その視点のみでカリキュラムを編成することは困難です。そこで，同附属明石幼稚園では，単元をあえて主題的なものとすることで，社会機能法で導かれる保育内容と，日本の風土に即した保育内容とのバランスをとった，とも解釈できます。幼児期に即した経験カリキュラムのひとつのあり方といえるでしょう。
　いずれにしても，経験を重視する立場からのアプローチは，カリキュラム編成において，子どもにとって身近で興味・関心がもてる活動を幅広くとらえ，保育内容を設定していくことを重視する考え方でした。
　しかし，その後，「基礎的な学力が低下する」などといった批判のもと，こうした試みは急速に途絶えていきます。そして次第に，主題設定の部分だけが残り，経験の質を問わず，活動をイベント的に展開するだけの取り組みや，教科的な活動に力点を置く園が増えていくことになりました。

[*28] 梅根悟（1903～1980）：教育学者，和光大学初代学長を務める。戦後新教育をリードした人物のひとりで，コア・カリキュラム連盟の創設にもかかわる。
[*29] 1つの主題に期待する保育内容を全て網羅させる単元構成のことを指す。
[*30] 梅根悟「幼稚園のカリキュラム」東京教育大学教育学研究室編『教育大学講座9　幼稚園教育』金子書房，pp.182-184，1950
[*31] 当時注目されていたアメリカの教育法の1つで，社会生活への参加を準備するため，社会人として身につけておくべき基礎的課題を整理し，その内容を経験させる中で習得させようとしたものである（第4章❷参照）。

6 保育構造論の展開

1964（昭和39）年,『幼稚園教育要領』が改訂され,初めて告示化されることになると,保育界では,6領域によってカリキュラムを編成する動きが加速していきました。そして,園によっては6領域を教科的にとらえ,それに適合した活動をカリキュラムに羅列的に配置する傾向も目立つようになりました。

「保育構造論」とは,こうした6領域主義によるコマギレ的な保育実践を打破するべく,保育内容相互の関連性に注目し,カリキュラムを編成しようという試みなのです。

（1）久保田浩と白梅学園短期大学附属白梅幼稚園の三層構造論

逸早く保育構造論を展開し,代表的な存在となったのが,久保田浩[*32]と,彼が園長を務めた白梅学園短期大学附属白梅幼稚園（現,白梅学園大学附属白梅幼稚園）の三層構造論です。

久保田は,「生活教育」の立場から,「幼児の生活づくり」のため,「その構造と内容をさぐりだし,発達の段階にそって,方向づけをし,くみたてていく」という方針のもと,表5-6に示したように,カリキュラムを三層構造として提示しました。そして,各層は「バラバラにあるものではなく,相互にかかわりあい,力動的にはたらきかけながら,生活の内容をかたちづく」るという有機的な関連性をもち合うもの,と位置づけました[*33]。

表5-6　久保田浩の三層構造論

第3層	領域別活動 ―系統を主にする活動 ※後に「系統的学習活動」と名称変更	あそびや生活をたかめ,ただしい発達をうながす活動（自然・数量形・言語・文学・造形・音楽など）
第2層	中心になる活動	生活の中核になるようなあそびなどを再構成し単元化したもの（集団あそび・行事活動・しごと）
第1層	基底になる生活	生活全体をなりたたせるために必要な基礎になるもの（自由あそび・生活指導・集団づくり・健康管理）

資料）久保田浩『幼児教育の計画―構造とその展開』誠文堂新光社,pp.17-21,1970

[*32] 久保田浩（1916～2010）:白梅学園短期大教授兼同附属白梅幼稚園の園長を務めた。久保田は1968（昭和43）年,梅根悟編『保育原理』（誠文堂新光社）の中で「構造のある計画」化を唱え,保育構造論に着手した。そして,1970（昭和45）年に著した『幼児教育の計画―構造とその展開』（誠文堂新光社）で,附属白梅幼稚園の3～5歳児のカリキュラムと実践をもとに,「教育計画の構造（生活の構造）」を整理した。なお,1983（昭和58）年に『根を育てる思想』（誠文堂新光社）を著し,その中で「領域別活動―系統を主にする活動」（第3層）を『幼稚園教育要領』に示される領域と混同されることを避けるため,「系統的学習活動」と呼び変えた。

[*33] 久保田浩『改訂新版　幼児教育の計画―構造とその展開』誠文堂新光社,pp.23-29,1983

こうした三層構造の内実を，附属白梅幼稚園の実践をもとに確認してみましょう[*34]。たとえば，4歳児が10月上旬のプレイデー（運動会）において取り組んだ「紅白リレー」は，「中心になる活動」（第2層）に位置づく活動でした。この「紅白リレー」が生み出された流れを整理すると図5-2のようになります。

　「中心になる活動」（第2層）の具体的な内容は，保育者の思いだけで一方的に決定されたり，特定の時間内で完結したりするものではありませんでした。それは，「紅白リレー」の活動が1学期から自由な場面で，やりたい子どもがリレーごっこを楽しんでいる姿がみられたことからもわかります。子どもたちはその間，走る順番をどのようにしたらよいかなどの問題を発見し，子どもなりの方法で解決しようとしていました。また当初，競争意識も自クラス内での対抗にとどまっていましたが，遊び込む中で次第に他クラスとのクラス間対抗へと要求を高めていきました。つまり，子どもたち自身が「基底になる生活」（第1層）に位置づく遊びから，まとまりのある活動として「中心になる活動」（第2層）を生み出していったわけです。

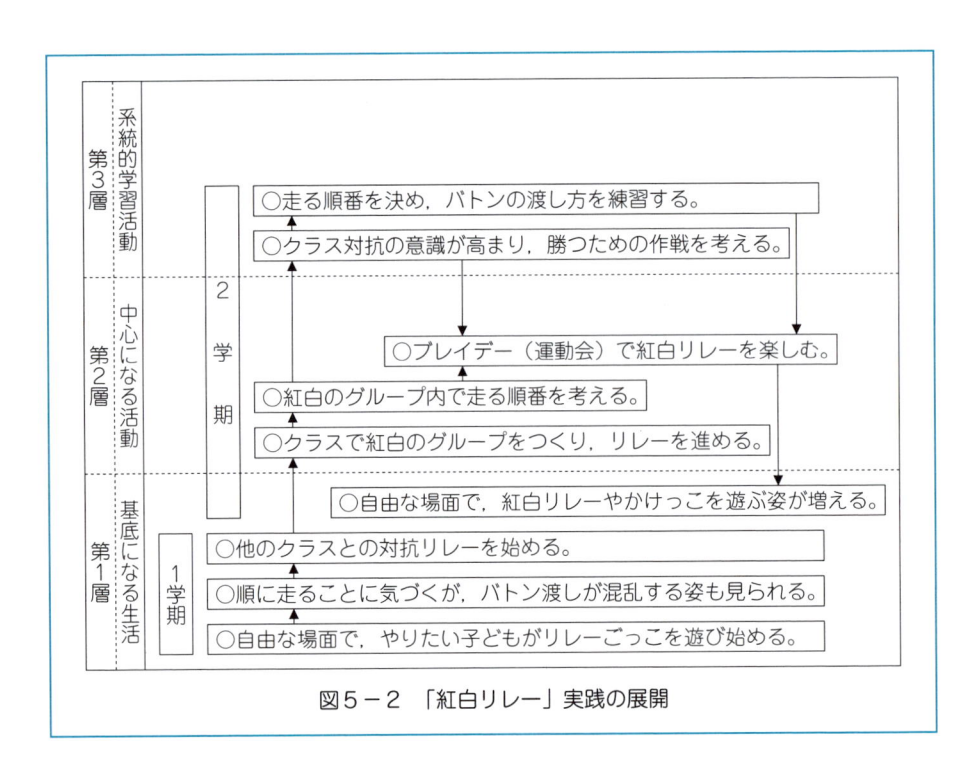

第3層	系統的学習活動	2学期	○走る順番を決め，バトンの渡し方を練習する。 ○クラス対抗の意識が高まり，勝つための作戦を考える。
第2層	中心になる活動		○プレイデー（運動会）で紅白リレーを楽しむ。 ○紅白のグループ内で走る順番を考える。 ○クラスで紅白のグループをつくり，リレーを進める。
第1層	基底になる生活	1学期	○自由な場面で，紅白リレーやかけっこを遊ぶ姿が増える。 ○他のクラスとの対抗リレーを始める。 ○順に走ることに気づくが，バトン渡しが混乱する姿も見られる。 ○自由な場面で，やりたい子どもがリレーごっこを遊び始める。

図5-2　「紅白リレー」実践の展開

* 34　白梅幼稚園研究部編『白梅の教育-実践記録第6集』pp.75-89, 1973

そして，紅白のグループに分かれリレーをしていく段階になると，保育者からバトンの渡し方や必要なルールなども投げかけられ，子どもたちがリレーを展開するうえで必要な技術や技能，さらに認識や思考力を高める「系統的学習活動」(第3層)も展開されていきました。こうした経験は，その後「プレイデー(運動会)」や「自由遊び」での個別の「かけっこ」などを充実させていくことにもつながりました。

このように，三層構造論における子どもの園生活の内容は，「基底になる生活」(第1層)→「中心になる活動」(第2層)→「系統的学習活動」(第3層)という展開もあれば，「系統的学習活動」(第3層)→「中心になる活動」(第2層)→「基底になる生活」(第1層)という展開もあるわけです。また，「基底になる生活」(第1層)→「中心になる活動」(第2層)⇄「系統的学習活動」(第3層)→「基底になる生活」(第1層)という展開もみられ，一概に第1層から第2層，第3層へと積み上げるような段階的な展開ではなく，多様なあり方が考えられていたわけです。

したがって，久保田らの三層構造は「教育課程の自主編成」を進めようとする立場から，単に保育内容や領域を同列に扱うのでなく，「多彩であり，変化にとんだ」生活全体を「質がちがい，次元のちがう活動」として三層に整理し，その中核に目的的な活動である「中心になる活動」をおきながら各層が複雑に絡み合う関係を明らかにした保育構造論だったわけです。つまり，久保田らの三層構造論は，子どもたちに「『みんなと生活すること』のねうち」を知らせることを重視するため，子どもの生活そのものを整理した「生活の構造」論であったといえます。

(2) 大場牧夫と桐朋幼稚園の三層構造の生活プラン

大場牧夫[35]は，自ら主事として保育をリードしていた桐朋幼稚園の取り組みを整理する中，カリキュラム編成のコンセプトを保育者からの「働きかけの構造」にしぼることによって，図5-3 (p.150)に示すような，三層六領域構造を提起しました[36]。

このうち，「生活と仕事」「遊び」「選定された課題による活動」を3つの層とし，「各層は相互に密接な関連をもっている」と位置づけられました。また，「健康」「社会」「自然」「言

---

[35] 大場牧夫(1931〜1994)：桐朋幼稚園の主事を務めた。また，1964(昭和39)年と1989(平成元)年の『幼稚園教育要領』改訂作業にも委員としてかかわった。大場は，当初は久保田の三層構造論と同じ構造性を模索し，「集団生活の姿」「集団生活への配慮」というふたつの土台のうえに，「単元活動」「領域別におさえる活動」からなる「二層構造的カリキュラム」の編成を試みたが挫折。その後，桐朋幼稚園の保育者でも実践しやすいカリキュラムを工夫した。

[36] 1974(昭和49)年の大場牧夫編『幼児の生活とカリキュラム』(フレーベル館)において，初めて提起された後，1983(昭和58)年の『新版 幼児の生活カリキュラム―三層構造の生活プラン』(フレーベル館)で若干の修正を加えた。また，1989(平成元)年の『幼稚園教育要領』改訂で5領域が示されたことを踏まえ，1992(平成4)年には，大場牧夫他編『保育内容総論―保育内容の構造と総合的理解』(萌文書林)において，三層五領域構造に修正した。

選定された課題による活動
遊び
生活と仕事
健康／社会／自然／言語／音楽／造形
個人・集団の変革

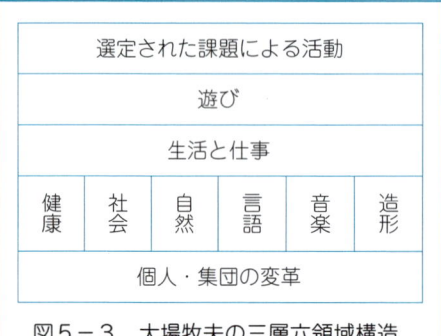

図5-3　大場牧夫の三層六領域構造
（1983年版）

資料）大場牧夫 編『新版　幼児の生活とカリキュラム―三層構造の生活プラン』フレーベル館, p.15, 1983

語」「音楽」「造形」の6つは領域であり，3つの層を貫くものと位置づけられました。

なお，3つの層のうち「生活と仕事」の層は，子どもなりの生活の自主管理としての生活労働的活動を促すことを意図し，自分の身のまわりの処理や園生活での自立や，当番・係といった役割活動など，生活の自主管理の動きと共に，生活を豊かにする活動を促すことを指します。「遊び」の層は，遊びが子どもの生活の中心にあり，子ども自身による活動であるとの認識のもと，遊びの種類，技能，人間関係を踏まえ，この動きを支え，育てることを重視する中，子どもが自由に遊ぶ活動を促すことを指します。「選定された課題による活動」の層は，「生活と仕事」や「遊び」とかかわる課題がある経験や活動を設定し，混然としている状態から，子ども自身が目標を目指して活動を促すことを指します。

さらに，6つの領域については，『幼稚園教育要領』の領域を「意味しているのではなく，もっと自由に幼児の成長発達に必要な経験・活動を整理する中で，仮説的に位置づけようとしたもの」にすぎないとも述べています[37]。

こうした三層六領域構造を桐朋幼稚園の実践に照らし合わせてみてみましょう[38]。たとえば，5月下旬に行われる全園行事「プレイデー」は「総合活動」，つまりひとつのテーマのもとにまとまりのある活動として計画，実践されたものでした。そのうえで，図5-4に示すように，その前後には多様な取り組みが展開されていきました。

まず，プレイデーの事前経験には「滝山遠足」が計画され，ここで年少（4歳児）は集団行動が求められ，年長（5歳児）は年少の手を引くという「年少・年長関わりの系」が指導として展開されます。また，即興運動も楽しみ，プレイデーで行う内容の提示がなされます。

こうした経験を土台に，プレイデーでは集団の行動を意識することを重点にしながら，年長には「競争づくり」という総合活動の中で，紅白組づくりや，年少・年長の関わり，

---

[37]　大場牧夫編『新版　幼児の生活とカリキュラム――三層構造の生活プラン』フレーベル館, pp.13-16, 1983
[38]　『桐朋幼稚園の教育　心の解放と造形的な表現―その育ちの追究』桐朋幼稚園編, pp.160-164, 1991

```
<ゆり組（年長）>        <合　同>         <ばら組（年少）>

●鯉のぼりづくり（5／1） ●さんぽ（5／2）  ●鯉のぼりづくり
●はたけづくり（5／6）         ↓
                      ●滝山遠足（5／7）  ●たねまき（5／9）
●プレゼントづくり ──→ ●母の日 ←──── ●プレゼントづくり
                                      　 お母さんの顔
●競走づくり ──────→ ●プレイデー（5／20）←・太陽のマーク（共同）┐
                                      →・玉入れの絵　（6／3）│丸
●プレイデーの絵 ←─┘                  ・口をあいた顔（6／4）│形
                                        ・ふうせん　　（6／7）│を
                      ●誕生会            ・かたつむり①       │し
●グループリーダー問題                    ・かたつむり②（6／19）│っ
                      ●リズム表現（6／6）・先生の顔　　（6／23）│か
●グループ編成がえ                        ・てんとうむし       │り
        ↓                                ・丸で描く自由画     │描
●プレゼントづくり     ●おべんとう        ●プレゼントづくり    │く
                      ●父の日                                  ┘
●時計づくり　時計店ごっこ ←──────── ●時計づくり
```

図5−4　「プレイデー」前後の総合活動の実践

資料）桐朋幼稚園編『桐朋幼稚園の教育　心の解放と造形的な表現−その育ちの研究』p.160，1991 一部抜粋

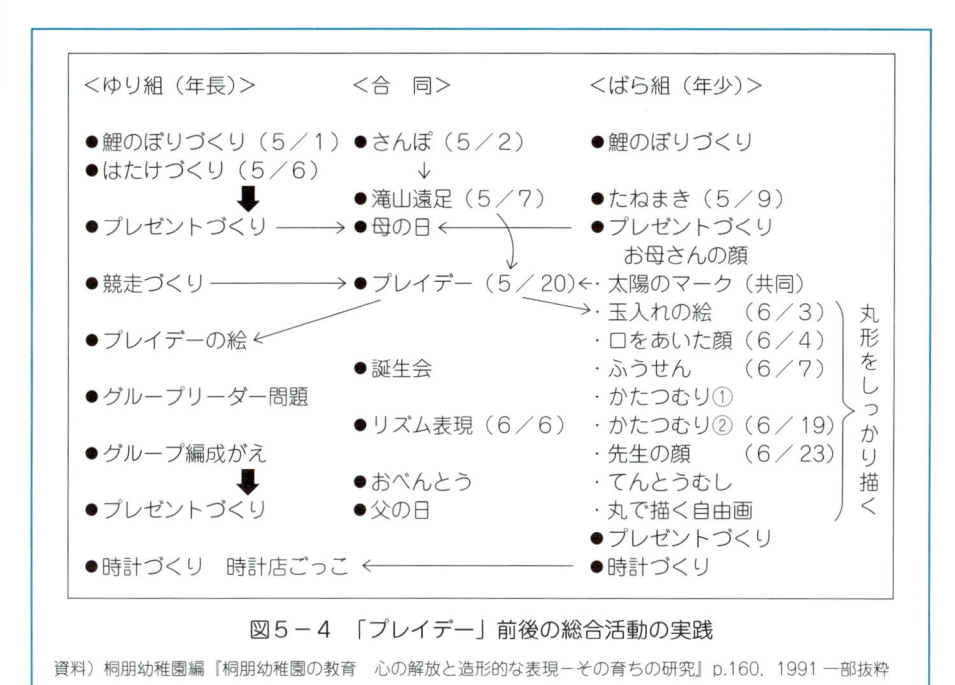

種目づくり，基礎運動経験（走る，競争する，投げる，ひっぱる等）などの活動が働きかけられます。

　一方，年少には，「太陽のマークづくり（学級共同）」や，事後の描画表現，集団リズム（併設の桐朋小学校のプレイルームでの合同活動），室内運動，集団ゲームなどの活動が働きかけられています。

　このように，プレイデーの中に，「年少・年長関わりの系」だけではなく，「生活づくりの系」や「遊びの系」「課題の系」といった三層六領域構造で示した各層が網羅され，それぞれの系にそった働きかけがなされているわけです。つまり，3つの層は「生活することの基本的な活動の分野（フィールド）」という面はありつつも，三層六領域構造全体としては，子どもの生活や活動を構造化したものではなく，どんな活動にも貫かれる指導や働きかけの目安を構造化したものだったのです[39]。前述したように，三層六領域構造が保育者からの「働きかけの構造」にしぼって構造化したというのは，そういう意味なのです。

　このように，「今，目の前にいる幼児たちに何が必要なのか」という点から出発し，そ

* 39　大場牧夫編『新版　幼児の生活とカリキュラム−−三層構造の生活プラン』フレーベル館，pp.13-16，1983

のために必要な経験や活動を整理した大場の三層六領域構造論は、子どもたちが園生活での生活主体者となるために必要な保育者からの働きかけを明らかにした「指導の構造」といえます。

(3) 田代高英と福岡教育大学附属幼稚園の保育カリキュラム

田代高英[*40]と福岡教育大学附属幼稚園は、「保育目的と関連して、保育内容、すなわち、具体的な保育内容の分野」を検討する中で、保育カリキュラムの構造化を試み、以下のように整理しました。

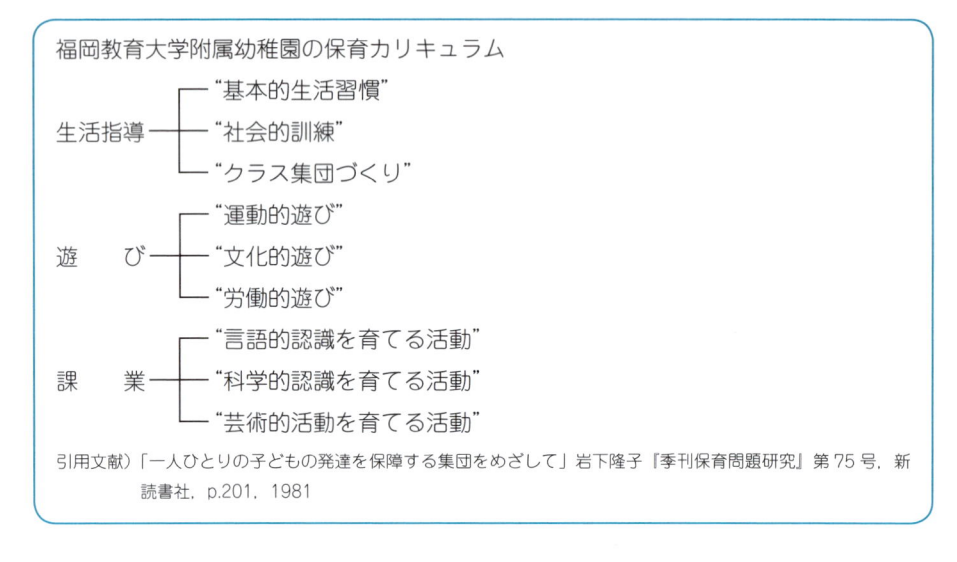

```
福岡教育大学附属幼稚園の保育カリキュラム
              ┌─ "基本的生活習慣"
  生活指導 ──┼─ "社会的訓練"
              └─ "クラス集団づくり"

              ┌─ "運動的遊び"
  遊   び ──┼─ "文化的遊び"
              └─ "労働的遊び"

              ┌─ "言語的認識を育てる活動"
  課   業 ──┼─ "科学的認識を育てる活動"
              └─ "芸術的活動を育てる活動"
```
引用文献）「一人ひとりの子どもの発達を保障する集団をめざして」岩下隆子『季刊保育問題研究』第75号, 新読書社, p.201, 1981

この保育カリキュラムは、「基礎的諸能力」や「自主的、民主的人格の基礎」[*41]の発達保障のためには、基本的視点として「集団生活の形式や内容」の見通しが必要であるとの立場から編成されたものです。また、発達の筋道を示す系統性こそが大切であるとの立場から、それを踏まえた保育者からの働きかけの要点を示すことを重視した構造となっています。

この点を、具体的に設定された保育内容をもとに確認してみましょう[*42]。たとえば、3

[*40] 田代高英（1929～）：福岡教育大学名誉教授。教育学部の教授、同大学の代10代学長も務めた。1974（昭和49）年、『現代幼児集団づくり入門』（東方出版）の中で集団づくりのとらえ方の枠組みを提示して以降、集団主義の立場から久保田や大場とは異なる保育構造論を展開した。

[*41] 田代によれば、「自分の要求をはっきりもち、自主的に判断できる子どもであると同時に、仲間を大切にし、仲間と共に考え、判断し、行動できる」姿を指す。（宍戸健夫・田代高英『保育入門』有斐閣, p.151, 1979）

[*42] 1981（昭和56）年、法政大学で開催された『第20回全国保育問題研究集会』において提案された福岡教育大学附属幼稚園教諭の提案資料「保育計画について」より

第5章 保育カリキュラムの実際

歳児の第１期である４・５月の「遊び」では,「みんなで一緒にあそぶ楽しさを味わう」をねらいに，次のような活動が取り組まれています。

> 「運動的遊び」
>   体操，室内スベリ台をする，椅子式安全ブランコにのる，ボールころがし拾い，
>   ジャングルジムにのぼる，鉄棒くぐり・ぶらさがり，とび箱あがりおり
> 「文化的遊び」
>   ままごと，ちいさい犬，かくれんぼ，かごめ，花いちもんめ，ネコとネズミ，
>   ブロック遊び，積木遊び
> 「労働的遊び」
>   砂遊び（ダンゴづくり・プリンづくり・型おし遊び），
>   苗植え（土耕し・苗植え　・水やり・肥料やり・じゃが芋植え），
>   鯉のぼりづくり（みんなで眼，ウロコ，ヒレ，尾などのチギリ貼りをする）

　また,「遊びの留意点」として,「第１期の遊びは,個々別々にあって内容も単純な無目的なものであるから,これをつなげていくための手だてや配慮を十分にする」ことがあげられていました。さらに,「基礎的技能」として,遊びの中で,歩く,走る,跳ぶ,つかむ,放す,積む,並べるが留意され,すべての遊びの中で意識されていました。

　このように,同附属幼稚園では,それまで指導の対象としては単元的にとらえられるか,もしくは,園によっては放任的になっていた自由遊びを,「運動的遊び」「文化的遊び」「労働的遊び」という新しい視点によって区分し,指導の窓口を鮮明にしました。同様の工夫は,ほかの保育内容にもみられ,とくに「課業」という名称を用いて,さまざまな認識や能力の育成を重視したことは,小学校以降の教科学習につながる課題活動を積極的に導入していくきっかけにもなりました。つまり,田代の保育構造論は,保育者が子どもに対する課題を達成するために必要な具体的な活動の配列を積極的に進めた「保育内容の構造」であったといえます。また,保育内容として,「集団づくり」や「課業」を重視する保育カリキュラムの先鞭をつけたものでもありました。

　ただ,保育カリキュラム上,「自由遊びの位置づけがない」「活動内容が教科的」など,久保田と大場の構造論とは異質な面もあります。また,「生活指導」「遊び」「課業」の区分が鮮明すぎるため,活動間の関連性が希薄になりかねないという課題もみられます。

　以上,保育構造論は一概に構造と銘打っても,保育内容の諸要素を構成し直したものから,それらをトータルにまとめていくことを意図したものまで,多様な考えがありました。

153

ただ，構造論であるかぎり，やはり単なる保育内容の組み替えや新たな要素の抽出に終わるだけでは物足りません。なぜなら，「構造的に考える」とは，物事を部分的ではなく，全体的にとらえようとするものであり，物事を成り立たせている諸要素をみつけ，その関連性を考え，物事を生み出すことを指すからです。保育を構造的にとらえる場合も，こうした保育をトータルにまとめあげる作業が不可欠です。

　子どもの主体性，遊びを通した総合的な指導が求められる現在，こうした保育カリキュラムを構造的に整理する試みは大変重要です。ここに示した先駆者の試みは，乳幼児期の発達特性に即した保育カリキュラムを自主編成する際，重要なヒントを与えてくれるアイディアのひとつといえるでしょう。

7　小学校教育との連携を視野に入れたカリキュラムの工夫

　子どものよりよい成長・発達を支える営みは，幼稚園，保育所，認定こども園を卒園する時点で完結するものではありません。しかし，保育現場は，近年まで，「子どもは卒園後，小学校に進学し，その後も成長し続ける存在」という自明な事実をあまり意識してきませんでした。

　では，小学校を視野に入れたカリキュラムは，いつ頃に，どのようなかたちで生まれ，広がっていったのでしょうか。時間を追ってみていきましょう。

(1) 小学校連携を模索する初期の動き

　小学校との連携を意識した取り組みは，最近新たに生まれたものではありません。すでに戦前には，コロンビア大学附属幼稚園において行われていた「コンダクト・カリキュラム」が，高森冨士[43]の翻訳によって日本に紹介されていました。

　「コンダクト・カリキュラム」[44]とは，パティ・S・ヒル（Patty Smith Hill）[45]の主導によって行われていた，幼稚園から小学校の低学年まで視野に入れた保育カリキュラムのことです。これを高森冨士が『幼稚園及び低学年の行為課程』[46]として紹介したことにより，明石女子師範学校附属幼稚園でも附属小学校との間で，生活単位法（＝経験単位法）によるカリキュラムを編成したのです（第4章参照）。

---

[43]　高森冨士（1877～1969）：長崎の活水女学院附属幼稚園の保育者を務めた後，アメリカのコロンビア大学に留学。帰国後は，大阪のランパス女学院保育専修部で保育者養成に携わる。キリスト教を基盤に「児童中心主義」の保育の理論，実践の両面で展開した人物である。

[44]　本節❸参照

[45]　パティ・S・ヒル（1868～1946）：アメリカの女性幼児教育研究者。キルパトリックが提唱したプロジェクト・メソッドにも早期からふれていた。

[46]　高森冨士『幼稚園及び低学年の行為課程』教文館，1936。なお，1933（昭和8）年には，大阪市保育会研究調査部が同書を『コロンビヤ大學附属幼稚園及低學年級ノ課程』（フレーベル館）として翻訳・出版していた。

しかし，こうした取り組みは，その後，広がりをみせませんでした。その根底には，「保育を小学校の準備教育にしたくない」という思いがあったのかもしれません。

(2) 幼小連携のカリキュラムづくりの挑戦

5領域の時代を迎えた1989（平成元）年度以降，次第に小学校との連携を視野に入れた幼児期の教育の充実が求められるようになってきました。この動きにより，保育現場の中にも，カリキュラム編成上，小学校以降の教育を視野に入れた工夫がみられるようになりました。

文部科学省の研究開発校となった東京都中央区立有馬幼稚園・小学校では，1999（平成11）年度から3年間にわたって幼児期の教育と小学校低学年の連携を視野に入れたカリキュラムづくりを進めてきました。その研究成果は，2002（平成14）年に『幼小連携のカリキュラムづくりと実践事例』として刊行されました。

具体的には，図5－5に示すように，有馬幼稚園では，保育内容を「くらし」「社会」「文化」という3つの視点（スコープ）で整理し，以下のように設定しました。

こうした視点を「ありまフィールド」と位置づけ，それをもとに地域に生きる子どもを育てる場（遊びや学びの場）の広がりを意識した実践が取り組まれました。

くらしとは…幼児にとって実生活に密着した体験
社　会とは…幼児にとって身近な地域やそこに暮らす人々とのかかわり
文　化とは…幼児があこがれを感じる専門家やアマチュア（小学生を含む）の表現活動や地域の伝統文化にふれる体験

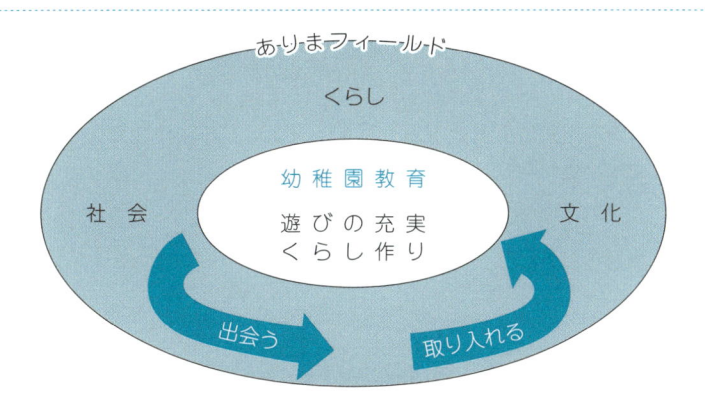

図5－5　有馬幼稚園の新教育課程編成のための新たな視点

資料）東京都中央区立有馬幼稚園・小学校 執筆監修，秋田喜代美『幼小連携のカリキュラムづくりと実践事例』小学館，p.36, 2002 より作成

そして，この実践で重視されたのは，子どもの興味・関心を発展させ，保育者が主題と意味を見出し，つなげていく活動でした。この活動を有馬幼稚園は「プロジェクト型実践」と命名しました[47]。この「プロジェクト型実践」は，一斉画一的な指導はもちろん，遊び重視といいつつも放任に陥るものとは一線を画す取り組みであり，「生活科」への学びの連続性，発展性も期待できる活動でもありました。また，プロジェクト・メソード[48]を参考として展開された倉橋惣三の「誘導保育」をはじめ，「経験主義保育」における「単元活動」，また保育構造論にみられる「中心になる活動」や「総合活動」に連なる取り組みともいえるでしょう。

(3) 小学校以降の教育を視野に入れたカリキュラムの工夫

現在，こうした小学校教育との連携を視野に入れたカリキュラムづくりは，少しずつ広がりをみせています。

東京都品川区では，幼稚園と小学校間だけでなく，保育所，認定こども園も加わって，「ジョイント期」を設定した取り組みを行っています。「ジョイント期」とは，年長5歳児の10月から小学校1年生の1学期までを指します。品川区では，このジョイント期の幼児教育と小学校教育の円滑な接続を図る「ジョイント期カリキュラム」[49]を作成しました。

また，滋賀大学教育学部附属四校園（附属幼稚園・附属小学校・附属中学校・附属養護学校）では，幼児期と小学校低学年との連携にとどまらない，「四校園一体型・十二年一貫カリキュラム」[50]を作成しています。

小学校との連携というと，幼児と小学生との交流活動ばかりが注目されます。しかし，大切なのは，イベントとしてのふれあいではなく，子ども自身の内面に形成される主体性や学びへの意欲を育てることです。そのためにも，先生同士が交流し，互いのカリキュラムを理解し，つなげていく努力が必要です。

小学校以降の教育を視野に入れた保育カリキュラムは，小学校教育を先取りするものではありません。編成の際には，改めて幼児期の発達特性を踏まえ，園生活全体を視野に入れる中で構想し，遊びを発展させた総合的な活動を軸に編成することが重要となります。子どもを中心に保育を展開しようとする立場は，常にこうした視点を大切にしなければなりません。

---

[47] 東京都中央区立有馬幼稚園・小学校 執筆・監修，秋田喜代美 執筆・監修『幼小連携のカリキュラムづくりと実践事例』小学館，pp.80-124，2002

[48] 本節❸を参照。

[49] 品川区編『保幼小ジョイント期カリキュラム～しっかり学ぶしながわっこ～』品川区教育委員会事務局指導課，2010

[50] 滋賀大学教育学部附属幼稚園『学びをつなぐー幼小連携からみえてきた幼稚園の学び』明治図書，2004

2 保育カリキュラムに関する理論的モデルの提示

保育カリキュラムは，さまざまな保育研究者によって多種多様なアイディアが示されてきました。こうした保育カリキュラム研究の中から，保育現場に影響を与えた理論的なモデルを紹介しましょう。

1 宍戸健夫の「保育計画の構造」

宍戸健夫[*51]は，1966（昭和41）年に著した『日本の集団保育』において，『教育基本法』の第1条が示す「人格の完成」「平和的な国家及び社会の形成者」といった教育の目的が，保育目的の基本にもなる，との考えを示しました。そして，「平和的な国家及び社会の形成者」を育成するためには，幼児期において「たしかな認識力」「たくましい創造力」「がっちりとした集団性」などを育てていくことを目標とすべきである，と主張しました。

宍戸は，こうした目標を達成するために，同書において，「幼児の保育計画」として，以下に示す3つの分野の計画をつくることを提案しました。

○クラスづくりの計画
- ①生活リズムにそって，基本的生活習慣の自立を促す
- ②係活動をグループ的規模からクラス的規模に広げる
- ③クラスリーダーにより，全園的作業を展開する

○あそびの計画
- ①一人一人が自由に表現して遊ぶ
- ②簡単な約束と役割を決めて，協力して遊ぶ
- ③複雑なルールのある遊びを展開する

○学習の計画
- ①体育的な課題
- ②文学教育的な課題
- ③音楽教育的な課題
- ④造型教育的な課題

資料）宍戸健夫『日本の集団保育』文化書房博文社，pp.180〜191，1966より作成

[*51] 宍戸健夫（1930〜）：愛知県立大学名誉教授。学生時代から保育セツルメント運動への参画を始め，現場の保育者との共同研究を進めてきた保育研究者。

この「幼児の保育計画」は，保育現場に対し，子ども一人ひとりを育てるという観点よりも，「クラスリーダーを中心とするクラス集団の自主運営」を育む「クラスづくりの計画」を重視することや，保育においても「学習の計画」が必要であることを求めるものでした。
　ただ，3つの分野の計画は羅列的に示されており，このままでは，それぞれの計画に基づく保育実践も関連性を考慮せず，バラバラに展開されかねませんでした。
　そのため，城丸章夫の生活指導論[*52]に触発された宍戸は，1982（昭和57）年に著した『保育計画の考え方・作り方』において，図5-6に示すように，設定する保育目標や保育内容の関連性を考慮した構造的な保育カリキュラムのアイディアを提案しました。
　この「保育計画の構造」では，「幼児の保育計画」において「クラスづくりの計画」として示した分野を「クラス運営活動（仕事）」に，「あそびの計画」として示した分野を「遊び活動」に，「学習の計画（学習）」として示した分野を「課業活動（学習）」にと，それぞれ保育活動をイメージしやすい「活動領域」としての名称に変更しました。また，この3つの「活動領域」を通して，基本的生活習慣の自立を図る「基本的生活の形成」と，子ども同士のかかわり方を指導する「集団生活の発展」を促すことも示されました。

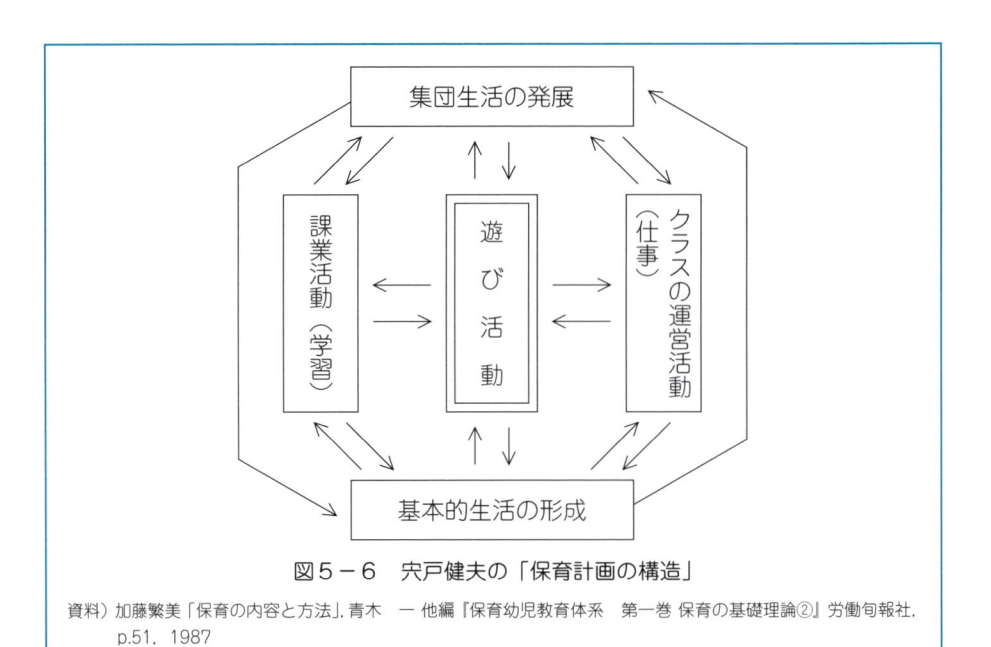

図5-6　宍戸健夫の「保育計画の構造」

資料）加藤繁美「保育の内容と方法」，青木　一他編『保育幼児教育体系　第一巻　保育の基礎理論②』労働旬報社，p.51，1987

＊52　小学校低学年の学級経営を，縦軸に「民主的な交友関係と自治組織」，横軸に「遊び・仕事・学習」を設定した立体的構造でとらえるべきだとする考え方（城丸章夫『学級経営の計画と実践1・2年』あゆみ出版，1977）。

このように宍戸は，「活動領域」として「遊び活動」を中心に位置づけたうえで，この「遊び活動」から「クラス運営活動（仕事）」と「課業活動（学習）」が生み出されていく，と考えました。また，「クラス運営活動（仕事）」と「課業活動（学習）」が保育内容として独立して設定されていても，「遊び活動」とかかわりがある，と主張しました。つまり，3つの「活動領域」はバラバラに実践されるものではなく，それぞれ関連しながら展開される，と位置づけたのです。

　こうした，「基本的生活の形成」と「集団生活の発展」という2つの保育目標を重視し，保育内容として「遊び活動」「クラス運営活動（仕事）」「課業活動（学習）」の3つを「活動領域」として提示したアイディアは，「集団主義保育」*53 を重視する保育現場から評価を受け，保育カリキュラムを編成する際の基本的な枠組みとして活用されていきました。

　ただ，宍戸の「保育計画の構造」は，「遊び活動」を中心的な活動としつつも，「クラス運営活動（仕事）」と「課業活動（学習）」，つまり，グループ活動として取り組む当番や係活動，および，学習を前面に出した活動を保育内容として明確に位置づけています。こうした姿勢は，子どもが自由に遊ぶことを重視し，その中で経験すること自体に意義を見出す「経験主義保育」*54 に基づく保育カリキュラムとは異なるものです。とくに，幼児の学習活動の必要性を強調し，その活動を「課業」*55 と命名し，「遊び」と区別したことは，「遊び」の中に「学び」があるととらえ，実践する立場とは異なる考え方です。保育が小学校教育を先取りするような実践に陥らないためにも，「課業」という名称で幼児の学習活動を保育内容として位置づけることは，慎重に検討しておく必要があるでしょう。

2　加藤繁美の「対話的保育カリキュラム」

　加藤繁美*56（p.160）は，1987（昭和62）年に，「意図的・計画的指導を中心とする活動分野」と，「日常生活の指導」の2層による「保育内容の枠組み・構造試案」を提案しました*57（p.160）。

　「意図的・計画的指導を中心とする活動分野」では，「クラス単位の総合的活動」を中心に位置づけ，その周囲に「音楽，美術，体育，文学，ことば・文学，科学的認識」の6分類からなる「課業」を配置しました。さらに，その「課業」を「準教科的課業活動」と「あそび的形態をとる課業活動」の二重構造としました。

---

*53　社会性の育成，集団生活の発展を重視する保育観。いわゆる自由保育とは一線を画す考え方である（本章❶の❹ 参照）。
*54　子どもの経験そのものを重視する保育観。詳しくは本章❶の❺を参照。
*55　「課業」とは，一般に「割り当てられた業務や学科」を指す言葉である。

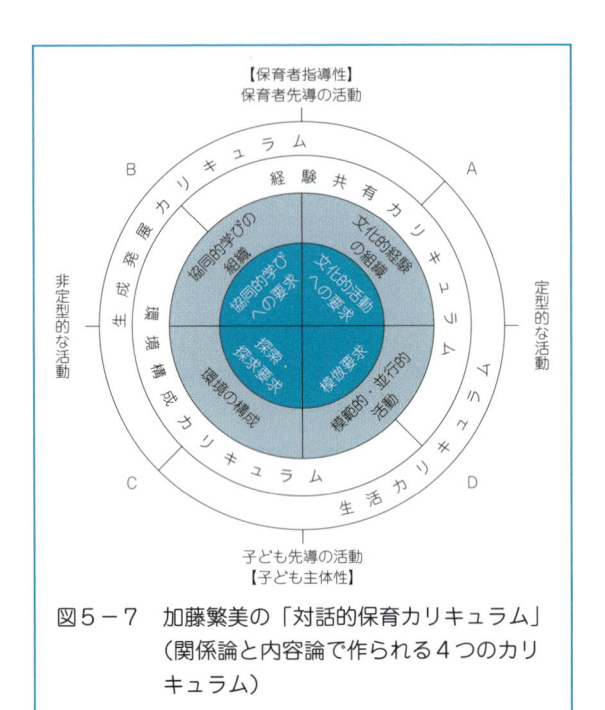

また,「日常生活の指導」では,「自由あそび」を中心に位置づけ,その周囲に「基本的生活活動」「日常の生活活動」「しごと・クラス運営活動」の3つの活動が設定されるものとしました。

その後,加藤は2007(平成19)年に著した『対話的保育カリキュラム〈上〉理論と構造』[*58]において,「保育カリキュラムは保育実践の展開過程における『計画と実践の総体』を表現する言葉である」と幅広く概念定義し,保育者による意図的な働きかけと,子どもの主体性の双方を含んだ保育カリキュラムのあり方を提案しました。

図5-7 加藤繁美の「対話的保育カリキュラム」(関係論と内容論で作られる4つのカリキュラム)

資料)加藤繁美『対話的保育カリキュラム上－理論と構造』ひとなる書房,p.108,2007

具体的には,「実際の保育実践の場で,『保育者中心』に徹することも,『子ども中心』に徹することも,現実的ではない」との認識に立ち,「保育者の『教育主体性』と子どもの『活動主体性』とが心地良く響きあいながら展開していく保育カリキュラム」を提示することを試みました。そして,こうした保育カリキュラムを「対話的保育カリキュラム」と命名し,「『対話的関係』を基礎に,保育者と子どもが共同して創造する保育カリキュラム」と位置づけ,図5-7のように整理しました。

この「対話的保育カリキュラム」は,縦軸に「保育者先導の活動」か「子ども先導の活

─────────
* 56 加藤繁美(1954～):山梨大学教授。幼稚園での保育者経験を経て,保育研究者となる。21世紀の保育のグランドデザイン創出を課題としている。
* 57 加藤繁美「保育内容と方法」『保育幼児教育体系 第1巻② 保育の基礎理論 内容と方法と計画』労働旬報社,1987
* 58 加藤繁美『対話的保育カリキュラム〈上〉理論と構造』ひとなる書房,2007
* 59 加藤によれば,「関係論」とは,「保育者先導の活動」か「子ども先導の活動」かの違いを示すものであり,「保育方法論」と位置づけられる考え方である。一方,「内容論」とは「定型的な活動」か「非定型的な活動」かといった違いを示すものであり,「保育計画論」と位置づけられる考え方である。加藤は,この2つの考え方が別個に論じられてきたことに問題があった点を指摘し,その統一を試みたわけである。

動」かという「関係論」，横軸に「定型的な活動」か「非定型的な活動」かという「内容論」を設定したうえで[*59]，「環境構成カリキュラム」「経験共有カリキュラム」「生成発展カリキュラム」「生活カリキュラム」の4つの保育カリキュラムによって構成されます。また，太丸で囲まれた同心円のうち，内側は「子どもの活動要求」，外側は「保育者の教育要求」を表しています。そして，これらの要素の重なりをA～Dの4つの座標面でとらえることが出来る，としました。

なお，4つの保育カリキュラムは，表5-7に示すように，それぞれ設定する目標やカリキュラムの特徴，具体的な活動内容に違いがあります。「対話的保育カリキュラム」は，こうした4つの保育カリキュラムが複雑に絡み合い，発展していく中で，子どもから生まれる「活動要求」と，保育者の「教育要求」を「対話的関係」でつないでいこうとする保育カリキュラムのアイディアなのです。

さらに加藤は，4つの保育カリキュラムを子どもの発達と関連させ，より具体的な内容を表5-8のように提示しました。

表5-7 対話的保育カリキュラムの4類型

	形成する能力の目標	カリキュラムの特徴	保育者-子ども関係	具体的活動内容
生成発展カリキュラム	創造的想像力 【知の統合化】 【共同性・協同性の形成】	共通の価値・目標に向かって，「未完のシナリオ」を協同して完成させるカリキュラム	保育者と子どもとの協同的・相互主体的関係 保育者⇔子ども	プロジェクト 【文化創造活動】 【要求実現活動】 【総合的表現活動】
経験共有カリキュラム	共感的知性 【共感能力の形成】 【物語的思考力の形成】	共感的関係を基礎に，経験・文化を共有するカリキュラム	保育者の計画性・指導性が主導する関係 保育者＞子ども	文化共有活動 【絵本・紙芝居・物語】 【音楽・手遊び・あそび歌】 【社会的・文化的経験】
環境構成カリキュラム	探究的知性 【知的探究心の醸成】 【論理的思考力の形成】	豊かな環境の中で，子どもの興味・関心に基づきながら展開されるカリキュラム	子どもの主体性・能動性が主導する関係 保育者＜子ども	探索的・探求的活動 【自然への興味・関心】 【遊びの生成・展開】 【科学的・探求的活動】
生活カリキュラム	身体的知性 【心地良い身体感覚の形成】 【心地良い生活文化の獲得】	体験の反復性を基礎に，心地良い身体感覚と生活文化を保障するカリキュラム	保育者の計画性・指導性が主導する関係 保育者＞子ども	生活文化の獲得 【基本的生活活動】 【日常的生活活動】 【飼育・栽培活動】

資料）加藤繁美『対話的保育カリキュラム〈上〉 理論と構造』ひとなる書房，pp.128-129，2007

表5-8 対話的保育カリキュラムの4重構造

	活動の特徴	乳児前期	乳児中期	乳児後期	幼児前期	幼児中期	幼児後期
生成発展カリキュラム	文化創造活動 要求実現活動 総合的表現活動 （行事的活動）				子どもの姿⇒記録（省察）⇒活動のデザイン（計画） ⇓ 実践		
経験共有カリキュラム	経験共有活動 文化共有活動	情動的遊び	情動的遊び あやし遊び	情動的遊び あやし遊び 同調的遊び 絵本 身体活動・運動	マテマテ遊び あそび歌・歌 ルール遊び 絵本・紙芝居 運動遊び	あそび歌・歌 ルール遊び 絵本・物語 運動遊び	演奏活動 ルール遊び 幼児文学 スポーツ的遊び
環境構成カリキュラム	自発的遊び 偶発的遊び	機能的遊び	機能的遊び 探索的遊び	なぐりがき 機能的遊び 探索的遊び 模倣的遊び	絵画・造形活動 構成遊び 探求的遊び みたて遊び つもり遊び	散歩・探検遊び 絵画・造形活動 構成遊び 探求的活動 ごっこ遊び 飼育・栽培活動	散歩・探検遊び 絵画・造形活動 構成遊び 探求的遊び ごっこ遊び 劇遊び 飼育・栽培活動
生活カリキュラム	飼育・栽培活動					飼育活動 栽培活動	飼育活動 栽培活動
	基本的生活活動	生理的要求 ⇒生理的リズム	生理的リズム ⇒生活リズム	食・睡眠・排泄	生活の自立 生活文化の体験	生活文化の獲得 生活技術の獲得	生活文化の獲得 生活技術の獲得
	日常の生活活動	情動的交流	情動的交流活動	情動的交流 同調的行動	安心と自立 グループ	安心と自立 グループ・当番	自立的関係 グループ・当番

資料）加藤繁美『対話的保育カリキュラム〈上〉 理論と構造』ひとなる書房，pp.146-147，2007

　このように，「対話的保育カリキュラム」は，編成の基本的なコンセプトを保育者に置くべきか，子どもに置くべきかという二元論を超えて，相互の主体性を包含した保育カリキュラムとして構想されたものでした。そのため，多様な内容が複雑に関連し合う保育カリキュラムという特徴をもっています。また，計画も実践と関連しながら，発展的に展開されることを強調するなど，保育カリキュラムを広義，かつ動的な概念でとらえようとしている点も注目すべきでしょう。

　ただ，実際に計画を立てる作業は保育者であり，この理論的モデルを園の基本計画としてどう具体化すべきかについては，さらなる工夫が求められるところでしょう。

3 海外の保育カリキュラムの動向

　明治期以降，わが国は海外から多くのことを学び，発展してきました。保育の世界も同様です。近年，保育カリキュラムについても，海外で注目すべき調査研究やアイディアが示されています。そこで，ここでは代表的な2つの取り組みについて紹介しましょう。

第5章　保育カリキュラムの実際

1 『OECD保育白書』が示す保育カリキュラムに関する2つの伝統

　『OECD保育白書（Starting Strong Ⅱ :Early Childhood Education and care）』[*60]は，経済協力開発機構（OECD）の教育委員会が，2002年から2004年にわたって，約20ヶ国に対して行った「乳幼児期の教育とケア政策（ECEC政策）」[*61]に関する調査結果[*62]をまとめたものです。『OECD保育白書』には，参加国のECEC政策へのアプローチの仕方や公的投資額，ECEC職員の養成や労働条件など，保育に関する多様な政策課題への取り組み状況が報告されています。そのひとつに，「ECECカリキュラムについての優勢な理解の仕方」があります。

　これをみると，参加各国の「カリキュラムのデザインに関する，アプローチの違い」は大別すると，「幼児教育（early education）の伝統＝就学前での系統的な学習方法を採用する」ものと，「ソーシャルペタゴジー（social pedagogy，社会的な教育学）の伝統＝ソーシャルペタゴジーの伝統によるアプローチ」の2つだと分析されています。

　前者は「読み書き能力や数能力の初歩を含むさまざまな発達の領域が選択」され，「教師は，子どもたちが各領域で注意深く系統立てられた段階を踏んで自分の知識や技能のレベルを上げていくのを手助けする」傾向にある，としています。つまり，「幼児教育の伝統」とは，小学校以降で本格化する教科学習の初歩段階として読み書きや数に関する知識や技能の習得を重視するカリキュラムを指します。その代表例として，アメリカの「落ちこぼれゼロ（No Child Left Behind, NCLB）」政策の一部として取り組まれている「良いスタート，賢い育ち（Good Start, Grow Smart, GSGS）」に基づく幼児教育カリキュラム[*63]（p.164）があげられています。

　一方，後者は「遊びと幅広いプロジェクトワークが主要な発達分野の能動的な学習と多彩な経験をうながし，これを通してすべての発達領域に関わる」取り組みである，としています。つまり，「ソーシャルペタゴジーの伝統」とは，「経験豊かな教師（および親と年長の子どもたち）の助けを得て，幼い子どもは自分の活動を選択し，プロジェクトを組み立て」ながら，「自己調整と主体性をもったすばらしい経験，高い動機づけをもった経験」を促すカリキュラムを指します。その代表例としては，イタリアの「レッジョ・エミリア・アプローチ」[*64]（p.164）があげられています。

[*60] この調査報告書は2001年に刊行された『Starting Strong:Early Childhood Education and care』の続編である。

[*61] 「乳幼児期の教育とケア」とは，「Early Childhood Education and care」の訳であり，要約してECECと呼ばれる。よって，乳幼児期の教育とケアに関する国の政策・法制・制度をECEC政策と呼ぶ。

[*62] 経済問題に関する国際機関であるOECDは，教育・保育を通した人材育成が，国力を反映すると考え，各国の教育・保育政策やその結果に関心を向けている。第2章❶の❻で紹介したPISA調査もそのひとつである。

このように，海外においても，ECECの「学校化」が懸念されつつも，保育カリキュラムを，系統学習を主とする教科型で編成する傾向もみられます。こうした状況を，OECDは「幼い子どもの発達に最も役立つ重要なスキル，知識，教育学的なアプローチは何かと言うことについての各国間の合意が欠けている」と指摘しています。わが国においても，再検討すべき課題でしょう。

　なお，表5-9は『OECD保育白書』が2つのカリキュラムの特徴を比較したものです。かかわる園の保育カリキュラムを点検する際の視点として活用して下さい。

表5-9　2つのカリキュラムの伝統の特徴

	学校へのレディネス伝統	北欧諸国の伝統
子どもと子ども期についての理解	子どもは形成されるべき幼い人，社会の未来への投資：生産性の高い知識労働者，従順で行いの良い市民……。子ども期への慈善的で功利的なアプローチ。そこでは，国や大人の目的が全面に出ている。「役に立つ」学習，学校へのレディネスに焦点化した教育法……。室内の学習を優先する傾向。	子どもは権利をもった主体：自律，ウェルビーイング……。子ども自身の土台の上に成長する権利。自分自身の学習の主人公としての子ども，自然の学習と探求のストラテジーをもつ豊かな子ども……。仲間と大人からなるケアリング・コミュニティの成員としての子ども，そこでは子どもが他に与える影響力が求められる。喜びと自由に満ちた戸外の子ども。二度と繰り返されることのない子ども時代。
乳幼児期施設	一般的には（決して常にではないが），施設は個人の要求に基づいたサービスとして見られ，個々の親の「選択」の問題である。発達，学習，指導の場として見られる。子どもはあらかじめ定められた発達レベルと学習レベルに到達することが期待される。	施設は公共のソーシャルペダゴジーによるサービスとして見られる。コミュニティの利益と個々の親の利益の両方が考慮されるべき。そこは生活空間で，子どもと教育者（ペダゴーグ）が「人として生きること，知ること，為すこと，共に生きること」（ドロール・レポート［Delors, 1996］）を学ぶ場所である。施設の目標は，子どもの発達と学習をサポートし，民主的な価値のある経験を提供することである。子どもに圧力をかけることはしない。子どもは全般的な目標に向けて努力することが期待される。
カリキュラムの作成	しばしば，目標と成果を詳細に定めた処方箋的な政府のカリキュラム。その前提として，カリキュラムは，集団や場面にかかわらず標準化された方法で，個々の教師によって実行されうるものと考えられる。	国の大まかなガイドラインであり，カリキュラムの詳細化と実行は地方自治体と施設に任される。責任は施設の職員が連帯して負う。子どもが学習したいことや学習の仕方について研究する文化がある。
プログラムの焦点	学習と技能への焦点化。特に学校へのレディネスに役に立つ領域。主に教師主導（Weikart他，2003）。教師と子どもの関係は，教師1人当たりの子どもの数と，詳細なカリキュラム目標を達成する必要性のための手段であると考えられている。	全人としての子どもとその家族とともに広く学ぶことに焦点を当て，そこでは発達目標も学習も追求される。プログラムは子ども中心で，教育者や仲間との相互作用が奨励され，施設での生活の質に高い重要性が置かれる。

＊63　小学校以降の学校教育において「落ちこぼれ」を無くすため，より高い資格を持った教師が，5歳を対象に「初期の読み書き能力」と「前数学的技能」の教育を推進するプログラムである。
＊64　「カリキュラム研究の動向⑥」参照

教育法のストラテジー	指導，子ども主導の活動，テーマ学習をバランスよく混ぜることが奨励され，通常，各教師が管理する。国のカリキュラムは正しく実行されなければならない。個人の自律と自己調整に力点が置かれる。	国のカリキュラムは教育学的なテーマやプロジェクトを選択するためのガイド。子ども自身の学習ストラテジーと中心的な興味に信頼が置かれる。人間関係を通した学習，遊びを通した学習，教育者の時を得た足場作りを通した学習に重点が置かれる。
言語と読み書き能力の発達	その国のことばの個人的な能力への焦点化が重要。口頭で話す能力，音声学的な意識，文字・単語の認知に価値が置かれる。初歩の読み書き活動が重視される。読みの前段階の知識の言語スキル，前数学的知識，認知スキル，社会性の発達等についての基準が作られる。	言語の発話とコミュニケーション能力に関して，その国のことばの個人的な能力への焦点化が重要。象徴的な表象活動や「子どもたちの100のことば」を重視する。家族による読み書き能力を高めること，世代間の言語による交流経験が推進される。
子どもにとってのターゲットと目標	処方箋的なターゲット目標（それは一般的には認知発達に関わる）が到達すべき国の水準として，すべての施設で設定される。各年齢に合わせて翻案されることもある。	細かく指示された成果ではなく，広くゆるやかな方向づけである。達成目標ではなく努力目標である。質が積極的に追求されない場合には，説明責任は小さくなり，目標が拡散してしまうと感じられる。
幼い子どもにとっての室内空間と戸外空間	室内が第一の学習空間で室内での資源に焦点が当てられる。戸外は一般的には楽しみの場，レクリエーションの領域として見られ，健康と運動発達には重要だと考えられている。	室内も戸外も同等に教育的に重要。戸外の空間構成とその使い方に大きな思索と投資が投じられる。夏も冬も，幼い子どもが毎日3～4時間を戸外で過ごすことがある。環境とその保護は重要なテーマである。
評価	少なくとも小学校入学時には，学習成果と評価がしばしば要求される。集団の目標が明快に定められる。あらかじめ定められた能力について個々の子どもにグレードをつけて評価をすることは教師の役割の重要な部分である。	形成的な評価は不必要。交渉（教育者・親・子どもの間の）によって，各児についてのおおまかな発達的目標が設けられる。スクリーニングが必要な場合以外は目標の評価はインフォーマルである。多元的な評価手続きが好まれる。
質のコントロール	明快な目標，査察，またしばしばあらかじめ決められた学習の成果に基づいて行われる。プログラムの評価では標準化検査がサンプリングにより使用される。しかし多くの施設では子どもの検査は許されていない。技能習得の評価は通常行われ，指導的な地位にある教師の責任である。外部の査察もまた有効だが職員が不足している（特にチャイルドケア）か，あるいはECEC教育学の養成を受けていない職員が任に就いている。	参加的で教育者とチームの責任のもとに行われ，親の委員会や自治体の監督を受ける国もある。ドキュメンテーションが，子どもの進歩を記すために，また職員の教育法についての同僚間の職場研究としても使われる。子どもの成果は幅広い範囲から探られ，多元的な方法でインフォーマルに評価される。自治体の教育アドバイザーや査察官による外部からの妥当性評価が行われる。焦点は子どもではなく施設の実績評価である。

資料）OEDC 編，星 美和子・首藤美香子・大和洋子・一見真理子 訳『OECD 保育白書―人生の始まりこそ力強く：乳幼児期の教育とケア（ECEC）の国際比較』明石書店，p.163，2011

2 ニュージーランドの「テ・ファリキ」

　イタリアのレッジョ・エミリア・アプローチと並び，現在，わが国でもっとも注目されている海外の保育が，ニュージーランドの「テ・ファリキ（Te Whāriki）」[65]（p.166）です。このテ・ファリキは，ニュージーランド初のナショナル・カリキュラムとして，1996年に策定されたものです。

ニュージーランドの保育に詳しい大宮勇雄[*66]は，テ・ファリキを以下のように評価しています。

> 　このカリキュラムは，21世紀の新しい子ども観に立脚したもっともラディカルな転換をなしとげた保育カリキュラムとして，あるいは現場との協同で作り上げられ保育者たちが誇りに思っている指針として，あるいは当国社会のポリシーである多文化共生の思想を具体化したカリキュラム
> 引用文献）大宮勇雄『学びの物語の保育実践』ひとなる書房，p.190，2010

　また，大宮は，テ・ファリキが「子どもの発達を能力の束としてとらえ，その区分に応じて大人が活動をあてがうという保育」を促すカリキュラムとは異なり，子どもの関心を重視し，その「関心に導かれてはじめて発達が起こるのであり，その関心は家庭や地域社会の中をともに生きる中で生まれた意味のある，豊かなものだととらえ，そこから保育」を展開することを促すカリキュラムだ，と指摘しています[*67]。

　こうしたテ・ファリキのカリキュラム編成のコンセプトは，図5-8に示す通りです。

　このように，テ・ファリキは4つの「原理」と，5つの「領域」が織り合わされ，「一枚の織物」となるイメージで保育カリキュラムを編成するアイディアです。保育目標や保育内容の関連性を考慮した保育カリキュラムを編成するうえで，大いに参考となるものでしょう。

　また，子どもを保育するうえで，基本となる「原理」としてあげている4つの項目や，子どもの学びと発達を保障する基本的な「領域」として設定している5つの項目は，わが国の保育カリキュラムでは，あまり設定されてこなかった内容です。保育カリキュラムに示すべき内容を見直す際，活用すべき視点となるでしょう。

　さらに，子どもの主体性を尊重し，保育者主導ではなく，子どもの興味・関心から活動を生み出す保育の展開，また，子どもを育てる営みを園内の保育だけにとどめず，家庭や地域とも連携して展開するうえでも，テ・ファリキは重要な指針となるでしょう。

[*65] ナショナル・カリキュラムの愛称である「テ・ファリキ」のうち，「ファリキ」という言葉は，ニュージーランドの先住民であるマオリ人が使用するマオリ語で「織物」を意味する。ニュージーランド政府が多文化共生を重視していることを物語るネーミングである。

[*66] 大宮勇雄（1953～）：福島大学教授。国際的な「保育の質」に関する研究を踏まえ，保育のあり方をデザインすることを課題としている。

[*67] 大宮勇雄『学びの物語の保育実践』ひとなる書房，p.226，2010

第5章　保育カリキュラムの実際

（領域）幸福
発達のホリスティックな性質
エンパワーメント
（領域）所属

（領域）貢献
家族と地域社会
関係性
（領域）コミュニケーション
（領域）探究

■ 原理
□ 領域

原理
1　エンパワーメント：保育カリキュラムは、子どもたちに学習し成長するのに必要な権限を与えなくてはならない
2　発達のホリスティックな性質：保育カリキュラムは、子どもたちが学び成長する筋道の（諸能力に）分割することのできない性質を反映したものではなくてはならない
3　家族と地域社会：家族と地域社会というより広い世界は、保育カリキュラムの不可欠の一部とならなくてはいけない
4　関係性：子どもたちは、人、場、ものとの応答的で対等な関係を通じて学ぶ

領域
1　幸福 well-being：子どもたちの健康と心地よさが守られ育まれる
2　所属：子どもとその家族は所属の感覚を感じる
3　貢献：学びの機会がどの子にも公平にあり、一人ひとりの貢献が正当に評価されている
4　コミュニケーション：自身の文化やそれ以外の文化の言語やシンボルが推奨され守られる
5　探究：子どもたちは環境の能動的な探究を通じて学ぶ

図5−8　テ・ファリキ　Te Whāriki

資料）大宮勇雄『学びの物語の保育実践』ひとなる書房，p.191，2010

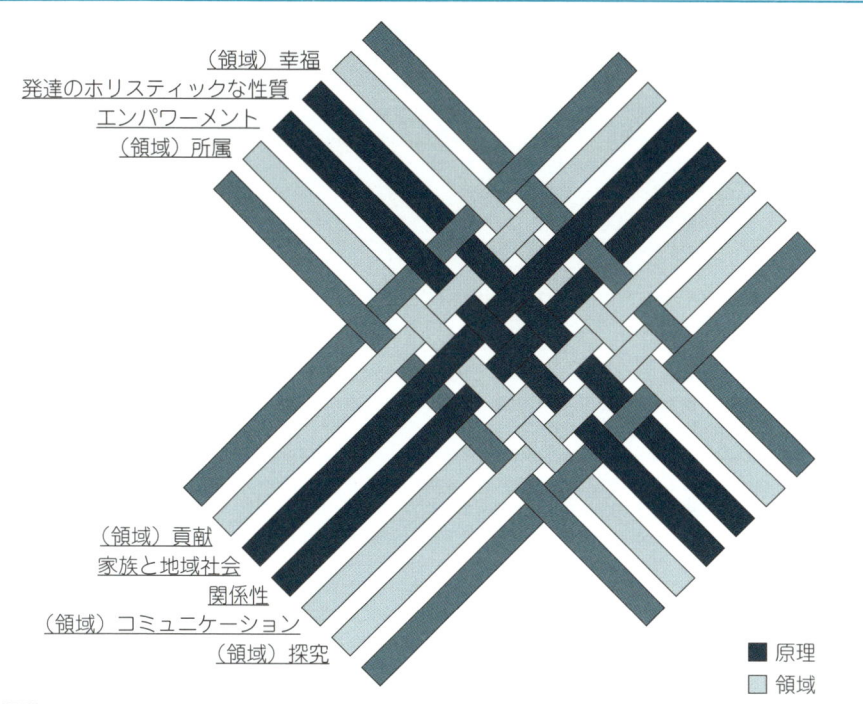

♣参考・引用文献

- 岩下隆子「保育計画について」『第20回全国保育問題研究集会』(法政大学), 1981
- 岩下隆子「一人ひとりの子どもの発達を保障する集団をめざして－福岡教育大学附属幼稚園の保育カリキュラム」全国保育問題研究協議会編集委員会編『季刊保育問題研究』第75号, 新読書社, 1981
- 梅根悟「幼稚園のカリキュラム」東京教育大学教育学研究室編『教育大学講座9 幼稚園教育』金子書房, 1950
- OECD編(星美和子・首藤美香子・大和洋子・一見真理子訳)『OECD保育白書－人生の始まりこそ力強く：乳幼児期の教育とケア(ECEC)の国際比較』明石書店, 2011
- 大場牧夫編『幼児の生活とカリキュラム』フレーベル館, 1974
- 大場牧夫編『新版 幼児の生活とカリキュラム』フレーベル館, 1983
- 大場牧夫, 民秋言, 吉村真理子編『保育内容総論－保育内容の構造と総合的理解』萌文書林, 1992
- 大宮勇雄『学びの物語の保育実践』ひとなる書房, 2010
- 岡田正章他編『戦後保育史』(全2巻)フレーベル館, 1980
- 加藤繁美「保育内容と方法」『保育幼児教育体系 第1巻② 保育の基礎理論 内容と方法と計画』労働旬報社, 1987
- 加藤繁美『対話的保育カリキュラム〈上〉理論と構造』ひとなる書房, 2007
- 加藤繁美『対話的保育カリキュラム〈下〉実践の展開』ひとなる書房, 2008
- 城戸幡太郎『幼児教育論』賢文館, 1939
- 久保田浩「単元構成と保育計画」梅根悟『保育原理』誠文堂新光社, 1968
- 久保田浩『幼児教育の計画－構造とその展開』誠文堂新光社, 1970
- 久保田浩『根を育てる思想』誠文堂新光社, 1983
- 久保田浩『改訂新版 幼児教育の計画 構造とその展開』誠文社新光社, 1984
- 倉橋惣三・新庄よしこ『日本幼稚園史』フレーベル館, 1956
- 滋賀大学教育学部附属幼稚園『学びをつなぐ－幼小連携からみえてきた幼稚園の学び』明治図書, 2004
- 宍戸健夫『日本の集団保育』博文社, 1966
- 宍戸健夫, 田代高英編『保育入門』有斐閣, 1979
- 宍戸健夫, 村山祐一編『保育計画の考え方・作り方』あゆみ出版, 1982
- 品川区編『保幼小ジョイント期カリキュラム～しっかり学ぶしながわっこ～』2010
- 白梅幼稚園研究部編『白梅の教育－実践記録第6集』1973
- 城丸章夫『学級経営の計画と実践1・2年』あゆみ出版, 1977
- 田代高英『現代幼児集団づくり入門』東方出版, 1974
- 東京女子高等師範学校編『東京女子高等師範学校六十年史』秀英舎, 1934
- 東京女子高等師範学校附属幼稚園編『系統的保育案の実際』日本幼稚園協会, 1935
- 東京都中央区立有馬幼稚園, 小学校, 秋田喜代美監修『幼小連携のカリキュラムづくりと実践事例』小学館, 2002
- 桐朋幼稚園編『桐朋幼稚園の教育 生活する力－その育ちの追究』1989
- 桐朋幼稚園編『桐朋幼稚園の教育 心の解放と造形的な表現－その育ちの追究』1991
- 戸越保育所「保育案記録報告」保育問題研究会編『保育問題研究』第3巻第7号, 1939
- 日本保育学会編『日本幼児保育史』(全6巻)フレーベル館, 1968～1975
- Hill, P.S., A Conduct Curriculum for the Kindergarten and First Grade, Charles Scribner's Sons, 1923 (高森冨士訳『幼稚園及び低学年の行為課程』教文館, 1936)
- 師岡章「保育構造論の再検討」保育研究所編『保育の研究』第13号, 1994
- 師岡章「保育内容の変遷」塩美佐枝編『保育内容総論』同文書院, 2003
- 文部省『幼稚園教育百年史』ひかりのくに, 1979
- 湯川嘉津美『日本幼稚園成立史の研究』風間書房, 2001
- 渡邉嘉重『子守教育法』普及舎, 1884

カリキュラム研究の動向 ⑤
「類別（classification）」と「枠（frame）」への注目

　具体的な計画である指導計画を立てるうえで、「ねらい」と「内容」の関係や、「内容」の設定に関して、示唆となる理論のひとつに、カリキュラムの内容間の関係を整理したB.バーンスティン（Basil Bernstein,1924-）の研究があります。

　バーンスティンは、まず、カリキュラム、教授方法、評価の3つを「『教育知識コード（educational knowledge codes）』を現実化するためのものである」と位置づけました。「教育知識」とは、学問的知識の体系とは別に、社会的、歴史的な要請に基づいて、教育現場で教えられる知識のことです。

　そのうえでバーンスティンは、それら3つを分析する概念として、「類別（classification）」と「枠（frame）」を提起しました。

　「類別」とは「内容間の関係」、また「内容分化の性質に関する概念」を指します。類別が強い所では、内容は強い境界によって分類され、類別が弱い所では、内容間の境界が弱いか、あいまいなため、内容間の分離が弱くなります。このように、類別は「内容間の境界維持の程度」を指しているといえます。

　一方、「枠」とは、「知識が伝達され受容される文脈の形式」、また「教師・生徒間の特定の教授学習関係」を表す概念です。この枠づけが強い所では、伝達される内容とされない内容との間に鋭い境界があり、枠づけが弱い所ではそれはあいまいになります。つまり、枠は「教授学習関係において伝達し受容される知識の選択、編成、速度、時機に関し、教師と生徒が手にしうる自由裁量の度合い」を指しているのです。

　こうした「類別」と「枠」という2つの概念でカリキュラムや教授方法を分析したバーンスティンは、カリキュラムを「収集型（collection type）」と「統合型（integrated type）」の2タイプに区別しました。「収集型」とは「類別」と「枠」が強いもの、「統合型」とは「類別」と「枠」が弱いものを指します。つまり、「収集型」とは「内容が互いに閉鎖的関係」、あるいは「内容が明確に境界づけられ、互いに分離している」カリキュラムのことです。一方、「統合型」とは「収集型」とは逆に境界の弱さを意識したパターンであり、「様々な内容が分離せず、相互に開かれた関係にあるカリキュラム」となります。

　保育の特質を「見えない教育方法」と表現するバーンスティンの分析に従えば、おそらく、指導計画は、融通性のある「統合型」であることが望ましいと思われます。そのためには、保育者が保育内容を設定する際、保育内容間の境界の弱さを自覚しておくことが大切です。また、保育実践の展開においても、あえて「あいまいさ」を大切にする姿勢も必要です。

　指導計画を仮説と位置づけ、保育実践を子どもと保育者が一緒に生活や活動をつくりあげる営みにするためにも、大切にしたい考え方だと思います。

参考文献
・B.バーンスティン（萩原元昭編訳）『教育伝達の社会学』明治図書、1985

6 実践の構想のもち方

　園として「教育課程」「保育課程」という基本計画は重要ですが，それだけでは実践を進めることはできません。実践には，具体的な見通しが不可欠だからです。見通しを立てることは，実践を保育者の思いつきや慣習的な取り組みだけに終始させないためにも大切なことです。
　そこで本章は，具体的な見通しをもつための計画である「指導計画」の意義や性格，種類，計画の立て方などを検討し，適切な実践の構想のもち方について考えていきます。

1 指導計画の意義と性格

　指導計画を立てることには，どのような意義があるでしょうか。また，指導計画はどのような性格をもつ計画なのでしょうか。この点について，基本計画と比較しながら考えてみましょう。

1 指導計画と基本計画（マスタープラン）の相違

　指導計画は，基本計画を具体化した計画であり，基本計画である「教育課程」「保育課程」とは質的に異なります[*1]。質的な面に注目すれば「具体計画」と呼べるものであり，基本計画に比べ，より実践に身近な計画です。
　具体的な見通しとなる「指導計画」という名称は，制度上異なる保育所でも幼稚園でも共通の用語として使われています。制度的用語としても同様ですので，認定こども園も含めた保育実践の場すべてで統一的に使われているととらえてよいでしょう。
　では，具体計画である指導計画は，どのような特徴をもつ計画なのでしょうか。第3

---

*1　第3章3を参照

章の表 3-6 を踏まえ，基本計画と比較しながら再確認しましょう。

● 「作成するもの」としての指導計画

基本計画は「編成するもの」[*2]であり，「教育課程」「保育課程」も「編成」が使われます。

対して，指導計画は，白紙の状態からつくるものではなく，基本計画に基づいてつくられるため，「作成するもの」[*2]と位置づけられます。そのため，『幼稚園教育要領』『保育所保育指針』も指導計画については，単純に「あるものを作り上げること」を意味する「作成」という言葉を用いています。

● 指導計画の対象と作成主体

指導計画の対象者は，担当クラスの子どもです。基本計画は，在園するすべての子どもを対象に編成されますので，この点でも異なります。

また，作成（編成）主体も，基本計画の編成主体は園長であるのに対し，指導計画ではクラス担任であり，異なっています。たとえば，5歳児クラスを担当する保育者が主体となって作成される指導計画は，対象を「クラスの5歳児」とし，その子どもたちを想定して，担任が責任をもって作成する具体的な計画となるのです。

● 具体性と可変性

指導計画は，具体的な見通しをもつ計画ですので，記載内容も具体性が高いという特徴があります。そして，具体的だからこそ，実践の終了時はもちろんですが，実践中であっても柔軟に計画を見直し，修正していく可変性が前提となります。基本計画が大まかで，そうそう変更されない，さまざまな計画の基礎となる計画であることを考えると，この点でも大きく違っています。

以上の点に留意すれば，指導計画と，基本計画である「教育課程」「指導計画」との混同も避けられるでしょう。

2 仮説としての指導計画

指導計画について，『幼稚園教育要領解説』は「一つの仮説であって，実際に展開される生活に応じて常に改善されるものである」と位置づけています。このように，指導計画はあくまで仮説ですので，「指導案」という，仮説性のある「案」を使った呼び方の方がその性格を端的に表していてよいのかもしれません。現に，指導計画である「週間指導計

---

*2 「編成」とは「個々のものを組み立てて，ひとつのまとまったものにすること」。一方，「作成」とは単純に「あるものを作り上げること」を指す（第4章 ❶ 参照）。

画」を「週案」、「日間指導計画」を「日案」と呼ぶのもこの仮説性によるものなのでしょう。
　では、指導計画が「一つの仮説」であるとは、具体的にはどのような理由から導かれるものなのでしょうか。この点について、小川博久は次のように述べています。

> 「指導計画」を設計するにあたって、大人が子どもの立場になり代るといっても、完璧にそれができるということはありえない。したがって、「指導計画」は現実の子どもの実態とのかかわりで絶えざる修正を迫られる。常に仮説であり続けるのである。このことを認識することが「指導計画」の弾力性・柔軟性につながるのである。
> 引用文献）小川博久『保育援助論』生活ジャーナル、p.77、2000

　保育を子ども中心に展開するといっても、実際に保育を進めるのも、その見通しとなる計画を考えていくのも大人（保育者）です。「子どもを中心に…」といっても、保育の見通しとなる計画の作成を幼い子どもに委ねるわけにはいきませんから、当たり前の前提といえます。小川は理想論に終始することなく、こうした現実に向き合い、指導計画の作成主体である保育者に対し、まず「子どもの立場になり代わる」姿勢を求めているわけです。重要な指摘といえるでしょう。
　ただ、大人同士でさえ、他者の思いを完全に理解し、その立場になることは難しいものです。まして、保育では、いまだ自分の思いを十分に言語化できない幼い子どもとの間で、その立場になり代わることが求められます。その作業が容易ではないことは、誰が考えてもすぐに理解できるはずです。とすれば、自ずと子どもの立場になり代わって作成する指導計画を「仮のものに過ぎない」ととらえておくことは、保育者にとって不可欠な姿勢となります。保育実践に身近な指導計画を仮説と位置づけるべき理由は、こうした保育者と子どもとの関係性に根拠があるのです。
　さらに、小川は弾力的、かつ柔軟な保育実践の展開を期待するうえでも、指導計画が仮説であり続けることの重要性を指摘しています。「具体計画」である指導計画は、保育実践に身近な計画として、その質に忠実であろうとすればするほど具体的、かつ詳細な見通しを書き記すことになります。こうした保育の見通しを丁寧に具体化する作業自体は批判されるものではありません。しかし、具体的、かつ詳細に見通しを書き記すと、決定事項ととらえ、保育実践の展開も指導計画通りに進めることばかりに意識が向きがちになります。つまり、保育者も指導計画にしばられて実践を展開することになるわけです。これでは子ども中心の保育実践の展開も絵空事に終わってしまいます。
　指導計画の作成は、よりよい保育実践を進めるためであり、具体的、かつ詳細に指導計画を書き記すことが目的ではありません。子ども中心の保育実践の展開に結びつくことが

重要なのです。保育実践では，子どもの実態や興味・関心に即して弾力的，かつ柔軟に展開していくことが求められます。こうした展開を確保するためにも，指導計画を仮説として認識し，取り扱うことが重要となるわけです。

3 指導計画を立てる意義

　指導計画の仮説性，あるいは保育実践を指導計画にしばられず，弾力的かつ柔軟に展開することを強調すると，「それなら指導計画を立てる意味はない」「指導計画は不要」と考える保育者もいることでしょう。こうした主張は「ノー・カリキュラム論」[*3]と呼ばれます。一理ある主張ともいえますが，指導計画の作成自体を否定するのは，やはり極端です。また，指導計画を立てなければ，実践上，保育者の価値観や枠組みが優先する事態にも陥りかねません。

　では，指導計画を作成しつつも，あくまでも仮説にとどめ，実践においても修正し続けるべき，という位置づけは，保育者にとってどのような意義をもつのでしょうか。

(1) 書くという行為の意義

　指導計画を作成する際，「書く」という行為によって計画を形づくっていきます。この「書く」という行為自体がとても重要なのです。

　この点について，小川博久は「書く行為としての指導案づくり」として，以下の3つのメリットがあることを指摘しています。

> ①イメージをことばとして客観化することで，イメージ化の仕方を他のものと比較したり，読み直したりして，問題にできる。
> ②保育後の反省において有効である。
> ③保育について，幼児の内面について，予測すべき行動についてのイメージトレーニングができる。
> 引用文献）小川博久編『保育実践に学ぶ』建帛社，pp.244-246，1988

　仮説に過ぎないとはいえ，指導計画を書き記すという作業には，こうした多様な意義が見出せます。なり行き任せの保育にならないためにも，「指導計画を書き記す」ことのメリットを自覚し，上手に活かしながら「見通し」を立てた実践を心がけてほしいと思います。

＊3　第1章❷を参照

（2）実践におけるズレの発見

「保育者が子どもの立場になり代わる」のは，極めて難しいことです。保育実践では，どうしても保育者の見通しと子どもの思いにズレが生じます。互いに主体者としての思いがあるわけですから，ズレが生じること自体は決して悪いことではありません。問題は，保育者が生じているズレに気づかないこと，また，ズレに気がついても，保育者側の思いでその解消を図ってしまうことです。

この保育者と子どもとの「ズレ」を発見するためにも「指導計画を書き記す」行為が有効です。なぜなら，事前に見通し（仮説）を立てておけば，それが視点となり，その通りになっていない状況に気づけるからです。しかも，見通しがあくまでも仮説だと自覚していれば，ズレの解消を保育者側の一方的な思いで行うことの防止にもなるでしょう。子ども中心の保育を進めるということをスローガン倒れにしないためにも，自覚しておきたい点です。

このように，指導計画を作成しつつも，それを仮説ととらえ，保育実践において「常に修正すべきもの」と位置づけておくことには，大きな意義があります。保育者によっては「あいまいさ」を感じるかもしれませんが，こうした指導計画の「あいまいさ」にこそ，子ども中心の保育を展開していくカギがあるといえるでしょう。

2 指導計画の種類

指導計画にはさまざまな種類があります。『幼稚園教育要領』『保育所保育指針』が求める点を踏まえ，その違いや特徴を考えてみましょう。

1 『幼稚園教育要領』『保育所保育指針』が求める指導計画の種類

具体的な計画である指導計画は，クラスを担任する保育者が責任をもって作成するものです。一般的にクラスを担当する期間は，1年間が基本です。この1年間の保育実践をたったひとつの指導計画で進めていくことは不可能です。指導計画を名実ともに保育実践に身近な具体的な計画にしていくためには，やはり1年間をもう少し短い単位で分け，立案していく必要があります。そこに指導計画が複数種，必要となる理由があります。

こうした指導計画の種類について，『幼稚園教育要領』は以下のように述べています。

第3章　指導計画及び教育課程に係る教育時間の終了後等に行う教育活動などの留意事項
第1　指導計画の作成に当たっての留意事項　1　一般的な留意事項
「(5)　長期的に発達を見通した年，学期，月などにわたる長期の指導計画やこれとの関連を保ちながらより具体的な幼児の生活に即した週，日などの短期の指導計画を作成し，適切な指導が行われるようにすること。特に，週，日などの短期の指導計画については，幼児の生活のリズムに配慮し，幼児の意識や興味の連続性のある活動が相互に関連して幼稚園生活の自然な流れの中に組み込まれるようにすること。」

さらに，『幼稚園教育要領解説』では，以下のように解説されています。

　指導計画は，教育課程を具体化したものであり，具体化する際には，一般に長期的な見通しをもった年，学期，月あるいは発達の時期などの計画とそれと関連してより具体的な幼児の生活に即した週，日などの短期的な計画の両方を考えることになる。
引用文献）文部科学省編『幼稚園教育要領解説』フレーベル館，p.194，2008

また，『保育所保育指針』では，指導計画の種類について，以下のように述べています。

第4章　保育の計画及び評価
1　保育の計画　(二)指導計画　ア　指導計画の作成
「(ア)　保育課程に基づき，子どもの生活や発達を見通した長期的な指導計画と，それに関連しながら，より具体的な子どもの日々の生活に即した短期的な指導計画を作成して，保育が適切に展開されるようにすること。」

さらに，『保育所保育指針解説書』では，以下のように解説されています。

②長期的指導計画と短期的指導計画
　保育所では，子どもの発達を見通した年・期・月など長期的な指導計画と，それに関連しながらより具体的な子どもの生活に即した週・日などの短期的な指導計画を作成します。個人の指導計画，あるいはクラスやグループの指導計画など必要なものを，書式も含めて工夫して作成します。
引用文献）厚生労働省編『保育所保育指針解説書』フレーベル館，pp.130-131，2008

このように,『幼稚園教育要領』『保育所保育指針』は,基本計画である「教育課程」「保育課程」を具体化する際,長期的な見通しをもった「長期的指導計画」(長期の指導計画)と,より具体的となる短期的な見通しをもった「短期的指導計画」(短期の指導計画)を作成することを求めています[*4]。

　なお,『保育所保育指針解説書』では「長期的指導計画」と「短期的指導計画」以外にも,「個人の指導計画,あるいはクラスやグループの指導計画など」をあげています。障害のある子どもの保育はもちろんのこと,保育所には個別的な配慮が不可欠な3歳未満児もいますから,こうした「個別の指導計画」の作成も必要となります。『幼稚園教育要領』も「障害のある幼児の指導」「障害のある幼児との活動をともにする機会」を重視することを求めていますから,幼稚園においても「個別の指導計画」は必要に応じて作成することが求められます。

　これらのうち,「年間指導計画(年案)」(表6-1),「期案」(表6-2),「月案」(表6-3),「週案」(表6-4),「日案」(表6-5),乳児を対象とした「個別の指導計画」の実際(表6-6)を示しました。参考にしてください。

2　指導計画の種類の精選

　『幼稚園教育要領』『保育所保育指針』が,「長期的指導計画」また「短期的指導計画」として例示している「年間指導計画」から「活動案」や「個別の指導計画」など,さまざまな指導案をすべて作成しようとすると,記述する内容に重なりが生じるケースがあります。

　こうした中,保育現場では保育実践を具体的に見通すうえで,重なりがみられる期間の指導案をまとめていく工夫もなされています。

　たとえば,表6-1に示した「年間指導計画」の例は,年間をひとつの表組みで示すのではなく,1年間を子どもの育ちの節目にそって期に分け,期ごとに具体的な見通しを記述する中で年間の見通しを考えています。また,表6-2に示した「期案」の例は,表の右側に5月半ばから6月上旬までの表をつくり,その流れを記述しながら月の見通しを立てています。いわば「期案」と「月案」が合体した指導計画です。実際,月単位に個々の子どもの姿やクラスの実態が激変することはあまりありません。とすれば,「期案」と「月案」を合体させるという工夫も,単に保育者の「書き仕事」の負担感を減らすという意味だけではなく,子どもの育ちの変化に応じた見通しをもつということにもなります。『幼

[*4]　第2章❷を参照

表6-1　年間指導計画（年案）例（5歳児，東京都：私立A幼稚園）

月	期	子どもの姿	ねらい及び内容	環境構成と援助のポイント
4月 5月	1期	○新しい環境への期待と不安が見られる。 ○年長としての生活の仕方や当番などに積極的にかかわろうとする。 ○動植物へのかかわりを楽しむ。 ○新入園児にかかわろうとするが戸惑いも見られる。 ○4歳児期の遊びや友だちとかかわる姿がある。	○年長になった喜びのもとで様々な動きに取り組みながら，ひとりひとりが自分のやりたい世界を持つ。 ・自分の生活にかかわるしごとを自分たちで進めていこうとする。 ・自分のやりたい遊びをする。 ・新入園児へのお世話を行う。 ・目的を共に持った小集団で取り組む楽しさを味わう。 （始業式・遠足）	○4歳児期の遊びが，無理なく始められるような保育室のコーナーづくりを行う。 ○遊びや生活の仕方などを子どもと一緒に進めながら，信頼関係をつくっていく。 ○遊具や用具などの置き場所は，使いやすいように整理し，必要に応じてマークなどで表示しておく。
6月	2期	○一日の生活の流れがわかり，取り組む姿が見られる。 ○動植物への当番などに抵抗を示す子どもも見られ始める。 ○新しい仲間関係が見られる。 ○友だちの遊びから刺激を受け，新しい遊びをやってみようとする。	○様々な事柄に意欲的に取り組みながら，仲間とのかかわりを広げていく。 ・自分の生活にかかわるしごとをスムーズに進めるための方法を考える。 ・自分のやりたい遊びの中で開放感を味わう。 ・気の合った仲間同士で目的を共にし，取り組む意欲，楽しさを知る。 （お店やごっこ）	○遊びや生活の変化に応じて，物の置き場所などを子ども一緒につくり変えていく。 ○新たな遊びの刺激となる道具やコーナーづくりを行う。また，必要に応じて保育者が遊びのモデルとなるように遊ぶ。 ○グループ表や当番表などを，子どもと一緒につくっていく。
7月	3期	○生活に見通しがつき始め，準備や片づけを進んで行おうとする。 ○当番の仕方など生活のルールを確かめ合い，新しいルールを考える。 ○充実する子どもの一方で，孤立しがちな子どもも見られ，個人差が目立ってくる ○前日の遊びを継続していこうとする中，遊びに必要なものを考え，作り出そうとする。	○目的実現のためのかかわりの中で，互いに思いを出し合いひとつのものをつくりあげていこうとする。 ・自分たちなりの生活の仕方をつくりあげる中，仲間同士のかかわり合いを大切にする。 ・ごっこやルールのある遊びを楽しむ ・目的を実現するために必要な手だてを考え，意欲的に取り組む。 （ジャングルまつり・お泊まり会・プール遊び）	○雨天時にもたっぷり遊べる室内空間を確保する。 ○晴天時には水・泥遊びなども予想されるので，手足洗い・着替えなどを自分たちで行えるようにしておく。 ○畑の成育物に目が向くよう，必要な用具を出しておく。また，子どもたちの発見する事柄を見逃さず，クラス全体の話題にしていく。
9月 10月	4期	○長い家庭生活の中で生活リズムをしている子どもがいる。 ○当番に慣れた分，形式的な取り組みも見られる。 ○遊びの興味・関心に応じて，仲間関係が変わり始める。 ○自分の考えを言動で表すようになり，トラブルも増える。 ○ルールのある遊びや競争を楽しむ遊びに関心が向くようになる	○体を十分に使う楽しさを味わいながら，個々が課題を見つけ，仲間同士で迫り合う姿を大切にする。 ・しごとを進めていく中での問題を，自分たちの事として受け止め，解決していこうとする。 ・体を動かすことを楽しむ。 ・目的実現の充実感を味わい，また「できる」という実感を持つ。 （始業式・運動会）	○夏休みの体験を引き出し，思い出となる品々を展示していく。 ○体を使ったダイナミックな遊びができるような空間づくり，用具設置を行う。 ○保育者も一緒に遊び，その楽しさを伝えながら，必要に応じたルールも考えていく。 ○タオル，着替え，薬類など，運動時の健康管理に気をつける。

第6章　実践の構想のもち方

11月	5期	○保育者に頼らず，自分たちで見通しを持って生活を進めていける。 ○クラス内のしごとだけでなく，園全体にも目を向けるようになる。 ○ボス的な子どもが減り，上手に遊びをリードする子どもが出てくる。 ○友だちの良さに気づき，認め合うようになる。 ○遊びの中で自己課題を見つけ，挑戦しようとする。	○活動に主体的にかかわりながら充実感を味わい，問題解決や組織的な体験をする。 ・自分たちで担える世界を広げる。 ・ルールのある遊びを核になる子どもを中心に遊び込む。 ・目的実現に向けての方法，手だてなどに気づき，自分たちで組織的に活動を進めていける力を養う。 （遠足・芋掘り・わんぱくまつり）	○秋の自然を感じることができるものを，園内だけでなく，近隣にも目を向け把握しておく。時には散歩にも誘い，子どもの気づきを大切に受け止めていく。 ○木工や畑の収穫物の調理など，年長として手応えのある活動を始める場合，道具の使い方，置き場所などに注意する。
12月	6期	○グループでの取り組みも確かになり，自主的になる。 ○みんなで同じことをしなくとも良いという支え合いや，認め合いが見られる。 ○核になる子どもを中心に，子どもたちだけで遊びを進められる。 ○室内遊びが増える中，次の遊びが見つけられない子どももいる。	○活動の目的に応じたグループ体験を主体的に進めていく。 ・目的に応じたグループ活動の中でも必要なことを伝え合うことができる。 ・小集団での遊びや個々の遊びを充実させる。 ・グループの間でも認めあったり，支えあったりすることができる。 （クリスマス会）	○子どもが自分たちで始めた活動にじっくり取り組めるよう，時間，場所の保障をしていく。特に，話し合いの場面を大切にしていく。 ○子どものイメージにそった豊富な素材，道具を用意していく。
1月 2月	7期	○自分たちの生活を自分たちでまかなおうとする。 ○生活の中で起こる問題を自分たちで解決することができる。 ○知的な部分への好奇心が目立ってくる。 ○遊びに必要な技術を自分で考え，工夫しようとする。	○友だちと協力しながら，自分たちでやりとげた成就感を味わう ・活動を進める中，必要に応じて，時間や役割分担などを考えていく。 ・手慣れた遊びの内容をさらに充実していく。 ・個々及び集団の課題に積極的に取り組み，自分たちで解決していこうとする。 （もちつき会・観劇会・お別れ会）	○冬休みの体験を引き出し，園でも楽しんでいける遊び（正月遊び）を持ち寄ることを促す。 ○冬の自然との出会いを大切にする。氷づくりなど，子どもが試みたいものは，必要な場所や道具を一緒に考えていく。 ○知的な好奇心が発揮される場面では図鑑や絵本なども活用していく。
3月	8期	○1年生になることへの期待と不安が見られる。 ○クラス全体にまとまりが見られ，組織的な活動が展開される ○4歳児を意識し，動植物の世話や伝えたい事柄を意識し，かかわろとする。 ○大きな活動の中に自己課題も見つけていく。	○卒園に向けて，自らの成長に気づきながら，園生活最後の時期を充実して過ごす。 ・自分たちの生活の場，しごとを理解し，4歳児に引き継ぐ。 ・今まで遊んできたことを思う存分，楽しむ。 ・自分たちの生活をふり返りながら，自らの成長を知る。 （当番引継ぎ会・卒園遠足・卒園式）	○見通しを持って行動できるよう，必要に応じてカレンダー・スケジュール表などをつくっていく。 ○4歳児とのかかわりの中で，自らの育ちも実感できるように促す。 ○園生活最後の時期を，ゆとりを持って過ごせるように配慮する。

資料）師岡　章「保育所・幼稚園における保育の計画」，金村美千子　編『新保育課程・教育課程論』同文書院，pp.36-37，2011

表6-2　期案例（5歳児第Ⅱ期　5月/中旬～6月上旬，東京都：私立A幼稚園）

			ねらい	指導上の留意点
[年間主題] 　自分づくりと生活づくり [学年主題] 　個と集団が共に育ち合いながら，自主的に生活を運営する姿を大切にする。 [1学期主題] 　生活全般にわたって仲間と思いを共にしながら，共通の手立てに気づき，自主的にやろうとする力を養う。 [第Ⅱ期　ねらい]（5/12～6/6） 　仲間との関わりを，目的を持った活動の中でより確かなものにする。 [前期の姿] 〈遊び〉 　進級当初は，年中の頃の遊びを基本に，砂場もM組（4歳児）の砂場で遊んだり，鬼ごっこもねこ鬼を楽しむ姿が見られ，そのことで，これまで一緒に生活していた仲間中心に遊ぶことで安定していた。特に，折り紙は，Y男，M男の手裏剣はお店で遊んだり，G男の寿司屋を繰り返し遊ぶ姿があった。 　製作は，K男の動く車，迷路。S男のびっくり箱など深く関わりたい物を合体させたりしながら作っていた。ごっこ遊びを中心に室内は遊びを楽しんでいた。A子はラッションペンによって絵本作りをしたり，ものを読み聞かせ，ごっこしたりと女児の子ども同士のつながりの中で楽しむ姿も見られた。製作で遊ぶ姿がクラス全体で見られた。 　また，園のこいのぼりを毎日あげることで，製作でこいのぼりの形の紙をD男が作り，保育者もこいのぼり用の紙を用意したことで，クラス内にも広まり，さらに大きいこいのぼりを作りたい子どもも増え，作ることになった。ウロコの相談では，本物を見たり，模様つけでは絵の具を使う面白さを感じている。T男，D男は丁寧に取り組んだりと遊びのこいのぼりがつながっていく姿も見られた。 〈生活〉 　当初から集まりの中では落ち着かず，イスに座らない，たたくD男，T男の姿はあり，どちらが立つと2人で歩き回ったり，他の子どもをさわって歩いたりする姿が見られた。王様ジャンケンや，T男提案の「お寺の和尚さん」など，クラスでの集まれるゲームをすると，一緒にいることを楽しんだり，絵本，歌といったことだと集まれたりする姿に事柄をしっかり見える形や，伝えていくこと，特にT男は，次にやることを具体的に伝えながら進めていくことが大事で，現在もまだ，保育者とT男との関係でズレてしまうこともあるが，今やること，必要とすることなどに，子どもを交えて考えたりすることで，姿が変わっていく。 　動物当番は昨年の年長からの引き継ぎを思い出し，保育者と進める中で手順も少しずつわかっていき，グループの差はあるが，自分たちなりに進めようとしている。インコの死，チャボの死も続き，動物への意識（元気かな?）も，以前よりあたり，主任保育者の卵の小屋づくりで，より動物の関心を高めているところだ。 〈遠足〉 　年長2クラスでの相談は落ち着かない子どもの姿が目立つこともあったが，各クラスでの話しを主にし，相談を進める話をした。子どもも「こんなことしたい」という。当時，外でお弁当を出せることもあったので，今後へとつなげたい。	基底になる生活	遊び	1) 保育者と共に遊ぶ中で，やりたい遊びを自分たちでも進め，継続する力を養う。内容を高めていく意欲と技術・方法をつかんでいく。 2) 思いを共にする仲間=小集団で取り組みながら，その関わりの楽しさや成就感を味わう。	○子ども一人一人が自信を持って自分のやりたいことに取り組んでいけるように，時間や場所を保障する。 ○子どもたちが遊び出しやすい環境を考え，遊びの状態（子どもの状態）にあわせて柔軟に考えていく。 ○個々の充足の一方で，仲間を必要とする遊びを仲間と共にしながら，その楽しさを味わわせていく。
		生活運営	1) 自分たちの生活に必要なしごとをクラスなりの方法で取り組んでいく。 2) 仲間と関わっていく中で，互いの取り組みに気づき合う。 3) 新しいグループでの関わりを楽しむ。 4) 小さな友だちへの関心を高め，関わりながら自分にできることを発見する。	1) 形式にとらわれず，子どもたちの興味に応じた取り組みを保障する。 2) 一人の気づきや頑張りも捉え，グループやクラスの中に返していけるよう支える。 3) グループを保育者が意図的に編成する。 4) これまでの活動での経験を活かしつつ，相手の要求にあわせた関わりをしていけるよう，共に考える。
	中心になる活動		〈お店やごっこをしよう〉 1) ごっこ遊びの楽しさを味わう 2) 目的を共にした仲間（チーム→クラス）と目的実現のためにそれぞれ思いを出し合いながら，協力して進めていく。	1) お店やごっこにつながる遊びを流行らせていく。やりとりの楽しさ，役になりきって遊ぶ，物を作ることなど，ごっこの楽しさは1つではないので，一人一人の子どもの要求をきちんと受け止めていく。 2) 数にとらわれた品物づくりにせず，あくまでも遊びであることを押さえ，店構えややりとりのおもしろさを味わわせていく。 ●品物づくりに関しては，保育者が材料を豊富に用意し，子どもが工夫していくことのおもしろさに出会えるようにする。
	系統的学習活動		〈造形〉 ○思いを実現するために様々な道具，素材に出会う。 〈音楽〉 ○2拍子，3拍子のリズムにのって歌うことを楽しむ。 〈文学・ことば〉 ○自分の思いを自分の言葉で表現していく。また，人の話に耳を傾ける。 〈自然〉 ○飼育物，栽培物などに関わりながら，自然に親しみ，また生長を知る。 〈体育〉 ○体全体を使って遊ぶことを楽しむ。	○作る物のイメージを仲間と共有していけるよう，また「できた」と充実感を味わっていけるようにする。 ○体でリズムが感じられるようにリズム遊びなども入れながら，歌う楽しさを味わわせていく。 ○保育者が子どもの話に耳を傾ける。話したい雰囲気づくりを心がける。 ○保育者も生長の変化に気づき，進んで子どもに出会わせていく。 ○鬼ごっこなど戸外での遊びに積極的に関わる。

資料）師岡　章「保育所・幼稚園における保育の計画」，金村美千子　編『新保育課程・教育課程論』同文書院，p.38，2011

第6章　実践の構想のもち方

子どもの活動・活動の展開	備考	
〈室内〉 ・ごっこ遊び－おうちごっこ，お店ごっこ（レストランも含む） ・製作（紙・空き箱）－食べ物，ヘリコプター，ロケット旅行，迷路（作って遊ぶことも楽しむ） ・自由画－自分を入れて描いたり，女児を中心にお話づくり，絵本づくり ・ゲーム－王様ジャンケン，ジャンケン列車など 〈戸外〉 ・鬼ごっこ－くじら鬼（ねこ鬼），手つなぎ鬼（大人数より少人数で。経験の少ない子どもも味わえるように，保育者は仲間を考えたり，クラスなどで味わう） ・砂，泥，水－ごちそうづくり（サクランボを飾ったり），山川（スコップを使っていく） ・固定遊具－ターザンロープなど ・縄跳び－ひとり縄，大縄 ・自然物－虫，サクランボ，ウメ，ムクロジ，アンズなど	5月 12（月） 13（火） 14（水） 15（木） 16（金） 19（月） 20（火） 21（水） 22（木） 23（金）	身体測定 A組身体測定 A組弁当 ↓ A組弁当 ↓ A組園外保育
●グループのしごと－動物当番（5月＝ウサギ，6月＝チャボ） 　→手順を仲間と確認しながら進めていく。（グループの仲間がそろって） 　・畑の世話→畑当番（水やり，雑草抜き＝保育者も一緒に） 　・3歳児A組の弁当の手伝い，お茶配り ●当番のしごと－お休み報告（集まりの持ち方，保育者の印のつけ方など，子どもが後に自分たちでやっていくことを踏まえたやり方を改めて考えていく。気をつけていく） ●グループ替え－6人×4G，5人×1G＝計5G（5/13 or 14頃） ●自分の身の回りに関すること－身支度，暑さに対する帽子，レインコート（晴れたらたたむ），傘のしまい方，弁当つつみなど ●3歳児A組との関わり－身体測定，弁当手伝い（1Gずつ），園外保育	26（月） 27（火） 28（水） 29（木） 30（金） 6月 2（月） 3（火） 4（水） 5（木） 6（金）	避難訓練 A組弁当 ↓ 誕生会 歯科検診
●様々なごっこ遊びをする。（楽しみながら，なりきって仲間と一緒に遊んでいく） 　・開店を目指して準備を進めていく。 ①活動の見通しを持つ。 　・やりたいお店，売る品物を決める。（これまで楽しんできたものや，やってみたいお店） 　・一緒に取り組む仲間を決める。 　・招待する相手を決める（4歳児M組）。 ③開店のための準備を進める。 　・品物づくり，店構え，看板，その他（レジ，お金など，100円単位） ④開店する。 ★目に見えて予定がわかるようにしていく（店毎に紙に書いて表にする）。 　カレンダーを使う際も，できたことは○印をつけたりとわかりやすく表示する（文字と絵を使っていく）。 ＊保育者の進め方は特に気をつけ，子どもたちがわかっているだろうと思わず，子どもの声などをよく聞いてみる。	5月 12（月） 13（火） 14（水） 15（木） 16（金） 19（月） 20（火） 21（水） 22（木） 23（金） 26（月） 27（火） 28（水） 29（木） 30（金） 6月 2（月） 3（火） 4（水） 5（木） 6（金）	｜ ごっこ遊び 　　製作 ↓ （クラスでお店をしよう） 見通しをもつ ↓ 品物づくり 店構え ↓ どうやって売る？ ｝開店
・遊びに含む（お店やごっこの品物づくりなど） ・誕生ボードづくり ・「まわれまわれかんらんしゃ」「あめふりくまのこ」 ・拍子をたたく ・絵本の貸し出し－子どもが借りたものの中から，クラスで楽しむ「ももいろのきりん」など ・クラスでの相談 ・飼育物（チャボ，ウサギ，インコ） ・栽培物（トウモロコシ，エダマメ，インゲンマメ，トマト，キュウリ） ・サツマ芋（苗床→苗を植える），アンズの実（様子を見に行く），サクランボ，ウメ ・散歩（園から遠いところから，いろいろ出かけてみたい） ・梅雨の時期はなかなか外遊びもできなくなるので，晴れの日を意識的に過ごす。		

181

表6−3　月案例（4歳児4月，東京都：公立B保育園）

子どもの姿	○保育室が変わったことで，うれしさもあり，気持ちが高揚し，落ち着かない姿が増える。今まで親しんでいた遊具でも遊び方が変わってしまう姿が見られる。 ○担任2人が持ち上がり，情緒面で大きく不安定になる姿は見られない。新入児が来ることを楽しみにしていて，自然と受け入れていた。新入児自身も素直に受けとめ，笑顔で過ごす。 ○ロッカーの位置など変わるが，生活の流れは基本的に変わらないので，スムーズに行動している。 ○ハムスターとのかかわりを喜び，進んでお世話をやりたがっている。年長児の姿に影響を受け，A児，B児，C児を中心にコマまわしを繰り返し楽しんでいる新しい姿も見られる。
ねらい	○新しい生活の仕方を知り，環境に慣れる。 ○今まで好きだった遊びや，戸外遊びを十分に楽しむ。 ○身近な季節の変化に気づき，関心を持つ。
養護	○新入児の不安な気持ちを丁寧に受けとめ，新しい環境に慣れるよう，かかわっていく。 ○進級児の環境の変化に伴う緊張などを敏感に受けとめ，かかわっていく。

行事	○進級・新入お祝い会（4/1） ○4月のお誕生会（4/22） ○子どもの日の集い（4/28） ○交通安全教室（4/20） ○Y運動プログラム（4/20）	特記事項	○4/1より，新入児D（7月7日生まれ） ○今月の歌「春がきた」「春がきたんだ」「こいのぼり」

評価・反省	○進級し，個々での姿に変化は見られるので，ゆっくりかかわっていきたい（担任も気持ちを切り替え）。 ○天候も不安定で，あまり戸外で思い切り遊ぶ機会をつくれないように感じたが，ホールなどで簡単なルール・集団遊びもまとまって楽しめる姿が出てきたので，今後も積極的に取り入れていく。 ○今まで遊んでいたごっこ遊びでも，他児とのかかわりや，遊び方にも変化が見られてきた。同時に，片付けや物を大切にする気持ちについて，雑な面が目立つ。保育士が声をかけることが増えたが，その前に早く環境を整えていきたい。 ○畑も今年度はあり，遊びや生活の中にもつなげられるよう，工夫していきたい。自然へのかかわりを深めていきたい。

資料）師岡　章「保育所・幼稚園における保育の計画」，金村美千子 編『新保育課程・教育課程論』同文書院，p. 30, 2011

表6−4　週案例（4歳児4月第2週，東京都：公立A保育園）

4月12日～16日	
ねらい	○体を動かし，戸外遊びを楽しむ。 ○身の回りのことを意欲的にやってみようとする。 　（ベッド敷きや動植物の世話など）
経験する内容	○戸外（園庭や児童遊園）で体を動かして遊ぶ。 ○ハムスターの掃除や花の世話をする。 ○タオルかけやベッド敷きを保育士と行う。 ○こいのぼりの製作（筆の使い方を経験） ○鬼ごっこ，ボール当てなど，簡単な集団遊びを楽しむ。
環境構成	○こいのぼり製作 　・長方形の白紙 　・絵の具（赤・黄・緑・水色） ○コマ回しは，ウッドデッキに畳を用意して遊ぶ。
援助・配慮	○園庭改築も終わり，暖かい日は戸外遊びを楽しめるようにしていく。普段，室内中心の子も様子を見て，誘っていく。 ○園庭の遊び方を知らせ，慣れるまでケガのないように，十分に注意していく。 ○ルールのある遊びは，保育士も一緒に楽しみ，遊びが継続し，ルールがあるからこそのおもしろさを少しずつ知らせていくようにする。 ○はじめは，「やってみたい」という気持ちを受けとめ，お世話やお手伝いを経験させて，仕方を丁寧に知らせていくようにする。終わった後には，十分にほめ，認めていく。
評価・反省	○土になった園庭に出ると，数名の女児が泥山を始め，遊んでいた。ホール遊びや穴掘りといった，新しい面も少しずつ見られている。 ○ハムスターの世話は，子どもたちから「まだ，やらないの！」と積極的に取り組んでいる。ベッド敷きも進んで行うが，慣れたら用務さんの手伝いとして，当番活動に入れる予定だったが，年長児の活動だったので，月曜日にタオルかけだけに変更（個人）。確認しなかったことは反省する。

資料）師岡　章「保育所・幼稚園における保育の計画」，金村美千子 編『新保育課程・教育課程論』同文書院，p. 31，2011

表6-5 日案例（4歳児5月27日（月）、東京都：私立C幼稚園）

時間	活動	子どもの行動の予測	保育者の動きと言葉かけ	準備しておく物
9:00	○登園 ・朝の支度 ・タオルかけ ・かばんかけ	○「おはよう」と言う子。言わない子がいる。 ○親から離れずぐずっている子どももいる。 ○タオルのかけ忘れや、上履きをはかない子どももいる。	○視診 ○「おはよう」のあいさつ ○保護者との対応 ○持ち物の始末（タオル・上履き・かばん） ○予想される遊びコーナーの設置と整頓 ・タオルかけ、上履き、上履きを履いているかの確認、声かけ	○上履きの袋を入れる箱
9:30	○自由遊び	○支度ができた子どもから、好きな遊び ○予想される遊び ・室内―お絵描き、ブロック、ままごと、工作、粘土、人形遊びなど ・戸外―砂場、固定遊具、たたかいごっこ、ミニ運動会など ・ごっこ遊び―美容院、ピクニック、お団子屋など	○要望に応じた動き、援助をする。 ○外で遊ぶ子どもたちの動きを把握する。 ・予想がより、遊びが発展するように配慮する。 ・保育者が入り、やる気に繋ぐ。 ・お客役に、やる気に繋ぐ。 ・場面設定、やりとりなど	○机は出しておく
9:50	○片付け・入室	○進んで片付けている一方で、なかなか片付けない子がいる。 ○片付けながら、また遊ぶ子もいる。	○遊びのかたまりごとに声をかける。 ○外、砂場にいる子どもたちには早めに声をかける。 ○次の活動への期待をもたせ、片付け、入室させる。 ○砂場遊びをしている子どもたちには、足洗い、着替えなどの援助する。 ○片付け終わったクラスのそれぞれができるように、分担したり、声かけしながら進める。	
10:00	○朝の会 ・お休み調べ	○保育者の方を向いて座る、友だちとしゃべり、保育者の方を向かない子もいる。 ○進めがお休みなのに気づく。 ○「僕はね」「あのね」とそれぞれが言い出す、騒がしくなることもある。	○椅子の用意をし、様子が落ち着いたら始める。 ○出席確認をする。 ○子どもの顔を見て、様子を観察する。 ・「今日のR組さんのお休みは〇人です」のかたちを意識させ、子どもたちのお休みの確認をしていく。 ○お休み中「どこに行った」ではなく、「どんな遊びをしていたか」など内容を聞く、また「今日はどんな遊びをしていたか」を聞き、紹介する。〇〇ちゃんはこんなことをしていたねと共感していく。 ○言いたい人は手をあげるように促す。	
	・今日の予定	○興味を持って聞いて騒がしい姿がある。 ○「畑って何？」「どうやってやるの？」とやることに興味を持ち、質問してくる姿がある。	○今日の予定（畑づくり）について話す。 ・「カステラをポロポロに崩すみたいに」など、明日までにやることを伝える。 ・やわらかくなったら、肥料をまいて、明日は種をまく。 ・グループごとに種をまく	
10:30	○畑づくり ・グループごとにテラスに集まる ・グループで土をやわらかくする ・石や雑草を取り除く	○やりたい気持ちが先走り、外に飛び出す子がいる。また、畑の場所とは違う方向に行く子がある。 ○「虫がいる！」と喜ぶ姿がある。 ○シャベルを剣のように振り回す。	○全員で畑に出る。 ・トイレに行きたい子どもは行かせる。 ・テラス前にグループごとに集まってから、畑まで行く。 ・グループの場所を決め、「土をやわらかくしよう」「カステラをポロポロに崩すみたいに」と声をかける。 ○石や雑草を取り除こうと話す。 ○シャベルをやわらかくしたり、シャベルを使って作業をする。 ○やわらかくする時は「ふりまわさないように」と注意を促す。 ○シャベルを渡す時は「ふりまわさないように」と注意を促す。 ○子どもの様子によっては、袋をまくってあげたり、水やりも行うようにする。	○シャベル（人数分）

184

時刻	活動	子どもの姿	保育者の援助	環境構成・準備物
11:15	○昼食準備	○手洗い、トイレに行く。 ○お弁当の準備をする。 ○自分の物がテーブルの上に散乱する。 ○一人で食べ始める。	○テーブルクロスを敷き、やかん、お弁当のふたあわせ、コップの位置、座り方などを見て援助する。	○テーブルクロス（4枚） ○やかん（4つ） ○お茶
11:40	○昼食	○「いただきます」をする。 ○楽しく食べる一方で、おしゃべりをして、早く食べ終わらなくて、残しておしまいにする子もいる。 ○食べ終わった子どもから「ごちそうさま」を言う。 ○コップロを譲る子どもいる。 ○言わないまま、お弁当をしまう、かばんに上手に入らず「しまらない」のところに来る。 ○お弁当箱などしまい始める。 ○コップと水道で洗い続ける。 ○やかんやテーブル拭きの片付けをやりたい子が行く。	○グループの友だちがそろったら、「いただきますをしよう」と伝える。 ○おしゃべりが多い子どもたちには、片付け始めるこうを促し、時々声をかけ、片付け始めていない子どもには声をかけ対応する。 ○しまっていない子どもには声をかける。	
		○室内で本を読み、ままごとなど、静かな遊びに取り組む。 ○外で遊ぶ。	○子どもが誰とどこにいるのか把握する。 ○テーブルクロスを拭き、片付け。食べこぼしの始末をする。 ○やかんやテーブル拭きが残っていたら片付け。 ○入室の目安の時間を話してくる。 ○外で遊んでいる子かたちに声をかけ、砂場で遊んでどろんこになっている子は着替えさせる。	
13:20	○入室・片付け ○トイレ、降園準備	○なかなか片付けず、入室してこない。 ○室内でも片付けが進まず、遊び出す。 ○タオルをしまい、かばんと帽子を身につける。	○くつやタオルのしまい忘れがある子どもには声をかける。 ○全員準備ができたら、帰りの会を始めることを伝える。	○机やイスは片付けておく。 ○座る位置の目印となるよう、保育者が座るイスを置いておく。 ○絵本
13:40	○帰りの会 ・絵本「だるまちゃんとてんぐちゃん」 ・明日の予定を聞く	○床に座って全員そろうのを待つ子どももいる。 ○静かに見入る姿の一方で、騒ぐ子、立ち歩く子もいる。 ○絵本を見ながら、おしゃべり出す子どもがいる。 ○静かに聞く。	○ひどく気になる子どもには声をかける。 ○明日は小松菜の苗をグループごとにまくことを話す。 ○グループごとにすぐに集まるよう話す。	
14:00	○降園	○「さよならあんころもち」「いっぽんばし」をしてから、くつにはきかえ、テラスに立つ。 ○テラスで友だちと手をつなぐ。 ○ふざけ合って並ばない子どももいる。	○「あんころもち」をしたら子どもたちにテラスに2人組で並んでねと声をかける。 ○列を整える。 ○そろったら、あんころもちで歩いてテラスから保護者のところまで歩いて行き、お迎えが来ているところから帰る。	

表6-6 個別の指導計画例（0歳児4月，東京都：公立B保育園）

氏名	○○　○○　　　　0 年 10 ヶ月

4月1日〜16日

子どもの姿	ねらい
	○新しい環境や保育士に慣れる。

保育者の援助

○新入園児面接や保護者の話，ならし保育中の様子などから，子どもの生活リズムや好きな遊び，普段の食事や睡眠の取り方などを知るようにする。
○抱っこやおんぶなどでスキンシップを十分に取り，一緒に遊具などでの遊びに誘い，好きな遊びが楽しめるようにしていく。
○2日目より，一人で過ごすので，不安のないようにするとともに，休息も十分，とれるように心がける。
○保護者と登降園時や連絡ノートを使い，十分，連携を取り，安心してもらえるようにする。

家庭との連携	評価・反省
○4／1 入園式 0歳児保護者会	○今まで預けられても，泣かなかったとのことだが，人見知りが始まったようで，保護者と離れてから，激しく泣いている。 ○突発性発疹にもなり，休み明けは，保育時間も長くなり，土曜日も慣れないうちに入り，1日中，泣いている日が続いた。抱っこや戸外で気分転換を図って過ごす。 ○3週目に入り，登園後，仮眠をとった後は，泣かずに遊べることも出てくる。 ○食事も，全量食べられないこともあるが，とれるようになる。今後も，新しい生活に慣れていけるよう，本児の気持ちをくみ，接していきたい。

4月19日〜30日

子どもの姿	ねらい
○保護者と離れると激しく泣き，午前中，ほとんど泣いている。仮眠をとった後は，少し落ち着く。 ○食事を吸うように食べる。スプーン1/4位ずつ，ゆっくり食べる。ミルクの方がよく飲む。	○新しい環境や保育士に慣れる。

保育者の援助

○登園後，眠いことが多いので，まず仮眠をとる。慣れていないので，短い時間で起こさず，満足するまで睡眠をとるようにする。
○起きてからも，落ち着いて過ごせるよう，抱っこや膝の上での遊びに誘い，遊びに興味が持てるようにする。
○食事は，泣いてイスに座れない時は，抱っこで食事を進め，保育園での食事に慣れていくようにする。食事がとれない時は，ミルクを先に飲む。他児が泣いているとつられてしまうので，大泣きする子どもとは，部屋を分け，落ち着いてきたら，一緒に過ごすようにする。

家庭との連携	評価・反省
	○入室後，少し泣くが，抱っこしたり，保育士の膝で遊びに誘われると，少しずつ遊びに興味を持ち，午前中から泣きやんで，遊び始められるようになる。 ○昼食も，イスに座って食べられるようになるが，まだ，じっと座ることは難しく，一口ごとにイスから立ち上がったり，テーブルに登ろうとする。食べ方は，まだスプーン1/4位ずつ口に入れて食べる。 ○睡眠は，布団に入って，トントンされて入眠するが，不安定で，途中で目を覚ましている。引き続き，本児に寄り添い，新しい環境に慣れていくようにしたい。

資料）師岡　章「保育所・幼稚園における保育の計画」，金村美千子 編『新保育課程・教育課程論』同文書院，p. 33, 2011を一部改変

稚園教育要領』などで例示されている指導計画を合体させても実践の見通しは十分機能すると考えられます。

　ただ，「長期的指導計画」と「短期的指導計画」の間には，実践を見通せる内容にかなり差があり，その差を埋めるためには，両者をつなぐ指導計画が必要となります。その特質を考えると，両者をつなぐ指導計画は「中期的指導計画」と位置づけることができ，保育現場で一般的に作成されている指導計画でいえば「期案」や「月案」がそれに当たると考えられます。

　このように指導計画の種類を精査してみると，「長期的指導計画」と「短期的指導計画」に加え，「中期的指導計画」の3種類を作成していけば，保育実践の見通しは長期的な見通しから短期的な見通しまでスムーズに構想していけると思います。しかし，「長期的指導計画」「中期的指導計画」「短期的指導計画」として，具体的にどのような指導計画を作成していくかは，各園の保育理念や担当するクラスの年齢によっても異なるでしょう。たとえば，「中期的指導計画」として作成するのは「期案」の方がよいのか，「月案」の方がよいのか，答えはひとつではないはずです。長期的な見通しから，中期的な見通し，短期的な見通しへと3種類が重要であるとの自覚は，指導計画を精選していく際の視点として有意義だと思います。

　このような分類を整理すると，表6-7のようになります。これを参考に，自園の指導計画を精選し，実践を構想するうえで有効，かつ無理のないものを作成していきましょう。

表6-7　指導計画の種類

具体性	見通す期間	意図性	種類	対応する計画例
低 ↕ 高	長期 ↕ 短期	遠距離 ↕ 近距離	「長期的指導計画」	「年間指導計画（年案）」「学期案」など
			「中期的指導計画」	「期案」「月案」など
			「短期的指導計画」	「週案」「日案」「活動案」など

3 指導計画の作成手順

　指導計画を作成していく順序を「作成手順」といいます。指導計画の種類によって，その手順も若干，違いが想定されます。園によっても，どのような種類の指導計画を作成するかも異なるわけですから，実際の作成手順も各園独自に考える方がよいでしょう。

　とはいえ，子ども中心の保育を重視していくためには，基本的に把握しておくべき点もあります。まずは基本となる『幼稚園教育要領解説』と『保育所保育指針解説書』が求めている点を確認しておきましょう。

1 一般的な作成手順

● 『幼稚園教育要領解説』では，幼稚園の基本計画である「教育課程」に基づくことを前提に，指導計画の作成について，『幼稚園教育要領』第 3 章の「第 1 指導計画の作成に当たっての留意事項」の「1 一般的な留意事項」を踏まえ，以下の 5 項目を念頭におくことを求めています。

> （1）発達の理解
> （2）具体的なねらいや内容の設定
> （3）環境の構成
> （4）活動の展開と教師の援助
> （5）反省・評価と指導計画の改善
> 引用文献）文部科学省編『幼稚園教育要領解説』フレーベル館，pp.196-202，2008

● 『保育所保育指針解説書』では，保育所の基本計画である「保育課程」に基づくことを前提として，指導計画の作成について，『保育所保育指針』第 4 章の「1 保育の計画」の「（2）指導計画」を踏まえ，以下の点を念頭におくことを求めています。

> 【子ども一人一人の育ちの理解】
> 【集団としての育ちの理解】
> 　●次の計画に向けた具体的なねらい・内容の設定
> 　●環境の構成
> 　●子どもの活動の展開と保育士等の援助
> 引用文献）厚生労働省編『保育所保育指針解説書』フレーベル館，pp.131-133，2008

このように,『幼稚園教育要領解説』と『保育所保育指針解説書』をみると,言葉の違いはありますが,指導計画の作成の基本として,「担当する子どもを理解すること→具体的なねらいと内容の設定→環境の構成→子どもの活動の展開と保育者の援助→反省・評価の実施→指導計画の改善」に努めることを求めています。

こうした要請を踏まえ,基本計画である「教育課程」「保育課程」の編成の手順例を参考にしながら,指導計画作成の手順例を示すと,以下のようになります。

「指導計画」作成の手順例
①作成に必要な基礎的事項についての理解を図る。
　・園の基本計画である「教育課程」「保育課程」の理解を図る。
　・担当する子どもの年齢ごとの平均的な発達像を理解する。
　・担当するクラスの保育室等の施設,設備の特徴を把握する。
　・担当する子どもの保護者の願いを把握する。
②一人一人の子どもやクラスの実態を把握する。
　・入園,進級以前の発達の実情を把握する。
　・立案期間以前の一人一人の子どもやクラスの実態を把握する。
③子どもの興味・関心,行動を予測する。
　・実態把握に基づき,立案期間において,一人一人の子ども,またクラスの状態がどのように変化していくかを予測する。
④具体的なねらいと内容を設定する。
　・実態把握,および予測に基づき,立案期間において,具体的に子どもの育ちとして期待したい姿と,ねらいを達成する生活経験を設定する。
⑤子どもの経験,また活動の展開を考える。
　・具体的なねらいを達成するために必要な子どもの生活経験,また活動の展開を具体的に見通す。
⑥適切な環境構成を考える。
　・具体的なねらいを達成するために必要な体験が得られるような,適切な室内外の環境を考える。
⑦援助および指導上の留意点を考える。
　・具体的なねらいを達成するために必要な体験が得られるよう,活動の展開に即した適切な保育者の援助や指導を考える。
⑧指導計画に基づく保育の経過や結果を省察し,指導計画の改善を図る。

表6-8 「指導計画」の一般的な作成手順

作成手順の段階	作成内容
準備（事前）段階	①作成に必要な基礎的事項の理解
作成段階	②一人一人の子どもやクラスの実態把握 ③子どもの興味・関心、また行動予測 ④具体的なねらいと内容の設定 ⑤子どもの経験、また活動の展開の考案 ⑥適切な環境構成の考案 ⑦援助及び指導上の留意点の考案
事後段階	⑧実践結果の省察と、指導計画の改善

この手順を整理、要約すると表6-8のようになります。

つまり、「指導計画」は大別すると、基本計画である「教育課程」「保育課程」同様、「準備（事前）段階→作成段階→事後段階」の3つのステップを踏まえ、作成することが求められるわけです。

なお、作成段階となる②③④⑤⑥⑦を、指導計画を表組みする際、項目設定の用語として一般的に使用される言葉に置き換えると、②③は「子どもの姿」、④は「ねらいと内容」、⑤は「子どもの活動の展開」、⑥は「環境構成」、⑦は「指導上の留意点」となるでしょう。このように考えると、指導計画は、「子どもの姿」→「ねらいと内容」→「子どもの活動の展開」→「環境構成」→「指導上の留意点」といった流れで作成していくことがみえてきます。

2　作成手順上の留意事項

指導計画の一般的な手順段階である「準備（事前）段階」「作成段階」「事後段階」の各段階で留意すべき要点を具体的に整理しておきましょう。

（1）準備（事前）段階
❶園の基本計画である「教育課程」「保育課程」の理解

指導計画を作成する際、基本計画である「教育課程」「保育課程」を理解しておくことは重要です。クラスの保育は担任保育者に任されていますが、園の保育方針等を無視しての実践展開は望ましくありません。なぜなら、保護者も園の保育方針（基本計画）に共感し、信頼して子どもの入園を決めているからです。責任ある保育を進めるためにも、まずは基本計画をしっかり理解しておくようにしましょう。

なかでも,「保育目標」の理解は特に重要です。卒園するまでに園がどのような育ちを期待しているのかを理解しておくことは,自分が担当する1年間の保育で重視すべきことを確認するうえで不可欠だからです。また,基本計画にあげられているねらいと内容を理解し,指導計画においてそれらを具体的に設定する際の目安とすることも大切です。

　このように,指導計画を作成する際には,常に基本計画を脇に置き,具体的な見通しが園の保育方針等に適しているか否かを確認していく姿勢が必要となります。

❷年齢ごとの平均的な発達像の理解

　指導計画は具体的な計画であり,常に目の前の子どもの姿をよく理解し,その実態に即した対応を考えていくことが基本となります。

　その際,担当する子どもたちの姿を把握する必要がありますが,年齢ごとの平均的な発達像がもてていなければ,適切な理解もままなりません。最新の発達研究の成果を学び続けながら,担当する子どもの年齢に合った普遍的な発達の特徴も理解しておきましょう。そして,身体発育,運動機能,思考,言語,対人関係,感情,行動など,多様な発達の側面も丁寧に学び,子どもをみる目を養っていくようにしましょう。

　また,平均的な発達像とは別に,自園の保育実践における積み重ね,および,その結果や,園として固有にみられる発達過程も理解しておく必要があるでしょう。子どもの生活経験ひとつとっても,園によってさまざまですから,基本計画に示されている園独自の発達過程のとらえ方を再確認しておくことも大切にしましょう。

❸園内環境の把握

　具体的に保育を見通す際,子どもの生活経験に影響を与える園内の保育環境を把握しておくことも大切です。

　たとえば,「担当クラスの保育室が1階にあるのか,2階にあるのか」「トイレや手洗い場はどこにあるのか」「室内から戸外に出る際は,どのようなルートになっているのか」などは,生活動線を左右する重要な条件となります。また,保育室内外に常備されている遊具の種類や数等は,遊びや活動に大きな影響を与えます。同じ園でもクラスによって保育環境が異なるでしょうから,まずは,園が用意している施設・設備等をよく把握しておきましょう。

　そのうえで,園内の保育環境のメリット,デメリットを考え,指導計画を作成する際,メリットは活用,デメリットは改善を図るようにしていきましょう。

❹実態,ニーズの把握

　クラス担任を担ううえで,保護者の協力は不可欠です。ただ,近年の保護者は多様な意向をもっており,無条件に担任を信頼し,協力してくれるわけではありません。そこで必要となるのが保護者の意向を把握しておくことです。

たとえば，新入園児の保護者と，入園後2年目，3年目を迎える保護者とでは，園の保育に期待するものも異なります。また，第1子を入園させているケースと，第2子，第3子を入園させているケースでも異なります。子どもの年齢によっても育ちとして期待する姿は変化します。個々の保護者のニーズを踏まえ，クラスの保育に期待するものをしっかり把握しておきましょう。

また，保護者にも個性があり，家庭での養育態度も多様です。これらも子どもの育ちに大きな影響を与えていますから，丁寧に把握しておきましょう。とくに，特別な支援が必要な子どもをもつケースや虐待が疑われるケースなどは，より丁寧な把握に努めましょう。進級クラスの場合，こうした個々の保護者の様子に加え，保護者集団の雰囲気も前担任から聞き取ることも必要です。ただ，引き継いだ内容を鵜呑みにし，特定の保護者にレッテルを貼ることは避けなければなりません。自分で確かめることが基本であることを自覚し，適切な理解に努めましょう。

(2) 作成段階
❶ 一人一人の子どもやクラスの実態把握と行動予測

園によっては，指導計画を保育者が求めたいこと（たとえば，ねらいや設定したい活動）から書き始めるケースもありますが，これは保育者中心の保育に陥ってしまう危険性がある方法です。保育は子ども中心に展開すべきものですから，保育者の願い以前に，まずは子ども一人一人の興味・関心の所在，また展開されつつある活動などの実態を丁寧に把握しておくことが大切です。

たとえば，4歳児3名が砂場でお団子づくりを始め，つくっては食べるという行為をくり返していたとします。表面的にみれば，その通りでしょうが，「3名全員がお団子づくりを楽しんでいるのか，食べるというふりを楽しんでいるか」また，その中に「役割が生まれ，ままごとになっているのかいないのか」「互いの関係は対等なのか」「リーダーシップを取る子どもがいて遊びが展開されているか」など，その実態を丁寧に把握し，その姿を評価しておかないと，保育者としてのかかわりの方向性もみえてきません。

このように，実態把握は保育実践を子ども中心に進めるために不可欠です。また，子どもの事実を表面的にとらえるのではなく，事実の内側にある子どもの思いをみつめ，それを受容・共感し，「どう伸ばしていくのか」また「どのように改善していくのか」を判断することでもあります。これらを考慮した指導計画にするためにも，「ねらい」や「内容」の前に，「子どもの姿」を書く欄を設け，ここに子どもの事実とともに，保育する立場として感じ取ったことをあわせて書き留めていくとよいでしょう。

しかし，実態把握だけで適切なかかわりが導けるわけではありません。たとえば，先の事例でいえば，「砂場での遊びが翌日も継続されるのか」あるいは「継続されてもテーマ

が変化する可能性があるかどうか」等も予測しておかなければ，適切なかかわりを見出すことはできません。そのため，実態把握と同時に，実態把握に基づく子どもの行動を予測することも大切です。週案であれば，前週の子どもの姿をもとに，今週の行動を予測し，また，活動案であれば，本時の活動を展開する前提として子どもが何に興味をもち，どんな事柄につまずきを感じるのかなどを考え，その先の姿をイメージしておくわけです。

具体的方法としては，指導計画の中に「子どもの姿」という欄を設け，実態把握と予測される姿をセットにして，予測できる限りの姿を書き込むとよいでしょう。もちろん，予測はあたることもあれば，はずれることもあります。この点を自覚し，指導計画を作成していけば，計画の仮説性も担保されます。

「ねらい」や「内容」を記述する欄より前に「子どもの姿」を書く欄を設け，常にそこから実践を構想していく姿勢には，こうした重要な意味があるのです。

❷ 具体的なねらいと内容の設定

実態把握とそれに基づく行動の予測ができたら，いよいよ保育者として子どもの育ちとして期待したいことを設定し，「ねらい」[*5]と「内容」の欄へ具体的に記述していきます。

このうち，「ねらい」とは，「個別の事例の中で達成をめざすもの。目標の，より具体化・細分化された個々の事項や，その意図」のことです。つまり，指導計画を作成する期間内において，育ちとして達成を図りたい具体的な子どもの姿が「ねらい」です。ただ，育つ主体は子どもですので，ねらいは子どもを主語に書き記す必要があります[*6]。まずは実態把握と行動の予測に基づき，子ども目線に立って，具体的に達成を期待したい姿をねらいとして記述していきましょう。

● 具体的にねらいを設定する際の留意点

具体的にねらいを設定する際の留意点は，設定時の観点です。

その際，『幼稚園教育要領』『保育所保育指針』が示す「心情・意欲・態度」の３つの観点は参考にすべきものです。５領域のねらいがすべて３点ずつあがっているのも偶然ではなく，「心情・意欲・態度」の３つの観点を踏まえてのことです。つまり，各領域の（1）のねらいは「心情面」，（2）のねらいは「意欲面」，（3）のねらいは「態度面」において期待する子どもの育ちをあげているわけです。

また，小川博久は，「ねらいを記述する際には，その内容に留意することが大切である」としたうえで，「子どもの行動と思考の種類」にしたがって，以下の３つの区別を提案しています。

[*5] 第４章❷の❸を参照

[*6] 『幼稚園教育要領』『保育所保育指針』もねらいを保育者ではなく，子どもを主語に記述している。

> イ）行動目標－overt（第三者によって客観的に観察可能な）行動のつみかさねとして，子どもの達成すべき行動が記述できるもの。
> ロ）認知目標－主として記号学習における「ねらい」で，子どもに一定の思考をうながそうとするもの。
> ハ）臨床目標－この「ねらい」は子どもにおける態度ののぞましさを見極めるために設定される。
>
> 引用文献）小川博久「幼稚園教育課程編成の問題」『東京学芸大学紀要　第1部門』第28集．pp.80-81．1977

これらの各目標をイメージしやすい形で示すと下記のようになるでしょう。

> ・「行動目標」：「～ができる」「～を身につける」等の文章表現で示されるねらい。
> ・「認知目標」：「～がわかる」「～に気づく」等の文章表現で示されるねらい。
> ・「臨床目標」：「～を味わう」「～を楽しむ」等の文章表現で示されるねらい。

　この3つの観点を踏まえて，目標（ねらい）を設定する際に気をつけるべき点は，バランスです。しかし，保育者によっては，ねらいとして「心情面」，あるいは「臨床目標」といえる「～を味わう」「～を楽しむ」といった文言ばかりをあげるケースもみられます。内面的な育ちを重視する保育段階において，こうした観点が多くなること自体は，間違いではありません。また，「臨床目標」は，保育者が子どもと共に生活しているからこそ，看取ることができるねらいでもありますから，それが主となることも自然なことです。しかし，ほかのねらいの観点も意識しなければ，育ちのバランスも取れません。ねらいをあげる際には，こうした多様な観点を踏まえて設定していく必要があります。ねらいの文章の語尾に注目し，観点に偏りがないかどうかを確認するようにしましょう。

●ねらいを達成するための内容設定

　次に，ねらいを達成するために必要な内容（子どもの生活経験や活動など）を設定していきましょう。

　内容を設定する際は，基本計画である「教育課程」「保育課程」に示されている園の保育内容を踏まえることが重要です。なぜならば，「遊びを中心とした保育」を重視するとはいえ，日々の保育，また園生活は遊びだけで展開されるものでもないからです。担当する子どもの年齢に即した保育内容を幅広く考え，ねらいの達成を図る内容になるようにしましょう。そして，ねらい同様，子どもを主語に具体的な内容を指導計画の「内容」欄に記述していきましょう。

　ただ，実際の指導計画では，「内容」欄と「ねらい」欄の文章とにあまり差がないケースもみられます。たとえば，4歳児担当のある保育者の週案（2月第2週）の「内容」欄

に，以下のような文章がありました。

> ○身近な友達とお店やごっこをすることを通して①，相手の考えに気づく②。
> 　　　　　　　　　　　　　　　　　（注：下線，及び丸数字は筆者）

　おそらく，この文章のうち，下線部①は具体的に子どもが体験する活動（内容）を，下線部②は下線部①を体験することによって得られる育ち（ねらい）を指すのでしょう。指導計画の作成上，「ねらい」と「内容」欄を分けて表組みしている場合，「内容」欄にこうした記述をしてしまうと，「ねらい」欄との違いがはっきりせず，混同が生じます。そのため，「内容」欄は，「ねらい」欄と区別し，下線部①のような「子どもがすること」に絞って記述し，分けて書くよう意識する必要があるわけです。

　ただ，具体的な体験を通して育つ時期である乳幼児期の発達特性を考えると，ねらいは内容とセットで達成されると考える方が自然です。そのため，この事例の保育者も，4歳児2月期であることや，担当するクラスの子どもたちが，前週から仲間と楽しみ，共有していた「お店やごっこ」ということを考慮したうえで，「相手の考えに気づける」と判断し，内容とねらいを一緒に綴るかたちにしたわけです。

　このように，時期や活動によっては具体的な生活経験や活動と，その体験を通して達成を図りたいねらいをまとめて表現していくこともあってよいのです。その場合，たとえば「～を通して」「～をしながら」といった接続詞を意図的に使い，文章の前半を「内容」，後半を「ねらい」と書き分けていくとよいでしょう。必要に応じて，こうした文章表現も活用していきましょう。また，内容をねらいとセットで記載した方がよいと判断した場合には，表6-9に示すように，「ねらい」と「内容」欄を区別せず，「ねらい及び内容」欄を設け，まとめて書いていくことも方法のひとつです。

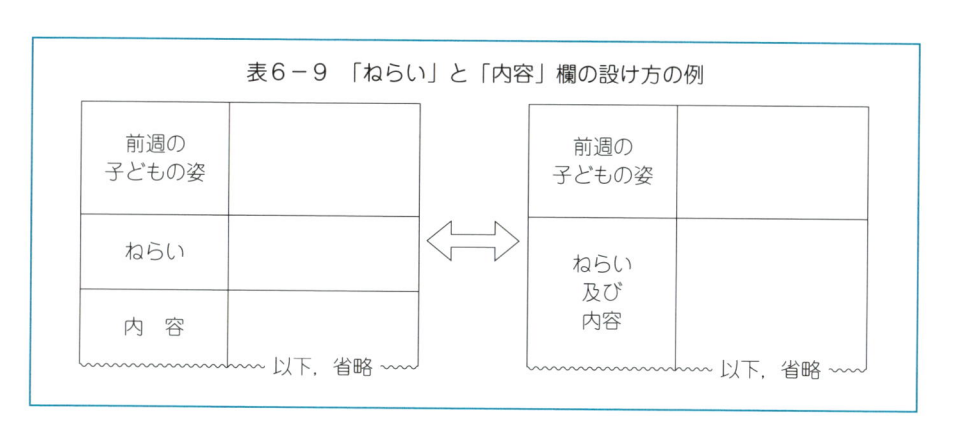

表6-9　「ねらい」と「内容」欄の設け方の例

前週の子どもの姿	
ねらい	
内容	

以下，省略

⇔

前週の子どもの姿	
ねらい及び内容	

以下，省略

以上，ねらいと内容を設定する際の留意事項について，指導計画に記載する方法を踏まえ，その要点を述べてきました。ねらいと内容の設定方法は多様であることを理解し，各自で工夫していきましょう。

❸活動の展開

　ねらいと内容を設定したら，次は立案する期間内に子どもが具体的に経験する活動の展開を考えます。指導計画の冒頭に「子どもの姿」欄を設け，子どもの姿を記述しますが，これは基本的に過去の姿に基づくものです。それに対し，活動の展開は，設定したねらいと内容に従い，子どもが具体的に経験・活動していくであろう未来の姿を記述します。

　この活動の展開も，往々にして保育者側の視点だけで考え，記述されがちです。特定の活動に関して「導入－展開－終結」といった指導の手順のみをあげ，活動がスムーズに展開するかのように立案するケースなどが典型的です。もちろん，次の❺でもふれるように，保育者の援助や指導のプロセスをしっかりと見通しておくことは大切です。しかし，活動の主体は子どもです。主体である子どもがどう行動するか，何を体験していくのかをしっかり考えておかないと，ねらいの達成も期待できません。

　そのため，時間の限られた特定の活動にしぼって立案する場合では，保育者からの問いかけに対する子どものさまざまな反応を具体的に予測し，記述しておく必要があります。たとえば，「活動の導入時，保育者の説明に対して，日頃から「なぜ？」「どうして？」とたくさんの質問をしてくるAちゃんはどんな発言をするのか」「作業を促した時，あわてんぼうのB君はどんな行動を取るのか」など，子ども一人一人の個性を踏まえ，予測される発言や行動を具体的にあげてみるわけです。

　もちろん，予測したように活動が展開されるとは限りません。子どももその時々で，感じる事柄もさまざまなため，いくら予測しても実践においてはズレが生じます。実践はそのズレを発見し，子どもの立場に立って指導計画を修正しながら，柔軟に展開されていくものです。一見，無駄のように思えますが，この予測がなければ保育者がズレに気づくこともありません。その意味で，活動の展開を考えるとは，実践におけるズレを発見するための目安をもつということなのです。決して，考えた通りの展開を子どもに押しつけるためではありません。指導計画の仮説性を担保するためにも大切にしてほしい視点です。こうした点をしっかり踏まえ，活動の展開を考えていきましょう。

　なお，活動の予測に際し，気になる姿ばかりをあげるケースがあります。遊びの場面ではトラブル，絵本を読む場面では騒がしい態度ばかりを予測するといったケースなどが典型的です。慎重，かつ生真面目な保育者にこうした傾向がみられるようです。その思いは理解できますし，時期によっては気になる姿が目立つこともあるでしょう。しかし，否定的なまなざしばかりでは，実際の保育場面でも注意ばかりが多くなってしまいます。スムー

ズに活動が展開されるものといった楽観的な見方も問題ですが，気になる姿，あるいは困る姿ばかりを想定する悲観的な見方も問題です。何事もバランスが大切ですから，担当する一人一人の子どもの個性を踏まえ，適切な予測を行うよう心がけましょう。たとえば，表6-5（p.184-185）に示した日案例の「子どもの行動の予測」欄をみると，片付けの場面ひとつとっても「○進んで行う子がいる一方で，なかなか，片付けを始めない子がいる。」と，意欲的な態度とそうでない姿の双方を予測しています。参考にして下さい。

❹環境構成

保育者の働きかけには，言葉かけなどの直接的なアプローチだけでなく，適切な環境を構成するという間接的なアプローチもあります。「環境を通して行う保育」が基本とされる現在，直接的なアプローチとともに，この点もしっかり考えておくことが大切です。指導計画に「環境構成」欄を設け，言葉かけなど保育者の直接的なアプローチとは区別しておけば，より自覚的に環境構成を考えていけるでしょう。

たとえば，「登園時に，保育室内に遊びのコーナーを何種類用意し，どの位置に設定しておくか」「それぞれのコーナーにどのような種類の遊具をいくつ用意しておくか」「テーブルとイスをクラス全員分，設定しておくべきか否か」などの環境構成は，遊びの展開を大きく左右します。こうした環境構成の良し悪しが子どもの活動を主体的にも，受け身的にもさせます。このことを念頭におき，子どもの豊かな経験を促し，ねらいが達成できる環境は何かを考え，計画的に構成することに努めていきましょう。そのためにも，「環境構成」欄に文章だけではなく，イラストや図も用いて，見通しを書き記すとよいでしょう。

ただ，時期や活動によっては，環境構成として記載する内容が少ないケースもあります。また，保育者のかかわりとして，後述する直接的なアプローチとセットで考えた方が，見通しをもちやすいケースもあるでしょう。そうした場合は，表6-10（p.198）に示すように，「環境構成」欄と「援助・指導上の留意点」欄をひとつの欄にまとめ，「環境構成と援助」といった項目名で表組みし，指導計画を作成していってもよいでしょう。

❺援助および指導上の留意点

「環境を通して行う保育」は，保育実践を進める際の基本です。しかし，それは保育者の直接的なアプローチを否定するものではありません。実際の保育では，保育者の言葉かけによって展開される部分も多いので，直接的なアプローチもしっかり見通しておくことが大切です。

直接的アプローチの方法は，言葉かけだけではありません。保育者の立ち位置や表情，ふるまい，態度など，身体を通したかかわりすべてが子どもに影響を与えます。幅広い視野に立ち，自らのかかわりを具体的に考えるようにしましょう。

また，援助や指導を行ううえで留意すべき点を，ねらいとの関係で考えておくことも大

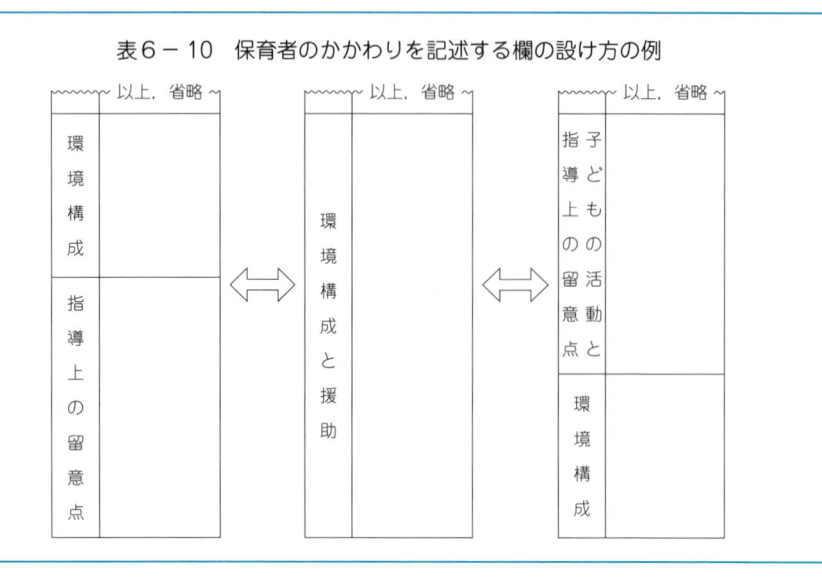

表6-10 保育者のかかわりを記述する欄の設け方の例

環境構成	⟷	環境構成と援助	⟷	子どもの活動と指導上の留意点
指導上の留意点				環境構成

切です。たとえば、戸外遊びの展開を考えてみましょう。この展開を想定する際、ケガをさせないよう、留意点として安全管理ばかりをあげるケースがあります。確かに安全管理を意識することは大切ですが、ケガを避けることばかりを気にかけ、ケガを心配するあまり、注意が多くなっては、戸外遊びの楽しさも半減します。また、ねらいとして「身体を使った遊びを楽しむ」、もしくは「新しいことに挑戦する意欲をもつ」とあげていた場合、走る、飛ぶ、飛び降りるといった動的な遊び場面でも、寛容な対応を心がけねばなりません。実際、初めて挑戦する遊び、また危険性が目に見える場面では、子どもも慎重、かつ工夫しながら取り組むものです。表面的に活動を展開することだけに目を奪われることがないように気をつけましょう。

そのためには、「指導上の留意点」といった枠取りをし、そこに指導・援助のポイントを書き込むことだけでなく、活動によっては表6-10に示すように、「子どもの活動と指導上の留意点」といった項目立てをし、子どもの活動予測とセットで指導・援助のポイントを考えていくこともよいと思います。工夫してみましょう。

(3) 事後段階

❶指導計画に基づく実践結果の反省・評価

指導計画は、よりよい実践を展開するための見通しです。そのため、実践した後、その結果を整理し、指導計画に基づく展開であったかどうかを検討しておくことは不可欠です。また、結果に照らし合わせて、指導計画そのものが適切であったかどうかも検討しておく必要があります。

こうした作業を具体的に進めるためには，実践を記録しておくことが大前提となります。そして，実践した保育者自身は，その記録に基づいて，自らの取り組みをふり返ります。また，複数担任の場合は，保育者間の検討作業が必要になったり，ひとつの年齢が複数クラスある場合は，同じ学年単位でのふり返り作業が必要となったりします。こうした作業を踏まえ，最終的には園全体で総括しておくことが大切です。

　単に指導計画を作成し，それに基づいた保育実践を行えばよいのではなく，事後において，しっかり反省・評価することも不可欠な作業ととらえ，指導計画の作成を進めていきましょう。指導計画の一部に「反省・評価」欄を設ける工夫も一案です[*7]。

❷指導計画の改善

　くり返し述べてきたように，実践においては，保育者の願いと子どもの興味・関心の間にズレが生じます。また，想定した時間や期間通りに活動が展開しないこともしばしば起こります。それゆえ，指導計画は実践中でも修正が必要となります。週案，月案，期案など，実践を見通す期間が長くなればなるほど，当初，想定した通りに保育を進めることが難しいケースも生じやすくなります。指導計画は仮説に過ぎないわけですから，当初の見通しに無理がある場合には，ためらうことなく修正し，指導計画を改善していくようにしましょう。

　また，過ぎてしまった期間の指導計画を書き直しておく作業も大切にしてほしいと思います。たとえば，あらかじめ指導計画をコピーし，修正・改善すべき箇所に赤字で書き加えておけば，年度内には活用できなくとも，次年度，同じ年齢を担当する保育者にとっては，貴重な資料となります。園全体としても，実践の成果を積み重ねることにもつながる大切な作業ですので，さまざまな工夫をしていきましょう。

3　個別の指導計画の作成上の留意事項

　『幼稚園教育要領』および『保育所保育指針』では，障害のある子どもや，心身の発育・発達が顕著な時期である3歳未満児に対し，個人差も大きいため，個別の指導計画を作成するよう求めています。

(1) 障害のある子どもの保育を対象とする指導計画の留意事項

　障害のある子どもの個別の指導計画に関し，『幼稚園教育要領解説』は以下のように解説しています。

＊7　指導計画に基づく結果の反省・評価の詳細については，第7章を参照。

> 　障害のある幼児一人一人について，指導の目標や内容，配慮事項などを示した計画（個別の指導計画）を作成し，教職員の共通理解の下にきめ細かな指導を行うことが考えられる。また，障害のある幼児については，幼稚園生活だけでなく家庭生活や地域での生活も含め，長期的な視点に立って幼児期から学校卒業後までの一貫した支援を行うことが重要である。このため，家庭や医療機関，福祉施設などの関係機関と連携し，様々な側面からの取組を示した計画（個別の教育支援計画）を作成することなどが考えられる。これらのことは特別支援学校などで行われてきており，それらを参考とするなどして，それぞれの幼稚園や幼児の実態に応じた指導方法を工夫することが大切である。
>
> 引用文献）文部科学省編『幼稚園教育要領解説』フレーベル館，p.226，2008

　また，『保育所保育指針解説書』では「障害のある子どもの保育」の箇所で，以下のように述べています。

> 【個別の指導計画と支援計画】
> 　保育所では，障害のある子ども一人一人の実態を的確に把握し，安定した生活を送る中で，子どもが自己を十分に発揮できるよう見通しを持って保育することが必要です。そこで，必要に応じて個別の指導計画を作成し，クラス等の指導計画と関連づけておくことが大切です。その際には，障害の状態や生活や遊びに取り組む姿，活動への関心や参加の様子，さらには友達との関わりなどをていねいに把握して，クラス等の指導計画と個別の指導計画をどう関連させていくのか，環境構成や援助として特に何を配慮していくのかなど，具体的に見通すことが大事になります。また，計画に基づく支援が，長期的にどのような方向性を目指していくのか，担当保育士をはじめ，看護師等や栄養士，嘱託医などが連携することが基本です。
> 　学校教育において，幼児期から学校卒業後まで一貫した支援を行うために，個別の教育支援計画の作成が進められている今日，保育所においても，市町村や地域の療育機関などの支援を受けながら，長期的な見通しを持った支援のための個別の計画の作成が求められます。その際，各保育所においては，保護者や子どもの主治医，地域の専門機関など，子どもに関わる様々な人や機関と連携を図ることが重要です。こうした取組が小学校以降の個別の支援への連続性を持つことになります。
>
> 引用文献）厚生労働省編『保育所保育指針解説書』フレーベル館，p.141，2008

　このように，障害のある子どもの保育に際しては，クラスの指導計画とは別に，個別に

指導計画を作成することが求められています。統合保育を進めている場合，障害の状態によっては「個別の指導計画は不要」と考える保育者もいるかもしれませんが，やはり特別な配慮が必要です。「だいたい他の子どもと一緒に行動できるから…」と楽観視せず，障害のある子どもの状態を丁寧に把握し，理解する中で個別の指導計画を作成し，その子どもの障害に適した対応を考えていきましょう。

　また，個別の指導計画を作成する際，「指導」に加えて，「支援」という観点も重視されます。障害による生活や遊び，学びにおける困難さを克服し，自立や集団生活への参加を図る際，保育者は必要な知識や技能を与える視点（指導）だけで見通しを立てるのではなく，その困難さによりそい，子ども自身がもつ力を発揮できるように支える営み（支援）も視野に入れようということです。いいかえれば，「ガイダンス（guidance）」だけでなく，「サポート（support）」を視野に入れた指導計画の作成を求めているわけです。障害のある子どもの個別の指導計画を作成する際には，計画の名称に「支援計画」という言葉を意識的に挿入する等の工夫をすると，こうした点をより鮮明に自覚することができます。

　さらに，『幼稚園教育要領』『保育所保育指針』の解説書では，個別の指導計画を作成する際は，家庭や小学校以降の生活も視野に入れた「一貫性」の自覚も求めています。保護者はもちろんのこと，障害のある子どもが通う医療・療育機関とも連携しつつ，園保育において配慮すべきことを見極めていきましょう。そして，担当する期間内の対応だけでなく，長期的な見通しをもった指導計画を作成していきましょう。

（2） 3歳未満児の保育を対象とする指導計画の留意事項

　『保育所保育指針解説書』は，3歳未満児の保育を対象とする指導計画に関し，以下のように解説しています。

　3歳未満児は，特に心身の発育・発達が顕著な時期であると同時にその個人差も大きいため，一人一人の子どもの状態に即した保育が展開できるよう個別の指導計画を作成することが必要です。

　子どもの一日24時間の生活全体の連続性を踏まえて，家庭との連携を密にとっていきます。保護者の思いを受け止め，尊重しながら，「共に育てる」という基本姿勢のもとで家庭との連携を指導計画に盛り込んでいくことが求められます。

〜（中略）〜

　計画は，月ごとに個別の計画を立てることを基本として，子どもの状況や季節の変化などにより，月ごとの区分にも幅を持たせ，ゆったりとした保育を心がけることが必要です。

引用文献：厚生労働省編『保育所保育指針解説書』フレーベル館，p.137，2008

このように，3歳未満児の保育に際しても，個別の指導計画を作成することが求められています。3歳未満は個人差もより著しいわけですから当然の要請です。

　また，3歳以上の幼児よりも家庭生活の影響を大きく受けるので，園での保育だけでなく，1日24時間の生活全体を視野に入れる必要があります。保護者の育児方針を始め，生活リズムなどを丁寧に把握し，発育・発達状態に見合った指導計画を考えていきましょう。

　ただ，3歳未満児の保育であっても，時期や年齢によっては，クラスとしてのねらいや生活の流れ，環境構成上の配慮などを見通しておいた方がよいケースもあります。とくに，3歳未満児の保育は複数の保育者で担当することが前提なので，保育者間で時期ごとに共有しておくべきことはクラスの指導計画として，個別の指導計画とは別に立案しておくことも必要です。クラスの指導計画と個別の指導計画を合体させた様式例を表6-11に示しておきました。参考にして下さい。

表6-11　3歳未満児のクラス，および個別の指導計画の様式例

期　間	年　　　月　　　日　（　　　　　）	
クラス編成	組（　歳児）男児　　名，女児　　名，計　　名	
ねらい	家庭との連携	
一日の流れ	保育士の援助・配慮事項	環境構成のポイント
時間　活動		
氏名（月齢）	ねらい及び内容	援助・配慮
（　ヶ月）		
（　ヶ月）		
〜〜〜〜〜〜〜〜〜〜以下，省略〜〜〜〜〜〜〜〜〜〜		

4 指導計画の様式

　指導計画は，一般的に必要な記載項目を表にして作成されます。大半の園では，こうした表組みを園で統一し，保育者間で共有しています。公立の場合は，役所から示されるケースもあります。こうした書類を記載するうえでの一定の形式のことを「様式」といいます。

　指導計画を作成する場合，こうした様式が事前の見通し，つまり実践の構想を大きく左右します。とくに，短期的指導計画の様式は，実践にもっとも身近な計画なため，その影響力は大きいといえます。また，保育者の思考過程は，どんな事柄を，どんな順序で，どのように書くかによっても変化します。たとえば，指導計画の様式上，「子どもの姿」が設けられておらず，「ねらい」から書く様式であれば，保育実践は保育者中心に展開される可能性を高めますし，指導計画の仮説性も希薄になります。

　そこで，代表的な短期的指導計画の様式，とくに実践の展開欄を記述する際のパターンを紹介し，実践の構想のもち方の違いを検討してみましょう。

1 時間見本法

　保育現場では，第1章で紹介した表1−8（p.10）などのように，短期的指導計画を時間経過にそって記述するケースが多いようです。こうした様式は「時間見本法」と呼ばれます。実習生が作成する実習の指導計画もこうした様式が大半のようです。この様式の場合，タイム・スケジュール，つまり時間割的に指導計画を作成します。

　この「時間見本法」は，担当する子どもたち全員を同一時間に，同一行動を促す際には大変有効な様式であり，保育者を中心に一斉指導で保育を展開する場合に適した様式です。いいかえれば，「時間見本法」による指導計画の作成は，実践を保育者主導の一斉画一的な保育として展開させてしまう可能性を高めるということです。

　おそらく，「時間見本法」は実践の構想のもち方としては，もっとも見通しを整理しやすく，記述の仕方もわかりやすいものでしょう。ただ，作成する際には，こうしたリスクも踏まえておく必要があります。保育を進める主体は保育者ですが，子どもも主体であることを自覚し，活用の範囲を考えていきましょう。

2 環境図を活用した指導計画

　保育の基本である「環境を通して行う保育」は，子どもが自ら環境に働きかけ，そこで

得られるさまざまな体験を通して育つことを求めたものです。その代表的な場面が「遊び」であり、そのため、遊びを中心とした保育も重視されているのです。

こうした遊びに代表される子どもの自発的な行動は、同一時間に、あらゆる場所で、多様に展開されます。実践上、こうした状況を想定した場合、前述した「時間見本法」では十分な見通しをもつことができません。そこで工夫された方法のひとつが、環境図を活用した様式です（表6−12）。

このように、「環境図を活用した指導計画」とは、保育室などの保育環境を図示したうえで、各コーナーでの遊びを予測し、その展開に即した環境構成と指導上の留意点を記号やイラスト、そして文章をミックスさせながら記述していく方法です。「時間見本法」がその名の通り、時間を基軸とするのに対し、「環境図を活用した指導計画」は空間を基軸に実践を構想する方法といえます。いわば、イメージ・マップによって実践を構想するわけです。保育は一人一人の子どもを丁寧に把握したうえで、その対応を考えるのが基本です。しかし、担当するクラスの年齢があがると、単独行動が減り、小集団を形成して遊びを展開するなど、子どもの行動が変化していきます。このような場合にも「環境図を活用した指導計画」は、クラス集団の様態を俯瞰する方法として有効です。遊びなど、適した保育場面を見極め、活用していきましょう。

3 記録と計画を一体化した様式

指導計画は仮説なため、実践後は、反省・評価を行い、修正・改善に努める必要があります。こうした反省・評価といったふり返り作業は、実践結果を記録することを通して行うことが求められるため、近年、保育現場では指導計画の作成とは別に、記録を書く作業が熱心に取り組まれつつあり、記録に基づく評価書類を書く作業も多いようです。

しかし、指導計画の作成に加え、記録や評価書類を書くとなると、保育者の負担感は増大します[8]。現に園内で仕事が完了せず、書類書きを家に持ち帰るケースもあります。しかし、だからといって、ふり返り作業を疎かにしてよいわけではありません。では、どのようにして行くのがよいのでしょうか。

こうした状況を少しでも改善する方法が、表6−13に示した「記録と計画を一体化した様式」です。表6−13は、「週案」と「日案」を合体した「週日案」と呼べるものです。これをみると、左半分は前週までのクラスの実態を記述する欄（記録欄）、右半分は今週の見通しが記述されています。子ども一人一人の個別的な記録（個人記録）は別として、

---

[8] 第1章 1 参照

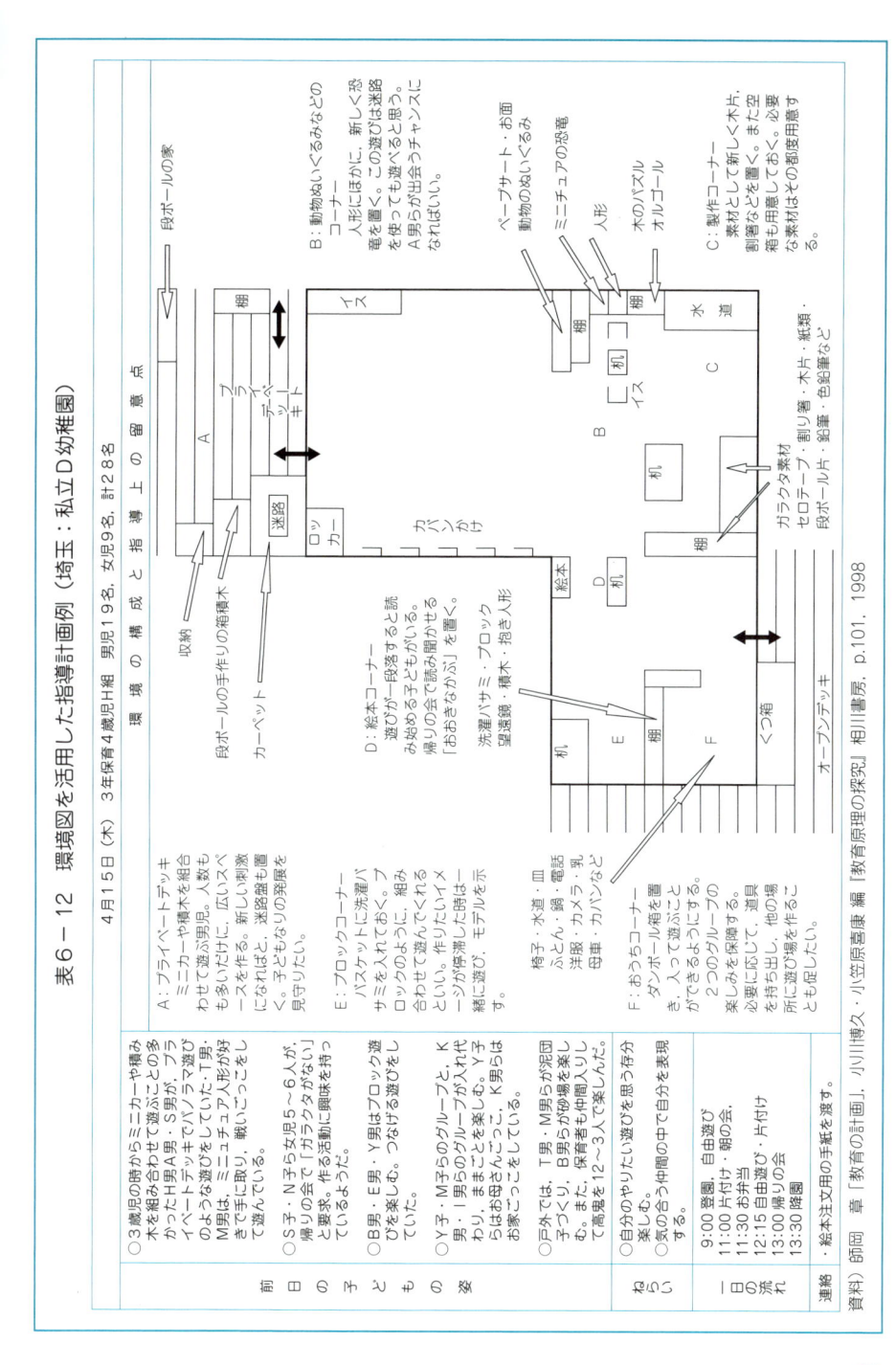

第6章 実践の構想のもち方

表6−12 環境図を活用した指導計画例（埼玉：私立D幼稚園）

4月15日（木）3年保育4歳児H組 男児19名、女児9名、計28名

環境の構成と指導上の留意点

図中の注記：
- 段ボールの家
- 棚
- プライベートデッキ
- A
- 迷路
- カーペット
- 収納
- 段ボールの手作りの箱積木
- ロッカー
- 絵本
- 洗濯バサミ・積木・抱き人形
- 望遠鏡・ブロック
- E 棚
- F 棚
- 机
- くつ箱
- オープンデッキ
- 水道
- 棚
- 机 イス
- B
- 机
- ガムテープ
- D 机
- C
- ガラクタ素材
- セロテープ・割り箸・木片・紙類
- 段ボール片・鉛筆・色鉛筆など

右側注記：
- B：動物ぬいぐるみなどのコーナー。人形にほかに、新しく恐電を置く。この遊びは迷路を使っても遊べるチャンスに、A男らが出会えるチャンスになればいい。
- ペープサート・お面
- ミニチュアの恐電
- 動物のぬいぐるみ
- 人形
- 木のパズル
- オルゴール
- C：製作コーナーに新しく木片、割りばしなどを置く。また空箱も用意しておく。必要な素材はその都度使用を考慮する。

左側注記（各エリアの説明）：
- A：プライベートデッキ ミニカーや積木を組み合わせてH男・S男が、プライベートデッキでバスごっこのような遊びをしていたり、人数も多いほか、新しい刺激がになればと、広いスペースを作る。ミニチュア人形を好きに手に取り、靴いごっこをして遊んでいる。
- E：ブロックコーナー バスケットに洗濯バサミを入れておく。ブロックのように、組み合わせて遊んでくれるといい。作りたいイメージが停滞した時は一緒に遊び、モデルを示す。
- D：絵本コーナー 遊びが一段落すると読み始める子どもがいる。帰りの会で読み聞かせる「おおきなかぶ」を置く。
- F：おうちコーナー ダンボール箱を置き、入って遊ぶことができるようにする。楽しみを保障するため2つのグループの必要に応じることを持ち出し、他の場所に遊びで場を作ることも促したい。
- 椅子・水道・皿 ふとん・鍋・電話 洋服・カメラ・乳母車・カバンなど

前日までの子どもの姿
- ○3歳児の時からミニカーや積木を組み合わせて遊ぶことの多かったH男・S男が、プライベートデッキでのバスごっこのような遊びをしていた。M男は、ミニチュア人形が好きで手に取り、靴いごっこをして遊んでいる。
- ○S子・N子ら女児5〜6人が、帰りの会で「ガラクタがない」と要求。作る活動に興味を持っているようだ。
- ○B男・E男・Y男はブロック遊びを楽しみ、つなげる遊びをしていた。
- ○Y子・M子らのグループと、K男・I男らのグループが入れかわり、ままごとを楽しんでいる。Y子らはお母さんごっこ、K男らは電車遊びをしている。
- ○戸外では、T男・M男らが泥団子づくり、B男らが砂場を楽しむ。また、保育者も仲間入りして高鬼を12〜3人で楽しんだ。

ねらい
- ○自分のやりたい遊びを思う存分楽しむ。
- ○気の合う仲間の中で自分を表現する。

一日の流れ
- 9:00 登園、自由遊び
- 11:00 片付け・朝の会
- 11:30 お弁当
- 12:15 自由遊び・片付け
- 13:00 帰りの会
- 13:30 降園

連絡 絵本注文用の手紙を渡す。

資料：師岡章「教育の計画」小川博久・小笠原喜康 編『教育原理の探究』相川書房、p.101、1998

表6-13 週日案例（5歳児9月第3週、東京都：私立A幼稚園）

9月14日～9月19日

[主題名]「運動会をしよう」

〈前週の子どもの姿と今週の指導に向けての留意点〉

7日に短大グラウンドへ栗ひろいに行ったのをきっかけにリレーごっこ。前週もN治·H輔·T佳を中心に楽しまれていた。その意気込みは、明日だった月曜日、登園早々「はやく、雨があがればなぁ」と、つぶやいていた夫の姿によく現れている。9：30頃に雨があがると、子どもたちはさそく庭に飛び出し、園長宅を目標にしての直線リレーを始めた。メンバーはN治·H輔·S也·T夫·K啓·T佳·M晴·M美の8人、トリトリで2手に分かれて走り出したものの、もちろんまだまだランナー不足の遊びで、勝負はつかない。しかし、子どもたちは違う楽しさを、隣の同時の仲間と競うことで満足しているらしく弁当まで、繰り返し遊んでいた。途中Y太·A美·S麻も参加。翌日も、弁当前まで遊び、そこでもメンバー交替していった。リレーごっこの仲間入りがある。また、金曜日に牛乳の走りまわる前週に近くかった。コース取りや考え方も、考えて分けれた。そして、土曜日にはチャンスの木出しを見なり、まだリレーごっこに、今週もN治·H輔·T佳らを中心にした遊びにH 輔·M 香·M 衣·M 子にも加わってこられた。それを楽しみたい。水曜日にはS里·H 子も誘っていけるような雰囲気づくりを心がけたい。D 介は、土曜日にH輔に「今度応援しようかな」と話していたらしい、得意な製作で応援する物を作ると、きっかけができるかと思う。

また、水曜日には、Y 美がながとびの縄を引っ張りあっているところから縄引きが始まった。金曜日には、子どもたちも縄引き用の縄を出してきて、みどり組とも対抗ができた。かなり勝敗に意識が向けられていたことで、リレーごっこにも結びつく道もあっようと考えられていた。このことも、この追撃もリレーを継続してそう遊ぶ。今週は、このごっこをみんなで。リレーと縄引きを連結で遊んだりしているで、より楽しくしていくための勝負のつけ方やルールへの気づきを促したい。

さらに、M 都·M 美·M 衣などは、応援用としてポンポンづくりを始めて、ダンスついてあり、T佳にさそわれて、リレーごっこはあまり積極的でない。楽しさに誘われば、楽しんでこなすのだから、M 都は、ダンスを楽しみを見出す中で、運動会の意欲、そしてリレーごっこまで広がっていけばと思う。

〈今週のねらい〉
1) リレーごっこや網引き、ダンスなどを通して、体を十分に使って遊び、その楽しさを味わう。
2) 目的を共にした仲間と、遊び方・ルールなどを工夫し、遊びを深める。
3) 楽しいことを実現するために仲間を誘い、力を合わせて目的を実現していく。

〈活動案〉
・基礎になる生活
・遊び
　・体を使った遊びを楽しむ。
　・ルールのある遊びを楽しむ。
　・個別に興味を持つ遊びに留意し、一人ひとりの遊びのバランスに配慮する。
　　室内＝自由画・ブロック・積み木・粘土・絵本・ダンス ごっこ
　　戸外＝自由画・ブロック・積み木・ガラクタ工作など
　　　　　ごっこ・かけっこ・縄引き・サーキット遊び・弁当ごっこなど
　・生活のしかた及び生活習慣
　・生活に必要な事項について当番活動として捉え、行動していく。
　　自分の考えも聞きながら、事柄を進めながら、友だちの聞の身の回りに関することを進めるようにする。
　　＝当番活動（動物・畑・手紙配り・弁当・ほうき）

・系統的学習活動
　〔造 形〕
　　・遊びに必要なものを作って遊ぶ。
　　・木工遊びを楽しむ。
　〔音 楽〕
　　・リズムに合わせて踊ることを楽しむ。
　　〔運動会のうた〕
　　ダンス用カセット
　〔文字・ことば〕
　〔体 育〕
　　・自分の考えを話すだけでなく、相手の意見にも耳を傾け、一緒に考えようとする。
　　〔おしいれのぼうけん〕
　　〔トンボの運動会〕
　〔自 然〕
　　・畑の野菜の発芽に関心を持つ
　　遊び参照。
　　大根・人参・レタス・キャベツなど

14日(月)	自由画・ブロック・積み木・ごっこ・絵本・ガラクタ工作・木工・リレーごっこ・かけっこ・縄引き・ほうき	昼食 当番活動	帰りの会 〔おしいれのぼうけん〕 〔とんぼの運動会〕 〔園歌〕 上履き タオル 持ち帰り
15日(火)			
16日(水)			
17日(木)			
18日(金)			
19日(土)	休　園		

（資料）師岡 章「教育の計画」小川博久・小笠原道雄 編『教育原理の探究』相川書房、p.101、1998

第6章　実践の構想のもち方

幼児クラスであれば，週単位でこうした様式で記述していけば，クラス集団の育ちと課題を把握することが出来るでしょう。

また，この「週日案」の左半分は「前週の子どもの姿と今週に向けての指導の留意点」となっています。つまり，単に前週の事実を記録するだけでなく，その事実を踏まえ，今週，保育を展開していく際のポイントについても記述しているわけです。その一例となる文章を以下に示します。

> また，水曜日には，R香・Y美がなわとびの縄を引っぱりあっているところから綱引きが始まった。金曜日には，子どもたちと綱引き用の綱を出したことで，みどり組とも対抗ができた①。かなり勝敗に意識が向けられていた②ので，リレーごっこにも結びつきそうだ③。綱引きの真ん中にラインを引くなど④，ルールへの注目もあり⑤，この意識もリレーなどにつながっていきそうである⑥。土曜日は，リレーと綱引きが連続して遊んだ⑦こともあり，今週は，この二つを中心に，体を思い切り使う楽しさと，それをより楽しくしていくための勝敗のつけ方やルールへの気づきを促したい⑧。
>
> （注：下線，及び丸数字は筆者）

この中で，下線部①④⑦は［事実］，下線部②⑤は［解釈］，下線部③⑥は［予測］，下線部⑧は［意思］を記述した箇所と読み取れます。

つまり，この保育者は，まず①において，前週，子どもが遊んでいた［事実］をとらえたうえで，②において，①の［事実］にみられる子どもの興味・関心に対して，育ちとなる面を［解釈］しているわけです。そして，③は①と②から，「こうなるだろう」と今週の姿を［予測］したものです。④は再び子どもの［事実］に戻り，⑤は④の［事実］にみられる子どもの認識に対して，②と同様，育ちとなる面を［解釈］したものです。⑥は，②と同様，④と⑤から今週の姿を［予測］したものです。また⑦は，①と③の［事実］が発展した姿をとらえたものです。そして最後の⑧は，①②③④⑤⑥⑦を総合して，保育者のかかわりの方向を［意思］決定したものです。

このうち，［事実］と［解釈］は「実態把握」，［予測］は「活動の予測」といいかえられます。そして［意思］の中には，「ねらい」と「指導上の留意点」が含まれています。このように表6－13の「前週の子どもの姿と今週に向けての指導の留意点」の中には，子どもの事実を客観的にとらえ，「こうなるだろう」との予測から「ねらい」を定め，「こうかかわってみたい」という「指導上の留意点」までが連続的に思考されているわけです。まさに，「子どもの実態把握」→「活動の予測」→「期待するねらい」→「指導上の留意点（環境構成を含む）」という保育者が行うべき連続的，かつ循環的な思考過程が，「記録と計画を一体

化した様式」によってもたらされたわけです。「記録と計画を一体化した様式」のもうひとつの意義といってよいでしょう。

　現在，計画は記録や評価と連動させ，改善につなげていくことが求められていますが，意気込みだけで実現するものではありません。実質的に進めていく手段が必要です。「記録と計画を一体化した様式」は，実践を構想する際に必要な保育者の連続的，かつ循環的な思考を担保する戦略的な方法のひとつといえるでしょう。

　また，ほかの様式においても，保育者が連続的，かつ循環的な思考を働かせていくことは大切です。このように実践を見通す力（構想力）は，保育者の専門的力量の核となるものです。豊かな保育者の構想力が指導計画の質を高め，よりよい実践も導くことを，常に意識しておきましょう。計画表に設定した項目に従い，それぞれの欄を文字で埋めることに終始することなく，実践を構想する際の思考過程に注目し，指導計画を作成していきましょう。

4　概念地図法（コンセプト・マッピング）を活用したカリキュラム系統図

　現在，小学校以降の教育では，「生活科」や「総合的な学習の時間」など，体験型の学習が導入され，従来の教科学習では十分に育てることができなかった本物の知識や技術，また良質な価値観といった生きる力の育成が図られています。しかし，いわゆる「学力低下」問題を受け，こうした体験型の学習は，第3章で紹介した戦後新教育期にみられた「経験カリキュラム」に対する「はいまわる経験主義」と同様の批判も受けています。

　こうした事態の改善を図る中，授業計画作成の新たなコンセプトとして注目されているのが，「コンセプト・マッピング（概念地図法）」[*9]を活用した様式です。

　たとえば，伊藤敦美は，ジョン・デューイ[*10]が主導したシカゴ大学の実験学校の実践を分析し，その展開を図6-1のような「カリキュラム系統図」として整理しました。

　このように「概念地図法を活用したカリキュラム系統図」は，文字だけでは表しにくい活動の展開を，その流れのままに表現しています。また，活動の節目となるトピックの流れを矢印でつなぐことによって，活動の全体像を見通すことも出来ます。図6-1に示した例は単線ですが，実際には，ひとつのトピックが複数のトピックを生み出すなど，複線

[*9]　コンセプト・マッピング（Concept Mapping）：ジョセフ・ノバック（Joseph D.Novack）とボヴ・ゴーウィン（D.Bob Gowin）が，『Learning How to Learn』（Cambridge University Press，1984）において，提唱した概念。知識のうち構造化されたものを概念地図という形で図式化する方法である。ノバックらは，「知識は学習者自身によって構成される」との前提に立ち，教える側はそれを知らねば適切な教育を進めることができないとし，そのために，構造化された知識の視覚化する必要があると考え，この方法を考案した。

[*10]　ジョン・デューイ：児童中心主義，進歩主義教育をリードしたアメリカの教育学者（第3章❷を参照）。

第6章　実践の構想のもち方

型の系統図となります。これは，記号を用いて作業の流れや手順を図式化した「流れ図」，つまり「フロー・チャート（flow chart）」ともみなせるものです。

　ただ，「フロー・チャート」が比較的，当初予定したことを単線型で構想するに対し，「概念地図法を活用したカリキュラム系統図」は実践で生み出され，多様に展開することを前提とした教育内容を複線型で把握します。この形式は構想する際に役立ちます。そのため，プロジェクト型実践を展開する際の見通しとしても有効な方法といえるでしょう。また，短期的指導計画はもちろんのこと，週や月をまたぐ活動などを構想する中期的指導計画においても，活動の全体像を見通すことができ，役立つ方法となるでしょう[*11]。

　しかし，「概念地図法を活用したカリキュラム系統図」は，活動の展開を複線型に示しても，矢印は常に一方向しか向いていません。それは，「概念地図法を活用したカリキュラム系統図」が「時間見本法」同様，時間を基軸に実践を構想しているからです。こうしたイメージで実践を構想していくと，プロジェクト活動も，保育者があらかじめ設定した「ねらい」にそって，その達成を図るための展開だけに終始してしまう危険が予想されます。「概念地図法を活用したカリキュラム系統図」を採用する場合には，こうしたリスクも踏まえておく必要があります。保育を進める主体は保育者ですが，子どもも主体であることを自覚し，活用範囲を考えていきましょう。

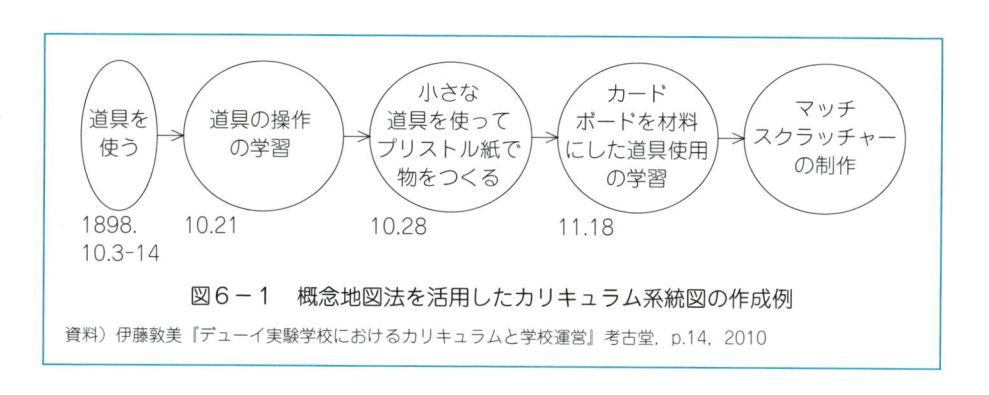

道具を使う　→　道具の操作の学習　→　小さな道具を使ってブリストル紙で物をつくる　→　カードボードを材料にした道具使用の学習　→　マッチスクラッチャーの制作

1898.
10.3-14　　　10.21　　　　10.28　　　　　11.18

図6－1　概念地図法を活用したカリキュラム系統図の作成例

資料）伊藤敦美『デューイ実験学校におけるカリキュラムと学校運営』考古堂，p.14，2010

* 11　類似方法として，近年，企業におけるプロジェクト・マネジメントや行政の政策立案で採用されている「ロードマップ（Roadmap）」がある。「工程表」と訳されるこの方法は，あらかじめ詳細に実施内容や方法を決めるのではなく，優先的に取り組むべきことを大まかに掲げ，具体的な展開はプロジェクトを遂行する当事者間で状況に応じて柔軟に対応していくものである。上層部が意思決定したものを下部組織に伝達し，実行させるという「トップダウン型」の管理運営にとって有効な方法であり，下部組織から物事を生み出していく「ボトムアップ型」で物事を進める際には適さない面もある。

5 トピック・ウェブ（ウェブ方式）の活用

　実践に身近な計画を，より柔軟，かつ幅広い視点からとらえようとする立場から，計画の様式についても新しい方法が提案されています。それが，「ウェブ方式」[*12]とも呼ばれる「トピック・ウェブ（Topic Web）」です（図6-2）。

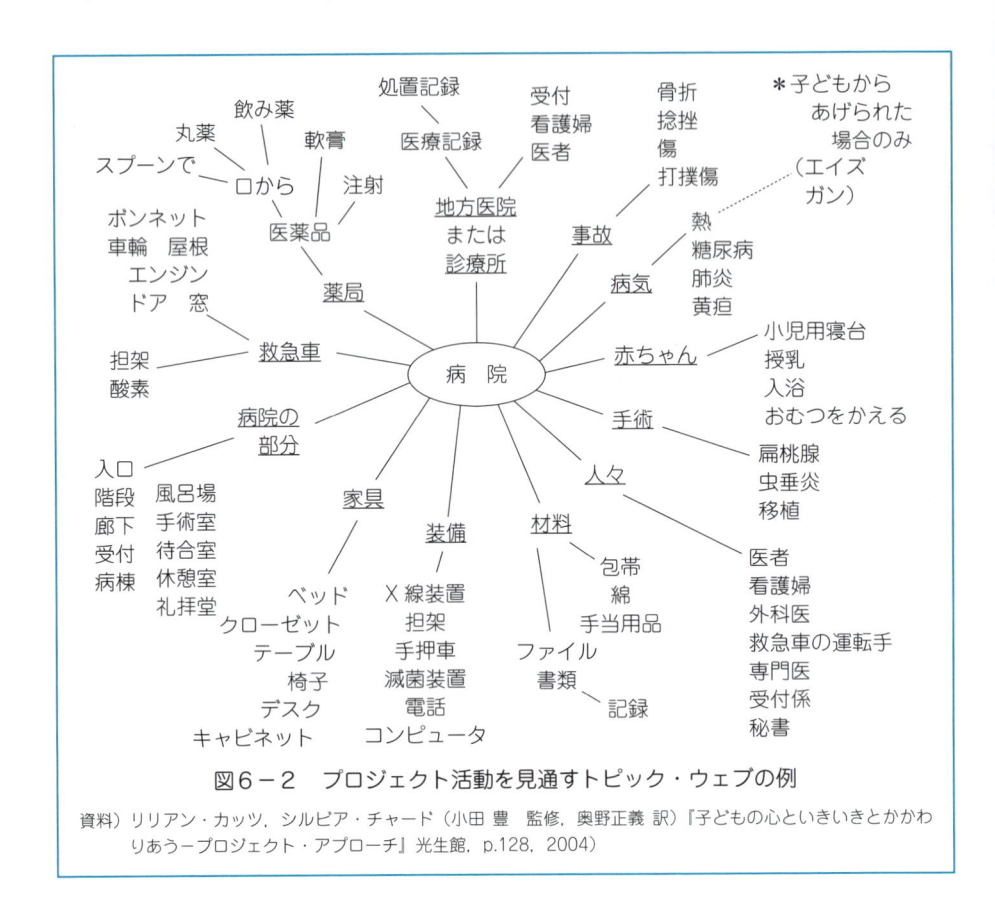

```
                処置記録         骨折        *子どもから
       飲み薬                受付  捻挫         あげられた
   丸薬      軟膏   医療記録  看護婦 傷            場合のみ
 スプーンで     口から     注射    医者  打撲傷      （エイズ
                                              ガン）
 ボンネット   医薬品   地方医院        熱
 車輪 屋根          または    事故   糖尿病
  エンジン     薬局   診療所         肺炎
   ドア  窓                  病気   黄疸
                                            小児用寝台
   担架     救急車                 赤ちゃん    授乳
   酸素                                     入浴
          病院の          病 院              おむつをかえる
          部分                        手術
  入口                                      扁桃腺
  階段   風呂場                      人々    虫垂炎
  廊下   手術室     家具                     移植
  受付   待合室              装備   材料
  病棟   休憩室                           医者
        礼拝堂                    包帯    看護婦
              ベッド   X線装置   綿      外科医
             クローゼット  担架   手当用品  救急車の運転手
              テーブル  手押車             専門医
               椅子  滅菌装置   ファイル    受付係
               デスク   電話    書類      秘書
             キャビネット コンピュータ      記録
```

図6-2　プロジェクト活動を見通すトピック・ウェブの例

資料）リリアン・カッツ，シルビア・チャード（小田　豊　監修，奥野正義　訳）『子どもの心といきいきとかかわりあう—プロジェクト・アプローチ』光生館，p.128，2004）

　この様式を積極的に導入しているリリアン・カッツ（Lillian G.Kaz）とシルビア・チャード（Sylvia C.Chard）は，「トピック・ウェブ」の趣旨を，以下のように示しています。

＊12　「ウェヴ」とは「蜘蛛の巣」という意味である。

210

第6章　実践の構想のもち方

> 　ウェブは，トピックに含まれている主なアイデアと概念，そして関連するサブトピックを図表で表した地図です。先生は他の人によって作られたウェブでももちろん作業することができます。しかし，ウェブを作る過程やウェブそのものが，先生に自分自身の持つ知識と資源について気づかせてくれる手助けとなります。
>
> 引用文献）リリアン・カッツ，シルビア・チャード（小田 豊 監修，奥野正義 訳）『子どもの心といきいきとかかわりあう－プロジェクト・アプローチ』光生館，p.127，2004

　このように，「トピック・ウェブを活用した様式」とは，子どもが興味を広げていく事柄を「サブトピック」と位置づけ，ひとつのトピックから多様に発展していく様子や全体像を視覚的に表現する方法です。その意味では，一見「概念地図法を活用したカリキュラム系統図」と類似しているようにも思えますが，カッツらは，以下に示すように，一般的な「フロー・チャート（流れ図）」との違いも強調しています。

> 　トピックのウェブの最大の利点は，アイデアがどんな順番で出てきてもかまわないということです。ウェブの形式では，説明する順番があらかじめ決められてはいません。その点において，線形の時間的順序が組み込まれているフロー・チャート（流れ図）とは異なっています。
>
> 引用文献）リリアン・カッツ，シルビア・チャード（小田 豊 監修，奥野正義 訳）『子どもの心といきいきとかかわりあう－プロジェクト・アプローチ』光生館，p.126，2004

　このように，「概念地図法を活用したカリキュラム系統図」や「ロードマップ」，「フロー・チャート」は，時間を基軸に作成され，活動を一方向的に展開する際に役立つ方法であったのに対し，「トピック・ウェブを活用した様式」は，活動が同時発生的，かつ多様に展開していく様子を表現する方法として位置づけられます。そのため，記号としても一方向を示す矢印は使われていません。プロジェクト活動を展開する際，子どもの興味・関心に基づき，その幅や広がりを構想することに役立つ方法であり，ボトムアップ型で保育を構想する姿勢を促す面もあります。

　ただ，「概念地図法を活用したカリキュラム系統図」同様，「トピック・ウェブを活用した様式」もプロジェクト型実践を前提とした様式です。ほかの保育場面を想定した場合には，活用しにくい面もあるでしょう。この点をよく見極めたうえで，必要に応じて活用していくようにしましょう。

211

♣参考・引用文献
- 阿部和子・前原寛 編『保育課程の研究－子ども主体の保育の実践を求めて』萌文書林，2009
- 伊藤敦美『デューイ実験学校におけるカリキュラムと学校運営』考古堂，2010
- 小川博久「幼稚園教育課程編成の問題」『東京学芸大学紀要 第1部門』第28集，1977
- 小川博久 編『保育実践に学ぶ』建帛社，1988
- 小川博久『保育援助論』生活ジャーナル，2000
- 厚生労働省『保育所保育指針解説書』フレーベル館，2008
- J.D.Novack, D.B.Gowin., Learning How to Learn, Cambridge University Press, 1984
- 師岡 章「教育の計画」，小川博久・小笠原喜康編『教育原理の探究－問い直しの教育学』相川書房，1998
- 師岡 章「保育者の『構想力』に関する研究」，日本保育学会編『保育学研究』第35巻第2号，1997
- 師岡 章「保育所・幼稚園における保育の計画」，金村美千子 編『新保育課程・教育課程論』同文書院，2011
- 師岡 章『はじめてでも大丈夫！0歳～2歳指導計画の書き方・作り方』成美堂出版，2014
- 文部科学省『幼稚園教育要領解説』フレーベル館，2008
- リリアン・カッツ，シルビア・チャード（小田 豊 監修，奥野正義 訳）『子どもの心といきいきとかかわりあう－プロジェクト・アプローチ』光生館，2004

> カリキュラム研究の動向 ❻
「プロジェッタツィオーネ」という考え方

　現在，世界的な規模で注目されている，イタリアのレッジョ・エミリア・アプローチでは，カリキュラムを「プロジェッタツィオーネ（progettazione）」という言葉でとらえ，仮説性を重視する柔軟な計画づくりを進めています。

　この計画づくりでは，あらかじめ一般的な「教育目標」は立てておくものの，具体的な「ねらい」はあえて設定しない，という姿勢を大切にします。そして，具体的な「ねらい」の代わりに，子どもの経験に関する知識に基づき，子どものニーズや興味を仮説的に設定していきます。

　このように，「プロジェッタツィオーネ」とは，一般的な教育目標を掲げ，その達成を図るための活動を設定し，活動に即した具体的なねらいをあらかじめ決めておく，といった硬直的な計画づくりとは一線を画す考え方です。

　そのため，「プロジェッタツィオーネ」は，さまざまな手法による記録の総称である「ドキュメンテーション（documentation）」から構成されるカリキュラムともとらえられています。こうした「ドキュメンテーション」や，子どもの生活と結びついた柔軟な計画である「プロジェッタツィオーネ」の特徴について，レッジョ・エミリア・アプローチを運営するレッジョ・エミリア市の幼児・児童教育研究機関「レッジョ・チルドレン」のディレクターであり，科学コンサルタントを務めるC.リナルディ（Carlina Rinaldi）は，次のように述べています。

> 　あらかじめ敷かれた道ではないので，決められた時間表やテストもありません。その代わりに，全体的な方策を頼りにするということは，私たちの仮説にもとづくだけなく，展開され，現れてくる作業にもとづいて予想し連続性を活性化することを意味しています。私は，旅路というメタファーを使っています。旅では，あらかじめ決まったルートと時間に沿った列車に乗るというより，むしろ方向を示す磁石を使って行く先を見つけ出すからです。
> 引用出典）C.エドワーズ，L.ガンディーニ，G.フォアマン編（佐藤学・森眞理・塚田美紀訳）『子どもたちの100の言葉－レッジョ・エミリアの幼児教育』世織書房，pp.178～179，2001

　計画づくりは，しばしば旅にたとえられますが，リナルディは「プロジェッタツィオーネ」による旅は，子どもが成長・発達していく道筋を子どもと保育者が一緒に見つけ出すものと位置づけています。おそらく，そのための方位磁石が「ドキュメンテーション」となるのでしょう。

　なお，「progettazione」とうイタリア語を直訳すると「立案」となりますが，レッジョ・エミリア・アプローチでは特別な意味をもって使用されている言葉のため，現在，わが国でもイタリア語のまま普及しています。

❖参考文献
・C.エドワーズ，L.ガンディーニ，G.フォアマン編（佐藤学・森眞理・塚田美紀訳）『子どもたちの100の言葉－レッジョ・エミリアの幼児教育』世織書房，2001

7 カリキュラム評価のあり方

　計画を立て，それに基づいた実践をしても，その取り組みが常に適切なものになるとは限りません。たとえば，実際の保育実践においては，保育者と子どもの思いがズレることもしばしばあります。そのため，保育者は常に実践をふり返り，計画や対応を改善していく必要があります。

　こうした姿勢を単なるスローガンに終わらせないためには，保育者一人一人が自らの実践をふり返る視点や方法をしっかり身につけておくことが大切です。また，保育者個人だけでなく，園全体としても計画と実践を見直す作業を進めていく必要があるでしょう。そして，見直し作業を通して，保育者の力量も高めていかねばなりません。

　そこで本章では，カリキュラム評価という視点から保育者個人，また園全体で計画と実践をふり返り，それらを改善していく考え方や方法を考察していきます。

1 評価観の見直し

　保育現場では，評価に対する抵抗感がいまだに強いようです。その背景には，「結局，評価は数字で人間を値踏みするもの」といった悪しきイメージがあります。また，誰が何をどのように評価するのかといった点についても混乱がみられます。こうした評価への悪しきイメージの払拭，また評価の対象や方法に関する混乱の改善を図らなければ，積極的に取り組む姿勢は生まれないでしょう。

　そこで，評価を計画や実践のふり返りや改善に役立つ視点から見直してみましょう。

1 評価と評定の区別

　教育に関する評価の研究では，「評価」と「評定」というふたつの言葉を用い，その違いを明確にする試みがあります。たとえば，続有恒は以下のように整理しています。

> 　評価は，目的追求－評価－調整という単位での，目標追求活動における部分活動であって，追求活動の実績と目標の関係をチェックし，調整活動のため，フィードバック情報を提供するものであること。また，目的追求－評価－調整は活動する主体における連関的構造を成しているから，その主体がみずからの活動のためにする評価であり，他者がこれを行うものではない。　〜（中略）〜
>
> 　評定が，むしろ，客観的記述であるのに対して，評価は，活動する主体の側の的確な判断であり，時と場合によっては，相当主観的である。
>
> 　第二に，評定は，対象について，その基本的基礎的状態についての判断である。
>
> 引用文献）続有恒『教育学叢書第21巻・教育評価』第一法規出版，p.27, p.29, 1969

　続は，このように教師が自らの教育活動をふり返り，授業の改善を図る営みを「評価」，教師が子どもの状態を客観的に価値決定することを「評定」と位置づけ，区別しています。また，同書において，「評価」を英語の「evaluation」[*1]にあたるものと位置づけるとともに，実際には，価格や価値決定を意味する英語の「valuation」[*1]にあたる営みととらえるケースが多いことも指摘しました。そして，「valuation」にあたる営みを「評定」と呼び，「評価」と区別しました。

　この区分を当てはめると，「評価」のイメージとしてもちやすい「テスト結果で子どもの能力等を比較判断する営み」は「評価」ではなく，「評定」となります。「評価」は教師による「自己評価」，「評定」は教師による子どもに対する「他者評価」ととらえるとわかりやすいでしょう。また，おそらく，保育現場にみられる評価への抵抗感もここで意味する「評価」ではなく，「評定」のイメージでふり返り作業をとらえた結果ではないかと考えられます。

　計画や実践を見直し，改善していく過程で取り組むべき評価は，「valuation」としての「評定」ではなく，「evaluation」としての「評価」です。まずは，こうした区別をしっかり自覚しておくことが，評価への抵抗感を軽減することにつながるでしょう。

　もちろん，子どもを育てる営みである保育においても「valuation」としての「評定」，つまり，保育者が子どもを対象に行う「他者評価」も無視できないものです。そこで本章では，カリキュラムのあり方とかかわりが深い「evaluation」としての「評価」を検討すべき問題として考えていきます。

　そして，子どもの能力などを見極める営み，また客観的な価値決定のあり方も考えてい

[*1]「evaluation」と「valuation」：一般には，いずれも「評価」と訳されるが，「valuation」は，金銭的な評価や査定を意味し，「evaluation」は物事の善し悪しなど，価値を求めることを意味する。

くべき課題ですので，これについては第8章で詳しく述べていきたいと思います。

2　量的評価から質的評価へ

　評価への抵抗感のひとつに評価結果を数値で示すことへの違和感があります。こうした評価を「量的評価」といいます。この方法は，数量化という，客観的に，かつ評価結果を目に見えるかたちで示すため，説得力もあり，重宝されてきました[*2]。

　しかし，人間を育てる営みである教育活動の結果は，当然ながらすべて数量化できるわけではありません。目に見えにくい部分にも多くの成果があるはずです。それは保育実践でも同じです。保育実践は教科学習を主としない分，小学校以降の教育よりも，より目に見えにくい部分への注目が重要となります。こうした目に見えにくく，計測が困難な部分に注目し，その成果をとらえていこうとするものは「質的評価」と呼ばれます。

　質的評価の代表的なものは，エリオット.W.アイズナー（Elliot.W.Eisner）[*3]のカリキュラム評価論です。アイズナーは，「教育鑑識眼（educational connoisseurship）」[*4]と「教育批評（educational criticism）」[*4]というふたつのキーワードを軸に，質的評価の方法を提唱しました。そのポイントは，以下の通りです。

> 　カリキュラムの質を評価する唯一の方法は，クラスの教師と生徒を見ることである。教師と生徒が発展させる諸特性に注目すべきであり，それが示されるとおりの内容の意義について判断すべきであり，また使われる資源の質を評価すべきなのである。カリキュラムはそれが使用されている時に観察をして判断をすべきなのである。長期にわたって計画をたてない教師でも，たとえそれが精神的なものであろうとも，カリキュラムは実際にはプロセスにおいて計画されるということもありうる。その場面では，計画がなされなかったのではなく，ただそれは書きしるされてはいなかっただけで，プロセスの中で計画をたてているのである。教師が使うものが活動のはじまりであり，この活動はただはずみをつけるため，つまり，教えるという行為においてその過程を

[*2] 「カリキュラム研究の動向②」で紹介した科学的なカリキュラム研究が盛んな時期には，行動主義の立場から，評価の方法も科学的，かつ合理的な方法が提案された。代表的なものは，B.S.ブルームの『教育目標の分類学（タキソノミー：txaonomy）』である。ブルームは，教育目標のシステム化を意図し，授業における目標を計測可能な到達基準にするため，認知，技能，情意の3領域に分類した。

[*3] アイズナー（1933〜2014）：アメリカの教育学者。行動主義を批判的に検証する中，カリキュラム評価のあり方を検討した。

[*4] 「教育鑑識眼」と「教育批評」：美術教育の研究者でもあったアイズナーが，批評家や鑑識家が芸術作品を見極める際に用いる目利きや勘といった直感的な力量を，教育評価の概念として援用し，設定したものである。

> 構成していくプロセスをはじめるために使われるものなのである。
> 引用文献）Elliot.W.Eisne：The Educational Imagination, Macmillan, p.41, 1979
> （邦訳：浅沼茂「教育評価研究とカリキュラム」, 安彦忠彦編『カリキュラム研究入門』勁草書房, pp.162-163, 1985）

　このようにアイズナーは，教師と生徒が織り成す教育実践すべてに目を向け，計画されていなかった，潜在的なカリキュラムである「ヒドゥン・カリキュラム（hidden Curriculum）」も含めて評価することを通して，カリキュラムの質は見極められるとしたわけです。そのため，科学的，あるいは合理的な見方よりも，芸術的なまなざしである「教育鑑識眼」や「教育批評」を重視したのです。

　保育という営みは，授業を中心とした小学校以降の教育とは異なり，「おはよう」から「さようなら」まで，保育者と子どもが共に生活するところに特徴があります。また，乳幼児期の子どもたちは，具体的な体験を通しての育ちが大きい時期でもあります。こうした保育実践の特質を考えると，科学的，あるいは合理的な方法となる数値による客観的な評価だけで結果を把握し，改善に向けた方策を導き出すことは難しいでしょう。現在，保育実践の充実は，保育の質の向上という観点から求められる傾向も強く，カリキュラムの評価も「量的評価」から「質的評価」へとシフトチェンジすることが求められています。

3　結果の評価からプロセスの評価へ

　もうひとつ，評価に対する根強いイメージとして，「評価は結果に対して行うもの」という結果の評価という見方があります。

　しかし，前述したアイズナーのカリキュラム評価論は，実践の結果ではなく，そのプロセスに注目することも提示しています。評定とは区別されるカリキュラム評価が，「保育者が自らの保育実践をふり返り，計画や実践の改善を図る営み」であるとすれば，実践のプロセスを評価することも大切になります。

　このように評価には，結果の評価とプロセスの評価という違いもみられます。マイケル・スクリヴァン（Michael Scriven）[5]は，こうした違いを明確にするため，結果の評価を「総括的評価（summative evaluation）」，そしてプロセスの評価を「構成的評価（formative evaluation）」[6]と呼び，区別しました[7]。そのうえで，スクリヴァンは，結果の評価である「総括的評価」だけでなく，プロセスを評価する「構成的評価」も重視し，指導計画

---

[5]　スクリヴァン（1928～）：アメリカの評価学者。

や指導のあり方を見直す作業に結びつけることを提唱しました。このアイディアは、「指導と評価の一体化」を図るものであり、これまでの評価観を拡大することにもつながりました[*8]。

これまで述べてきたように、「カリキュラム評価」とは、「保育者が自らの保育実践をふり返り、計画や実践の改善を図る営みとしての評価」のことです。その際、プロセスを評価するという観点も不可欠です。「保育者として子どもにどのようにかかわり、また、子どもが遊びや活動をどのように展開していったのか」という実践の流れに注目し、指導計画や指導のあり方を見直していきましょう。

また、そのためにも、指導計画で設定した期間や活動の終了時だけに評価を行うのではなく、指導計画の期間中、また設定した活動の途中にも実施する姿勢を大切にしていきましょう。

2 カリキュラム評価の展開

保育者が自らの保育実践をふり返り、計画や実践の改善を図る営みとしてのカリキュラム評価は、具体的にどのように進めたらよいのでしょうか。

まずは、カリキュラム評価の対象について考えてみましょう。

1 カリキュラム評価の対象

本書の第3章では、カリキュラムを「子どもたちが自ら歩むであろう生活内容やそのプロセスを、子どもに代わって予測し、それを教育的価値の実現の中で組織・編成した経験の総体」と、幅広く定義づけました。とすれば、カリキュラム評価は、計画だけでなく、実践そのものも対象になります。つまり、幼稚園であれば教育課程、保育所であれば保育課程と呼ばれる基本計画（マスタープラン）の編成から、具体計画である指導計画の作成に至るまでのさまざまな計画づくりだけでなく、さまざまな子どもの経験を促す保育実践

[*6] 「formative evaluation」という言葉はブルームも使用している。しかし、ブルームは「学習者評価」という観点から使用しており、「カリキュラム評価」を重視するスクリヴァンとは評価の対象が異なる。そのため、ブルームが使用している「formative evaluation」は「形成的評価」と訳されている。

[*7] Scriven.M., Evaluation Thesaurus (4th ed), Sage, 1991

[*8] なお、スクリヴァンは、評価の観点として主流であった「目標にもとづく評価（Goal-Based Evaluation）」を批判的に検証する中、目標にとらわれない評価を重視し、その考えを「ゴール・フリー評価（Goal-Free Evaluation）」として提唱もしている。この「ゴール・フリー評価」は、第3章❷の(6)で紹介した「羅生門的接近」の基礎理論ともなった。（根津朋美『カリキュラム評価の方法－ゴール・フリー評価論の応用－』多賀出版、pp.8-11, 2006）

のプロセスや結果なども評価対象となるわけです。

　ただ，計画や実践は園長以下，園内の保育者の判断だけで進められるものではありません。たとえば，保育目標や保育内容の設定ひとつとっても，社会状況の変化，保育制度の改変，保育研究の進展など，さまざまな事柄の影響を受けます。したがって，カリキュラム評価の対象は，より広い視野から把握する必要があります。こうしたカリキュラム評価の対象の広がりについて，田中耕治は以下のように整理しています。

> ●カリキュラム研究の固有の領域
> 　・学校論（学校・学級経営のあり方，地域連携のあり方など）
> 　・共通・選択論（共通必修，選択必修，選択などの区分など）
> 　・領域論（教科と教科外，特設道徳と総合的な学習の位置づけなど）
> 　・教科論（それぞれの教科の存在理由と新しい教科の可能性など）
> 　・編成論（各教科の内容の系統性など）
> 　・接続論（各学校階梯のカリキュラムの接続など）
> ●カリキュラムの根本問題
> 　・編成主体（中央集権か地方分権か）
> 　・編成の原理（平等性か卓越性か，普遍性か多文化性か，公共性か私事性か，生活・経験か科学・学問か）
>
> 引用文献）田中耕治編『よくわかる教育評価』ミネルヴァ書房，p.13，2005

　田中の整理は，基本的に小学校以降の学校教育を対象としています。そのため，「共通・選択論」や「教科論」など，項目によっては，保育では当てはめにくいものもあります。また，「領域論」で想定している具体的な内容である「教科と教科外，特設道徳と総合的な学習の位置づけなど」も，保育の世界では想定すべきものではありません。

　しかし，「学校論」を「幼稚園・保育園論」など保育の世界の用語に置き換えれば，活用できる面も多いはずです。保育においてカリキュラム評価を実施する場合も，こうした整理に学びつつ，計画づくりや実践過程はもちろんのこと，それらに影響を与えるすべての事柄を評価の対象として，計画や実践の改善につなげる必要があります。

　保育者と子どものかかわりあいといったもっとも身近な保育実践のあり方をはじめ，園長の責任のもと，保育者が互いにどのような役割を担い，保育を進めているかといった運営体制，さらに，行政から示される保育や子育て支援に関する法令など，計画や実践に影響を与える事柄を幅広くとらえ，カリキュラム評価の対象にしていきましょう。

第7章　カリキュラム評価のあり方

2　カリキュラム評価の形態

　カリキュラム評価は，計画づくりや実践過程と連動して展開していきます。そのため，カリキュラム評価の基本は，実践を担う保育者自身による自己評価です。ただ，カリキュラム評価の対象が幅広いことを考慮すると，保育者自身による自己評価以外も視野に入れておく必要があります。

　こうした保育現場で実施すべきカリキュラム評価に関連するものとして，文部科学省は，2008（平成20）年に『幼稚園における学校評価ガイドライン』[*9] を示しました。また，翌2009（平成21）年には，厚生労働省も『保育所における自己評価ガイドライン』[*10] を示しました。

　『幼稚園における学校評価ガイドライン』では，具体的には以下の3つの形態を提示しています。

- 【自己評価】：各学校の教職員が行う評価
- 【学校関係者評価】：保護者，地域住民等の学校関係者などにより構成された評価委員会等が，自己評価の結果について評価することを基本として行う評価
- 【第三者評価】：学校と直接関係を有しない専門家等による客観的な評価

　このように，幼稚園に対しては，保育者による「自己評価」だけでなく，「学校関係者評価」「第三者評価」の実施も求められています。

　では，保育所に対しては，どうなのでしょうか。

　『保育所における自己評価ガイドライン』においては，具体的には以下の3つの形態を提示しています。

- 【保育士等の自己評価】：保育士等が行う評価
- 【保育所の自己評価】：保育所全体として行う評価
- 【第三者評価など外部評価】：保育所と直接関係しない第三者による公正かつ客観的な評価

[*9]　「学校として組織的・継続的な改善を図ること」「説明責任を果たし，学校・家庭・地域の連携協力による学校づくりを進めること」「一定水準の教育の質を保証し，その向上を図ること」の3点を目的に策定されたもの。2011（平成23）年には改訂版が示された（第2章❷参照）。

[*10]　『幼稚園における学校評価ガイドライン』に呼応して策定されたもの。保育の計画に基づく実践の展開を一定の観点をもってふり返ることを基本とし，保育士等が日常的かつ継続的に取り組むことを求めている（第2章❸参照）。

221

このように，保育所に対しては，「保育士等の自己評価」だけでなく，「保育所の自己評価」「第三者評価など外部評価」の実施も求められています。
　こうしてみてみると，幼稚園と保育所における自己評価形態には，若干の違いはありますが，おおむね①保育者による「自己評価」，②園全体で実施する「自己評価」，③園のスタッフ以外による「第三者評価」の3種類があります。
　カリキュラム評価を実施する場合，こうした多様な形態を視野に入れ，計画や実践の改善を図るようにしましょう。

3 自己評価の進め方

（1）自己評価の法的位置づけ

　自己評価を基本とするカリキュラム評価は，いまだ保育現場では定着しきれていません。しかし，自己評価の実施と結果の公表は，法的にも義務づけられています[*11]。まずは，こうした法的な位置づけを自覚し，園として責任をもって取り組む必要があります。
　では，根拠となる法律および規則等をみていきましょう。

❶『学校教育法』

　幼稚園の自己評価は，2002（平成14）年4月に施行された『幼稚園設置基準』において，その実施とその結果の公表に努めることが求められた後，2007（平成19）年9月の『学校教育法』改正で，以下のように新たに規定されました。

> 第28条　第37条第6項，第8項及び第12項から第17項まで並びに第42条から第44条までの規定は，幼稚園に準用する。
> 第42条　小学校は，文部科学大臣の定めるところにより当該小学校の教育活動その他の学校運営の状況について評価を行い，その結果に基づき学校運営の改善を図るため必要な措置を講ずることにより，その教育水準の向上に努めなければならない。
> 第43条　小学校は，当該小学校に関する保護者及び地域住民その他の関係者の理解を深めるとともに，これらの者との連携及び協力の推進に資するため，当該小学校の教育活動その他の学校運営の状況に関する情報を積極的に提供するものとする。

＊11　『学校教育法』に位置づく幼稚園では，「自己評価の実施」は「義務」であり，必ず実施しなければならない。ただ，「結果の公表」は「努力義務」にとどまっている。一方，保育所は，『保育所保育指針』が規定するように，「自己評価の実施」と「結果の公表」は，いずれも「努力義務」となっている。

❷『学校教育法施行規則』

　こうした『学校教育法』の改正を踏まえ，2007（平成19）年10月の『学校教育法施行規則』改正では，幼稚園の自己評価について，以下のように新たに規定されました。

> 第39条　第48条，第49条，第54条，第59条から第68条までの規定は，幼稚園に準用する。
> 第66条　小学校は，当該小学校の教育活動その他の学校運営の状況について，自ら評価を行い，その結果を公表するものとする。
> 　2　前項の評価を行うに当たっては，小学校は，その実情に応じ，適切な項目を設定して行うものとする。
> 第67条　小学校は，前条第1項の規定による評価の結果を踏まえた当該小学校の児童の保護者その他の当該小学校の関係者（当該小学校の職員を除く。）による評価を行い，その結果を公表するよう努めるものとする。
> 第68条　小学校は，第66条第1項の規定による評価の結果及び前条の規定により評価を行った場合はその結果を，当該小学校の設置者に報告するものとする。

❸『保育所保育指針』

　また，保育所に対しても，以下に示す通り，2008（平成20）年3月に告示された『保育所保育指針』から，新たに自己評価の実施と結果の公表に努めることが求められています。

> 第4章　保育の計画と評価
> 2　保育の内容等の自己評価
> （1）　保育士等の自己評価
> 　ア　保育士等は，保育の計画や保育の記録を通して，自らの保育実践を振り返り，自己評価することを通して，その専門性の向上や保育実践の改善に努めなければならない。（～中略～）
> （2）　保育所の自己評価
> 　ア　保育所は，保育の質の向上を図るため，保育の計画の展開や保育士等の自己評価結果を踏まえ，当該保育所の保育の内容等について自ら評価を行い，その結果を公表するよう努めなければならない。

(2) 自己評価の観点

　自己評価の実施が，法的にも取り組むべきものと位置づけられている現実を自覚し，評価対象を定めたとしても，評価すべき内容が不明確なままでは行き詰まってしまいます。そこで大切になるのが，「評価すべき観点」です。

　実践は計画，とくに具体的な計画である指導計画に基づいて展開されます。そのため，まずは指導計画に掲げた「ねらい」を観点に，「ねらい」がどの程度達成されたかを実践に即してふり返る必要があります。

　さらに，この指導計画は，法的には幼稚園であれば「教育課程」，保育所であれば「保育課程」と呼ばれる園の基本計画（マスタープラン）に基づいて立案されます。このことを踏まえて，実践のプロセスや結果は，基本計画にあげた「保育目標」や「ねらい」も視野に入れ，評価していくことも求められます。

　このような幅広い観点を自覚してこそ，保育者の自己評価も実効性が高まるのです。

　では，自己評価を進める際の評価項目や指標を検討する際の視点について，『幼稚園における学校評価ガイドライン』をみてみましょう。このガイドラインでは，基本計画となる教育課程や指導を対象に，以下のような状況把握をし，評価することを例示しています。

○教育課程・指導
- 建学の精神や教育目標に基づいた幼稚園の運営状況
- 幼稚園の状況を踏まえた教育目標等の設定状況
- 幼稚園の教育課程の編成・実施の考え方についての教職員間の共通理解の状況
- 学校行事の管理・実施体制の状況
- 教育週数，1日の教育時間の状況
- 年間の指導計画や週案などの作成の状況
- 幼小連携の円滑な連携・接続に関する工夫の状況
- 遊具・用具の活用
- ティーム保育などにおける教員間の協力的な指導の状況
- 幼児に適した環境に整備されているかなど，学級経営の状況
- <u>幼稚園教育要領の内容に沿った幼児の発達に即した指導の状況</u>
　- 環境を通して行う幼稚園教育の実施の状況
　- 幼児との信頼関係の構築の状況
　- 幼児の主体的な活動の尊重
　- 遊びを通しての総合的な指導の状況
　- 一人一人の発達の特性に応じた指導の状況　など

（注：下線筆者）

幼稚園を対象にした評価項目および指標の例ですが，保育所に置き換えても活用できる観点でしょう。とくに，下線で示した「幼稚園教育要領の内容に沿った幼児の発達に即した指導の状況」部分の評価項目や指標の例示は，すべての保育現場において指導計画に基づく実践のプロセスや結果をふり返る際の観点として活用できます。これらを自分自身が担当するクラスの年齢に即した自己評価の観点としてさらに具体化していけば，カリキュラム評価もより具体的に展開していけるのではないでしょうか。

(3) 自己評価の方法～「PDCAサイクル」と「PDSIサイクル」

❶「PDCAサイクル」とは何か

「PDCAサイクル」とは，「目標（Plan）－実行（Do）－評価（Check）－改善（Action）」の頭文字をとったものであり*12，近年，自己評価を進める方法として注目されています。

たとえば，『幼稚園における学校評価ガイドライン』では，自己評価を「園長の責任の下，保育者による自己評価をとりまとめながら，園全体として保育実践や園運営の改善を図るもの」と位置づけたうえで，以下のように指摘しています。

> 学校が，教育活動その他の学校運営について，目標（Plan）－実行（Do）－評価（Check）－改善（Action）というPDCAサイクルに基づき継続的に改善していくために，まず目標を適切に設定することが重要である。

このような指摘は『保育所における自己評価ガイドライン』にもみられます。とくに，『保育所における自己評価ガイドライン』は，「PDCAサイクル」の展開をイメージしやすいように図を用いて提案を行っています（図7－1／p.226）。

このように，幼稚園・保育所に対し，各ガイドラインは，保育者自身によるふり返りと，同僚・先輩たちとの協同的なふり返りをリンクさせながら実施し，それを園が重視している保育目標や『幼稚園教育要領』『保育所保育指針』に照らし合わせて検討し，計画や実践の改善に結び付ける方法を提示しています。また，各ふり返り作業を園内研修として位置づけ，園全体で組織的に取り組むことも求めています。そして，「PDCAサイクル」を取り入れることによって，自己評価を循環的な営みとして行っていくよう推進しているのです。

❷「PDSIサイクル」とは何か

「PDSIサイクル」とは，「教育目標達成のための教育内容の編成・計画（Plan）－実践

＊12 もともとは，企業がよりよい商品開発を行うために考案したシステムであり，経営学的な評価モデルである。近年は，福祉や教育現場にも積極的に導入されている。

図7−1　保育所における自己評価の理念モデル

資料）厚生労働省『保育所における自己評価ガイドライン』p.5, 2009

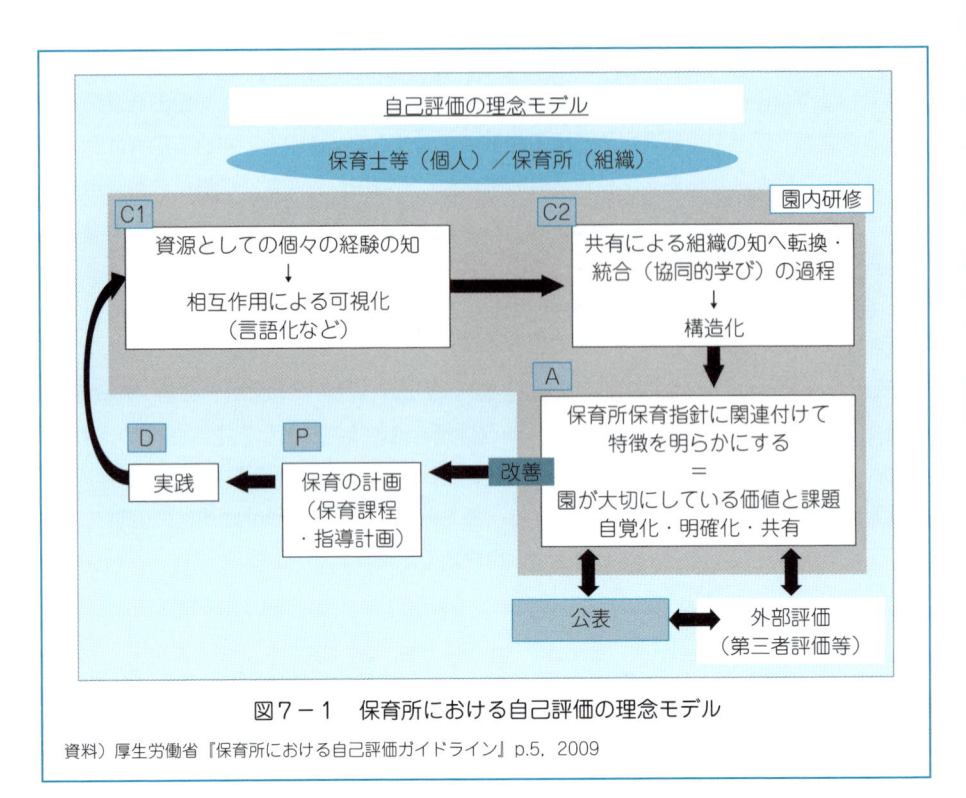

(Do)−評価（See）−改善（Improvement）」の頭文字をとったものです[*13]。近年，教育経営学の研究成果として提示された評価モデルであり，「カリキュラム・マネジメント（curriculum management）」という観点から自己評価を進める方法です。

　たとえば，中留武昭は著書の中で，「カリキュラム・マネジメント」を「各学校が教育目標の達成のために，児童・生徒の発達に即した教育内容を諸条件とのかかわりにおいてとらえ直し，これを組織化し，動態化することによって一定の教育効果を生み出す経営活動である」と定義しています。さらにそのうえで，「組織化し，動態化する」というのは，「教育目標達成のための教育内容を編成，実施，評価，改善（P−D−S−I）する一連の経営活動のプロセス（サイクル）を意味する」と述べています[*14]。

　小学校以降の学校教育を前提とした整理ですが，保育現場に置き換えても十分活用できる提案です。

---

*13　カリキュラムの編成や改善を，学校の職員体制や施設設備など学校全体による経営的な営みとしてとらえようとする「カリキュラム・マネジメント」の観点から提示されたシステムであり，教育経営学的な評価モデルである。
*14　中留武昭『カリキュラムマネジメントが学校を変える』学事出版，p.11, 2004

❸「PDCA サイクル」と「PDSI サイクル」の相違

「PDSI サイクル」と「PDCA サイクル」は，おおよそ似ていますが，評価を「Check」ではなく「See」，改善を「Action」ではなく「Improvement」と位置づけているところに評価観，また評価方法の違いがみられます。

教育経営学が提案する「カリキュラム・マネジメント」を基盤としている「PDSI サイクル」では，評価を計画に照らした「点検（Check）」ではなく，実践を「見ること，理解すること（See）」とし，アイズナーが提起した「教育批評的な営み」と位置づけました。また，改善についても「点検（Check）」に基づいて，足りないところを補う「補足措置（Action）」ではなく，改善をそのまま意味する「Improvement」という英語を当て，「計画や実践を随時見直す営み」と位置づけています。

これに対して，経営学を基盤としている「PDCA サイクル」は，売れる商品を計画（Plan）し，それに基づいて商品を作り（Do），計画通り製作できたかどうかを点検（Check）し，計画と齟齬があれば補足措置を実行する（Action）という流れに即しています。合理的に商品開発する方法としては，適切なモデルといえるでしょう。

このように異なる学問をもとに考えられた「PDCA サイクル」と「PDSI サイクル」は，図 7-2 に示すように，評価の意味や方法，さらに見直しのプロセスや流れにも自ずと違いが出て来ます。

子どもを育てる保育・教育という営みは，商品開発とは異なり，計画通りに実行していけばよいというものではありません。まして，カリキュラムを「子どもたちが自ら歩むであろう生活内容やそのプロセスを，子どもに代わって予測し，それを教育的価値の実現の

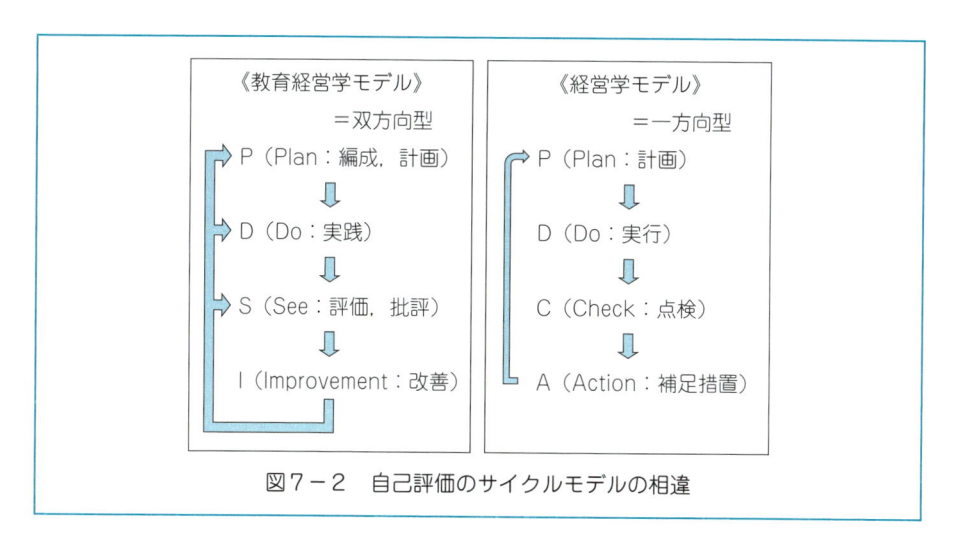

図 7-2 自己評価のサイクルモデルの相違

《教育経営学モデル》
＝双方向型
P（Plan：編成，計画）
↓
D（Do：実践）
↓
S（See：評価，批評）
↓
I（Improvement：改善）

《経営学モデル》
＝一方向型
P（Plan：計画）
↓
D（Do：実行）
↓
C（Check：点検）
↓
A（Action：補足措置）

中で組織・編成した経験の総体」ととらえるとすれば，指導計画も固定なものと位置づけることはできません。指導計画に基づく実践を行いながらも，随時改善することが求められます。こうした保育・教育の特性を考えると，自己評価の方法も一方向的，あるいは直線的な枠組みをイメージしかねない「PDCAサイクル」よりも，双方向的，あるいは多層的な枠組みをイメージさせる「PDSIサイクル」でとらえた方がより循環的，また，エンドレスな営みとなるでしょう。

　また，中留は「改善という点からすると，むしろカリキュラムマネジメントはP－D－Sよりも，S－P－Dにはじまる改善活動と言ってもよい」[*14]（p.226）と指摘しています。つまり，中留は，自己評価を計画（Plan）から開始するのではなく，実践をふり返り，理解していく批評的な活動としての自己評価（See）からはじめることを提案しているのです。指導計画を仮説として位置づけ，子どもの実態把握から立案していくことから考えれば，適切な指摘でしょう。カリキュラム評価も計画・実践の改善を目的として行います。ですから，まずは自己評価（See）から始めることを意識するとよいでしょう。

（4）保育の質の向上と自己評価

　『幼稚園教育要領』『保育所保育指針』も強調しているように，近年，保育の質の向上を図ることが求められています。こうした要請を受け，自己評価を基本とするカリキュラム評価も「保育の質」を意識する必要性が高まっています。

❶保育の質に関するカテゴリー

　「保育の質」とは何でしょうか。

　「質」[*15]という言葉は，一般に目には見えにくい，そのものの本質をさします。つまり，保育の「質」も，目に見える結果や保育の成果などではなく，保育者と子どもが展開している保育実践そのものを指します。そのため，保育の質は個別的であり，かつ，さまざまな要素が絡み合う，多層的なものといえます。

　こうした保育の質について，その観点を整理する試みも始まっています。たとえば，大宮勇雄は，表7-1のように整理しています[*16]。

　また，経済協力開発機構（OECD）は，『OECD保育白書』の中で，要約すると，以下のような質をあげています[*17]。

[*15]　一般的に「あるものを形づくっている内容」や「生まれつきの性質」，また「飾り気のないさま」を指す。たとえば，「材質」「気質」「素質」「質実」など。目に見える「量」と対比すると，その違いはイメージしやすいだろう。

[*16]　大宮は，スザンヌ.L.ヘルバーン（Suzanne L.Helburn）とキャロリー・ハウズ（Carollee Howes）の『Child Care Cost and Quality』(The Future of Children, Vol.6, No.2, Summer/Fall, 1996)をもとに3点に整理した。

[*17]　OECDは，各国の「乳幼児期の教育とケア政策（ECEC政策）」を分析した。詳しくは，第5章3を参照。

表7-1 保育の質の定義と測定

質にかかわる要素	プロセスの質 Process Quality	条件の質 Structural Quality	労働環境の質 Adult Work Environmental Quality
	①子どもと保護者の相互作用（とくに保育者の感受性，やさしさ，愛情，子どもへの積極的かかわり） ②保育者の子どもへの態度 ③学習活動の取り入れ ④保育環境の健康，安全面 ⑤施設，設備，素材など環境の適切性	①グループの子ども人数 ②大人と子どもの比率（受け持ち人数） ③保護者の保育経験 ④保育者の学歴 ⑤保育に関する専門的訓練・研修	①保育者の賃金と福利厚生 ②保育者の1年間の退職率 ③保育者の仕事への満足度 ④保育者の運営参加 ⑤仕事上のストレスの意識度

資料）大宮勇雄『保育の質を高める』ひとなる書房，p.68，2006

ECECにおける質と規制

- 志向性の質（Orientation Quality）：志向性の質というのは，たとえば国レベルでの法制化，規制，政策の取り組みなどを通して，政府が乳幼児期政策に振り向ける配慮のタイプと程度を意味する。
- 構造上の質（Structural Quality）：これは主要には行政の責任の1つであり，乳幼児期プログラムを保証するのに必要な全般的な仕組みのことを指す。
- 相互作用あるいはプロセスの質（Interaction or process Quality）：教育者と子どもの間の教育的関係の温かさとその質，子ども同士の相互作用の質，教育者チーム内での関係の質は，プロセス目標のなかでも最も頻繁に語られることである。
- 実施運営の質（Operational Quality）：これは特に，地域のニーズ，質の改善，効果的なチーム作りに応えているかということに焦点を当てた管理の質のことである。
- 子どもの成長の質あるいは成績の基準（Child-outcome Quality or performance standards）：幼児教育クラスあるいは就学時に子どもたちは評価を受け，一般的には読み書き能力および数能力，また社会情緒的な発達の度合い，さらに一般的な健康状態をテストされる。

資料）OECD編『OECD保育白書－人生の始まりこそ力強く：乳幼児期の教育とケア（ECEC）の国際比較』明石書店，pp.147-149，2011

このように，現在，保育の質は保育者と子どもがかかわる実践のレベルから，園全体の運営体制，さらに行政が示す政策まで，幅広い範囲からとらえることが提案されています。これらを参考に，向上させるべき保育の質を具体的にとらえていきましょう。

❷保育の質の向上を図る自己評価法としてのSICS

一方，保育の質の向上につながる保育者の自己評価法を考案する試みもみられます。

たとえば，「保育プロセスの質」研究プロジェクト[18]は，フェール・ラーバース（Ferre Laevers）が開発した「保育の質の向上のための自己評価法」（Self-Involvement Scale for Care Settings：SICS）[19]を踏まえ，保育者の自己評価や保育者間の相互評価を通して，保育の質を支える保育者の専門的力量を高める方法を提案しています[20]。

ラーバースの「SICS」は，過程の質となる保育者と子どもの相互のやりとりを自己評価する視点として，「情緒的な安心・安定度（Emotional Well-being）」と「子どもの夢中度（Child Involvement）」のふたつにしぼり，その測定を5段階で評価する方法を提案しています[21]。つまり，子どもがどれだけ心地よく，リラックスして過ごしているかという「情緒的な安心・安定度」と，子どもがどれだけ活動や遊びに没頭，熱中しているかという「子どもの夢中度」を保育の過程の質をとらえる視点として設定し，その度合いを測定しようというわけです。

「保育プロセスの質」研究プロジェクトは，「SICS」が提示する「情緒的な安心・安定度」と「子どもの夢中度」というふたつの視点が，「養護」と「教育」の両面を重視する『幼稚園教育要領』『保育所保育指針』のコンセプトとも合致するととらえました。そして，『子どもの経験から振り返る保育プロセス』において，「SICS」をわが国の保育文化に適したものにアレンジした自己評価法を示したのです。

この「保育プロセスの質」研究プロジェクトが提案したのは，「SICS」がひとりの子どもを対象に，2分間という短時間での観察を行うのに対し，ひとかたまりの活動時間帯の子どもの様子をエピソードで記録する方法でした。また，「評価の目」を意識し，反省点ばかりをあげがちなわが国の保育者を意識し，改善点を示すところに「現状で優れているところ」を記録する部分も加えるなど，よいところにも目を向けられるような工夫も行っています。「情緒的な安心・安定度」と「子どもの夢中度」を測定した値の理由について

---

[18] 小田豊を代表とする保育研究のプロジェクトチーム。メンバーには秋田喜代美・芦田宏らがいる。
[19] ベルギーの教育学者であるラーバースが，「経験に根ざした保育・教育（Experiential Education：EXE理論）」を土台に，子どもの「今，ここ」を生きる姿に着目する中で提唱した保育者の自己評価法である。（http://www.kindengezin.be/algemeen/english-pages.jsp）
[20] 『子どもの経験から振り返る保育プロセス－明日のより良い保育のために－』幼児教育映像制作委員会，2010
[21] 秋田喜代美・佐川早季子「保育の質に関する縦断研究の展望」『東京大学大学院教育学研究科紀要』第51巻，pp.223-224，2011

も,「豊かな環境」「集団の雰囲気」「主体性の発揮」「保育活動の運営」「大人の関わり方」の5つの観点から保育者が自由にふり返りが出来るように工夫されています。

このように,主観的になりがちな保育の質の向上を図る際の視点やその方法として重視されている自己評価について,保育者の主観も大切にしながら,保育の改善につなげられるように一定の観点を定め,組織的に取り組む方法論も工夫されてきています。

3 保育記録のあり方

カリキュラム評価が,保育者による自己評価(保育実践のふり返り)を基本としていることを踏まえると,その基となる実践の記録やメモをとることが重要となります。この保育実践の記録やメモは,計画づくり同様,おもに「書く」という行為によって実行されます。

では,記録やメモをとるという「書く」行為には,どのような意義があるでしょうか。

1 記録の意義

小川博久は,メモ記録から保育実践の文章記録を作ることの意義について,次のように述べています。

> メモ記録から文章記録を作るということは,メモをした時点での保育場面のイメージを,文章の形に置き直すことである。これは第一に,保育場面のイメージを忘れないように定着させる意味をもっている。
> メモ記録を文章記録に変える第二の意味は,文章に書くことによって,保育者の頭の中にもう一度,保育を再現することだ。 ～(中略)～
> 文章記録を作る第三の意味は,自分の保育を改めて頭の中で再構成し,それによって保育を見直す手だてとなることである。
> 引用文献)小川博久編『保育実践に学ぶ』建帛社,p.262,1988

このように小川は,大切なことを忘れずに記憶していくための書くという行為の必要性を指摘するとともに,保育実践をふり返り,改善していく方法を考えることにもつながることを強調しています。つまり,書くことが,子どもや保育をみる観察力や,計画や実践を改善するための思考力向上につながるわけです。

保育実践に多くの時間を割いている保育者にとって「書き仕事」は,時間的負担も大きい業務のひとつです。そうでなくても,計画づくりやさまざまな書類を作成するための時

間確保は必須です。しかし，業務として決められたものであれば，事務的・形式的であっても，何とかこなさなくてはなりません。でも，「事務的・形式的」に記録されたものが果たして有益なものとなるでしょうか。せっかく時間を割いて記録やメモを書くのですから，その意義を意識して，有益なものとなるように積極的に取り組んでほしいと思います。

確かに書くことによる時間的負担は大きいでしょう。しかし，積極的に取り組むことにより，書く力も向上し，書くことに伴って考えることや観察力も向上するはずです。積極的に意識をもって取り組むかどうかで保育者としての能力や保育の質の向上も決まってくるととらえ，書くことにも積極的に取り組んでいきましょう。

2 「省察」という営み

記録をとる作業を通して，保育実践をふり返ることを「省察」といいます。この「省察」は，カリキュラム評価を行ううえで，最も重要な姿勢です。

「省察」について，津守真は，以下のように述べています。

> 時間をへだててふり返ること，すなわち，反省は，英語では reflection であり，flex は，身体を折り曲げて後を見るという意味である。実践は，一回限りの，不可逆なできごとであるが，反省によって，人はそのことを道徳規準に照らして評価するのではなく，まして，後悔し残念に思うのではなく，体験として，ほとんど無意識の中にとらえられている体感の認識に何度も立ち返り，そのことの意味を問うのである。意味を見出すことによって，過去は現在になり，そして，未来を生み出す力になる。その精神作業は，反省に考察を加えることに，すなわち，省察である。
>
> 引用文献）津守真『保育の体験と思索－子どもの世界の探究』大日本図書，p.9，1980

このように津守は，保育実践と事後のふり返り作業を合わせたところに保育があるとの立場から，事後のふり返りを「反省」だけでなく，「考察」も加えた「省察」と位置づけています。そして，「実践は，一回限りの，不可逆的なできごと」と述べているように，「実践の一回性」[*22] という特徴を踏まえ，「省察」によって実践の意味を深く読み取り，明日の保育につなげることを求めています。また，ジョン・デューイの「反省的思考（reflective

---

* 22　保育・教育実践は，それまでの子どもの育ち，その保育・教育現場の変遷，また，ある保育・教育活動を取り巻く社会状況などの複雑な要因と，保育者（教師）と子どもとの相互作用によって展開されるため，基本的にその時その場で一回しか成り立たない性質を持つ。そのため，二度と同じ実践は展開されない。「実践の一回性」とはこのような特徴を指す概念である。

thinking)」[23] を保育者の自由な精神作業へと発展させつつ,「保育者の個性に応じて,その精神作業は多様であるが,保育者としての楽しみのひとつである」と,「省察」の魅力も指摘しています[24]。

「省察」を心がけることは,保育という営みやその体験を,子ども理解はもちろんのこと,保育者として,また人間としての自らの成長につなげるためにもとても大切となります。こうした姿勢は,ドナルド・ショーン(Donald A.Schön)が示した「反省的実践(reflective practice)」という概念にも相通ずるものです[25]。保育者には,実践過程を「省察」し,自らの資質・能力の向上を図る「反省的実践家」としての姿勢も求められるのです。

3 保育記録の種類と特徴

第6章において,保育記録を記録だけにとどめず,保育のふり返りを次なる計画へと結び付ける方法として「記録と計画を一体化した様式」を紹介しました。そこで,ここでは,「保育記録の一般的な種類とその特徴」をみていくことにしましょう。

保育記録の種類は,大別すると文字によるもの(文字記録)と,映像,音声等によるもの(視聴覚記録【AV記録】)の2種類があります。また,記録をとる立場が保育実践を進めている者(当事者記録)か,それ以外の者か(第三者記録)によっても異なります。

(1) 文字記録

保育記録は,保育の質や保育者としての専門的力量の向上につなげるため,「当事者記録」として「文字記録」をとることが基本となります。

❶当事者による文字記録の基本:「思い出し記録」

現実的に考えると,保育実践の当事者である保育者本人が実践中に,保育記録を整え,その営みをふり返り,改善の方法を考えていくことは相当困難です。おそらく,実践中にできる文字記録は,メモをとる程度でしょう。そのため,実際には,メモをもとに実践後,保育を思い出して記録する方法が主となります。こうした記録を「思い出し記録」といいます。

---

[23] デューイは,『いかにわれわれは思考するか』(How We Think:D.C.Heath & Co.,Publishers,1910)の中で,人間が解決すべき問題に出会い,その問題を解決しようとする中で展開される思考を重視した。その要点は,①解決すべき問題の自覚,②問題の要点の明確化,③多様な解決方法の創案,④解決法を吟味し,一つを選ぶ,⑤選んだ方法の実験的吟味と,妥当性の検討,である。こうしたプロセスで展開されるものを「反省的思考」と呼んだ。

[24] 津守 真『保育の体験と思索―子どもの世界の探求』大日本図書,p.10,1980

[25] ドナルド・ショーン(佐藤学・秋田喜代美 訳)『専門家の知恵―反省的実践家は行為しながら考える』(The Reflective Practitioner:How Professionals Think in Action, Basic Books, 1983)ゆみる出版, 2001

実践の当事者である保育者は，自ら立案した指導計画，とくに「ねらい」や「指導上の留意点」を「思い出し記録」する際の視点とし，実践を終えた後に書き記します。そして，その作業を通して，自らの実践をふり返り，次の指導計画や実践を改善していくわけです。その際，指導計画は，あくまで仮説であることを再認識し，ふり返りの基準や作業が，指導計画にあげた「ねらい」の達成，および，計画通りに活動が展開できたかどうかの有無だけに終わってしまわないように意識することが大切です。そして，保育記録の意義は，主に計画や実践の改善であることを常に自覚し，書き記すことを心がけましょう。さらに，「省察」という視点も踏まえれば，実践において発揮した観察力に基づき，新たな意味を見出す作業も大切となります。つまり，指導計画の作成時や，実践中に気づくことができなかった子どもの行為や自らのかかわりに関する意味を考察し，その内容も書き記すわけです。思い出す際もこうした視点を自覚しておきましょう。

　また，この「当事者記録」は，実践の当事者が自ら記録するため，主観的なものになりやすいという特徴があります。この「主観的」という特徴は，保育記録にどのように影響し，また，それはマイナスなのでしょうか。

　たとえば，「Aくんは，目を輝かせながら，楽しそうに泥団子づくりをしていた」といった典型的文章を考えてみましょう。もちろん，実際に目の中で何かがキラキラと点滅し，光輝くといったことはあり得ませんから，「目を輝かせていた」というのは比喩に過ぎません。しかし，実際にAくんのことを知り，しかも泥団子づくりの魅力がわかる保育者であれば，この記録を「嘘だ」「何を言っているのかわからない」ということはないでしょう。それどころか，Aくんが夢中で泥団子を作っている姿を思い浮かべ，「さぞ，楽しく，充実していたのだろう…」と共感できるはずです。

　評価というと，とかく客観性ばかりが求められがちです。しかし，無味乾燥な記録よりも，保育の当事者だからこそ感じ取ることのできた姿を素直に表現した方が子ども理解も進み，次なるかかわりの手がかりもつかみやすいはずです。そして，その記録をもとに「省察」を行うことが，質的評価を進める原動力にもなります。主観的であることを否定的にとらえず，そのメリットに目を向けることが大切です。評価を人間味あふれるものに変えていくためにも大切にしたい観点です。

❷「エピソード記述」の可能性

　「エピソード記述」とは，「思い出し記録」の主観的な側面を大切にしつつ，気になるエピソード[26]をより丁寧に記述し，「省察」していく記録方法です。その方法は，カリキュ

＊26　本来，「問題になっている人や物事に関する，ちょっとした話（逸話）」，「小説・物語などで作品の本筋には直接関係の無い内容の話（挿話）」を指す。しかし，保育では，「一つの状況を要領よくまとめた実際の例話（例証）」を指すことが一般的である。

第7章　カリキュラム評価のあり方

ラム評価を指導計画の達成状況の把握だけでなく、「省察」に至るふり返りとするための方法として注目されています。

提唱者である鯨岡峻[*27]によれば、その要点はまず、後まで残すべき事柄を書き記す「記録」ではなく、文章として述べる「記述」を書くことです。そして「記述」する際は、子どもや保育者の生きる「あるがまま」を描き出すことを心がけること、つまり、「保育者が個性ある一個の主体としてその場に現前していた印象的な出来事を取り上げる」ことが大切になります[*28]。

鯨岡がこうした「エピソード記述」を提唱したのは、これまでの保育記録が経過記録、あるいは客観的な記録に偏り、計画に沿って保育の活動の流れを大まかに記録する傾向がみられたからです。そのため、実践展開の主体である保育者が「黒衣」となってしまい、ふり返りにつながりにくいといった問題がありました。鯨岡はこうした状況を改善するため、一個の主体である保育者の印象に残った出来事を「記録」ではなく、「記述」によって描き出し、ふり返り作業を活性化させようとしたわけです[*29]。

また、鯨岡は「エピソード記述に必要な三つの態度」を以下のように説明しています。

1) 脱自的に見る態度
　一つには、そこでの出来事を脱自的に（客観的に）、それゆえ誰が捉えてもこうなるだろうという観点から捉える態度がエピソード記述においても必要です。つまり、「その出来事はまさにこのように起こった」と捉える態度です。（以下、略）
2) 感受する態度
　これに対するもう一方の態度は、その出来事を自分の生きた身体が感受するがままに、ありありと、生き生きと捉える態度です。（以下、略）
3) 二つの態度の両立困難性
　この二つの態度ともエピソード記述に欠かせないのですが、しかし、この両者は「あちら立てればこちらが立たず」の関係にあります。（以下、略）
4) 第3の態度
　その二つの態度に加えて、もう一つの態度が必要です。それは描いたエピソードが

[*27] 鯨岡峻（1943～）：京都大学名誉教授、中京大学教授。発達心理学者。『エピソード記述入門－実践と質的研究のために』（東京大学出版会、2005）を出版して以来、保育関係者を対象とした「エピソード記述」の研修を全国的に展開している。
[*28] 鯨岡峻・鯨岡京子『保育のためのエピソード記述入門』ミネルヴァ書房、2007
[*29] 「エピソード記録」と「エピソード記述」の違い：「エピソード記録」は、単に保育者が気になった場面を要約的に書いたものであり、省察までには至らない面がある。これに対し、「エピソード記述」は省察を目的とするものであり、ある保育場面を要約することなく、丁寧に記述し、分析する方法である。

起こった出来事に本当に忠実に正直に描かれているどうかを厳しく吟味する態度です。(以下, 略)」

引用文献) 鯨岡峻・鯨岡和子共著『保育のためのエピソード記述入門』ミネルヴァ書房, pp.58-61, 2007

　このように, 鯨岡は「エピソード記述」を作成する際の必要条件として,「①脱自的に見る態度」「②感受する態度」「③第3の態度」の3つの態度を求めています。そして, この3つの態度を踏まえ,「エピソード記述」を以下に示すように,「背景」「エピソード」「考察」の3点セットで描くことを求めています。

「エピソード記述」の例

エピソード:〈もう一つの顔のKくん〉
〈背　景〉
　Kくん(5歳4ヵ月)は厳しい家庭事情の下で親に十分に甘えられずに育ち, きょうだいの中で1番年長だということもあって, 家庭でも, 保育園でも, 普段はたいていのことは何でも自分でするKくんである。しかし, 0歳で入園して以来, 何かと保育者を手こずらせる気難しい一面ももっていた。
〈エピソード〉
　夕方, 私が机に座り連絡ノートの記入をはじめると, レゴで遊んでいたKくんがそれを片づけて私の膝に乗り, ベッタリと無言で抱きついてくる。いっしょに遊んでいたMちゃん(5歳8ヵ月)はその様子を見て「いやー, Kくん, 赤ちゃんみたい」とからかうが, Kくんは反論もせず, 膝から降りようともしないで私に抱きついたままでいる。そんなKくんを私も無言で抱きしめると, Mちゃんは何だか空気が違うと察したのか, その場を去っていった。しばらく, Kくんを抱っこした後,「Kくん, 先生まだお仕事残ってるねん」と伝えると, Kくんは静かに膝から降りて再び遊びはじめた。
〈考　察〉
　5, 6月頃から, Kくんは自分の意見を通そうとしすぎて一つ上の年長児たちに責められ, 泣いていることが稀にあった。その度にそっと抱っこし, Kくんのいまの気持ちをことばにしてあげたり, どうすればよかったかなどを静かに話してやったりしながら, Kくんが自分で自分の気持ちを落ち着かせられるまで待つことがあった。そういうことを何度か繰り返すうち, 何があると, ふと私のところへやってきて抱っこを求めるようになった。そういうときにはできるだけKくんの思いを受け止めるようにして, 気持ちの切り替えができた頃を見計らって, そっと降ろすようにしていた。そうするうちに, 自然とKくんが,「もう大丈夫」と思う瞬間が, 不思議なことに体の温もりを通して感じられるようになってきた。
　ことばはなくても, お互いに安心や心地よさを感じられるこの穏やかな時間をこれからも大切にしたいと思う。きっとMちゃんもこの雰囲気を感じ取ったからこそ, 黙ってその場を立ち去ったのではなかっただろうか。

資料) 鯨岡 峻, 鯨岡和子『保育のためのエピソード記述入門』ミネルヴァ書房, pp.3-4, 2007より作成

　また, 実際に「エピソード」を描く際は, 要約すると, 以下の5点に留意することも求めています。

> （A）保育者の印象に残った出来事を取り上げて描く。
> （B）出来事のあらましが読み手に分かるように描く。
> （C）その出来事の背景を示す。
> （D）保育者の「受け止めて返す」部分を描くことが大事になる。
> （E）このエピソードを取り上げた理由を最後に付す。
>
> 引用文献）鯨岡峻，鯨岡和子共著『保育のためのエピソード記述入門』ミネルヴァ書房，pp.73-77, 2007

　このように，保育における「エピソード記述」は，一般的な「エピソード記録」とは異なり，独自の理論に基づく記録法です。活用する際には，鯨岡が求める3つの態度と5つの留意点をきちんと踏まえて記述しないと，「エピソード記述」は保育者の思い込みによって綴られる物語（フィクション）になりかねません。「エピソード記述」は保育者の主観を大切にしつつも，鯨岡も指摘するように，客観性も求められる記録法です。つまり，保育者の主観をほかの保育者と共有し，理解しあえるような間主観性[*30]を大切にした記録法なのです。こうした「エピソード記述」の性格も理解しておくようにしましょう。

　しかし，保育者の印象に残った出来事のみを記述する「エピソード記述」は，指導計画に示した「ねらい」の達成状況や，「指導上の留意点」に基づく配慮場面などをふり返りの対象外としかねず，結果として，指導計画を軽視することにもつながりかねません。

　また，「エピソード記述」はひとりの子どもを対象にその理解を深める際に有効性を発揮する記録のため，活動が長期にわたり，集団で展開されるプロジェクト型実践を対象とする記録としては不向きな面もあります。「エピソード記述」のメリットとともに，こうした課題もきちんと理解したうえで活用していくことが大切です。

❸第三者による「プロセスレコード（逐語記録）」の活用

　第三者による「プロセスレコード（逐語記録）」[*31]とは，表7-2（p.238）に示すように，保育している当事者である保育者以外の人が，客観的に保育実践を観察し，その流れを発話も含めて，事実のまま書き記す記録方法です。客観的な記録方法となるため，当事者による「思い出し記録」で見逃した場面の補足，また，当事者の思い込みを修正することに役立つ記録となります。

[*30] 哲学者フッサールの現象学の基本概念。物事の認識は，ある個人の主観によってなされているのではなく，他者の主観と共通化している中で起こっていることを指す概念。多くの人びとの間で「その通りだ」と了解を得られていく一定の価値観ともいえるものである。

[*31] もともとは，看護研究の方法のひとつとして，看護師と患者のやりとりの過程を丁寧に把握する記録法を指す。近年は，保育・教育を学ぶ実習生の記録としても活用されている。なお，幼児期以降の保育実践を対象とする場合，言葉のやりとりによって活動が展開していくケースが多くなるため，発話を一言一言忠実にたどるという意味で，「逐語記録」と呼ぶこともできる。

表7-2 プロセスレコード（逐語記録）の例

年長5歳児　「お店やごっこ開店後の話し合い」　6月15日（金）　10：53〜11：30

時間	保育者の動き	子どもたちの動き
10：53	全員がそろったところで，「お金は後で数えてよう。」と声をかけ，静かになるまで待つ。一列の輪になるように促す。	輪になって集まる。 お金を数えている子どももいる。
10：59	「M組のお客さん，パンやさんのを全部買ってくれた？　あ〜っ，金魚やさんは？」 「売り切れ？」 「全部売れた？」と，各店毎に聞く。 「看板売るの？売らないようね」 「みんな売り切てよかったね。みんな，ヤッターヤッターって言ってたもんね」 「じゃあ隣りの人とタッチ，ヤッター」とタッチをかわし始める。	S子「ぜ〜んぶない」 A男「看板はある」 他の子どもたち「ぜ〜んぶない」 大笑いする。 E子「もう一回したい」 R子とM子が保育者にタッチしにくる。タッチ，押し合うことに興味を持つ子もいる。
11：01	「みんな，R子ちゃんが始めに言いたいって言ってこと聞いてくれる。ステキなことなんだって」 「買ってくれたんだって。すごくうれしかったんだよね　ステキだったね。他にもステキなお話ある人いるよね」 「R男くんもステキなことあったんだよ。お部屋の真ん中にいた子の絵本袋見たら，何もなかったから入れてあげたんだよ。どうやって入れてあげたんだっけ」 「あと，金魚屋さんもステキなことあったんだよね」 隣に座るE子をのぞき込み，様子を聞いて「金魚すくうの手伝ってあげたんだって…」 「パンやさんも，買ってくれた？大人気だったのは何だった？」	R子「M組さんがどこに行くか困っていたのね。それでR子ね。連れてってあげたら買ってくれたの」 子どもたちはすぐに反応なし R男「かわいそうだから，"はい"っ入れてあげた」 E子「金魚，すくってあげた」 Y男「（保育者のところに歩み寄り）帰る時，M組人に聞いたらメロンパン好きって言ってた」
11：05	その後，お店ごとに売り上げたお金の数を聞く。 「ステキな考えだと思う」 「全部，先生って言ってるんじゃないよね。Y男くん，同じ数だけもらうんだって」 「何個分けられるか，配ってみるね」 2枚，3枚，2枚，1枚の順で，計8枚配ることにする。 全体で1枚残る。 「じゃあ，これは先生がお買い物する時のためにもらっておいていい？」	S男「23個たまった」 Y男「62個だよ」 E子「いいな」 G男「60だけ同じ。あと2個で」 W子「なんでこんなに入ってんの？」 E子「全部合わせたら」 A子「合わせる。同じに分けて，残ったら先生にあげる」 Y男「同じといっても，前がいくらかわからない」 A子「先生，ないとかわいそう」 Y男「やだ」 Y男「先生，お店やってないよ」 H男「いやだ」 Y男「とっておきたい。1個足りなくなるし」 H男「分けたら，お金1個残ったらどうするの？」 A子「先生がもらえばいい」 子どもたち「いいよ」「だめ」 K子が足りない。 隣のT男，T男がK子にちょっかい？ J男「（お金を拾って）あまった」 R男「いらない」 H男「あげる」 R男「あげる」 T男は9枚，T男は8枚持っている。 子どもたち「いいよ」
11：11	「C子ちゃんが，ステキなこと考えたんだよね」 「それまで大切にしまっておこう」 「T男くんが，ステキなことを考えてくれた」 「いいね，楽しみにしよう」	C子「誰かに（お店）開いてもらえばいい」 T男「お部屋でパーティして食べない？誰とでも食べていいの」 W子「好きな人と食べる！」 Y男「本当のパーティってね，みんなで食べるんだよ」 子どもたち「いいね」

以下，省略

第三者とは，厳密にいえば，「園の保育に直接関係のない人々」，つまり，保護者を除く，保育研究者や第三者評価機関の評価者など，「園内のスタッフ以外の人びと」のことです。こうした人びとを園に招き，保育実践を観察してもらい，記録したものが第三者記録の代表的なものといえるでしょう。

　保育のふり返り作業は日常的，かつ継続的に実施すべきものです。しかし，毎日，保育研究者や第三者評価機関の評価者を園に招くことは，現実的には難しいでしょう。そのため，第三者をもう少し，幅広くとらえ，「実践を主に展開する保育者以外の者」と考えるとよいでしょう。たとえば，複数担任制のクラスであればリーダーではない保育者，ひとりで担任している場合は園長や主任，フリーの保育者といった，クラス担任ではない園内スタッフに依頼していきましょう。

　このように第三者を幅広く想定すれば，日常的に第三者記録をとることも可能となります。第4章で紹介したイタリアの「レッジョ・エミリア・アプローチ」でも意図的に複数担任制を採用し，その役割を「実践をリードする者」と「記録をとる者」に分けていました。このことを考慮すると，第三者の想定が必ずしも厳密でなくても，有効な記録は可能だと考えられます。

　こうした第三者による「プロセスレコード（逐語記録）」を，より客観的な記録にするためには，観察した場面を，時間経過に基づき，比喩を用いず，忠実かつ丁寧に書き記すことが大切です。いわば，「厚い記述」[*32] を心がけるわけです。こうした事実に即した客観的な記録が示されれば，実践の当事者である保育者は，自らが書き記した「思い出し記録」と照らし合わせ，より丁寧に「省察」を進めることが出来るでしょう。

　また，そのためには，第三者が「プロセスレコード（逐語記録）」をとる場面をあらかじめ当事者である保育者と相談し，確認しておくことも大切です。当事者である保育者が「思い出し記録」と照合し，自らの保育を積極的にふり返ることに役立つ記録を心がけましょう。

(2) 視聴覚記録（AV記録）

　視聴覚記録（AV記録）は，大別すると映像記録と音声記録に分けられます。

❶映像による記録

　映像による記録は，カメラやビデオカメラなどのAV（Audio-Visual）機器を使った記録法です。AV機器を使用する分，保育実践をリアルに再現することができます。

---

*32　人間の行動を理解するため，表面的な記述（薄い記述）にとどまることなく，行動や発話をその社会の文脈に従って丁寧に記述する姿勢を指す。クリフォード・ギアーツ（Clifford Geertz）が『文化の解釈学』（The Interpretation of Cultures, Basic Books, 1973, 吉田禎吾他訳，岩波書店，1987）において，ギルバート・ライル（Gilbert Ryle）の表現を借りて提唱した概念である。

近年，AV機器は操作性も向上し，専門家でなくとも簡単に取り扱うことができます。小型化，リモコン化も進み，実践の当事者である保育者が撮影したい場面を記録することも可能となりました。また，デジタル化に伴い，映像もすぐに再生できます。編集や保存も容易となり，保育のふり返りに活用できる幅も広がりました。

　とはいえ，やはり実践中に担当保育者が子どもにカメラを向けることは限界があります。子どももカメラを意識し，日常的な姿と異なる状態になることも予想されます。そのため，映像による記録は，基本的に第三者に委ねる方がよいでしょう。

　しかし，第三者に撮影を委ねたからといって事実をそのまま撮影できるわけではありません。どこをどのように撮影するかなど，そこには必ず，「機器を操作する側の視点」の影響があります。クラス担任の保育者よりも上司となる園長や主任などが撮影する場合には，その記録から保育者を批判するケースも生じるかもしれません。もちろん，こうした手法が保育の改善につながることもあるでしょう。しかし，実践者にはクラス担任としての意図があり，それに基づき保育を進めているわけです。気づかなかった場面，また，状況により不在となった場面だけを記録され，一方的に批判されては，計画や実践を改善する意欲が減退し，保育者としての自信も失ってしまうかもしれません。

　また，1台のビデオカメラで保育室の様子を記録したとしても，アングル上，すべての状況を撮影することは不可能です。つまり，撮影された部分は事実であっても，それが実践のすべてを記録したものにはなりません。映像の力は大きく，見る者の判断を大きく左右してしまいます。それだけに，記録された結果は撮影者の視点から切り取られたある場面のみであり，必ずしも実践のすべてを映し出しているわけではないことを相互に自覚しておくことが重要です。したがって，担当保育者以外が撮影する場合には，第三者による文字記録同様，映像記録は「当事者記録」の補助的手段として活用するにとどめ，絶対的なものと考えないように気をつけましょう。

　近年，文字記録への負担感から，映像記録が重宝されつつあります。しかし，その方法はメリットだけでなく，デメリットもあることを認識し，映像による記録をひとり歩きさせず，クラス担任の意図を無視した批判材料としない配慮も必要です。

❷音声による記録

　音声による記録とは，ICレコーダーなどの機器を使った方法です。機器を使用するので，実践中の保育者と子ども，また子ども同士の会話をリアルに記録することができます。

　近年，集音性能の向上や機械の小型化も進み，実践の当事者である保育者がポケットに入れておいたり，保育室内に設置しておいたりして録音することが可能となりました。また，デジタル化に伴い，確認したい場面の頭出しや編集も容易になりました。ビデオカメラでも音声を録音できますが，子どもに近づけ過ぎると子どもも身構えてしまうことがあ

ります。そのため，撮影時はどうしても少し距離を取ることになり，再生時，音声が聞き取りにくくなりがちです。しかし，ICレコーダーなどの小型録音機であれば，近距離でも子どもに気づかれず，録音することが可能です。こうした利点を生かし，実践をより客観的に把握できれば，子ども理解や計画，実践の改善も進むことでしょう。「思い出し記録」を補助する手段として，実践の当事者が活用できるものですから，必要に応じて導入していきましょう。

4 保育記録の見直し

　実践の当事者とはいえ，一度で確かな保育のふり返りにつながる「思い出し記録」が書けるわけではありません。やはり，ふり返りを通して，保育記録の内容についても見直しを行い，子どもをみる目，ふり返りの視点を高めていかねばなりません。

　また，ふり返りの視点によって，「思い出し記録」や「エピソード記述」などのさまざまな記録法を活用していくことも大切ですが，それらすべてを実際に行うのは，「書き仕事」が増えてしまい，保育者の負担感も高まってしまいかねません[33]。

　しかし，「思い出し記録」や「エピソード記述」といった新たな保育記録を導入しなくとも，大半の園では「保育日誌」を書いています。負担感を軽減するためには，この「保育日誌」を工夫するのも一案です。せっかく毎日「保育日誌」を書くのですから，園長などと相談し，保育のふり返りにつながるような工夫を検討するとよいでしょう。

　以下に示す「保育日誌」の例は，ある公立保育所で2歳児を担当するK保育者が，自らリーダーとして保育した1日を園指定の様式に普段通り書き記した原文（表7－3）です。

　しかし，このK保育者は，記録のあり方や見直しをテーマとした園内研修において，同僚・先輩保育者から以下のような助言を受けました。

◆反省・考察
①子どもたちの前でスライム作りをしたのは理由があるのか？　あるのならば，その理由を記載した方が良い。
②午前の活動では参加しなかったAだが，午後の活動時には参加していたので，その様子も含めて記載した方がよい。
③ねらいに水遊びもあるが，スライムの活動に絞って子どもの姿をもっと具体的に記

---

[33] こうした保育者の負担感を軽減する方法として，指導計画を「記録と計画を一体化した様式」として作成する方法がある（第6章❹の❸参照）。

載してみてはどうか？
④午前とは違うスライム遊びの様子があるので，具体的な子ども，保育士の姿があるとよい。

こうした助言を受け，納得したＫ保育者は，以下に示す点に留意し，この日の「保育日誌」を書き直すことにしました。

◆どんな点に注意して記載し直すか
①子どもの前でスライムを作ったのは，興味を持たせる目的があったので，その理由も加える。
②粘土のような遊び方が多かったので，スライムの特性を見せるための保育者のかかわり方を追加する。また，それに対しての子どもたちの反応（事実）と保育者の解釈を記載する。
③午前中は興味を示さなかったＡが，午後には参加した事実があったので記載し，今後のかかわり（予測・見通し）を加える。
④午前のスライムの活動とは異なる子どもたちの反応があったため，追加記載する。

表7−3　Ａ　日誌原文　2歳児

ねらい	○水遊びを楽しむ ○スライムの感触を楽しむ
7月30日（水）　天気：晴れ　時間：(12：45)　温度：(25℃)　湿度：(65％)		
保育内容：	室内遊び（スライム）／水遊び／園庭遊び

活動状況及び反省	朝から室内で職員がスライムを作っていると，興味津々で周りに集まってスライムを作る様子をじっと見つめていた子どもたち。おやつ後に早速テーブルに出して遊ぶと，コネコネとこねたり，お団子作りのように丸めたり，ヘビのように長く伸ばしたり，感触を好んで長い時間集中して遊んでいた。全く興味を示さなかったのがＡで，1人，ブロックで遊んでいた。普段も粘土など，あまり関心がないようなので，そういったものにも意図的に誘っていきたい。 　水遊びでは，水遊び用タオルを出して洗濯ごっこをして遊ぶ。ＮやＵはゴシゴシとタオルを洗い，洗濯バサミに挟んで干すのを楽しんでいた。水遊びでいろいろな遊びが楽しめるよう，子どもたちの遊びを見極めながら考えていきたい。 　午後は，スライムが大人気で粘土の型抜きを使って，いろいろな型を抜いたりして楽しむ。

このように修正すべき点を自ら明確にしたK保育者は，1日の保育の流れを把握，また記録しておくために，「B　日誌修正文」（表7-4）に示すように「一日の流れ」という欄を新たに設けるといった工夫をしました。そのうえで，「活動状況及び反省」欄を大幅に加筆・修正しました。

なお，下線と丸数字は筆者が加えたものです。下線部が修正した箇所であり，丸数字は前述した「◆反省・考察」「◆どんな点に注意して記載し直すか」に示されている通し番号を表しています。参考にしてください。

このようにK保育者は，同僚・先輩保育者からの助言や自分なりに整理した視点を踏まえ，自らの意図や配慮，子どもの姿や遊びの展開とその読み取りなどを具体的に書き記

表7-4　B　日誌修正文　2歳児

ねらい	○水遊びを楽しむ ○スライムの感触を楽しむ
7月30日（水）	天気：晴れ　　時間：（12：45）　　温度：（25℃）　　湿度：（65%）
保育内容：	室内遊び（スライム）／水遊び／園庭遊び

一日の流れ：

7:15	9:00	9:30	10:00	10:20	11:00	12:30	15:00	16:00	18:15
順次登園	おやつ	スライム遊び	水遊び（①G）	水遊び（②G）	給食	順次午睡	おやつ	園庭・室内遊び	順次降園

活動状況及び反省

①初めてスライム遊びを行うので，子どもたちの興味が増すよう，子どもたちの遊んでいる側でスライムを作る。②すると，「何やっているの？」と普段はプラレール以外には興味を示さないBも他の子どもと一緒に集まってきた。「おやつ食べたらこれで遊ぼう！」と声をかけると，楽しみからか，皆々とおやつを食べに行く。

おやつ後，早速テーブルに出すと，②A以外のほとんどの子が自分から手を伸ばし触り始め，こねたり，団子作りのように丸めたり，ヘビのように長く伸ばすなど，感触を好んで長い時間集中して遊んでいた。②保育者がスライムを持って子どもの顔の高さ位から逆さにすると，ゆっくり垂れ下がる様子に目を輝かせる子どもたち。早速，CとDは顔を見合わせて真似をし，伸びて落ちる様子に歓声を上げるなど，粘土とも水とも違う不思議な感触を楽しんでいるのが感じられた。

③午後は，室内・園庭と選んで遊ぶ。室内ではスライムを出すと，午前中は声をかけても全く興味を示さなかったAが小人数ということもあってか，参加してくる。普段も粘土など，あまり関心がないようなので，少しずつこうした活動にも意識的に誘い，遊びに広がりを持たせていきたいと思う。

④午前中は感触をたっぷり楽しんだので変化を出すため，型抜きを出す。始めはスライムを詰め込む子が多かったが，やり方を教えると，いろいろな型を抜いて「クッキーだよ」と喜ぶなど，また違う楽しみ方が出来たようだ。

次回は，型抜きの他にもプリンカップなども用意し，見立て遊びが発展できるようにしたい。

すよう修正しました。こうした修正により，複数担任を組む別の保育者も，K保育者の意図や子どもの育ちと課題がより深く理解できました。

　また，「活動状況及び反省」欄を加筆・修正する際，K保育者は，過去の記録に終始するのではなく，把握した事実に基づき，次なる見通しも整理しておくことも意識したそうです。つまり，「事実」を把握し，その「事実」を「解釈（評価）」したうえで，「今後の対応（見通し）」を書き分けていることを心がけたわけです。

　具体的にいうと，たとえば，③の文章のうち「午後は，室内・園庭と選んで遊ぶ。室内ではスライムを出すと，午前中は声をかけても」と，④の文書のうち「午前中は感触をたっぷり楽しんだので変化を出すため，型抜きを出す。始めはスライムを詰め込む子が多かったが，やり方を教えると，いろいろな型を抜いて「クッキーだよ」と喜ぶなど」といった文章は「事実」の把握です。また，③の文章のうち「全く興味を示さなかったAが小人数ということもあってか，参加してくる。普段も粘土など，あまり関心がないようなので」や，④の文章のうち「また違う楽しみ方が出来たようだ。」といった文章は，「事実」の把握に基づく「解釈（評価）」。そして，③の文章のうち「少しずつこうした活動にも意識的に誘い，遊びに広がりを持たせていきたいと思う。」や，最後の文章となる「次回は，型抜きの他にもプリンカップなども用意し，見立て遊びが発展できるようにしたい。」は，「今後の対応（見通し）」を書き記していると理解できます。

　「事実」の把握に基づく「予測」があればよりよいとは思いますが，「保育日誌」が単なる過去の記録ではなく，翌日の見通し，つまり計画としての性格ももつことがわかります。「記録と計画を一体化した様式」を導入しなくとも，このように日々の「保育日誌」に書き記す内容を修正するだけで，実践と評価，そして計画を連動させる姿勢が芽生えてきます。

　新たな記録に取り組むだけでなく，このように既存の書類を見直し，記述内容を工夫する方法でも，計画や実践の改善につなげることが出来るのです。

4　保育者の資質・能力の向上を図る研修・研究のあり方

　保育の質の向上を図るためには，保育を担う保育者自身の資質・能力の向上が不可欠です。そのため，保育の質の向上を目的とするカリキュラム評価も，保育者による自己評価（保育実践のふり返り）を基本としています。

　では，保育者が向上させるべき資質・能力とは，どのようなものなのでしょうか。

1 保育者に求められる資質・能力とは

近年,「学力低下」問題や「小1プロブレム」「幼児期からの心の教育」「食育」など,新たな対応が求められる保育課題が増えており,ますます保育者の資質・能力の向上が必要となっています。こうした幼稚園を取り巻く環境の変化に対応するため,文部科学省は今後,幼稚園教員に求められる専門性として,以下の8点をあげました。

> (1) 幼児理解・総合的に指導する力
> (2) 具体的に保育を構想する力,実践力
> (3) 得意分野の育成,教員集団の一員としての協働性
> (4) 特別な教育的配慮を要する幼児に対応する力
> (5) 小学校や保育所との連携を推進する力
> (6) 保護者及び地域社会との関係を構築する力
> (7) 園長など管理職が発揮するリーダーシップ
> (8) 人権に対する理解
> 引用文献) 幼稚園教員の資質向上に関する調査研究協力者会議報告『幼稚園教員の資質向上について-自ら学ぶ幼稚園教員のために-』(報告),文部科学省,2002

これは幼稚園教員を対象とした指摘ですが,すべて保育所の保育士や幼保連携型認定こども園の保育教諭にも置き換えることが出来るものであり,現代的な保育者の専門的力量といえるでしょう。

2 研修の必要性とその内容

しかし,意気込みだけで保育者の資質・能力が向上できるわけではありません。そこで必要となるのが,保育者の資質・能力の向上,いいかえれば,保育者としての専門的力量を高めるための研修です。『幼稚園教育要領』『保育所保育指針』もこの点を大変重視し,『幼稚園における学校評価ガイドライン』『保育所における自己評価ガイドライン』においても同様の指摘を行っています。たとえば,『保育所における自己評価ガイドライン』では,以下のように述べています。

> 　保育所の自己評価は，保育士等職員一人一人の自己評価が基盤となって行われます。その際，保育の記録や各自の自己評価を，研修やカンファレンス（事例検討や協議等）を通して確認し，話し合うなかで，取組みの結果や保育所の課題について共通認識を深めていきます。職員の協働性を高めながら，課題意識をもって次の保育の計画に活かしていくことや，保育所の組織としての機能を高めていくことが重要です。

　このように，『保育所における自己評価ガイドライン』では，保育者の資質・能力の向上を図るために「保育の記録や各自の自己評価を，研修やカンファレンス（事例検討や協議等）を通して確認し，話し合う」ことを求めています。
　さらに，前述した『幼稚園教員の資質向上について－自ら学ぶ幼稚園教員のために－』では，現職段階を対象にした研修について，以下のような視点や種類を示しています。

> （1）現職段階における基本的視点
> 　①研修の役割と構造化
> 　②研修の目的・目標・手法
> 　③自主的研修の意義
> 　④資質向上への動機づけ
> （2）園内研修・園外研修の充実
> （3）教職経験に応じた研修の充実
> 　①新任教員・若手教員
> 　②中堅教員
> 　③管理職
> 　④指導力の向上が必要な教員
> （4）多様なニーズに応じた研修
> 　①多様な保育ニーズへの対応・得意分野の育成
> 　②上級免許状取得の促進
> 　③幼小免許併有機会の拡大
> 　④情報通信技術を活用する能力の習得
> 　⑤外部機関の活用・連携
> 　⑥研究活動や国際経験などの活用
> （5）自主的研修の環境の整備
> （6）研修方法の充実
> 　①実践的な研修・外部講師の招聘

②自己点検・自己評価による研修の改善
③合同研修
④研修成果の共有
(7) 地方公共団体による研修体制の充実
①地方公共団体の役割
②市町村間での研修協力体制
③国公私立幼稚園の合同研修
(8) 養成機関との連携及びその研修機能の強化
(9) 管理職の登用と円滑な登用のための研修

引用文献）幼稚園教員の資質向上に関する調査研究協力者会議報告『幼稚園教員の資質向上について－自ら学ぶ幼稚園教員のために－』(報告)，文部科学省，2002

　これは幼稚園を対象とした例示ではありますが，これも保育所や認定こども園に置き換えることが出来るものでしょう。
　保育者が自ら進める自己研修・自己研鑽を始め，保育者間で検討を重ねる相互研修，また，園内のスタッフで進める園内研修や園外に出向く外部研修，さらに経験年数や役割が近い者同士で進める初任者研修や中堅研修，管理職研修など，さまざまな研修を組み合わせながら実施していくことが求められます。必要に応じて研修の種類を選び，保育者一人一人の専門的力量を高めていくようにしましょう。

3　保育カンファレンスの活用

　『幼稚園教育要領』『保育所保育指針』は，研修の中でもとくに園内研修の重要性をくり返し指摘しています。そしてさらに，事例検討や協議などを行う「カンファレンス（conference）」[34]を実施することも求めています。
　こうした「カンファレンス」を授業研究にいち早く応用した稲垣忠彦（いながきただひこ）[35]は，具体的な進め方として，以下の手順を考案し，実行しました。

---

[34] もともと医療やカウンセリングの現場で，医師や看護師，カウンセラー，ケースワーカーなどが一堂に会し，臨床事例に対し，それぞれの立場から意見を述べ，より適切な診断や処置，さらに各自の専門的力量を向上させる機会を指す。つまり，一般的な会議とは異なり，意図的に立場が異なる人々が集い，ひとつのテーマを多角的に検討，協議し，同時に互いを高め合う機会を指すものである。

[35] 稲垣忠彦（1932〜2011）：東京大学教授として，わが国の教育学研究，特に授業研究をリードした。

> （1）ビデオを利用し，映像によって実践を対象化するとともに，授業の中で見おと
>   していた子どもの表現をとらえ，子どもへの理解を深めること．
> （2）学校や研究会において，お互いにビデオを見あい，それぞれの授業における判
>   断や見解を交換し，それをとおして，相互に授業を見る目をひろげ，きたえること．
> （3）さらに同じ教材で複数の教師が授業をおこない，その比較をとおして，それぞ
>   れの授業の特質や問題を検討すること
>
> 引用文献）稲垣忠彦『授業研究の歩み－1960-1995年』評論社．pp.323-324．1995

　このように「授業のカンファレンス（臨床研究）」は，授業を見直し，その改善を図るための方法であり，同時に，実践の主体者である教師が自らを変える機会としても位置づけられるものでした。これを保育に援用したものが「保育カンファレンス」です。

　計画や実践の見直しは，保育者一人一人の子どもをみる目，実践をふり返る視点に大きく左右されます。ふり返りの視点が適切なものであれば，計画や実践も改善へと向かうでしょう。しかし，時にはふり返っても計画や実践の課題がみつからず，改善が進まないケースもあります。個々の力には限界もありますから，こうした事態も少なからず生じるわけです。そんな時，自分とは異なる立場の人びとと同じ事例を協議，検討し合うことは，視点を広げる機会となります。「保育カンファレンス」とは，こうした機会を意図的に設けるということなのです。

　「保育カンファレンス」を実施する場合，そのメンバーは同じ年齢を担当する保育者同士だけではなく，ほかの年齢を担当する保育者や園長，主任などを加えて実施することになるでしょう。実際，事例検討を主にする園内研修を「保育カンファレンス」と呼んでいる園もあります。子どものことを知りつつも，直接かかわりをもたなかった先輩・同僚たちからの意見は，クラス担任にとって子どもの意外な側面を発見することにもつながります。

　ただ，園内のメンバーだけでは子ども観，保育観が共通している分，異なる視点からの意見は出にくいことも予想されます。また，上司と部下という関係が前提になっていると，対等の立場で意見を述べ合うことも難しくなりがちです。

　そこで，「カンファレンス」の本来の意味を踏まえ，園内のメンバー以外にも積極的に参加を求め，相互に高め合う機会を設けることが必要となります。たとえば，保育研究者を招き，対等な立場で事例検討会を実施したり，保護者との協議会を設け，互いのかかわりを見直す機会にしたりするのもよいでしょう。このような方法は，計画や実践の見直しを「独りよがり」にしないためにも必要な工夫です。こうした立場の異なる人びとと，事例を多様な角度から協議，検討することを通して，個々の保育者の子ども理解も深まり，

保育観の再構築も図られていくことでしょう。そして、その結果、子ども中心の保育を意図した計画を自ら立案していく保育者の構想力など、保育者の専門的力量も向上していきます。保育現場において、こうした「保育カンファレンス」をカリキュラム評価の一環として組み入れ、位置づけていくことが大切です。

なお、稲垣の「授業のカンファレンス（臨床研究）」ではビデオが活用されていますが、その前提には明示化された授業案があることも忘れてはなりません。前述したように、映像記録にはデメリットもみられます。ビデオを用いて「保育カンファレンス」を行う場合は、そうした点に配慮し、研修を進める必要があるでしょう。

たとえば、第4章で紹介したイタリアの「レッジョ・エミリア・アプローチ」[*36]では、保育者だけでなく、「ペダゴジスタ（pedagogista）」（教育学者）と呼ばれる教育主事と、「アトリエリスタ（atelierista）」（芸術家）と呼ばれる芸術教師という立場が異なる三者が対等に協議し合い、計画づくりや実践の改善を図っています。そして、その協議は「ドキュメンテーション（documentation）」と呼ばれるさまざまな手法による記録を用いて進められます。「保育カンファレンス」も、こうした「ドキュメンテーション」を基盤に展開することが求められます。

4 研修から研究者と共同した実践の研究へ

研修にとどまらず、研究を進めていくことは、保育者の資質・能力を向上させるためにも、実践上の問題を解決するためにも必要な取り組みです。保育者は実践者であると同時に、ひとりの研究者であることを自覚し、自らの実践や計画のあり方を研究して、その成果を課題解決につなげる研究的実践者の姿勢を心がけましょう。

しかし、実践者である保育者だけで研究を進めていくことは、難しいでしょう。そこで活用したいのが大学の教員など、専門的な研究者です。研究方法ひとつとっても見当がつかないケースもありますから、研究者から助言を得るとよいでしょう。保育実践を対象とする研究を進める研究者の中には、自ら保育現場に研究を依頼するケースもありますから、共同で研究を進めることも出来るでしょう。そういう点からみても、研究者を講師に招いて行う「保育カンファレンス」は、よいきっかけとなるはずです。

研究者との共同研究を進める際、留意すべき点は、その関係性です。とかく研究者と保育者の関係は上下の関係になりがちです。保育者が卒業した養成校の恩師を招く場合、こうした関係性は、より強固なものとなるでしょう。また、助言者として研究者を招く場合も、

[*36] 第4章❸ (4)、および「カリキュラム研究の動向⑥」参照

対等性を確保することは難しいでしょう。なぜなら、研究者は常に助言を与える側、そして保育者は常に助言を受ける側として固定されるからです。しかも、研究者は自ら実践できるわけではありません。にもかかわらず、保育者の実践上の問題点を指摘し、その改善法を一方的に助言するとしたら、保育者は素直に受け止めることができず、反発さえ覚えるでしょう。真面目な保育者であればあるほど、自信を失うことも予想されます。

　こうした研究者と実践者にみられる上下関係を、佐藤学は「『見る－見られる』の権力関係」と呼び、「対等な関係へと置き換えることは至難である」と指摘しています[37]。とすれば、両者はこうした関係性を自覚したうえで、立場の違いを踏まえたアプローチを努力、工夫し続けるしかありません。

　その一例が、教育実践の改善、また学校全体の変革を目指して、研究者と教師が共同研究を進める「アクション・リサーチ（Action Research）」[38]です。

　この研究方法は、とかく中立的な立場が求められることが多い研究者の姿勢を見直し、価値判断を伴う実践に積極的にかかわることを求めるものです。そして、実践の意図や文脈を踏まえたうえで、自らの解釈を実践者に伝え、両者で検討し合うことを特徴とします。こうしたアプローチを、研究者と実践者の間に必然的に存在する権力関係を自覚しつつ実行し、研究課題の解明に向け、互いに遠慮せず努力し合うわけです。

　また、わが国の学校現場で長く実施されてきた「研究授業」も、実践を対象とした研究を進めるうえで有効な方法です。この「研究授業」は、近年、海外で「レッスンスタディ（Lesson Study）」と呼ばれ、高い評価を受け、広がりを見せています。これは、保育で言えば「公開保育」ということになるでしょう。ジーン・ウルフ（Jeanne Wolf）と秋田喜代美によれば[39]、「レッスンスタディ」は「アクション・リサーチ」のひとつといえるものです。

　ただ、「アクション・リサーチ」が通常、研究者と特定の教師だけで取り組み、実践的な課題が解決すれば終了するのに対し、「レッスンスタディ」は学校全体、かつ年度単位で取り組まれるものです。そして、参観者も招くため、必然的に全教職員が参画することになります。こうした体制によって進められる「レッスンスタディ」は、教職員同士の共

---

[37]　佐藤学「教室のフィールドワークと学校のアクション・リサーチのすすめ」、秋田喜代美・佐藤学・恒吉僚子編『教育研究のメソドロジー』東京大学出版会、pp.3-13、2005

[38]　もともとはクルト・レヴィン（Kurt Lewin）が開発した研究方法であり、実地研究も重視し、社会行動の変革を目指すものである。具体的には、「計画－実践－評価－修正－適用」の5段階を通して、組織における集団行動のあり方や相互の関係性の改善を図る研究方法である。佐藤によれば、1970年代以降、イギリスのカリキュラム研究者を中心に教育研究にも応用され、今では、研究者が教師と協同関係を築いて展開する実践的探究を指すようになった。（佐藤学「教育方法学」岩波書店、1996）

[39]　ジーン・ウルフ／秋田喜代美「レッスンスタディの国際動向と授業研究への問い」、秋田喜代美、キャサリン・ルイス編『授業の研究 教師の学習－レッスンスタディへのいざない』明石書店、pp.24-48、2008

第7章　カリキュラム評価のあり方

同体意識が高まる中で，互いの実践的な研究活動が進められていく，という特徴があります。

このように「レッスンスタディ」は，実践を公開し，参加者の力も借りながら学校全体で教師の専門的力量を向上させるシステムです。保育現場においても園全体で保育者の専門的力量の向上を図るうえで，参考にすべきものでしょう。「園内研修」を「園内研究会」ととらえ直し，かつ，「公開保育」も推進する中，実践的な研究を組織的に展開していくことが望まれます。

以上のように，保育者の資質・能力の向上を図るためには，研修を研究へと発展させるとともに，研究のための研究ではなく，計画や実践の改善につながる実践的な研究を進めることが重要なのです。

♣参考・引用文献
○ Eisner.E.W., The Educational Imagination, Macmillan, 1979
○ 秋田喜代美・佐藤学・恒吉僚子 編『教育研究のメソドロジー』東京大学出版会，2005
○ 秋田喜代美・キャサリン・ルイス 編『授業の研究 教師の学習—レッスンスタディへのいざない』明石書店，2008
○ 秋田喜代美・佐川早季子「保育の質に関する縦断研究の展望」『東京大学大学院教育学研究科紀要』第51巻，2011
○ 稲垣忠彦『授業研究の歩み—1960-1995年』評論社，1995
○ C.エドワーズ・L.ガンディーニ・G.フォアマン 編，佐藤学・森眞理・塚田美紀 訳『子どもたちの100の言葉—レッジョ・エミリアの幼児教育』世織書房，2001
○ OECD 編（星美和子・首藤美香子・大和洋子・一見真理子 訳）『OECD保育白書—人生の始まりこそ力強く：乳幼児期の教育とケア（ECEC）の国際比較』明石書店，2011
○ 大宮勇雄『保育の質を高める』ひとなる書房，2006
○ 小川博久編『保育実践に学ぶ』建帛社，1988
○ Geertz.C., The Interpretation of Cultures, Basic Books, 1973（吉田禎吾・柳川啓一・中牧弘允・板橋作美 訳『文化の解釈学』岩波書店，1987）
○ 鯨岡峻・鯨岡和子『保育のためのエピソード記述入門』ミネルヴァ書房，2007
○ 佐藤学『教育方法学』岩波書店，1996
○ Schön.D.A., The Reflective Practitioner:How Profeessionals Think in Action, Basic Books, 1983（佐藤学・秋田喜代美訳『専門家の知恵—反省的実践家は行為しながら考える』ゆみる出版，2001）
○ Scriven.M., Evaluation Thesaurus (4th ed), Sage, 1991
○ 田中耕治編『よくわかる教育評価』ミネルヴァ書房，2005
○ 続有恒『教育評価』第一法規，1969
○ 津守真『保育の体験と思索—子どもの世界の探究』大日本図書，1980
○ Dewey.J., How We Think, D.C.Heath & Co., Publishers, 1910
○ 中留武昭『カリキュラムマネジメントが学校を変える』学事出版，2004
○ 根津朋美『カリキュラム評価の方法—ゴール・フリー評価論の応用—』多賀出版，2006
○ Bloom, B.S., Txaonomy of Education Objective, The classification of educational goals. Handbook I: Cognitive domain. London: Longman, 1956
○ 「保育プロセスの質」研究プロジェクト（代表：小田豊）『子どもの経験から振り返る保育プロセス—明日のより良い保育のために—』幼児教育映像制作委員会，2010
○ 師岡章『保育の評価とカリキュラム』，無藤隆編『幼児の心理と保育』ミネルヴァ書房，2001
○ Laevers.F., Self-Involvement Scale for Care Settings, http://www.kindengezin.b e/algemeen/english-pages.jsp
○ レヴィン，末永俊郎 訳『社会的葛藤の解決—グループダイナミックス論文集』東京創元社，1966

カリキュラム研究の動向 ❼
再注目される「イマージェント・カリキュラム」

　アメリカでは，目の前の子どもの要求に合わせてカリキュラムは変更されていくべきとの立場から，「イマージェント・カリキュラム（emergent curriculum）」という考え方が提唱されてきました。わが国では「緊急カリキュラム」と訳されてきましたが，近年，アメリカでは，イタリアのレッジョ・エミリア・アプローチに刺激を受けて，プロジェクト型実践の展開を試みる保育関係者たちの間で改めて注目されています。

　ちなみに，「emergent」とは，一般に「（人・物が）現れ出る」「緊急の，不意の」と訳される言葉です。つまり，当初，隠れて見えなかったが，命あるものゆえ，突然，姿を現す様子を指しています。これを保育・教育に援用し，柔軟な計画づくりを進めていこうとするものが「イマージェント・カリキュラム」です。

　現在，わが国でも注目されつつあり，たとえば，秋田喜代美は「創発するカリキュラム」と訳し，「伝統的な指導計画」案とは異なる考え方である，と指摘しています。また，加藤繁美は自らが考案した「対話的保育カリキュラム」のうち，「生成発展カリキュラム」は，「イマージェント・カリキュラム」にヒントを得た，と述べています。さらに，前原寛は「創発カリキュラム」と訳し，その考えに基づき，自らの保育園での計画づくりと実践を展開しています。

　ただ，「イマージェント・カリキュラム」は，プロジェクト型実践を前提とした計画づくりのコンセプトです。しかし，保育実践はプロジェクト活動のみで展開されるわけではありません。たとえば，基本的生活習慣の自立を促す援助場面も重要な保育です。

　また，E. ジョーンズ（Elizabeth Jones）は，「イマージェント・カリキュラムは，多くの喜びや新しい発見が起こった後でなければ実際に書くことはできません。つまり，イマージェント・カリキュラムは事後のカリキュラム」であると指摘しています。プロジェクト活動の展開過程において，子どもたちと保育者との絶え間ない対話を通じてカリキュラムが出現し，柔軟に調整される「イマージェント・カリキュラム」の性格をよく言い表した指摘といえます。しかし，「事後のカリキュラム」という点を強調すると，事前の見通しを立てる作業を疎かにする姿勢につながりかねません。大切なのは，こうした実践的な問題も視野に入れた対応，つまり理想と現実の違いを自覚しておくことなのです。

◆参考文献
・秋田喜代美『知をそだてる保育－遊びでそだつ子どものかしこさ』ひかりのくに，2000
・加藤繁美『対話的保育カリキュラム〈上〉理論と構造』ひとなる書房，2007
・前原寛・阿部和子『保育課程の研究－子ども主体の保育の実践を求めて』萌文書林，2009
・J.ヘンドリック編（石垣恵美子・玉置哲淳監訳）『レッジョ・エミリア保育実践入門－保育者はいま，何を求められているか』北大路書房，2000
・S.Stacey., Emergent Curriculum in Early Childhood Settinga, Redleaf Press, 2009

8 子ども理解と「幼稚園幼児指導要録」「保育所児童保育要録」「認定こども園こども要録」

　保育者の援助や指導は，担当する子どもをどのように理解しているかによって大きな影響を受けます。それゆえ，保育者のかかわりと子ども理解は，切り離すことができません。
　保育者は，援助や指導を適切に行いたいと考え，計画を立てます。その際に前提となるのが，計画の中身をも左右することとなる「子ども理解をどう進めるか」ということであり，とても大切な保育課題です。
　では，どのようにしたら，子どもを適切に理解することが出来るのでしょうか。
　本章では，子どもをより適切に理解するための方法を考えつつ，子どもの育ちにかかわる資料として，幼稚園，保育所，認定こども園で作成が義務づけられた「幼稚園幼児指導要録」「保育所児童保育要録」「認定こども園こども要録」[*1] を取りあげ，その意義や性格，記載方法について検討していきましょう。

1 子ども理解と「要録」をめぐる課題

　子ども中心の保育を展開していくうえで，子ども一人一人をより確かに理解していくことは大切です。しかし，子ども理解を難しいと感じる保育者は，意外に多いようです。
　では，なぜ，子ども理解を難しいと感じるのでしょうか。

1 子ども理解の困難さと重要さ

　子ども理解は，保育者が子どもという他者を理解することです。ただ，誰でも，どんなに親しい人のことであっても何から何まで完全に理解することは不可能です。まして，保育では大人である保育者が，幼い子どもをとらえようとするわけです。そう簡単に理解で

＊1　以下，この3種類をまとめて論ずる際は，「要録」と表記する。

きるわけがありません。

　しかも，乳幼児期の子どもは，大人よりも未分化な面をたくさんもっています。そして，その生活はさまざまな要素が複雑にからみあって展開されており，「今は何をしているか」また，「何を学んでいるのか」などは，区別しにくい面もあります。さらに，言葉の発達も未熟で，自分の思いを大人ほど明確に伝えられるわけでもありません。

　たとえば2歳児などは，食事中でありながら，スプーンでスープをかきまぜることに夢中になっていることがあります。また，トイレに行っても，便座に座ったまま，トイレットペーパーを巻き取ることに夢中になっている場合もあります。大人からすると，思わず「今，何してる時?!」と注意したくなる場面でしょう。しかし，子どもにしてみれば興味・関心に応じて，自然に行動したにすぎません。大人は仕事と遊び，さらに食事や排泄などの基本的生活を区別して行動しますが，幼い子どもはまだその境目をあまり意識していないのです。

　保育者は，日々，こうした複雑多岐にわたる子どもの行動に直面していきます。それだけに，一面的な見方では誤解も生じます。子どもの姿の多様さ，複雑さに魅力を感じつつ，ありのままの姿を丁寧に理解していくことが求められます。その際，子ども理解の困難さを自覚しておくことが重要です。なぜなら，わからないからこそ，人は慎重かつ真剣に理解しようと努力するからです。こうした姿勢が，よりよい保育を進める土台をつくるのです。

　他者の気持ちをより確かに理解をするためには，まずかかわってみることが大切です。自分の気持ちを言葉で十分に表現できない乳幼児期にあっては，なおさらのことです。

　ただ，近すぎるとみえない，また，気づけないことが多いのも事実です。そこで，時には意識的にみる姿勢，観察する時間をもつことが必要となります。物理的にも，心理的にも少し距離を置くことでみえてくることも多いはずです。子ども理解の困難さを自覚していれば，こうした姿勢を心がけることも出来るでしょう。そして，観察した結果は個人記録としてまとめ，保育記録と同様に「省察」を行い，より適切な子ども理解につなげていくようにしましょう。

2　要録の取り扱いをめぐる問題

　2009（平成21）年度から，保育所において「保育所児童保育要録」[*2]が作成されることになりました。1951（昭和26）年度から幼稚園の「幼稚園幼児指導要録」[*2]が作

---

*2　本章❹を参照

第8章 子ども理解と「幼稚園幼児指導要録」「保育所児童保育要録」「認定こども園こども要録」

成されていたことを考えると，約60年遅れの新たな動きといえます。なお，2006（平成18）年10月からスタートした認定こども園では，当初から「認定こども園こども要録」[*2]の作成が求められています。

　制度的に学校である幼稚園と，児童福祉施設である保育所，また，両者の機能を合わせもつ認定こども園は，目的や役割が異なります。しかし，在園している子どもは，いずれの保育現場を卒園したとしても，みな変わりなく，小学校教育を受けるわけですから，保育段階で取り組むべきことに違いがあってはなりません。要録も同様です。その意味で，遅ればせながら，要録に関しても幼稚園，保育所，認定こども園が足並みをそろえたことは歓迎すべきことです。

　ただ，要録を小学校に送付する際の取り扱いについては，必ずしも足並みがそろっているとはいえません。たとえば，様式ひとつとっても，統一的なものではありませんし，自治体によっては「保育所児童保育要録」をあらかじめ保護者に開示し，その内容を確認してもらうケースもみられます。しかし，これまで幼稚園現場では原則，「幼稚園幼児指導要録」を保護者に確認してもらうような対応をしてきていません。こうした取り扱いの違いがみられると，要録を受け取る小学校側も混乱するでしょう。

　この「保育所児童保育要録」の取り扱いについては，2008（平成20）年に厚生労働省雇用均等・児童家庭局保育課が取りまとめた『改定保育所保育指針Q&A 50（改定保育所保育指針研修会配布資料）』において，以下のように説明されています。

> Q19. 個人情報保護や保護者への周知について，どのようにするのか？
> A. 保育要録は，子どもの氏名，生年月日などの個人情報を含むことから，適切に取り扱うことが求められます。実際には，個人情報の保護に関する法律において，保育指針が「法令」であることから，<u>「例外的に同意が不要となる場合」（個人情報の保護に関する法律第23条第1項第1号）に該当します。このため，保育要録を小学校に送付するにあたり，本人（保護者）の同意は不要とされます。</u>しかし，保育要録の送付の目的やその趣旨について，あらかじめ保護者に対して周知しておくことが望ましく，入所の際の説明会や懇談会など様々な機会を通して保護者の理解を得ておくことが望ましいと考えます。
> 　　　　　　　　　　　　　　　　　　　　　　　　　　　　（注：下線筆者）

　このように，「保育所児童保育要録」を小学校に送付することは保護者に伝えておくものの，その記述内容の確認については，保護者はもちろんのこと，本人（子ども）の同意も，例外的に不要としているわけです。こうした取り扱い方は，「認定こども園こども要録」も同じです。

近年，小学校以降の学校現場で，通知表を配布する前に出欠状況だけでなく，成績評価も保護者に確認してもらうというある自治体の対応がニュースとなり，疑問視されました。なぜなら，成績評価を保護者が事前にみて，納得がいかなければ，変更しかねないケースが生まれるからです。こうした対応をくり返していけば，教育の専門家である教師の立場もゆらぎかねず，責任をもって学習指導を展開してきた事実も歪んでしまうかもしれないからです。「保育所児童保育要録」を保護者に確認してもらうことになると，同じような問題が生じかねません[*3]。

　すべての保育現場が，小学校に要録を送付する動きは，始まったばかりです。ここで指摘した問題も含め，まだまだ課題は多いでしょう。こうした課題を解決するためには，要録に関する法的な位置づけや取り扱いの基本を再確認しておくことが必要です。

2　子ども理解を高める観点と方法

　一人一人の子どもがどんなことに興味・関心をもっているのか，また，どんな点につまずきを感じているのかを把握するためには，観点を明確にしておくことが大切です。要録において，子どもの育ちを記載するうえでも同様に重要です。

　そこで，近年，注目されている子ども理解の新しい観点や，新しい観点に基づく方法を紹介しておきましょう。

1　「アセスメント」としての子ども理解

　近年，子どもの育ちと課題を把握する営みを，「評価（evaluation）」[*4]ではなく，「アセスメント（assessment）」[*4]という言葉でとらえる動きがみられます。理由は，「評価」という言葉を使うと，ペーパーテストを連想し，その結果だけで子どもを数量的に値踏みすることにつながりかねないからです。こうした見方を改善するため，1980年代以降，多角的な視点，また，方法を用いて子ども理解，さらに実態把握を進めるべきという機運が高まりました。その中で注目されてきたのが「アセスメント」です。

[*3]　なお，障害のある子どもをもつ保護者が，小学校側に特別に配慮してほしいことがある場合に備え，近年，自治体によって「要録」とは別に「就学支援シート」といった別書類を用意している。この「就学支援シート」は，園と保護者が協力して作成するものであり，保護者の要望を小学校に伝える手段として活用されつつある。

[*4]　一般には，「判定」「査定」と訳される。「評価」とも訳されるが，同じく「評価」と訳される「evaluation」と異なり，多様なデータを用いるところに特徴がある。たとえば，わが国では，環境汚染が社会問題化した頃から，その問題解決を図るため，多様なデータを駆使し，実態を多角的に把握する方法が重視された。この方法は「環境アセスメント」と呼ばれる。

第8章　子ども理解と「幼稚園幼児指導要録」「保育所児童保育要録」「認定こども園こども要録」

　たとえば，高浦勝義は「evaluation」と「assessment」を以下のように，明確に区別することを提案しています。

> 　子どもの学習の過程や成果に関する真の姿をとらえるためにいろいろな評価資料・情報を収集する行為は「査定」（assessment）であり，これらの情報から何かを読みとり解釈し，教育上の価値判断（＝決定）をする行為は「評価」（evaluation）であるとされ，両者は厳密に区別されている。
> 引用文献）高浦勝義『絶対評価とルーブリックの理論と実際』黎明書房，p.73，2004

　「assessment」を「査定」と翻訳すると，違和感がある保育者も多いと思います。しかし，ここで「assessment」が強調する意味は，子どもの育ちと課題を把握するために，多角的な資料収集を用いることが大切だということです。前述した子ども理解の困難さを踏まえれば，保育においてこそ，より幅広い視点から実態を把握することが求められます。保育記録とともに，個人記録が重視されるのもそのためです。「assessment」を「査定」ではなく，そのまま「アセスメント」としてとらえ，子どもをより適切に理解し，実態把握に努め，計画や実践の改善につなげたいものです。

2　「真正の評価」という考え方

　子どもを育てるうえで，現実の生活で役立つ力の育成を重視し，その力がどの程度，身についたかを理解する観点として登場してきたのが「真正の評価（authentic assessment）」[*5]です。その趣旨は，以下の通りです。

> 　子どもたちに，大人が現実＝真正の世界で取り組むものと同様の課題に取り組ませて，その過程で子どもたちが示す活動・作品といった作業実績を評価対象の機軸に据えられる。ここには，学力評価において，学校内部でしか役に立たない能力ではなく，社会的・現実的問題解決の能力＝真正の能力を重視し，さらに子どもを知識・意味の再認・再生に終始する受動的役割から，それらを生産する積極的な活動主体へと転換

[*5]　「authentic（オーセンティック）」とは，「本物の」という意味である。田中耕治編『よくわかる教育評価』（ミネルヴァ書房，2005）によれば，教育評価において「authentic」という言葉を使い始めたのは，グラント・ウィギンズ（Grant Wiggins）である。その著書『Educative Assessment : Designing Assessments to Inform and Improve Student Performance』（Jossey-Bass Publishers，1998）によれば，「真正の評価」とは「大人が仕事場や市民生活，個人的な生活の場で試されている，その文脈を模写すること」（p.34）である。

257

させようとする意図があるものと考えられる。
引用文献）日本カリキュラム学会編『現代カリキュラム事典』ぎょうせい，pp. 190-191，2001

　こうした「真正の評価」は，わが国ではゆとり教育の推進とともに重視されるようになった「生きる力」[6]の育成，幼児期の保育においては「生きる力の基礎」[7]の育成という新たな目標設定のコンセプトに相通ずるものです。

　小学校教育の先取りではなく，乳幼児期の発達特性を踏まえて「生きる力の基礎」を育成するためには，生活を通した保育の展開が求められます。乳幼児期の子どもに大人の現実生活と同じ課題を促すことは無理ですが，この時期は，直接体験を通してさまざまなことを学んでいく大切なときです。そのため，たとえば，動植物への興味・関心の高まりを，実際に子どもが飼育・栽培し，その結果を丁寧に把握する中で確かめていくというように，保育においても「真正」，つまり，「本物」との出会いを重視していく必要があります。何を「真正」また「本物」ととらえるかについては，保育者間でも議論があるところでしょう。しかし，その点を検討するためにも，子どもの多様な体験を，より多角的な視点と方法から把握していくことは重要です。より丁寧な実態把握を心がけ，そのうえで保育においても「真正の評価」という視点から子ども理解を進めていきたいものです。

3　「ポートフォリオ評価」と「パフォーマンス評価」

　「真正の評価」を具体的に進めようとする中，新たな評価方法として注目されているものに「ポートフォリオ評価（portfolio assessment）」[8]と「パフォーマンス評価（performance-based assessment）」[9]があります。その趣旨は，以下の通りです。

---

[6] 1989（平成元年）の『学習指導要領』改訂において示され，今日においても堅持されている文部科学省が示す教育理念。具体的には「基礎・基本を確実に身に付け，いかに社会が変化しようと，自ら課題を見つけ，自ら学び，自ら考え，主体的に判断し，行動し，よりよく問題を解決する資質や能力，自らを律しつつ，他人とともに協調し，他人を思いやる心や感動する心などの豊かな人間性，たくましく生きるための健康や体力」などを指す。

[7] 1989（平成元年）の『幼稚園教育要領』改訂において示され，今日においても堅持されている文部科学省が示す幼児期の教育理念。小学校以降の教育において，「生きる力」を育成するうえで，基礎となるものを指す。具体的には，「5領域」のねらいとして示されている「心情・意欲・態度」のすべてを指す。

[8] 「ポートフォリオ」とは，本来，写真家や画家などが作品をファイルしておく「折りカバン」「紙ばさみ」のことを指す言葉である。このイメージを子どもを評価する方法として活用するものである。

[9] 「パフォーマンス」とは，本来，「上演」「演技」「遂行」「実行」を指す言葉である。近年，わが国でも英語のまま使用され，芸術的な演技だけでなく，人目を引く表現行為すべてを指すようになっている。こうしたイメージを子どもを評価する方法として活用するものである。

第8章　子ども理解と「幼稚園幼児指導要録」「保育所児童保育要録」「認定こども園こども要録」

> 　学び手が特定の目的に沿って学んだ事柄を長期にわたって収集し，それを多様に評価して新たな学びの方向づけをするもの。　〜（中略）〜
> 　そのポートフォリオに含まれるのは，学びのめあて，収集した資料，写真やカセットテープやビデオテープ，日記，作文・手紙，絵・イメージマップ・イラスト，インタビュー記録，チェックリスト，レポートの下書きや完成したもの，などの学習物とそれに対する振り返りメモである。
> 引用文献）日本カリキュラム学会編『現代カリキュラム事典』ぎょうせい，p.194，2001

> 　学び手が学んだことを応用したり，転移させたりし，そこで示される観察可能なパフォーマンスを通して評価しようとする。パフォーマンスは，遂行行動とも訳されるが，思考のはたらきの外部指標であり，1つの単位となった動作で，長期間の一連のパフォーマンスは特定の目的によって統合されており，情報を集約し取り込む認知とは相互補完の関係にある。
> 引用文献）日本カリキュラム学会編『現代カリキュラム事典』ぎょうせい，pp.194-195，2001

　このように，「ポートフォリオ評価」と「パフォーマンス評価」は，子どもが表現するものすべてを用いて，子どもの評価を進める方法です[*10]。

　もちろん，教科教育を主としない保育段階において，子どもの学力を対象とした評価方法は縁遠さを感じる面もあります。しかし，子どもの育ちと課題を把握する方法として，子どもが表現するすべてを対象とすることは，保育においてこそ，重視されるべきものです。また，子ども中心の保育は，主体である子ども自身がさまざまな体験を通して育つことを前提としたものであり，自ずとそうした主体的な体験を重視することになるはずです。したがって，「ポートフォリオ評価」や「パフォーマンス評価」は，保育においても活用すべきものです。

　幼稚園を中心に，保育現場では，これまでも子どもの絵などをファイルし，年度末に子ども（保護者）に手渡し，その育ちを実感してもらうことを大切にしてきました。こうしたファイルも子ども理解を進めるための記録の一種と考えれば，子どもの育ちと課題を把握する方法の幅も広がることでしょう。

　子どもは，園内でさまざまな遊び（活動）をしています。絵だけでなく，空き箱を使っ

---

*10 「ポートフォリオ評価」と「パフォーマンス評価」が提唱された背景には，構成主義的な学習観・知識観がある。この構成主義的な学習観・知識観とは，本物の学習，また子どもが獲得する本物の知識を，教師から教えられたことを受動的に習得することではなく，主体としての子どもが，自ら構成していく結果として形成されていくものである，ととらえる考え方である。

て工作も行いますし，ごっこ遊びではふりを楽しんだり，遊びに必要な物も作ったりします。砂場では山や川などパノラマ風の遊びを展開し，それを残すことも好みます。こうした遊びのプロセスや痕跡を写真やビデオなどで記録しておけば，保育者も子どもの興味・関心の所在，成長のプロセスをより具体的に把握することが出来るでしょう。

また，本来，運動会や作品展，劇の発表会などの行事は，表現された作品やパフォーマンスを公開し，園と家庭の双方で子どもの育ちを確かめる目的をもった機会です。しかし，現在では，園によって，運動会のプログラムや作品展に展示するものを子どもに考えさせ，子ども自身が自らの体験をふり返る機会にする実践としても展開されています。

「ポートフォリオ評価」や「パフォーマンス評価」は，これまで保育現場で取り組んできたことが，子どもの育ちと課題を把握する方法として役立つことを改めて気づかせてくれるものです[*11]。数値化できない内面的な育ちに着目した子ども理解を進めるためにも，大いに活用したい方法です。

3 要録の取り扱い方

子どもの育ちにかかわる資料として，幼稚園，保育所，認定こども園で作成が義務づけられている要録は，どのように取り扱えばよいのでしょう。

その意義や書き方を理解するために，まず，要録の変遷を把握しておきましょう。

1 要録の変遷

子どもの育ちにかかわる資料である要録は，制度的に学校である幼稚園を対象に作成が求められてきました。

(1) 1951（昭和26）年版の「幼児指導要録」

1951（昭和26）年，当時の文部省が，幼稚園を対象に初めて示した要録が「幼児指導要録」です。この「幼児指導要録」には，表8－1に示したように「評価」欄が設けられ，その結果を目盛りに記載する方法が示されました。

そして，「評価の観点は，幼児が，そのよりよい成長発達を遂げるために，必要でありかつ望ましい状態や態度や能力を示した機会の多寡にこれを置いた」との趣旨のもと，8つの事項[*12]に示された各評価内容ごとに，目盛りに示された「たいてい」「ときどき」「ま

[*11] イタリアのレッジョ・エミリア・アプローチで重視されている「ドキュメンテーション」や「ポートフォリオ」は，その好例である（第4章3の(4)，および「カリキュラム研究の動向⑥」を参照）。

表8-1 1951（昭和26）年版「幼児指導要録」の様式（抜粋）

事項	評価　年度	たいてい、ときどき、まれに	たいてい、ときどき、まれに	たいてい、ときどき、まれに
身体の状況	1. 皮膚が清潔で色つやがよい			
	2. 元気がよい			
	3. 姿勢がよい			
	4.			
	5.			

～（中略）～

絵画製作	1. 喜んで絵をかいたり物を作ったりする			
	2. 絵をかいたり物を作ったりして自分の気持を表現する			
	3. 形や色や模様に関心をもつ			
	4. 身近にある造形品に関心をもつ			
	5.			
	6.			

年度 全体としての指導の経過			

資料）文部省『幼稚園教育百年史』ひかりのくに，pp.711-714，1979

れに」の箇所に○印をつける方法が採用されていました。つまり、各評価内容について、3段階で評価するようにしていたわけです。

この3段階評価の基準は、以下の通りでした。

- ●「たいてい」：望ましい状態なり態度なり能力なりを、つねにまたは比較的多く示した場合
- ●「ときどき」：望ましい状態なり態度なり能力なりを、ときどき示した場合
- ●「まれに」：望ましい状態なり態度なり能力なりを、たまにしか示さない場合
または全然示さない場合

＊12　8つの事項とは「身体の状況」「健康の習慣」「しごとの習慣」「社会生活」「自然」「言語」「音楽リズム」「絵画製作」である。そして、各事項には3～4つの観点が示されていた。また、様式にはあえて空欄も設けられ、各園で評価の観点を追加できるようになっていた。

このように，最初の「幼児指導要録」は，望ましい状態・態度・能力がどの程度示されるかという頻度を基準に，子どもを「評価」することを求めました。

(2) 1955（昭和30）年版の「幼稚園幼児指導要録」

1956（昭和31）年に初めて『幼稚園教育要領』が刊行されました。それに伴い，「幼児指導要録」も1955（昭和30）年に改訂され，名称は「幼稚園幼児指導要録」に変更されました。

改訂された「幼稚園幼児指導要録」では，表8−2に示したように，各評価内容ごとに目盛りを示し，段階的に○印で表記する欄がなくなりました。それに変わって「指導の記録」欄に，「6領域」[*13] を踏まえて，「指導内容の各領域について比較的代表的なもの」が示され，それぞれを下記の評価基準に従い，「A」「B」「C」の3段階で「評定」することが求められました。

表8−2　1955（昭和30）年版「幼稚園幼児指導要録（指導の記録）」様式（抜粋）

指導内容		年度	昭和　年度	昭和　年度	昭和　年度
健康	からだを清潔にする				
	偏食しない				
	運動や遊びをする				
社会	自分のことは自分でする				
	仕事をやりとげる				
	物をたいせつに使う				
	きまりを守る				
	友だちと仲よくする				

〜（中略）〜

絵画製作	喜んで絵をかく				
	喜んで物を作る				
	喜んで絵や物を見る				

指　導　上　参　考　と　な　る　事　項		
昭和　年度	昭和　年度	昭和　年度

資料）文部省『幼稚園教育百年史』ひかりのくに，pp.718-720，1979

[*13]　1956（昭和31）年に刊行された『幼稚園教育要領』で示された「健康」「社会」「自然」「言語」「音楽リズム」「絵画製作」の6つの領域を指す。詳しくは第2章❶の❺を参照。

- 「A」：特にすぐれたもの
- 「B」：普通
- 「C」：指導を要するもの

つまり，1955（昭和30）年版の「幼稚園幼児指導要録」は，目に見える子どもの行動の変化を，6領域に基づく目標の達成状況という観点から判断し，その段階をいわば「優」「可」「不可」の3段階から「評定」することを求めたわけです。

(3) 1965（昭和40）年版の「幼稚園幼児指導要録」

1965（昭和40）年には，前年の1964（昭和39）年に改訂・告示された『幼稚園教育要領』を踏まえ，「幼稚園幼児指導要録」も改訂がなされました。

この1965（昭和40）年版の「幼稚園幼児指導要録」では，表8-3に示したように「指導の記録」に，再び目盛りに記入する「評定」欄が設定されました。

そして，「評定」欄には「6領域」のねらいがそのまま示され，各ねらい別に，下記の3段階で「評定」し，目盛りに○印をつけることが求められました。

表8-3　1965（昭和40）年版「幼稚園幼児指導要録（指導の記録）」様式（抜粋）

領域	指導のねらい	評定 昭和 年度	評定 昭和 年度	評定 昭和 年度	指導上参考となる事項
健康	健康の習慣や態度を身につける	├─┼─┼─┤	├─┼─┼─┤	├─┼─┼─┤	昭和 年度
健康	運動に興味をもち進んで行なう	├─┼─┼─┤	├─┼─┼─┤	├─┼─┼─┤	
健康	安全の習慣や態度を身につける	├─┼─┼─┤	├─┼─┼─┤	├─┼─┼─┤	
社会	個人生活の習慣や態度を身につける	├─┼─┼─┤	├─┼─┼─┤	├─┼─┼─┤	
社会	社会生活の習慣や態度を身につける	├─┼─┼─┤	├─┼─┼─┤	├─┼─┼─┤	
社会	社会の事象に興味や関心をもつ	├─┼─┼─┤	├─┼─┼─┤	├─┼─┼─┤	
～（中略）～					
絵画製作	のびのびと絵をかいたりものを作ったりする	├─┼─┼─┤	├─┼─┼─┤	├─┼─┼─┤	昭和 年度
絵画製作	感じや考えをくふうとして表現する	├─┼─┼─┤	├─┼─┼─┤	├─┼─┼─┤	
絵画製作	いろいろな材料や用具を使う	├─┼─┼─┤	├─┼─┼─┤	├─┼─┼─┤	
絵画製作	美しいものに興味や関心をもつ	├─┼─┼─┤	├─┼─┼─┤	├─┼─┼─┤	

資料）文部省『幼稚園教育百年史』ひかりのくに，pp.738-739，1979

- 「指導のねらいを達成していると認められるもの」については評定欄の左端に
- 「おおむね指導のねらいを達成していると認められるもの」については中間に
- 「指導のねらいからみて特に指導を要するものと認められもの」については右端に

　こうした中，目盛りに○印をつける「評定」欄の復活は，子どもの育ちと課題を「量的評価」として行う傾向を強めました。また，幼稚園によっては，「相対評価」[*14]の観点から「評定」欄に○印をつけていくケースもみられるようになりました。

(4) 1990（平成2）年版の「幼稚園幼児指導要録」

　1990（平成2）年には，前年に改訂された『幼稚園教育要領』を踏まえ，「幼稚園幼児指導要録」の内容や様式も大幅に変更されました[*15]。

　この1990（平成2）年版の「幼稚園幼児指導要録」では，表8-4に示したように「評定」欄が「発達の状況」欄に変更されました。そして，新たに設けられた「発達の状況」

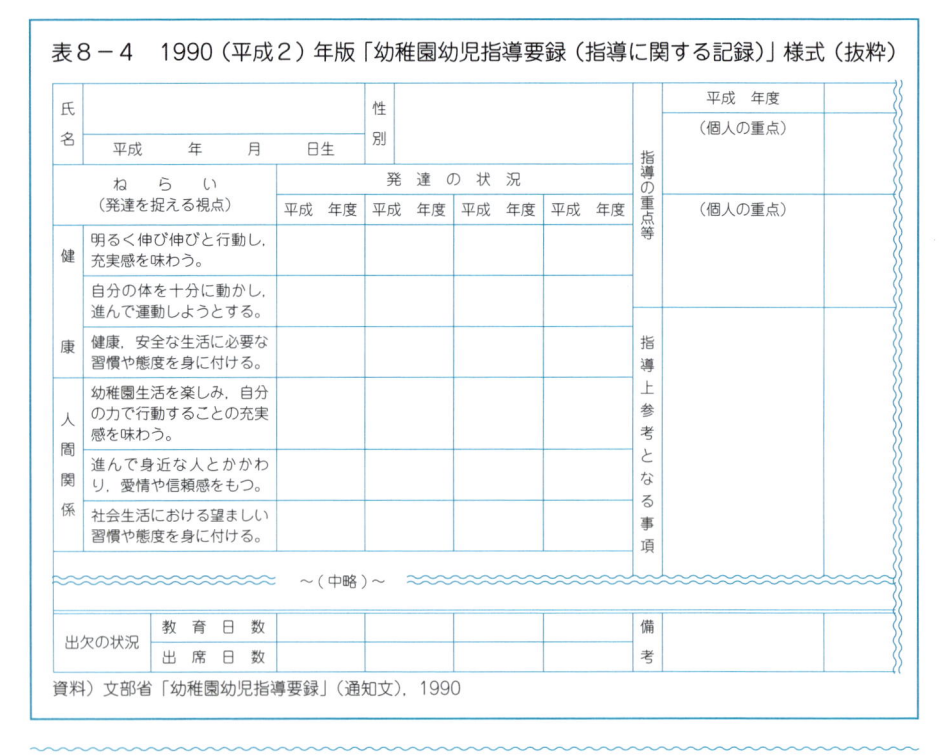

表8-4　1990（平成2）年版「幼稚園幼児指導要録（指導に関する記録）」様式（抜粋）

氏名	平成　年　月　日生	性別				指導の重点等	平成　年度
							（個人の重点）
ねらい（発達を捉える視点）		発達の状況					（個人の重点）
		平成　年度	平成　年度	平成　年度	平成　年度		
健康	明るく伸び伸びと行動し，充実感を味わう。					指導上参考となる事項	
	自分の体を十分に動かし，進んで運動しようとする。						
	健康，安全な生活に必要な習慣や態度を身に付ける。						
人間関係	幼稚園生活を楽しみ，自分の力で行動することの充実感を味わう。						
	進んで身近な人とかかわり，愛情や信頼感をもつ。						
	社会生活における望ましい習慣や態度を身に付ける。						

～（中略）～

出欠の状況	教育日数		備考	
	出席日数			

資料）文部省「幼稚園幼児指導要録」（通知文），1990

[*14] ある個人の特性を特定の集団内における位置づけによって評定する方法である。たとえば，30名クラスであれば上位，中位，下位の3段階に10名ずつ振り分けて評定するわけである。1970年代の半ば頃まで，教育現場で用いられてきた方法であり，現在も受験で用いられる偏差値は代表例のひとつである。

欄の表記方法も，3段階評価ではなく，「その幼児の発達の実情から向上が著しいと思われるもの」だけに「○印」で記入する方法が採用されました。まさに「絶対評価」[*16]，あるいは「発達を捉える視点」である5領域の「ねらい」に準拠した評価を進めるという「個人内評価」[*17]に即した評価方法といえます。

さらに「指導上参考となる事項」欄もスペースを広くとり，記述式で子どもの育ちを把握する構成となっており，「量的評価」よりも「質的評価」を重視する傾向が強められました[*18]。また，「指導の重点等」欄も新たに設けられ，子どもの評価と保育者の指導・援助をふり返る作業を連動させることも求められるようになりました。

こうした幼稚園版の要録の変遷をみると，保育現場も子どもの育ちと課題を把握する観点や方法が大きく変化してきたことがわかります。今後の子ども理解のあり方を考えるうえで，このような変遷は理解しておくべきものです。

2 要録の法的位置づけ

(1)「幼稚園幼児指導要録」の法的位置づけ

「幼稚園幼児指導要録」は，学校である幼稚園の教師として，責任をもってクラスの保育を進めるうえで，法的に必ず取り組むべきものと位置づけられている書類です。

その根拠となる法令は，以下に示した『学校教育法施行令』および『学校教育法施行規則』です。

『学校教育法施行令』2007（平成19）年12月12日改正
（学校廃止後の書類の保存）
第31条　公立又は私立の学校（私立の大学及び高等専門学校を除く。）が廃止されたときは，市町村又は都道府県の設置する学校（大学を除く。）については当該学校を設置していた市町村又は都道府県の教育委員会が，市町村又は都道府県の設置する大学については当該大学を設置していた市町村又は都道府県の長が，公立大学法人の設置する大学又は高等専

---

* 15　なお，1998（平成10）年に『幼稚園教育要領』が改訂された後，文部科学省は，2000（平成12）年3月に「幼稚園幼児指導要録並びに盲学校，聾学校及び養護学校幼稚部幼児指導要録の改善について」を通知したが，様式に変更はなかった。
* 16　ある個人の特性を教育目標や内容と関連づけて解釈する方法である。したがって，相対評価とは異なり，30名クラス全員が教育目標に到達していると解釈すれば，最高の評定点が与えられる。1980年代以降，教育現場で導入されている。ただ，教師の主観的な判断が強まるとの批判も見られる。
* 17　評価の基準を評価者である教師の主観に置くのではなく，子ども個人に置く方法である。教師の主観的な判断がを強くなる絶対評価を改善する方法の一種である。
* 18　第7章❶の❷〜を参照。

門学校については当該大学又は高等専門学校を設置していた公立大学法人の設立団体（地方独立行政法人法第6条第3項に規定する設立団体をいう。）の長が，私立の学校については当該学校の所在していた都道府県の知事が，文部科学省令で定めるところにより，それぞれ当該学校に在学し，又はこれを卒業した者の学習及び健康の状況を記録した書類を保存しなければならない。 （※注：下線筆者）

『学校教育法施行規則』2008（平成20）年11月12日改正
（指導要録）
第24条　校長は，その学校に在学する児童等の指導要録（学校教育法施行令第31条に規定する児童等の学習及び健康の状況を記録した書類の原本をいう。以下同じ。）を作成しなければならない。
2　校長は，児童等が進学した場合においては，その作成に係る当該児童等の指導要録の抄本又は写しを作成し，これを進学先の校長に送付しなければならない。
3　校長は，児童等が転学した場合においては，その作成に係る当該児童等の指導要録の写しを作成し，その写し（転学してきた児童等については転学により送付を受けた指導要録の写しを含む。）及び前項の抄本又は写しを転学先の校長に送付しなければならない。
（備付表簿，その保存期間）
第28条の2　前項の表簿（第24条第2項の抄本又は写しを除く。）は，別に定めるもののほか，5年間保存しなければならない。ただし，指導要録及びその写しのうち入学，卒業等の学籍に関する記録については，その保存期間は，20年間とする。 （※注：下線筆者）

　このように，「指導要録」という書類は，「学習及び健康の状況を記録した書類の原本」であり，幼稚園を含むすべての学校は，各施設の長（園長・校長）の責任のもと，「作成」また「保存」しなければならない義務として規定されています。「指導要録」は，それほど重要な書類と位置づけられているわけです。
　保存期間については，「指導要録」のうち「学籍に関する記録」は「20年間」，「学籍に関する記録」以外の書類については「5年間」が義務づけられています。
　また，「指導要録」は子どもが進学，また転学した場合，相手先に「抄本」[19]または「写し」[20]を送付することも義務づけられています。

* 19　一般に「原本」となる書類から一部を抜き書きした文書のこと。
* 20　一般に記載内容は「原本」のままの文書のこと。

幼稚園を対象とした「指導要録」は、「幼稚園幼児指導要録」と呼ばれ、その取り扱いについては、上記の法令に加え、2008（平成20）年の『幼稚園教育要領』の改訂を踏まえ、以下のように、文部科学省初等中等局長の通知として『幼稚園幼児指導要録の改善について』が示されています。

> 『幼稚園幼児指導要録の改善について』（抜粋）2009（平成21）年1月28日
> 「この通知は、幼稚園教育要領（平成20年3月28日文部科学省告示第26号）の下での指導要録に記載する事項等を示すものである。
> 　<u>指導要録は、幼児の学籍並びに指導の過程とその結果の要約を記録し、その後の指導及び外部に対する証明等に役立たせるための原簿となるものである。</u>
> 　なお、従前に引き続き、各設置者等において、地域に根ざした主体的かつ積極的な教育の展開の観点から様式等が定められるよう、「幼稚園幼児指導要録に記載する事項」を示すとともに、<u>各設置者等が創意工夫するための手がかりとなるよう「様式の参考例」を資料として添付した。</u>
> 1　改善の要旨
> 　従前の「ねらいと発達の状況」及び「指導上参考となる事項」をまとめ「指導上参考となる事項」としたこと。
> 2　実施時期
> 　この通知を踏まえた指導要録の作成は平成21年度から実施いただきたいこと。なお、平成21年度に新たに入園（転入園含む。）する園児のために指導要録を用意している場合にはこの限りではないこと。
> 　この通知を踏まえた指導要録を作成する場合、既に在園している幼児の指導要録については、従前の指導要録に記載された事項は転記する必要はなく、この通知を踏まえて作成された指導要録とあわせて保存すること。
> 3　取扱い上の注意
> 　<u>（1）指導要録の作成、送付及び保存等については、学校教育法施行規則（昭和22年文部省令第11号）第24条及び第28条の規定によること。</u>
> 　<u>（2）指導要録の記載事項に基づいて外部への証明等を作成する場合には、その目的に応じて必要な事項だけを記載するよう注意すること。</u>」
>
> （※注：下線筆者）

このように、「幼稚園幼児指導要録」は、「幼児の学籍並びに指導の過程とその結果の要約を記録し、その後の指導及び外部に対する証明等に役立たせるための原簿」と位置づけられています。

保存期間については，『学校教育法施行規則』の規定に従い，園長の責任の下，「幼稚園幼児指導要録」のうち「学籍に関する記録」は「20年間」，「学籍に関する記録」以外の記録となる「指導に関する記録」は「5年間」が義務づけられています。
　「送付」についても，同規則に従い，園長の責任の下，子どもが進学する小学校，転園した幼稚園に対し，「指導要録」の「抄本」または「写し」の送付を義務づけています。

(2)「保育所児童保育要録」の法的位置づけ

　「保育所児童保育要録」の位置づけ，およびその性格については，2008（平成20）年3月28日付けで初めて告示化された『保育所保育指針』において法的に規定されています。
　『保育所保育指針』の「第4章　保育の計画及び評価」の「1　保育の計画」の「(三)指導計画の作成上，特に留意すべき事項」の「小学校との連携」を示した箇所に，以下のように記されています。

> 『保育所保育指針』2008（平成20）年3月28日改定
> 第4章の1の(3)の「エ　小学校との連携」
> 「(イ) 子どもに関する情報共有に関して，保育所に入所している子どもの就学に際し，市町村の支援の下に，子どもの育ちを支えるための資料が保育所から小学校へ送付されるようにすること。」
> 　　　　　　　　　　　　　　　　　　　　　　　　　　　　　　（※注：下線筆者）

　このように，「保育所児童保育要録」という書類は，「子どもの育ちを支えるための資料」と規定されており，小学校との間で「子どもに関する情報共有」をすることを目的としています。そのため，「子どもの就学に際し」，「小学校へ送付されるようにすること」が求められているわけです。「保育所児童保育要録」は，法的には小学校への「送付」のみが義務づけされていますが，自ずと「保育所児童保育要録」の「作成」も義務づけられたと理解すべきものでしょう。
　「幼稚園幼児指導要録」は，「幼児の学籍並びに指導の過程とその結果の要約を記録し，その後の指導及び外部に対する証明等に役立たせるための原簿」とされています。つまり，園内で進めた保育の結果として，子どもの育ちと課題を把握するための書類であることが第一義的な目的なのです。このように両要録を比較すると，その位置づけが大きく異なっていることがわかります。
　「保育所児童保育要録」の具体的な取り扱いについて，厚生労働省は，『保育所保育指針』の改定・告示と同時に，『保育所保育指針の施行に際しての留意事項について』と題する雇用均等・児童家庭局保育課長通知を示し，その中で，以下のような指示を行っています。

第8章　子ども理解と「幼稚園幼児指導要録」「保育所児童保育要録」「認定こども園こども要録」

『保育所保育指針の施行に際しての留意事項について』（抜粋）

2008（平成20）年3月28日

第3　保育所児童保育要録関係

「　第4章の1の（3）のエ（小学校との連携）において，保育所に入所している子どもの就学に際し，市町村の支援の下に，子どもの育ちを支えるための資料が保育所から就学先となる小学校へ送付されるようにすることとされたが，当該資料に関する様式，取扱い等については以下のとおりであること。

1　資料の様式等について

　各市町村において，当該子どもの育ちを支えるための資料の様式を作成し，管内の保育所に配布すること。

　<u>様式については，「保育所児童保育要録」として別添1のとおり参考例を示すため，各市町村において，これを参考として地域の実情等を踏まえ，創意工夫の下，様式を作成すること。</u>

2　保育所児童保育要録の作成，送付等について

　子どもの育ちを支えるための資料（以下「保育所児童保育要録」という。）の作成，送付，保存等については，以下の取扱いに留意すること。

　また，各市町村においては，保育所児童保育要録が小学校に送付されることについて市町村教育委員会にあらかじめ周知を行うなど，市町村教育委員会との連携を図ること。

（1）<u>施設長の責任の下，担当の保育士が記入すること。</u>

（2）<u>作成した保育所児童保育要録については，その写しを児童の就学先となる小学校の校長に送付すること。</u>

（3）<u>保育所は，作成した保育所児童保育要録の原本について，保育所児童保育要録の趣旨にかんがみ，当該児童が小学校を卒業するまでの間保存することが望ましいこと。</u>」

（※注：下線筆者）

　このように，「保育所児童保育要録」は，2009年度から「幼稚園幼児指導要録」と同様，「施設長（所長）」の責任の下，「原本」を「作成」することが求められ，「原本」を子どもが小学校を卒業するまでの間，「保存」することが望ましいとも位置づけられました。「幼稚園幼児指導要録」ほど，法的に明確な規定はありませんが，その取り扱いについては，「幼稚園幼児指導要録」に準ずることが求められたといってよいでしょう。

　ただ，「幼稚園幼児指導要録」の取り扱いで示されていた「抄本」に関する言及がなく，小学校へは「原本」の「写し」を「送付」することとされています。こうした違いは，前述したように「保育所児童保育要録」の目的が小学校への「送付」であることに起因しています。この点は，後述する文部科学省及び厚生労働省が例示する要録の「様式例」を比

較することで，より明確に理解することができます。

(3)「認定こども園こども要録」の法的位置づけ

　2006（平成18）年10月からスタートした認定こども園の要録については，2006（平成18）年9月15日に，文部科学省初等中等局幼児教育課長と厚生労働省雇用均等・児童家庭局保育課長が合同で通知した『就学前の子どもに関する教育，保育等の総合的な提供の推進に関する法律等の施行に際しての留意事項について』において，小学校教育との連携を図るために，子どもに関する情報共有を目的として，小学校へ「送付」される「子どもの育ちを支える資料」と位置づけられました。また，その通知の中で，様式については「幼稚園幼児指導要録」を参考とすることも指示されました。

　しかし，2009（平成21）年度から新しい『幼稚園教育要領』『保育所保育指針』が施行されることに伴い，「幼稚園幼児指導要録」「保育所児童保育要録」も新たになり，認定こども園の要録もその位置づけを見直すことになりました。

　具体的には，文部科学省初等中等局幼児教育課長と厚生労働省雇用均等・児童家庭局保育課長が合同で通知した『認定こども園こども要録について』において，以下のように指示されています。

『認定こども園こども要録について』（抜粋）2009（平成21）年1月29日

　認定こども園については教育及び保育を一体的に提供する機能を備える施設であることから，認定こども園における幼稚園幼児指導要録及び保育所児童保育要録に相当する資料（以下「認定こども園こども要録」という。）の作成等に関して，当該資料に記載する事項を別紙1に，また，様式の参考例を別添資料に示しましたのでお知らせします。　～（中略）～

1. 様式等について

　様式については，別添資料（様式の参考例）を参考として，各設置者等において，創意工夫の下，作成されたいこと。

　なお，保育所については，各市町村において保育所児童保育要録の様式を作成することとされているが，認定こども園である保育所が，認定こども園こども要録を作成する場合には，市町村と相談しつつその様式は各設置者等において定めることが可能であること。

2. 作成，送付，保存等について

　認定こども園こども要録の作成，送付，保存等については，以下の取扱いに留意すること。

(1) 認定こども園こども要録は，学級を編制している満3歳以上の子どもについて作成すること。

(2) 認定こども園こども要録を作成した場合には，同一の子どもについて，重複して幼稚園幼児指導要録又は保育所児童保育要録を作成する必要はないこと。

また，認定こども園を構成する幼稚園にあっては幼稚園幼児指導要録を，保育所にあっては保育所児童保育要録を作成することも可能であること。
（3）作成した認定こども園こども要録については，<u>当該子どもの進学・就学に際し，その抄本又は写しを進学・就学先の小学校の校長に送付されたいこと。</u>
（4）認定こども園は，作成した認定こども園こども要録の<u>原本等について，その子どもが小学校を卒業するまでの間保存することが望ましいこと。ただし，学籍等に関する記録については，20年間保存することが望ましいこと。</u>
（5）各小学校においては，送付された認定こども園こども要録の抄本等について，幼稚園より送付される幼稚園幼児指導要録の抄本等に準じて取り扱っていただきたいこと。
3．その他の留意事項について
（1）認定こども園である幼稚園及び保育所については，認定こども園こども要録の作成にあたり，幼稚園幼児指導要録及び保育所児童保育要録に係る法令上の規定について留意すること。
（※注：下線筆者）

　このように，認定こども園は，教育および保育を一体的に提供する機能を備える施設と規定されています。そして要録についても，「認定こども園こども要録」という名称で，幼稚園や保育所と同様に，要録の「作成」および小学校への「送付」が求められています。

　しかし，「認定こども園こども要録」の「作成」は，「学級を編制している満3歳以上の子ども」を対象としており，小学校への「送付」は，「抄本」または「写し」とされています。また，「原本」の「保存」については，子どもが小学校を卒業するまでの6年間を原則としつつ，「学籍等に関する記録」については，「20年間保存することが望ましい」となっています。こうした点を踏まえると，「認定こども園こども要録」は比較的，「幼稚園幼児指導要録」に準じた取り扱いが求められているといえます。

　認定こども園は，「幼保連携型」「幼稚園型」「保育所型」「地方裁量型」の4類型があり[21]，学校教育に関する法体系と，児童福祉に関する法体系の双方を踏まえた運営が求

---

*21　認定こども園の4類型
・幼保連携型：認可幼稚園と認可保育所とが連携して，一体的な運営を行うことにより，認定こども園としての機能を果たすタイプ。
・幼稚園型：認可幼稚園が，保育を必要とする子どものための保育時間を確保するなど，保育所的な機能を備えて認定こども園としての機能を果たすタイプ。
・保育所型：認可保育所が，保育を必要とする子ども以外の子どもも受け入れるなど，幼稚園的な機能を備えることで認定こども園としての機能を果たすタイプ。
・地方裁量型：幼稚園・保育所いずれの認可もない地域の教育・保育施設が，認定こども園として必要な機能を果たすタイプ。
（参考資料：文部科学省・厚生労働省「幼保連携推進室」ホームページ［http://www.youho.go.jp/gaiyo.html］）

められています。そのため，要録の取り扱いもややわかりにくいところがあります。

　2012（平成24）年8月10日には「子ども・子育て関連3法」が成立し，2015（平成27）年以降，「幼保連携型」の認定こども園がいっそう拡充されることになりました。今後も，その動向に注目し，要録の取り扱い方についても，関連法令を確認していくようにしましょう。

3　要録の様式例の実際と特徴

(1)「幼稚園幼児指導要録」の場合

　『幼稚園幼児指導要録の改善について』は，「各設置者等が創意工夫するための手がかりとなるよう」，「幼稚園幼児指導要録」の様式の参考例を示しています。具体的には「学籍に関する記録」の様式の参考例を表8-6に，「指導に関する記録」の様式の参考例を表8-7に示した通りです。

　2009（平成21）年版の「幼稚園幼児指導要録」の様式の参考例をみると，「学籍に関する記録」に大きな変更はありません。しかし，「指導に関する記録」については，1990（平成2）年版（表8-4／p.264）と比較すると，2009（平成21）年版では5領域のねらいごとに「発達の状況」を「〇印」で記入する欄が削除され，記述欄のみが示されるという大きな変更がありました。

　この変更は，子どもの育ちと課題の把握を「量的評価」ではなく，「質的評価」の観点から進めることを求めたもの，と理解できます。前述したように，「幼稚園幼児指導要録」は過去に，子どもの育ちと課題を3段階で「評価」，あるいは「評定」する方法が示されたことがありました。現行の「幼稚園幼児指導要録」の様式の参考例は，こうした点を改善することを意図しているのです。

　また，「幼稚園幼児指導要録」の様式の参考例が4年間分を記録するようになっているのは，満3歳からの入園が推進され，4年保育がありうることが考慮されているからです。この欄は，年度途中で転園した際，転園先の教師が活用して記入することもできます。

(2)「保育所児童保育要録」の場合

　厚生労働省は，2008（平成20）年の『保育所保育指針』の改定・告示と同時に刊行した『保育所保育指針解説書』，および，前述した保育課長通知である『保育所保育指針の施行に際しての留意事項について』の中で，市町村で様式を作成することを前提に，「保育所児童保育要録」の様式の参考例を示しています（表8-5）。

　このように，2009（平成21）年度から初めて作成されることになった「保育所児童保育要録」の様式の参考例は，「幼稚園幼児指導要録」の様式の参考例（表8-6，表8-7）

と比較すると，大変コンパクトになっています。

　こうした違いについて，『改定保育所保育指針 Q&A 50（改定保育所保育指針研修会配布資料）』は，以下のように説明しています。

> Q21. 幼稚園幼児指導要録との相違点は何か？
> A. 保育所児童保育要録の様式例には，保育所の特性に応じて，「養護」に関する記入欄や，子どもの全体像を示す欄を設けました。また，入所期間中のすべての年度の記録を盛り込むことは，保育期間の個人差などを踏まえ，省略しています。

　保育所は，制度的には児童福祉施設です。そのため，「保育所児童保育要録」に「養護」に関する記入欄があり，幼稚園のように学校ではないため，「学籍に関する記録」は設けていません。また，入所時期により，保育期間の長短も想定されるため，年度別に記録する欄は，あえて削除しています。こうした理由から，「幼稚園幼児指導要録」の様式の参考例と比較すると，大変コンパクトな様式になっているわけです。

　また両者を比べてみると，「幼稚園幼児指導要録」の「指導に関する記録」にあたると考えられる「子どもの育ちに関わる事項」「養護（生命の保持及び情緒の安定）に関わる事項」「（子どもの状態等）」「教育（発達援助）に関わる事項」欄などが，年度別に記録する様式になっていないだけでなく，「幼稚園幼児指導要録」にみられた，保育者が自らの保育をふり返る「指導の重点等」欄も設けられていないという違いもあります。この違いは，「保育所児童保育要録」の目的が小学校との間で子どもに関する情報を共有するためであることに起因しています。

　さらに，「幼稚園幼児指導要録」と「保育所児童保育要録」を比較すると，小学校への送付書類の形態が違います。なぜなのでしょうか。

　これは，両要録の目的としているものが違っているからです。「幼稚園幼児指導要録」は，3〜4年間の「学籍に関する記録」および「指導に関する記録」です。小学校へは「抄本」また「写し」を送付することになっていますが，本来，園内で子どもの育ちと課題を把握し，共有し合うために記述される書類として作成されるものです。小学校に情報提供することを主たる目的に記録されるものではありません。そのため，情報量が多く，小学校側へそのまま渡しても，3〜4年間分という膨大な記録情報に戸惑うことでしょう。小学校側からすれば，就学に際し，情報共有しておきたいのは，卒園時点での育ちと課題です。その点に絞って，情報提供すれば十分であり，その点を考慮して，「幼稚園幼児指導要録」では「抄本」の送付が促されているわけです。

　しかし，「保育所児童保育要録」は，もともと小学校との間で子どもに関する情報を共

有することを目的として作成される資料です。そのため最初から，その様式の参考例も，あえて「幼稚園幼児指導要録」の「抄本」に近いものが示され，子どもの保育期間に応じて，年度別に子どもの育ちと課題を記述する欄や，それと連動させるかたちで保育者自身が保育のふり返りを記述する欄も設けられていないわけです。

　こうした特徴もしっかり理解しておくようにしましょう。

(3)「認定こども園こども要録」の場合

　文部科学省と厚生労働省は，2009（平成21）年度から「幼稚園幼児指導要録」「保育所児童保育要録」が足並みをそろえて作成されることに伴い，同年1月29日に合同で通知した『認定こども園こども要録について』において，「認定こども園こども要録」の「様式の参考例」（表8-8，表8-9）を示しました。

　このように，「認定こども園こども要録」は，基本的に「幼稚園幼児指導要録」の様式例を踏襲しつつ，そこに，「保育所児童保育要録」に示された「子どもの育ちに関わる事項」「養護」「（子どもの状態等）」欄を加え，それらをまとめて「指導及び保育に関する記録」とするかたちで示されています。制度的に，認定こども園が教育及び保育を一体的に提供する機能を備える施設であることを踏まえた様式例といえるでしょう。

第8章　子ども理解と「幼稚園幼児指導要録」「保育所児童保育要録」「認定こども園こども要録」

表8-5　保育所児童保育要録

【様式の参考例】

ふりがな			性別		就学先			
氏　名					生年月日	平成　　年　　月　　日生		
保育所名及び住所	（保育所名）			（住所）〒　　－				
保育期間	平成　年　月　日　～　平成　年　月　日（　年　か月）							

子どもの育ちに関わる事項

養護（生命の保持及び情緒の安定）に関わる事項	（子どもの健康状態等）

項目	教育（発達援助）に関わる事項	
健康	・明るく伸び伸びと行動し，充実感を味わう。 ・自分の体を十分に動かし，進んで運動しようとする。 ・健康，安全な生活に必要な習慣や態度を身に付ける。	
人間関係	・生活を楽しみ，自分の力で行動することの充実感を味わう。 ・身近な人と親しみ，関わりを深め，愛情や信頼感を持つ。 ・社会生活における望ましい習慣や態度を身に付ける。	
環境	・身近な環境に親しみ，自然と触れ合う中で様々な事象に興味や関心を持つ。 ・身近な環境に自分から関わり，発見を楽しんだり，考えたりし，それを生活に取り入れようとする。 ・身近な事物を見たり，考えたり，扱ったりする中で，物の性質や数量，文字などに対する感覚を豊かにする。	
言葉	・自分の気持ちを言葉で表現する楽しさを味わう。 ・人の言葉や話などをよく聞き，自分の経験したことや考えたことを話し，伝え合う喜びを味わう。 ・日常生活に必要な言葉が分かるようになるとともに，絵本や物語などに親しみ，保育士や友達と心を通わせる。	
表現	・いろいろなものの美しさなどに対する豊かな表現を持つ。 ・感じたことや考えたことを自分なりに表現して楽しむ。 ・生活の中でイメージを豊かにし，さまざまな表現を楽しむ。	

施設長名	㊞	担当保育士名	㊞

※　「子どもの育ちに関わる事項」は子どもの育ってきた過程を踏まえ，その全体像を捉えて総合的に記載すること。
※　「養護（生命の保持及び情緒の安定）に関わる事項」は，子どもの生命の保持及び情緒の安定に関わる事項について記載すること。また，子どもの健康状態等について，特に留意する必要がある場合は記載すること。
※　「教育に関わる事項」は，子どもの保育を振り返り，保育士の発達援助の視点等を踏まえた上で，主に最終年度（5，6歳）における子どもの心情・意欲・態度等について記載すること。
※　子どもの最善の利益を踏まえ，個人情報保護に留意し，適切に取り扱うこと。

275

表8-6 幼稚園幼児指導要録（学籍に関する記録）

（様式の参考例）

年度 区分	平成　年度	平成　年度	平成　年度	平成　年度
学　級				
整理番号				

幼　児	ふりがな 氏　名		性別	
		平成　年　月　日生		
	現住所			

保護者	ふりがな 氏　名	
	現住所	

入　園	平成　年　月　日	入園前の状況	
転入園	平成　年　月　日		
転・退園	平成　年　月　日	進学先等	
修　了	平成　年　月　日		

幼稚園名及び所在地	

年度及び入園（転入園）・進級時の幼児の年齢	平成　年度 歳　か月	平成　年度 歳　か月	平成　年度 歳　か月	平成　年度 歳　か月
園　長 氏名　印				
学級担任者 氏名　印				

第8章　子ども理解と「幼稚園幼児指導要録」「保育所児童保育要録」「認定こども園こども要録」

表8－7　幼稚園幼児指導要録（指導に関する記録）

（様式の参考例）

	ふりがな			平成　年度	平成　年度	平成　年度	平成　年度
			指導の重点等	（学年の重点）	（学年の重点）	（学年の重点）	（学年の重点）
	氏名						
		平成　年　月　日生					
	性別			（個人の重点）	（個人の重点）	（個人の重点）	（個人の重点）

	ねらい（発達を捉える視点）		
健康	明るく伸び伸びと行動し，充実感を味わう。	指導上参考となる事項	
	自分の体を十分に動かし，進んで運動しようとする。		
	健康，安全な生活に必要な習慣や態度を身に付ける。		
人間関係	幼稚園生活を楽しみ，自分の力で行動することの充実感を味わう。		
	身近な人と親しみ，かかわりを深め，愛情や信頼感をもつ。		
	社会生活における望ましい習慣や態度を身に付ける。		
環境	身近な環境に親しみ，自然と触れ合う中で様々な事象に興味や関心をもつ。		
	身近な環境に自分からかかわり，発見を楽しんだり，考えたりし，それを生活に取り入れようとする。		
	身近な事象を見たり，考えたり，扱ったりする中で，物の性質や数量，文字などに対する感覚を豊かにする。		
言葉	自分の気持ちを言葉で表現する楽しさを味わう。		
	人の言葉や話などをよく聞き，自分の経験したことや考えたことを話し，伝え合う喜びを味わう。		
	日常生活に必要な言葉が分かるようになるとともに，絵本や物語などに親しみ，先生や友達と心を通わせる。		
表現	いろいろなものの美しさなどに対する豊かな感性をもつ。		
	感じたことや考えたことを自分なりに表現して楽しむ。		
	生活の中でイメージを豊かにし，様々な表現を楽しむ。		

出欠状況		年度	年度	年度	年度	備考				
	教育日数									
	出席日数									

学年の重点：年度当初に，教育課程に基づき長期の見通しとして設定したものを記入
個人の重点：一年間を振り返って，当該幼児の指導について特に重視してきた点を記入
指導上参考となる事項：(1) 次の事項について記入すること。
　　①1年間の指導の過程と幼児の発達の姿について以下の事項を踏まえ記入すること。
　　・幼稚園教育要領第2章「ねらい及び内容」に示された各領域のねらいを視点として，当該幼児の発達の実情から向上が著しいと思われるもの。
　　　その際，他の幼児との比較や一定の基準に対する達成度についての評定によって捉えるものではないことに留意すること。
　　・幼稚園生活を通して全体的，総合的に捉えた幼児の発達の姿。
　　②次の年度の指導に必要と考えられる配慮事項等について記入すること。
　(2) 幼児の健康の状況等指導上特に留意する必要がある場合等について記入すること。

277

表8-8　認定こども園こども要録（学籍に関する記録）

年度 区分	平成　年度	平成　年度	平成　年度	平成　年度
学　級				
整理番号				

子ども	ふりがな 氏　名		性　別	
		平成　年　月　日生		
	現住所			

保護者	ふりがな 氏　名	
	現住所	

入　園	平成　年　月　日	入園前の状況	
退　園	平成　年　月　日		
修　了	平成　年　月　日	進学・就学先等	
幼稚園に在籍した期間	平成　年　月　日 〜平成　年　月　日		

園　名 及び所在地	

年度及び入園・進級時の幼児の年齢	平成　年度 　歳　か月	平成　年度 　歳　か月	平成　年度 　歳　か月	平成　年度 　歳　か月
認定こども園の長 氏名　印				
学級担任者 氏名　印				

第8章　子ども理解と「幼稚園幼児指導要録」「保育所児童保育要録」「認定こども園こども要録」

表8-9　認定こども園こども要録（指導及び保育に関する記録）

（様式の参考例）

			平成　年度	平成　年度	平成　年度	平成　年度
ふりがな		養護（子どもの健康状態等）				
氏　名	平成　年　月　日生					
性　別						
子どもの育ちに関わる事項						
	ねらい（発達を捉える視点）	指導の重点等	（学年の重点）	（学年の重点）	（学年の重点）	（学年の重点）
健康	明るく伸び伸びと行動し，充実感を味わう。					
	自分の体を十分に動かし，進んで運動しようとする。		（個人の重点）	（個人の重点）	（個人の重点）	（個人の重点）
	健康，安全な生活に必要な習慣や態度を身に付ける。					
人間関係	園生活を楽しみ，自分の力で行動することの充実感を味わう。	教育　指導上参考となる事項				
	身近な人と親しみ，かかわりを深め，愛情や信頼感をもつ。					
	社会生活における望ましい習慣や態度を身に付ける。					
環境	身近な環境に親しみ，自然と触れ合う中で様々な事象に興味や関心をもつ。					
	身近な環境に自分からかかわり，発見を楽しんだり，考えたりし，それを生活に取り入れようとする。					
	身近な事象を見たり，考えたり，扱ったりする中で，物の性質や数量，文字などに対する感覚を豊かにする。					
言葉	自分の気持ちを言葉で表現する楽しさを味わう。					
	人の言葉や話などをよく聞き，自分の経験したことや考えたことを話し，伝え合う喜びを味わう。					
	日常生活に必要な言葉が分かるようになるとともに，絵本や物語などに親しみ，先生や友達と心を通わせる。					
表現	いろいろなものの美しさなどに対する豊かな感性をもつ。					
	感じたことや考えたことを自分なりに表現して楽しむ。					
	生活の中でイメージを豊かにし，様々な表現を楽しむ。					

出欠状況		年度	年度	年度	年度	備考
	教育日数					
	出席日数					

養護：子どもの生命の保持及び情緒の安定に関わる事項について記入すること。また，子どもの健康状態等について，特に留意する必要がある場合は記載すること。
学年の重点：年度当初に，教育課程及び保育課程に基づき長期の見通しとして設定したものを記入
個人の重点：一年間を振り返って，当該子どもの指導について特に重視してきた点を記入
指導上参考となる事項：次の事項について記入すること。
　①1年間の指導及び保育の過程と子どもの発達の姿について以下の事項を踏まえ記入すること。
　　・幼稚園教育要領第2章「ねらい及び内容」に示された各領域のねらい及び保育所保育指針第3章「保育の内容」「1保育のねらい及び内容」「(2)教育に関わるねらい及び内容」に示された各領域のねらいを視点として，当該子どもの発達の実情から向上が著しいと思われるもの。その際，他の子どもとの比較や一定の基準に対する達成度についての評定によって捉えるものではないことに留意すること。
　　・認定こども園での生活を通して全体的，総合的に捉えた子どもの発達の姿。
　②次の年度の指導に必要と考えられる配慮事項等について記入すること。

4 要録を記載する事項，および留意点

(1)「幼稚園幼児指導要録」の場合

『幼稚園幼児指導要録の改善について』において，「幼稚園幼児指導要録」に記載する事項および留意点について，以下のように述べられています。

> 幼稚園幼児指導要録に記載する事項
> ○ 学籍に関する記録
> 　学籍に関する記録は，外部に対する証明等の原簿としての性格をもつものとし，原則として，入園時及び異動の生じたときに記入すること。
> 　1　幼児の氏名，性別，生年月日及び現住所
> 　2　保護者（親権者）氏名及び現住所
> 　3　学籍の記録
> 　　(1) 入園年月日
> 　　(2) 転入園年月日
> 　　(3) 転・退園年月日
> 　　(4) 修了年月日
> 　4　入園前の状況
> 　　保育所等での集団生活の経験の有無等を記入すること。
> 　5　進学先等
> 　　進学した学校や転園した幼稚園等の名称及び所在地等を記入すること。
> 　6　園名及び所在地
> 　7　各年度の入園（転入園）・進級時の幼児の年齢，園長の氏名及び学級担任の氏名
>
> ○ 指導に関する記録
> 　指導に関する記録は，1年間の指導の過程とその結果を要約し，次の年度の適切な指導に資するための資料としての性格をもつものとすること。
> 　1　指導の重点等
> 　　当該年度における指導の過程について次の視点から記入すること。
> 　　(1) 学年の重点
> 　　　年度当初に，教育課程に基づき長期の見通しとして設定したものを記入すること。
> 　　(2) 個人の重点
> 　　　一年間を振り返って，当該幼児の指導について特に重視してきた点を記入すること。

2　指導上参考となる事項
（1）次の事項について記入すること。
　　1年間の指導の過程と幼児の発達の姿について以下の事項を踏まえ記入すること。
　　・幼稚園教育要領第2章「ねらい及び内容」に示された各領域のねらいを視点として，当該幼児の発達の実情から向上が著しいと思われるもの。その際，他の幼児との比較や一定の基準に対する達成度についての評定によって捉えるものではないことに留意すること。
　　・幼稚園生活を通して全体的，総合的に捉えた幼児の発達の姿。次の年度の指導に必要と考えられる配慮事項等について記入すること。
（2）幼児の健康の状況等指導上特に留意する必要がある場合等について記入すること。
3　出欠の状況
（1）教育日数
　　1年間に教育した総日数を記入すること。この教育日数は，原則として，幼稚園教育要領に基づき編成した教育課程の実施日数と同日数であり，同一年齢のすべての幼児について同日数であること。ただし，転入園等をした幼児については，転入園等をした日以降の教育日数を記入し，転園又は退園をした幼児については，転園のため当該施設を去った日又は退園をした日までの教育日数を記入すること。
（2）出席日数
　　教育日数のうち当該幼児が出席した日数を記入すること。
4　備考
　教育課程に係る教育時間の終了後等に行う教育活動を行っている場合には，必要に応じて当該教育活動を通した幼児の発達の姿を記入することも可能であること。
5　記入に当たっての配慮事項
　学校教育法施行規則第24条第2項において小学校等の進学先に指導要録の抄本又は写しを送付しなければならないこととなっていることから，指導要録の写しを送付する場合における指導要録の作成に当たっては，小学校等における児童の指導に活用すること等を踏まえわかりやすく記入すること。抄本を作成する場合においても同様であること。

　また，「様式の参考例」のうち，「指導に関する記録」の欄外には，以下のような指摘もみられます。

> 学年の重点：
>   年度当初に，教育課程に基づき長期の見通しとして設定したものを記入
> 個人の重点：
>   一年間をふり返って，当該幼児の指導について特に重視してきた点を記入
> 指導上参考となる事項：
>   （1）　次の事項について記入すること
>   ①１年間の指導の過程と幼児の発達の姿について以下の事項を踏まえて記入すること
>   ・幼稚園教育要領第２章「ねらい及び内容」に示された各領域のねらいを視点として，当該幼児の発達から向上が著しいと思われるもの。
>   その際，他の幼児との比較や一定の基準に対する達成度についての評定によって捉えるものではないことに留意すること。
>   ・幼稚園生活を通して全体的，総合的に捉えた幼児の発達の姿。
>   ②次の年度の指導に必要と考えられる配慮事項について記入すること。
>   （2）　幼児の健康の状況等指導上特に留意する必要がある場合等について記入すること。

「幼稚園幼児指導要録」は，こうした点に留意して記載することが求められています。

「幼稚園幼児指導要録」の記載は年度末であり，記載内容は総括的なものになります。しかし，年度末の時点で，１年間をふり返り，子どもの育ちと課題を総括的に記載するのは難しい面もあります。そのため，幼稚園によっては，「補助簿（カルテ）」[*22]と称した書類を設け，年度末の記載につなげる工夫もみられます。保育所や認定こども園においても，参考にすべきものでしょう。

（2）「保育所児童保育要録」の場合

『保育所保育指針の施行に際しての留意事項について』において，「保育所児童保育要録」に記載する事項および留意点について，以下のように述べられています。

> 保育所保育要録に記載する事項
> ○　入所に関する記録
>   1．児童名，性別，生年月日
>   2．保育所名及び所在地
>   3．児童の保育期間（入所及び卒所年月日）

＊22　「幼稚園幼児指導要録」に記載する内容と同じ項目を，「指導計画」が見通す期間，たとえば期，月，週単位でメモ的に記録しておく書類。日常的に，子どもの育ちと課題を把握する「個人記録」的な役割を果たす表簿でもある。

4. 児童の就学先（小学校名）
5. 施設長及び担当保育士名

○ 保育に関する記録
 1. 子どもの育ちに関わる事項
   保育所生活全体を通して、子どもの育ってきた過程を踏まえ、その全体像を通して総合的に記載する。
 2. 養護（生命の保持及び情緒の安定）に関わる事項
   （ア）子どもの生命の保持及び情緒の安定に関わる事項について、子どもの発達過程や保育の環境に関する事項等を踏まえて記載する。
   （イ）子どもの健康状態等について、特に留意する必要がある場合は記載する。
 3. 教育（発達援助）に関わる事項
   子どもの保育を振り返り、保育士の発達援助の視点等を踏まえた上で、主に最終年度（5,6歳）における子どもの心情・意欲・態度等について記載する。

また、「様式の参考例」の欄外には、以下のような指摘もみられます。

※「子どもの育ちに関わる事項」は子どもの育ってきた過程を踏まえ、その全体像を捉えて総合的に記載すること。
※「養護（生命の保持及び情緒の安定）に関わる事項」は、子どもの生命の保持及び情緒の安定に関わる事項について記載すること。また、子どもの健康状態等について、特に留意する必要がある場合は記載すること。
※「教育に関わる事項」は、子どもの保育を振り返り、保育士の発達援助の視点等を踏まえた上で、主に最終年度（5,6歳）における子どもの心情・意欲・態度等について記載すること。
※子どもの最善の利益を踏まえ、個人情報保護に留意し、適切に取り扱うこと。

「保育所児童保育要録」は、こうした点に留意して記載することが求められています。

（3）「認定こども園こども要録」の場合

『認定こども園こども要録について』において、「認定こども園こども要録」に記載する事項および留意点について、以下のように述べられています。

認定こども園こども要録に記載する事項

○ 学籍等に関する記録

学籍等に関する記録は，外部に対する証明等の原簿としての性格をもつものとし，原則として，入園時及び異動の生じたときに記入すること

1　子どもの氏名，性別，生年月日及び現住所

2　保護者（親権者）氏名及び現住所

3　学籍等の記録

(1) 入園年月日については，当該認定こども園へ入園した年月日を記入すること。

(2) 退園年月日については，当該認定こども園において修了する前に退園した場合に，その年月日を記入すること。

(3) 修了年月日については，当該認定こども園において修了した場合に，その年月日を記入すること。

(4) 幼稚園に在籍した期間については，当該認定こども園在籍期間のうち，幼稚園児として在籍したことがある場合に，その期間を記入すること。

4　入園前の状況

当該認定こども園に入園する前の集団生活の経験の有無等を記入すること。

5　進学・就学先等

当該認定こども園で修了した場合には，進学・就学した小学校等について，当該認定こども園から他の幼稚園や保育所等に転園した場合には，転園した幼稚園や保育所等について，その名称及び所在地等を記入すること。

6　各年度の入園・進級時の子どもの年齢，認定こども園の長の氏名及び学級担任の氏名

7　園名及び所在地

8　その他

指導及び保育に関する記録において最終年度のみを記入する場合は，学籍等に関する記録についても最終年度のみ記入することも可能とすること。

○ 指導及び保育に関する記録

指導及び保育に関する記録は，1年間の指導及び保育の過程とその結果を要約し，次の年度の適切な指導及び保育に資するための資料としての性格をもつものとすること。

1　子どもの育ちに関わる事項

入園から退園・修了までの認定こども園における生活全体を通して，養護と教育の視点から子どもの育ってきた過程を踏まえ，子どもの全体像を通して総合的に記入すること。

2 養護（生命の保持及び情緒の安定）に関わる事項
（1）子どもの生命の保持及び情緒の安定に関わる事項について，子どもの発達過程や保育の環境に関する事項等踏まえて記入すること。
（2）子どもの健康状態等について，特に留意する必要がある場合は記入すること。
3 教育
（1）指導の重点等
当該年度における指導の過程について次の視点から記入すること。
①学年の重点
年度当初に，教育課程及び保育課程に基づき長期の見通しとして設定したものを記入すること。
②個人の重点
1年間を振り返って，当該子どもの指導について特に重視してきた点を記載すること。
（2）指導上参考となる事項
次の事項について記入すること。
①1年間の指導及び保育の過程と子どもの発達の姿について以下の事項を踏まえ記入すること。
・幼稚園教育要領第2章「ねらい及び内容」に示された各領域のねらい及び保育所保育指針第3章「保育の内容」「1 保育のねらい及び内容」「（2）教育に関わるねらい及び内容」に示された各領域のねらいを視点として，当該子どもの発達の実情から向上が著しいと思われるもの。その際，他の子どもとの比較や一定の基準に対する達成度についての評定によって捉えるものではないことに留意すること。
・認定こども園での生活を通して全体的，総合的に捉えた子どもの発達の姿。
②次の年度の指導に必要と考えられる配慮事項等について記入すること。
（3）出欠状況
①教育日数
1年間に教育した総日数を記入すること。この教育日数は，原則として，幼稚園教育要領に基づき編成した教育課程の実施日数と同日数であり，同一年齢のすべての子どもについて同日数であること。ただし，年度の途中で入園した子どもについては，入園した日以降の教育日数を記入し，退園した子どもについては，退園した日までの教育日数を記入すること。
②出席日数

> 　　　　教育日数のうち当該子どもが出席した日数を記入すること。
> 　4　その他
> 　（1）認定こども園を構成している幼稚園以外においては，指導の重点等及び出欠状況については必要に応じて記入することとして差し支えないこと。また，児童票等において同様の内容を記載している場合には，最終年度のみ記入することも可能とすること。
> 　（2）認定こども園を構成している保育所以外においては，養護（生命の保持及び情緒の安定）等については必要に応じて記入することとして差し支えないこと。なお，当該事項について，指導上参考となる事項欄にあわせて記入することも可能であること。

　また，「様式の参考例」のうち，「指導及び保育に関する記録」の欄外には，以下のような指摘もみられます。

> 養護：
> 　子どもの生命の保持及び情緒の安定に関わる事項について記載すること。また，子どもの健康状態等について，特に留意する必要がある場合は記載すること。
> 学年の重点：
> 　年度当初に，教育課程及び保育課程に基づき長期の見通しとして設定したものを記入。
> 個人の重点：
> 　一年間を振り返って，当該子どもの指導について特に重視してきた点を記入。
> 指導上参考となる事項：次の事項について記入すること。
> ① 1年間の指導及び保育の過程と子どもの発達の姿について以下の事項を踏まえ記入すること。
> 　・幼稚園教育要領第2章「ねらい及び内容」に示された各領域のねらい及び保育所保育指針第3章「保育の内容」「1　保育のねらい及び内容」「（2）教育に関わるねらい及び内容」に示された各領域のねらいを視点として，当該子どもの発達の実情から向上が著しいと思われるもの。その際，他の子どもとの比較や一定の基準に対する達成度についての評定によって捉えるものではないことに留意すること。
> 　・認定こども園での生活を通して全体的，総合的に捉えた子どもの発達の姿。
> ② 次の年度の指導に必要と考えられる配慮事項等について記入すること。

　「認定こども園こども要録」は，こうした点に留意して記載することが求められているのです。

第8章　子ども理解と「幼稚園幼児指導要録」「保育所児童保育要録」「認定こども園こども要録」

5 要録の様式の創意工夫

(1) 各園の裁量権限と様式の創造

　表8-5から表8-9までに示した「幼稚園幼児指導要録」「保育所児童保育要録」「認定こども園こども要録」は，あくまでも「様式の参考例」です。したがって，各園，また市町村は「様式の参考例」にとらわれず，様式を創意工夫することが出来ます。国も各園の創意工夫を期待し，園が独自に判断してよい裁量権限の拡大を図っています[*23]。国が示す要録の様式が，あくまでも参考例なのもそのためです。

　したがって，各幼稚園の「幼稚園幼児指導要録」は，「様式の参考例」をその名の通り参考にとどめ，「教育課程」に基づき，創意工夫すべきものです。認定こども園の「認定こども園こども要録」も，基本的に幼稚園と同様に取り扱うことが求められていますから，園長の責任のもと，様式を創意工夫してよいと考えられます。

　保育所の「保育所児童保育要録」については，現在，市町村でその様式を作成することになっています。また，公立の幼稚園，認定こども園の場合も，設置者は市町村になるため，自治体によっては，市町村側から様式が示されるケースもあるでしょう。しかし，保育所保育の国基準である『保育所保育指針』も『幼稚園教育要領』同様，大綱化されています。そのため，各市町村は，保育所であれば「保育課程」との整合性を考え，その様式を創意工夫する必要があります。各保育所も，「保育所児童保育要録」が自園の「保育課程」と矛盾がない様式として示されるよう，市町村に積極的に意向を伝えることも必要です。

　同様の工夫は，「幼稚園幼児指導要録」および「認定こども園こども要録」の「抄本」に関しても必要です。要録の「写し」は，基本的に園内での子どもの育ちと課題の把握，また，担任間での引き継ぎ資料として記載される「原本」そのままの記載内容です。そのため，情報量は膨大であり，あえて，小学校に伝達しなくともよい内容も含まれている可能性があります。こうした点を考慮すると，小学校への送付は「写し」よりも，「抄本」の方が適当である場合が多いでしょう。

　この「抄本」については，国が「様式の参考例」を示していないため，各園レベルで創意工夫する必要があります。その一例として，表8-10（p.289）に東京都内の私立A幼稚園の「抄本」を紹介します。

(2) 保育所における「児童票」の活用

　保育所では，これまで「児童票」[*24]（p.288）と呼ばれる書類が作成されてきました。

---

*23　たとえば，1998（平成10）年9月21日の中央教育審議会答申『今後の地方教育行政の在り方について』では，各学校が自主性・自律性を発揮し，「創意工夫を凝らした特色ある学校づくり」を進めることを求めている。そのため，国が示す基準もあえて大綱化・弾力化し，各学校の裁量権限を拡大することを提言している。

その根拠は、以下に示す、『児童福祉施設最低基準』[*25] 第57条の規定でした。

> 『児童福祉施設最低基準』1948（昭和23）年12月29日制定
> 「第57条　保育所には、入所している乳児又は幼児の家庭等の状況及び入所中に行った保育の過程を記録する帳簿を備えなければならない。」

このように「児童票」とは、子ども一人一人に対し、「家庭等の状況及び入所中に行った保育の過程を記録する帳簿」であり、幼稚園における「幼稚園幼児指導要録」にあたる書類です。

具体的には、表8-11（p.290）に示した地方自治体が提示する様式例を参考に、家庭状況を把握する個票とともに、保育期間中における健康状況、保育の経過などを記録してきました。保育所でも入所する子ども一人一人の育ちの把握に努めてきたわけです。

しかし、1986（昭和61）年3月9日に『児童福祉施設最低基準』が大幅に改正されると、保育所の備えるべき帳簿に関する規定であった第57条は削除され、「帳簿」に関する規定は以下に示すように簡素化されました。

> 『児童福祉施設最低基準』1986（昭和61）年3月9日改正
> 「第14条　児童福祉施設には、職員、財産、収支及び入所している者の処遇の状況を明らかにする帳簿を整備しておかなければならない。」

この規定は、現行の『児童福祉施設の設備及び運営に関する基準』でも維持されており、1986（昭和61）年以降、「児童票」については、法的な位置づけがなくなりました。現在では、自治体レベルでの行政指導、また保育所独自の判断で慣習的に作成されるだけになっています。

しかし、2009（平成21）年度から、小学校へ「子どもの育ちを支えるための資料」を送付することが義務づけられ、その資料が「保育所児童保育要録」と位置づけられると、保育所内において「児童票」との混在が生じることになりました。

こうした「保育所児童保育要録」と「児童票」の関係、また取り扱い方について、『改定保育所保育指針 Q&A 50（改定保育所保育指針研修会配布資料）』では、以下のように説明しています。

[*24]　園によっては「児童記録票」と呼ぶところもある。
[*25]　2011（平成23）年10月7日付けで、『児童福祉施設の設備及び運営に関する基準』に名称変更。

第8章 子ども理解と「幼稚園幼児指導要録」「保育所児童保育要録」「認定こども園こども要録」

表8-10 「幼稚園幼児指導要録」の「抄本」例（東京都：私立A幼稚園）

幼稚園幼児指導要録 抄本

（指導に関する記録）

領域	ねらい（発達を捉える視点）
健康	明るく伸び伸びと行動し、充実感を味わう。
	自分の体を十分に動かし、進んで運動しようとする。
	健康、安全な生活に必要な習慣や態度を身に付ける。
人間関係	幼稚園生活を楽しみ、自分の力で行動することの充実感を味わう。
	身近な人と親しみ、かかわりを深め、愛情や信頼感をもつ。
	社会生活における望ましい習慣や態度を身に付ける。
環境	身近な環境に親しみ、自然と触れ合う中で様々な事象に興味や関心をもつ。
	身近な環境に自分からかかわり、発見を楽しんだり、考えたりし、それを生活に取り入れようとする。
	身近な事象を見たり、考えたり、扱ったりする中で、物の性質や数量、文字などに対する感覚を豊かにする。
言葉	自分の気持ちを言葉で表現する楽しさを味わう。
	人の言葉や話などをよく聞き、自分の経験したことや考えたことを話し、伝え合う喜びを味わう。
	日常生活に必要な言葉が分かるようになるとともに、絵本や物語などに親しみ、先生や友達と心を通わせる。
表現	いろいろなものの美しさなどに対する豊かな感性をもつ。
	感じたことや考えたことを自分なりに表現して楽しむ。
	生活の中でイメージを豊かにし、様々な表現を楽しむ。

指導の重点等

指導上参考となる事項

備考

出欠の状況

	出席日数	教育日数

原本に相違ないことを証します
平成　年　月　日
園長氏名　　　　　　　　　㊞

（学籍に関する記録）

幼稚園名及び所在地	
園長名	㊞
学級担任者名	㊞
幼児 ふりがな／氏名	
現住所	
生年月日	平成　年　月　日　性別
修了年月日	平成　年　月　日
在園期間	年　月
入園前の状況等	

289

表8-11 「児童票」の様式例

〈家庭状況を示すもの〉

児童名		男女	保護者氏名		児童との続柄			保育園		
年令	年 月 日						入園	年	月	日
住所							退園	年	月	日
			連絡先	電話 ( )						
続柄	氏名	生年月日	健康	教育程度	職業		勤務先			
家族構成	父 母									
							備考			

その他

入園理由	区別	年度	年度	年度		その他
種別 平家, 二階家, 自宅, 借家, 間借, 社宅, 寮, 独立アパート, その他	階層					
	生保有無					

住居及び生活環境

交通その他の危険度		畳			彩光 良 普通 不良	通園方法(附添)
主として遊び場		間				通園所要時間
主として養育している人			換気 良 普通 不良		好きな遊具及び玩具	通園略図
本児が一番なついている人						
特に興味を持つもの						
くせ						
しつけの上で特に重点をおいた事質						
保育に対する希望						

〈健康状況を示すもの〉

測定事項	月別	昭和 年 Kg	昭和 年 Kg	児童氏名	昭和 年 Kg
体重の発育	4月				
	5月				
	6月				
	7月				
	8月				
	9月				
	10月				
	11月				
	12月				
	1月				
	2月				
	3月				
身長の発育	4月	cm			cm
	5月				
	6月				
	7月				
	8月				
	9月				
	10月				
	11月				
	12月				
	1月				
	2月				
	3月				
健康診断	体格	4月	10月	4月	10月
	栄養				
	背柱				
	歯				
	眼				
	耳鼻				
	胸部				
	胸囲測定				
	医師印				
注意事項					

〈保育の経過を示すもの〉

年月日	保育経過記録

資料)「児童票(第11号様式)」, 東京都『保育所事務処理要綱』1973

> Q20. 保育要録と児童票との関連や具体的な記載について知りたい。
> A. 保育所における保育課程の編成，指導計画の作成，保育の記録，自己評価，児童票の記載といった一連の流れの中に保育要録も位置づけられます。前述したように，白紙の状態から保育要録を作成するのではなく，保育の記録や評価から，ポイントとなる記載を簡潔に的確に記していきます。
>
> このため，保育要録の様式と児童票など保育の記録のあり方について検討し，保育課程の編成，指導計画の作成，保育の記録，自己評価などについて一貫性を持って取り組んでいくことが求められます。事務量や書類の量を増やすのではなく，それぞれの書類を関連付けて，保育の着眼点や保育を捉える視点を明らかにしながら簡潔に記録することが求められます。

このように，厚生労働省は「保育所児童保育要録」を小学校への資料送付の書類としてだけでなく，「計画−実践−評価」という一連の流れに関連づけ，各種の計画や記録の作成，自己評価などと一貫性をもって取り組むことを求めています。つまり，「幼稚園幼児指導要録」と同じように，保育期間中における子どもの育ちと課題の把握と，保育者によるふり返り作業を連動させるものとして，「保育所児童保育要録」を活用することを促しているわけです。

ただ，「保育所児童保育要録」と「児童票」が混在する状況は，「事務量や書類の量を増やす」ことになってしまっています。重複した作業を出来るだけ避けるためにも，「それぞれの書類を関連付けて，保育の着眼点や保育を捉える視点を明らかにしながら簡潔に記録すること」が求められています。

こうした指示を踏まえると，たとえば，法的根拠がなくなった「児童票」をなくし，「保育所児童保育要録」を保育期間中をも記録対象にする様式に変え，子ども理解と保育者によるふり返り作業を進める，という選択肢も考えられます。このように，保育所における子どもの育ちと課題の把握も，「保育所児童保育要録」の様式を創意工夫しながら，柔軟に進めていく必要があるでしょう。

♣参考・引用文献
○ Wiggins.G., Educative Assessment : Designing Assessments to Inform and Improve Student Performance, Jossey-Bass Publishers, 1998
○ 厚生労働省『保育所保育指針解説書』フレーベル館，2008
○ 厚生労働省『改定保育所保育指針 Q&A 50（改定保育所保育指針研修会資料）』，2008
○ 髙浦勝義『絶対評価とルーブリックの理論と実際』黎明書房，2004
○ 田中耕治編『よくわかる教育評価』ミネルヴァ書房，2005
○ 日本カリキュラム学会編『現代カリキュラム事典』ぎょうせい，2001
○ 師岡章「保育の評価とカリキュラム」，無藤隆編『幼児の心理と保育』ミネルヴァ書房，2001

- 師岡章「指導要録の記入のポイント」,東京都私立幼稚園教育研修会編『幼児教育年報』第45集,チャイルド本社,2009
- 文部省『幼稚園教育百年史』ひかりのくに,1979
- 文部科学省『幼稚園教育要領解説』フレーベル館,2008

カリキュラム研究の動向 ❽

カリキュラム改善を促す「専門職のための学習共同体（PLC）」の創造

　近年，カリキュラムの意思決定のあり方，つまり，誰がどのようにカリキュラムをつくるのかという問題をめぐって，「カリキュラム・リーダーシップ（Curriculum Leadership）」という概念が注目されています。そして，この概念は，校長（園長）だけでなく，教師（保育者）ももつべきだとされています。

　ただ，教師が「カリキュラム・リーダーシップ」を発揮するためには，相応の力量が求められ，かつ，教師一人の力だけで遂行できるものでもありません。こうした課題を踏まえ，「カリキュラム・リーダーシップ」を教師相互の研修や連携・協力体制と結びつける提案がなされつつあります。

　たとえば，木原俊行らは，図に示すように，S.M.ホルド（Shirley.M.Hord）が提唱した「専門職のための学習共同体（Profeessional Learning Community：PLC）」を踏まえ，教師集団がPLCになるためには，すべての教職員がカリキュラムの意思決定にかかわるという「民主的」な側面，共同する中で個人を超えた発想を生み出す「創造的」な側面，物的・人的条件を活用し教職員関係をよりよくする「管理的」な側面の3つが大切である，と指摘しています。そして，ほかのPLCとのネットワーク化を図れば，「つながり学ぶ」という「語りと探究のコミュニティ」が創出する，と説きました。

　保育現場においても，実践や計画の改善を図るうえで，園内のすべてのスタッフがそれぞれの立場で「カリキュラム・リーダーシップ」を発揮することは不可欠です。一人一人の力量には限界もありますから，連携・協力も必要です。ただ，連携・協力も学び合う関係にならなければ，互いの力量も高まらず，カリキュラム改善には結びつきません。保育者集団も「専門職のための学習共同体（PLC）」を形成し，「語りと探究のコミュニティ」となることを目指したいものです。

図　カリキュラム開発におけるリーダーシップグループの役割（概念モデル）

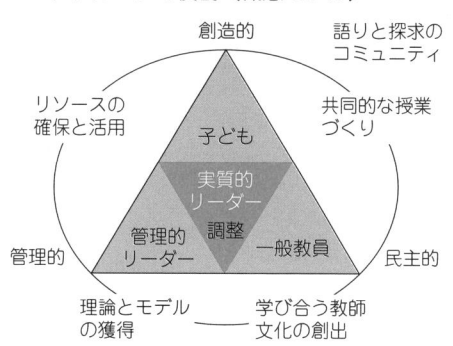

資料）木原俊行（研究代表者）「学校を基盤とするカリキュラム開発におけるリーダーシップグループの役割のモデル化」『平成18年度〜20年度科学研究費補助金研究成果報告書』2009

♣参考文献
・平成18年度〜20年度科学研究費補助金研究成果報告書（研究代表者：木原俊行）「学校を基盤とするカリキュラム開発におけるリーダーシップグループの役割のモデル化」2009.3
・Hord.S.M.,Professional Learning Communities：Communities of Continuous Inquiry and Improvement,Southwest Educational Development Laboratory,1997

索引

数字
1.57ショック　3
3R's（スリー・アールズ）　87
5領域　12, 50
6領域　12
12の保育内容　27

アルファベット
CERI　71
CIE　29
ECEC　163
GHQ　29
hidden curriculum　87
OECD　36
OECD保育白書　163
PDCAサイクル　225
PDSIサイクル　225
PISA調査　36
SICS　230

あ
アイズナー　217
赤沢鐘美　137
明石女子師範学校附属幼稚園　100
秋田喜代美　250
アクション・リサーチ　250
預かり保育　2
アセスメント　256
遊びを中心とした保育　38
厚い記述　239
アップル　87
アトキン　71
阿部重孝　62
亜米利加婦人教授所　133

い
伊沢修二　61
伊藤敦美　208
稲垣忠彦　247
イマージェント・カリキュラム　252
イメージ・マップ　204

う
ヴァージニア・プラン　66
写し　266
梅根悟　146
ウルフ　250

え
エッセンシャリズム　81
エピソード記述　234
エピソード記録　237
エンゼルプラン　3

お
及川平治　100
鴨東幼稚園　133
大分市立南大分幼稚園　95
大阪市立鶴町第一託児所　141
大場牧夫　149
大宮勇雄　166, 228
大村英之助・鈴子夫妻　141
小川博久　173
小田貴雄　61
思い出し記録　233
恩物　24

か
ガイダンス・プログラム　80
概念地図法　208
香川師範学校附属幼稚園　98
課業　153
学習経験の総体　69
学習指導要領一般編（試案）　62
学籍に関する記録　266
学問中心カリキュラム　55
学力低下　36
形造り　20
学科　60
学科課程　61
学期指導計画　41
学級崩壊　36
学校関係者評価　221
学校教育法　27
学校教育法施行規則　29
学校教育法施行令　40
学校週5日制　34
学校に基礎をおくカリキュラム開発（SBCD）　72, 76
カッツ　210
活動分析法　102
活動予定表　6
課程　60
加藤繁美　159, 252
カリキュラム　57
カリキュラム改造運動　60
カリキュラム開発　20
カリキュラム作成　20
カリキュラム・デザイン　20
カリキュラムの構成法　20
カリキュラム・パッチワーク　7
カリキュラム評価　215

カリキュラム編成　20
カリキュラム・マネジメント　226
カリキュラム・リーダーシップ　293
カリフォルニア・プラン　66
環境構成　190
環境図　204
環境を通して行う保育　197
間主観性　237

き

期案　41
岸井勇雄　50
基礎的事項　35
城戸幡太郎　141
木原俊行　293
基本計画　83
基本原則　44
キャズウェル　20, 68
キャンベル　20, 68
教育課程　40, 60
教育課程の評価　42
教育鑑識眼　217
教育基本法　38
教育時間　2
教育内容の現代化　32
教育批評　217
教育目的　108
教育目標　78, 108
教科　12
教科課程　61
教科カリキュラム　55, 95
教科単元　110
教師の手引き　77

教師養成研究会　64
教則　61
キルパトリック　110

く

鯨岡峻　235
具体計画　171
久保田浩　147
倉沢剛　69
グラスゴー大学　58
倉橋惣三　138
クレーレ　79
黒川紀章　83

け

経験カリキュラム　55, 100
経験主義保育　143
経験単元　110
系統的保育案　139
月案　41
研究・開発・普及モデル　75
原本　269

こ

コア・カリキュラム　82, 98
工学的接近　72
恒常的生活場面法　105
構成的評価　218
行動目標　194
コース・オブ・スタディ　59
告示化　39
個人内評価　265
子育て支援　3
子ども・子育て支援法　118
子ども・子育てビジョン　3
子ども像　125
子どもの活動の展開　190

子どもの姿　190
子どもの発達をとらえる視点　50
子どもの夢中度　230
個別の指導計画　48
子守学校　137
コンダクト・カリキュラム　100

さ

坂元彦太郎　31
佐藤学　20
三育（知育・徳育・体育）　60
三層構造論　147
三層六領域構造　151

し

シークェンス　68
支援計画　201
滋賀大学教育学部附属四校園　156
時間見本法　203
事後のカリキュラム　252
自己評価　17
宍戸健夫　157
自主編成　55
次序　61
視聴覚記録【AV記録】　233
実践・批評・開発モデル　75
質的評価　217
自伝的方法　131
指導計画　40, 83
児童憲章　118
指導上の留意点　190
児童中心主義教育　65

295

指導に関する記録　268
児童の権利に関する条約
　　118
児童票　287
児童福祉施設の設備及び運営
　　に関する基準　2
児童福祉法　27
児童福祉法施行規則　123
児童福祉法施行令　123
社会機能法　103
社会中心主義　143
社会適応主義　66
ジャクソン　87
自由遊び　29
週案　41
集団主義保育　141
自由保育　11
主活動　6, 7
守孤扶独幼稚児保護会　137
主題　95
遵守事項　44
ジョイント期カリキュラム
　　156
小1プロブレム　36
情緒的な安心・安定度　230
小学校学習指導要領　52
小学校令　61
抄本　266
ショーン　233
ジョーンズ　252
食育基本法　118
白梅学園短期大学附属白梅幼
　　稚園　147
城丸章夫　158
心情・意欲・態度　193
真正の評価　257
進歩主義教育　55
進歩主義教育協会　104

す
数値化　17
スキルベック　71
スクリヴァン　218
スコープ　68
ストレートマイヤー　105
スプートニクショック　32
スペンサー　61

せ
生活科　38
生活カリキュラム　100
生活習慣　28
生活単位法＝経験単位法
　　100
省察　232
青少年欲求法　104
成績評価　16
尺振八　60
絶対評価　265
戦後新教育　29
専門職のための学習共同体
　　（PLC）　293

そ
総括的評価　218
相関カリキュラム　95
総合活動　150
総合的な学習の時間　38
相対評価　264
創発カリキュラム　252

た
大綱化　40
第三者記録　233
第三者評価　17
大正自由教育　25
タイム・スケジュール　11
タイム・テーブル　11
タイラー　20

タイラーの原理　55
対話的保育カリキュラム
　　159, 252
高浦勝義　257
高森冨士　154
田代高英　152
多田鉄雄　70
田中耕治　220
楽しい幼児の経験　30, 70,
　　143
短期の指導計画　41
単元　98, 110

ち
地方裁量型　271
チャード　210
中央区立有馬幼稚園・小学校
　　155
中期的指導計画　187
中心になる活動　148
長期の指導計画　41
チラー　110

つ
続有恒　215
津守真　232

て
テ・ファリキ　165
デューイ　65

と
東京女子師範学校附属幼稚園
　　22
当事者記録　233
桐朋幼稚園　149
ドキュメンテーション　249
戸越保育所　141
鳥取西高校附属幼稚園　95
トップダウン型　75
トピック・ウェブ（ウェブ方

式）210
努力義務　44

な

中留武昭　226
ナショナル・カリキュラム
　　21

に

新潟静修学校　137
日案　41
日本国憲法　118
認知目標　194
認定こども園こども要録
　　253
認定こども園法　123
認定こども園法施行細則
　　123
認定こども園法に基づく施設
　　の設備及び運営に関する基
　　準　123

ね

ねらい　9
ねらいと内容　190
年間指導計画　41

の

ノーカリキュラム論　11
望ましい経験　50

は

パーカー　65
バーンスティン　169
パイナー　131
発達過程の8区分　127
パフォーマンス評価　258
ハミルトン　58
反省的思考　232
反省的実践　233

ひ

ヒドゥン・カリキュラム

　　20, 87
評定　215
平井信義　12
ヒル　154

ふ

福岡教育大学附属幼稚園
　　152
ブルーナー　55
ブルーム　217
フレーベル会　22
フロー・チャート　209
プロジェクト型実践　111
プロジェクト・メソッド
　　110
プロジェッタツィオーネ
　　213
ふろしき単元　146
プロセスレコード（逐語記録）
　　237

へ

米国教育使節団報告書　64
ヘファナン　70

ほ

保育4項目　22
保育5項目　24
保育案　63
保育課程　27
保育観　125
保育カンファレンス　247
保育記録　231
保育計画　47
保育構造論　147
保育項目　63
保育時間　2
保育時間表　63
保育指針　33
保育士等の自己評価　49

保育者の構想力　208
保育者の資質・能力　244
保育所運営要領　33
保育所型　271
保育所児童保育要録　17,
　　253
保育所における自己評価ガイ
　　ドライン　49
保育所の自己評価　49
保育所保育指針　12
保育内容　21
保育日誌　241
保育ノ課程　63
保育の計画　45
保育の質　228
「保育プロセスの質」研究プ
　　ロジェクト　230
保育方針　8
保育目標　7
保育問題研究会　141
保育要領―幼児教育の手びき
　　―　29
保育理念　117
ポートフォリオ評価　258
補助簿（カルテ）　282
ボトムアップ型　76
ポピット　102
ホルド　293

ま

前原寛　252
マスタープラン　84
学びの経験の履歴　75
マニュフェスト・カリキュラ
　　ム　87

み

宮坂哲文　80

297

も
文字記録　233
問題領域法　105
モンテッソーリ保育　27

ゆ
誘導保育案　139
ゆとり教育　34

よ
養護　34
幼小連携のカリキュラムづくり　155
幼稚園型　271
幼稚園教育要領　2
幼稚園設置基準　123
幼稚園における学校評価ガイドライン　42
幼稚園保育及設備規程　22
幼稚園幼児指導要録　253
幼稚園令　26
幼稚園令施行規則　26
幼穉遊嬉場　133
幼保連携型　271
幼保連携型認定こども園教育・保育要領　36

ら
ラーバース　230
ライデン大学　58
羅生門的接近　72

り
リナルディ　213

領域　51
量的評価　217
臨床目標　194

る
類別　169

れ
レール・プラン　59
レッジョ・エミリア・アプローチ　111, 163
レッスンスタディ　250

ろ
ロードマップ　209, 211

わ
枠　169
渡邉嘉重　137

《 幼稚園教育要領 改訂
　保育所保育指針 改定
　幼保連携型認定こども園教育・保育要領 改訂 》について

無藤　隆　監修

同文書院

============================ 目 次 ============================

第1章　幼稚園教育要領の改訂について　3
　1.　はじめに　3
　2.　幼稚園教育要領改訂のポイント　6
　3.　新しい幼稚園教育要領の概要　8

第2章　保育所保育指針の改定について　12
　1.　はじめに　12
　2.　保育所保育指針改定のポイント　14
　3.　新しい保育所保育指針の概要　17

第3章　幼保連携型認定こども園教育・保育要領の改訂について　19
　1.　はじめに　19
　2.　幼保連携型認定こども園教育・保育要領改訂のポイント　20
　3.　新しい幼保連携型認定こども園教育・保育要領の概要　22

資料　幼稚園教育要領　27
資料　保育所保育指針　36
資料　幼保連携型認定こども園教育・保育要領　53

第1章　幼稚園教育要領の改訂について

1．はじめに

　新幼稚園教育要領（以下，新教育要領とも）は，2016（平成28）年12月の中央教育審議会による答申「幼稚園，小学校，中学校，高等学校及び特別支援学校の学習指導要領等の改善及び必要な方策等について」を踏まえ，幼稚園の教育課程の基準の改正を図ったものである。2017（平成29）年3月31日告示され，1年間の周知期間を経た後，2018（平成30）年4月1日から施行されることになる。

(1) 中央教育審議会による答申

　今回の中央教育審議会による答申のポイントは，現行の学習指導要領で謳われている知（確かな学力）・徳（豊かな人間性）・体（健康・体力）にわたる「生きる力」を，将来子どもたちがより一層確実に育むためには何が必要かということにある。

　今後，人工知能（AI）のさらなる進化によって，現在，小・中学校に通う子どもたちが成人となる2030年以降の世界では，現在ある仕事の半数近くが自動化される可能性があるといわれている。また子どもたちの65％が今は存在しない職業に就くであろうと予測されている。インターネットが地球の隅々まで普及した現代において，さまざまな情報が国境や地域を越えて共有化され，グローバル化の流れはとどまるところを知らない。今後，社会の変化はさらに速度を増し，今まで以上に予測困難なものとなっていくであろう。

　こうした予測困難な未来社会において求められるのは，人類社会，日本社会，さらに個人としてどのような未来を創っていくのか，どのように社会や自らの人生をよりよいものにするのかという目的意識を主体的に持とうとすることである。そして，複雑に入り混じった環境の中でも状況を理解し，その目的に必要な情報を選択・理解し，自分の考えをまとめ，多様な他者と協働しながら，主体的に社会や世界と関わっていくこと，こうした資質・能力が求められている。

　また近年，国際的にも忍耐力や自己制御，自尊心といった社会情動的スキル，いわゆる非認知的能力を幼児期に身につけることが，大人になってからの生活に大きな差を生じさせるといった研究成果が発表されている。非認知的能力とは，「学びに向かう力や姿勢」と呼ばれることもあり，「粘り強く取り組んでいくこと，難しい課題にチャレンジする姿勢」などの力をさす。従来はその子どもの気質，性格と考えられていたが，現在では適切な環境を与えることでどの子どもでも伸ばすことが可能な能力（スキル）として捉えられるようになっている。

　そのため，今回の答申では，こうした資質・能力を育むための「主体的・対話的で深い学び」（アクティブ・ラーニング）の実現の重要性を強調している。その上で「何のために学ぶのか」という学習の意義を共有しながら，授業の創意工夫や教科書等の教材の改善を引き出していけるよう，すべての教科等また幼児教育について，①知識及び技能，②思考力，判断力，表現力等，③学びに向かう力，人間性等，の3つの柱に再整理している（図1−1）。

(2) 幼稚園を取り巻く環境

　わが国の幼稚園児数は，1978（昭和53）年の249万7,895人をピークに減少し続けており，2009（平成21）年163万336人，2013（平成25）年158万3,610人，2016年133万9,761人，2017年

幼児教育において育みたい資質・能力の整理

小学校以上: 知識・技能 | 思考力・判断力・表現力等 | 学びに向かう力・人間性等

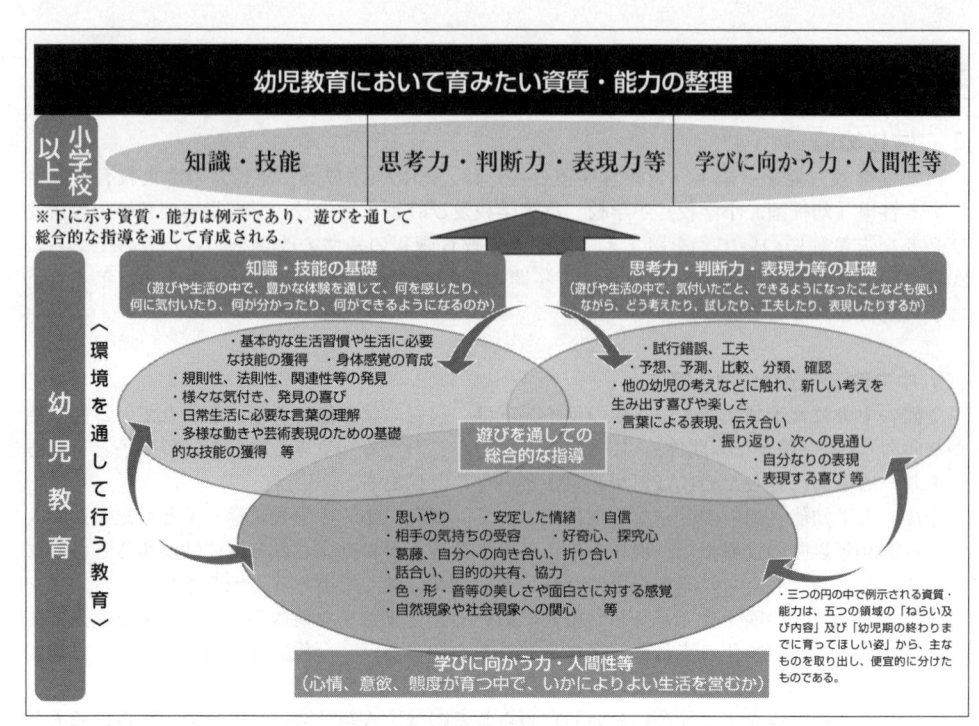

※下に示す資質・能力は例示であり、遊びを通して総合的な指導を通じて育成される。

幼児教育 〈環境を通して行う教育〉

知識・技能の基礎
（遊びや生活の中で、豊かな体験を通して、何を感じたり、何に気付いたり、何が分かったり、何ができるようになるのか）
・基本的な生活習慣や生活に必要な技能の獲得　・身体感覚の育成
・規則性、法則性、関連性等の発見
・様々な気付き、発見の喜び
・日常生活に必要な言葉の理解
・多様な動きや芸術表現のための基礎的な技能の獲得　等

思考力・判断力・表現力等の基礎
（遊びや生活の中で、気付いたこと、できるようになったことなども使いながら、どう考えたり、試したり、工夫したり、表現したりするか）
・試行錯誤、工夫
・予想、予測、比較、分類、確認
・他の幼児の考えなどに触れ、新しい考えを生み出す喜びや楽しさ
・言葉による表現、伝え合い
・振り返り、次への見通し
・自分なりの表現
・表現する喜び　等

遊びを通しての総合的な指導

学びに向かう力・人間性等
（心情、意欲、態度が育つ中で、いかによりよい生活を営むか）
・思いやり　・安定した情緒　・自信
・相手の気持ちの受容　・好奇心、探究心
・葛藤、自分への向き合い、折り合い
・話し合い、目的の共有、協力
・色・形・音等の美しさや面白さに対する感覚
・自然現象や社会現象への関心　等

・三つの円の中で例示される資質・能力は、五つの領域の「ねらい及び内容」及び「幼児期の終わりまでに育ってほしい姿」から、主なものを取り出し、便宜的に分けたものである。

図1-1　幼児教育において育みたい資質・能力

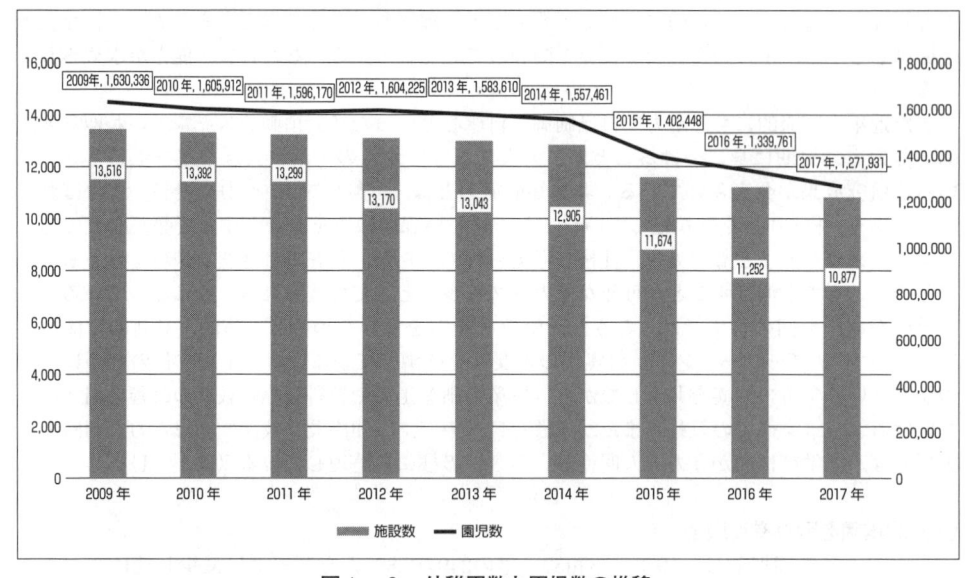

年	施設数	園児数
2009年	13,516	1,630,336
2010年	13,392	1,605,912
2011年	13,299	1,596,170
2012年	13,170	1,604,225
2013年	13,043	1,583,610
2014年	12,905	1,557,461
2015年	11,674	1,402,448
2016年	11,252	1,339,761
2017年	10,877	1,271,931

図1-2　幼稚園数と園児数の推移

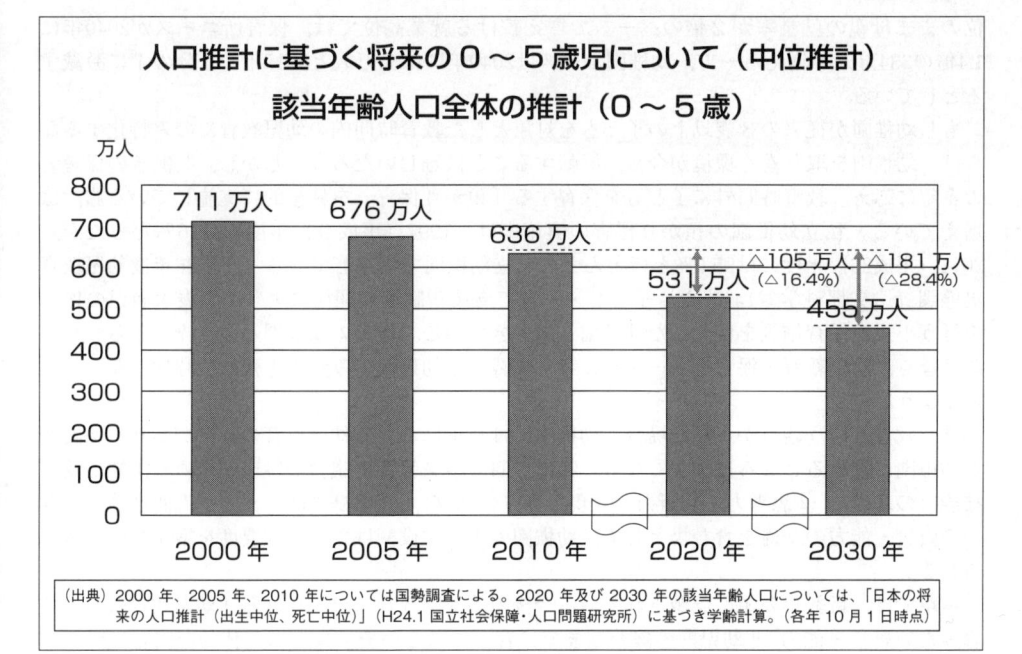

人口推計に基づく将来の0～5歳児について（中位推計）
該当年齢人口全体の推計（0～5歳）

```
万人
800
700  711万人
600         676万人
500                 636万人      △105万人  △181万人
400                      531万人 (△16.4%) (△28.4%)
300                             455万人
200
100
  0
     2000年  2005年  2010年  2020年  2030年
```

（出典）2000年、2005年、2010年については国勢調査による。2020年及び2030年の該当年齢人口については、「日本の将来の人口推計（出生中位、死亡中位）」（H24.1 国立社会保障・人口問題研究所）に基づき学齢計算。（各年10月1日時点）

図1－3　0～5歳児の人口推移

では127万1,931人となった。また幼稚園の設置数も、1985（昭和60）年の1万5,220園をピークに減少し、2009年1万3,516園、2013年1万3,043園、2016年1万1,252園、2017年では1万877園となっている（図1－2）（なお、2015年から2017年に認定こども園に移行した幼稚園は1,454園。詳細は『第3章 幼保連携型認定こども園教育・保育要領について』を参照）。一方、保育所等の入所児数は1980（昭和55）年まで増加し続け（1978年191万3,140人）その後一旦減少したが、1996（平成8）年から再び増加し、2009年には204万934人、2013年221万9,581人、さらに子ども・子育て支援新制度がスタートした2015年には237万3,614人、2017年は254万6,669人となっている（2015年からの数値は幼保連携型認定こども園、幼稚園型認定こども園等、特定地域型保育事業を含む。第2章図2－1参照）。

このように保育所利用児童の増加の一方で、わが国の0～5歳児の人口は2000（平成12）年の711万人から2030年には455万人まで減少すると予想されており、少子化傾向に歯止めが掛かる兆しは見えていない（図1－3）。全国的に幼稚園児数が減少し続けるのに対し、保育所等のニーズが増え続ける背景には、女性の社会進出に伴い乳幼児を持つ母親の就業が増えていること、長期化する景気の低迷から共働き家庭の増加や長時間労働の蔓延などがあげられている。なかでも3歳未満の待機児童数は毎年2万人前後で推移しており、この年齢層の保育ニーズはさらに増えていくものと見られている（第2章図2－3参照）。

日本総合研究所の調査によると、出生率が現状のまま推移し、乳幼児を持つ母親の就業率が過去10年間と同じペースで上昇する出生中位・就業中位の場合、保育所ニーズは2015年の233万人から2020年には254万人に増え、その後2040年までほぼ横ばいとなるとしている。一方、幼稚園ニーズは2015年の151万人から2040年には64万人に減少すると見ている。また、出生中

位のまま母親の就業率が2倍のペースで増え続ける就業高位では，保育所ニーズが2040年に1.4倍の334万人と増える一方，幼稚園ニーズは2040年には35万人と2015年の4分の1に激減するとしている。

　もし幼稚園が従来の3歳以上の子どもを対象とした教育時間内の幼児教育にのみ特化するならば，幼稚園を取り巻く環境が今後，好転することは難しいだろう。しかし，共働きの保護者の希望に応え，教育時間外に子どもを保育する「預かり保育」を積極的に実施している施設は増えている。私立幼稚園の預かり保育の実施率は，1997（平成9）年度には46％だったが，2014（平成26）年度には95.0％とほとんどの私立幼稚園で実施している（平成26年度幼児教育実態調査，文部科学省）。また，子ども・子育て支援新制度の開始により，3歳未満児の保育を行う小規模保育施設を併設した幼稚園も出てきている。従来の幼稚園という枠にとらわれることなく，幼児教育・保育をトータルに考え実践する幼稚園のみが生き残れる時代になったといえよう。

　また教育という観点から見た場合，幼稚園には長年にわたる幼児教育の蓄積があり，保護者が幼稚園に求めるところは少なくない。特に今回の中央教育審議会の答申が求める①知識及び技能（の基礎），②思考力，判断力，表現力等（の基礎），③学びに向かう力，人間性等，の3つの資質・能力の基礎を育む場として，幼稚園の果たす役割はさらに重要度を増すものと考えられる。

　本章では，新教育要領に記載されている今後の幼稚園教育に求められる「幼児教育において育みたい資質・能力」「幼児期の終わりまでに育ってほしい姿」などの具体的な内容について概説する。

2．幼稚園教育要領改訂のポイント

(1) 学校教育における幼稚園教育の位置付けの強化

　新教育要領において重要なことは，前回の改訂よりもさらに踏み込んで，幼稚園を学校教育の始まりとすることを強調している点である。現在の教育要領では，2008（平成20）年の学校教育法の改正により，幼稚園が学校教育の始まりとしてその存在が明確化され，幼児教育が公的な教育として捉えられている。さらに新教育要領ではその旨を新設した前文に明記している。

　この背景には，幼児教育がその後の学校教育の基礎を培う時期として重視され，さらに今回，幼稚園・保育所・幼保連携型認定こども園がともに幼児教育を実践する共通の施設として，その基礎を形成する場として強調されたということがある。なかでも幼稚園はその幼児教育のあり方を先導してきた施設なのであり，今後もそうであることが期待される。

　新教育要領で新設された「前文」には，「これからの幼稚園には，学校教育の始まりとして，こうした教育の目的及び目標の達成を目指しつつ，一人一人の幼児が，将来，自分のよさや可能性を認識するとともに，（中略）持続可能な社会の創り手となることができるようにするための基礎を培うことが求められる」とし，「幼稚園教育要領が果たす役割の一つは，公の性質を有する幼稚園における教育水準を全国的に確保することである」と記載されている。これは取りも直さず，より質の高い幼児教育の重要性の強調にほかならず，幼稚園教育（ひいては幼児教育）と小学校教育との円滑な接続が求められている。

(2) 幼稚園教育において育みたい資質・能力および「幼児期の終わりまでに育ってほしい姿」

では，ここで述べられている「幼稚園における教育水準」とは何を意味するのであろうか。それは小学校以降で行われる文字の読み書き，計算といった小学校教育の先取りではない。本来の意味は，幼児の自発的な活動である遊びや生活を通して，「幼稚園教育で育みたい3つの資質・能力」を育成し，その具体的な現れとして「幼児期の終わりまでに育ってほしい10の姿」を実現していくことにある。

なお，この3つの資質・能力は，これまでの幼稚園教育要領で規定されてきた5領域（「健康」「人間関係」「環境」「言語」「表現」）に基づく遊びを中心とした活動全体を通じて育まれていくものである。

① 豊かな体験を通じて，感じたり，気付いたり，分かったり，できるようになったりする「知識及び技能の基礎」
② 気付いたことや，できるようになったことなどを使い，考えたり，試したり，工夫したり，表現したりする「思考力，判断力，表現力等の基礎」
③ 心情，意欲，態度が育つ中で，よりよい生活を営もうとする「学びに向かう力，人間性等」

つまり，気付くこと，考えること，試し，工夫すること，また心動かし，やりたいことを見出し，それに向けて粘り強く取り組むことなどを指している。それらは相互に結びついて一体的に育成されていく。

そして，この3つの資質・能力が育まれている幼児の幼稚園修了時の具体的な姿「幼児期の終わりまでに育ってほしい10の姿」が以下の10項目である（詳細は「新教育要領」第1章第2を参照）。ここで，実際の指導ではこれらが到達すべき目標を示したものではないことや，個別に取り出されて指導されるものではないことに十分留意する必要がある。

① 健康な心と体
② 自立心
③ 協同性
④ 道徳性・規範意識の芽生え
⑤ 社会生活との関わり
⑥ 思考力の芽生え
⑦ 自然との関わり・生命尊重
⑧ 数量や図形，標識や文字などへの関心・感覚
⑨ 言葉による伝え合い
⑩ 豊かな感性と表現

(3) カリキュラム・マネジメント

幼稚園では，教育基本法および学校教育法その他の法令ならびに幼稚園教育要領に基づき，それぞれの園の運営方針，指導方針の基礎となる教育課程を編成することが義務付けられている。教育課程や預かり保育の計画等を合わせて，全体的な計画と呼んでいる。新教育要領では，「幼児期の終わりまでに育ってほしい姿」を踏まえて教育課程を編成し，この教育課程を実施，評価し，改善を図っていくこと（PDCAサイクル），また教育課程の実施に必要な人的または物的な体制を，家庭や地域の外部の資源も含めて活用しながら，各幼稚園の教育活動の質の向上を図っていくカリキュラム・マネジメントの考え方が導入されている。幼稚園等では，教科書のような教材を用いずに，環境を通した教育を基本としており，また幼児の家庭との関係の緊密度が他校種と比べて高いこと，ならびに預かり保育・子育ての支援などの教育課程以外の活動が多くの幼稚園で実施されていることなどから，カリキュラム・マネジメントはきわめて重要とされている。

(4)「主体的・対話的で深い学び」(アクティブ・ラーニング)の実現

新教育要領では,「指導計画の作成上の留意事項」に「主体的・対話的で深い学び」(アクティブ・ラーニング)の考えが加わった。

中央教育審議会の答申で述べられているように,これからの予測困難な未来を切り開いていくためには,学ぶことに興味・関心を持ち,見通しを持って粘り強く取り組み,自己の学習活動を振り返って次につなげる「主体的な学び」,子ども同士の協働・教職員や地域の人との対話・先哲の考え方を手がかりに考えるなどを通じて,自己の考えを広め深める「対話的な学び」,そして得られた知識を相互に関連付けてより深く理解したり,情報を精査して考えを形成したり,問題を見出し解決策を思考したり,自分の思い・考えを基に創造へと向かう「深い学び」のアクティブ・ラーニングの実現が求められている。教育要領では,従来から重視されてきた,体験の多様性と関連性を進める中で,この3つの学びを実現していく。様々な心動かされる体験をして,そこから次にしたい活動が生まれ,さらに体験を重ねていき,それらの体験がつながりながら,学びを作り出す。その際,振り返ったり見通しを立てたり,考え工夫して様々に表現し対話を行い,さらに身近な環境への関わりから意味を見出していくのである。

幼児教育における重要な学習である「遊び」においても,この主体的・対話的で深い学びの視点,すなわちアクティブ・ラーニングの視点に基づいた指導計画の作成が必要となる。

(5)言語活動の充実

新教育要領の「指導計画の作成上の留意事項」では「主体的・対話的で深い学び」とともに,「言語活動の充実」が新たに加えられた。これは「幼児期の終わりまでに育ってほしい10の姿」の9番目にある「言葉による伝え合い」および第2章「ねらい及び内容」の5領域の「言葉」とも関連する項目であるが,言語能力の発達が思考力等のさまざまな能力の発達に関連していることを踏まえ,絵本や物語,言葉遊びなどを通して,言葉や表現を豊かにすることで,自分の経験・考えを言葉にする思考力やそれを相手に伝えるコミュニケーション能力の発達を促していこうとの狙いが読み取れる。

(6)地域における幼児教育の中心的役割の強化

前回の改訂から幼稚園の地域における保護者の幼児教育のセンターとしての役割が求められるようになった。さらにこの10年間では貧困家庭,外国籍家庭や海外から帰国した幼児など特別な配慮を必要とする家庭・子どもの増加,また児童虐待の相談件数の増加など,子どもと保護者を取り巻く状況も大きく変化している。このため新教育要領では,「心理や保健の専門家,地域の子育て経験者等と連携・協働しながら取り組むよう配慮する」との記載を追加することで,その役割のさらなる専門化を図っている。

3.新しい幼稚園教育要領の概要(中央説明会資料による)

(1)前文の趣旨及び要点

今回の改訂では,新たに前文を設け,次の事項を示した。
① 教育基本法に規定する教育の目的や目標の明記とこれからの学校に求められること
②「社会に開かれた教育課程」の実現を目指すこと

教育課程を通して,これからの時代に求められる教育を実現していくためには,よりよい学校教育を通してよりよい社会を創るという理念を学校と社会とが共有することが求められ

る。
　そのため，それぞれの幼稚園において，幼児期にふさわしい生活をどのように展開し，どのような資質・能力を育むようにするのかを教育課程において明確にしながら，社会との連携及び協働によりその実現を図っていく，「社会に開かれた教育課程」の実現が重要となることを示した。
③ 幼稚園教育要領を踏まえた創意工夫に基づく教育活動の充実
　幼稚園教育要領は，公の性質を有する幼稚園における教育水準を全国的に確保することを目的に，教育課程の基準を大綱的に定めるものであり，それぞれの幼稚園は，幼稚園教育要領を踏まえ，各幼稚園の特色を生かして創意工夫を重ね，長年にわたり積み重ねられてきた教育実践や学術研究の蓄積を生かしながら，幼児や地域の現状や課題を捉え，家庭や地域社会と協力して，教育活動の更なる充実を図っていくことが重要であることを示した。

(2)「総則」の改訂の要点

　総則については，幼稚園，家庭，地域の関係者で幅広く共有し活用できる「学びの地図」としての役割を果たすことができるよう，構成を抜本的に改善するとともに，以下のような改訂を行った。
① 幼稚園教育の基本
　幼児期の教育における見方・考え方を新たに示すとともに，計画的な環境の構成に関連して教材を工夫することを新たに示した。
② 幼稚園教育において育みたい資質・能力及び「幼児期の終わりまでに育ってほしい姿」
　幼稚園教育において育みたい資質・能力と「幼児期の終わりまでに育ってほしい姿」を新たに示すとともに，これらと第2章の「ねらい及び内容」との関係について新たに示した。
③ 教育課程の役割と編成等
　次のことを新たに示した。
・各幼稚園においてカリキュラム・マネジメントの充実に努めること
・各幼稚園の教育目標を明確にし，教育課程の編成についての基本的な方針が家庭や地域とも共有されるよう努めること
・満3歳児が学年の途中から入園することを考慮し，安心して幼稚園生活を過ごすことができるよう配慮すること
・幼稚園生活が安全なものとなるよう，教職員による協力体制の下，園庭や園舎などの環境の配慮や指導の工夫を行うこと
・「幼児期の終わりまでに育ってほしい姿」を共有するなど連携を図り，幼稚園教育と小学校教育との円滑な接続を図るよう努めること
・教育課程を中心に，幼稚園の様々な計画を関連させ，一体的に教育活動が展開されるよう全体的な計画を作成すること
④ 指導計画の作成と幼児理解に基づいた評価
　次のことを新たに示した。
・多様な体験に関連して，幼児の発達に即して主体的・対話的で深い学びが実現するようにすること
・幼児の発達を踏まえた言語環境を整え，言語活動の充実を図ること
・幼児の実態を踏まえながら，教師や他の幼児と共に遊びや生活の中で見通しをもった

り，振り返ったりするよう工夫すること
　　・幼児期は直接的な体験が重要であることを踏まえ，視聴覚教材やコンピュータなど情報機器を活用する際には，幼稚園生活では得難い体験を補完するなど，幼児の体験との関連を考慮すること
　　・幼児一人一人のよさや可能性を把握するなど幼児理解に基づいた評価を実施すること
　　・評価の実施に当たっては，指導の過程を振り返りながら幼児の理解を進め，幼児一人一人のよさや可能性などを把握し，指導の改善に生かすようにすることに留意すること
⑤ 特別な配慮を必要とする幼児への指導
　次のことを新たに示した。
　　・障害のある幼児などへの指導に当たっては，長期的な視点で幼児への教育的支援を行うための個別の教育支援計画と，個別の指導計画を作成し活用することに努めること
　　・海外から帰国した幼児や生活に必要な日本語の習得に困難のある幼児については，個々の幼児の実態に応じ，指導内容等の工夫を組織的かつ計画的に行うこと
⑥ 幼稚園運営上の留意事項
　次のことを新たに示した。
　　・園長の方針の下に，教職員が適切に役割を分担，連携しつつ，教育課程や指導の改善を図るとともに，学校評価については，カリキュラム・マネジメントと関連付けながら実施するよう留意すること
　　・幼稚園間に加え，小学校等との間の連携や交流を図るとともに，障害のある幼児児童生徒との交流及び共同学習の機会を設け，協働して生活していく態度を育むよう努めること

(3)「ねらい及び内容」の改訂の要点

　「ねらい」を幼稚園教育において育みたい資質・能力を幼児の生活する姿から捉えたもの，「内容の取扱い」を幼児の発達を踏まえた指導を行うに当たって留意すべき事項として新たに示すとともに，指導を行う際に「幼児期の終わりまでに育ってほしい姿」を考慮することを新たに示した。
　① 領域「健康」
　　見通しをもって行動することを「ねらい」に新たに示した。また，食べ物への興味や関心をもつことを「内容」に示すとともに，「幼児期運動指針」（平成24年3月文部科学省）などを踏まえ，多様な動きを経験する中で，体の働きを調整するようにすることを「内容の取扱い」に新たに示した。さらに，これまで第3章指導計画作成に当たっての留意事項に示されていた安全に関する記述を，安全に関する指導の重要性の観点等から「内容の取扱い」に示した。
　② 領域「人間関係」
　　工夫したり，協力したりして一緒に活動する楽しさを味わうことを「ねらい」に新たに示した。また，諦めずにやり遂げることの達成感や，前向きな見通しをもつことなどを「内容の取扱い」に新たに示した。
　③ 領域「環境」
　　日常生活の中で，我が国や地域社会における様々な文化や伝統に親しむことなどを「内容」に新たに示した。また，文化や伝統に親しむ際には，正月や節句など我が国の伝統的な行

事，国歌，唱歌，わらべうたや伝統的な遊びに親しんだり，異なる文化に触れる活動に親しんだりすることを通じて，社会とのつながりの意識や国際理解の意識の芽生えなどが養われるようにすることなどを「内容の取扱い」に新たに示した。
④ 領域「言葉」
　言葉に対する感覚を豊かにすることを「ねらい」に新たに示した。また，生活の中で，言葉の響きやリズム，新しい言葉や表現などに触れ，これらを使う楽しさを味わえるようにすることを「内容の取扱い」に新たに示した。
⑤ 領域「表現」
　豊かな感性を養う際に，風の音や雨の音，身近にある草や花の形や色など自然の中にある音，形，色などに気付くようにすることを「内容の取扱い」に新たに示した。

(4)「教育課程に係る教育時間の終了後等に行う教育活動などの留意事項」の改訂の要点
① 教育課程に係る教育時間の終了後等に行う教育活動などの留意事項
　教育課程に係る教育時間終了後等に行う教育活動の計画を作成する際に，地域の人々と連携するなど，地域の様々な資源を活用しつつ，多様な体験ができるようにすることを新たに示した。
② 子育ての支援
　幼稚園が地域における幼児期の教育のセンターとしての役割を果たす際に，心理や保健の専門家，地域の子育て経験者等と連携・協働しながら取り組むことを新たに示した。

＜参考文献＞
文部科学省『幼稚園教育要領』2017.3.31
厚生労働省『保育所保育指針』2017.3.31
内閣府・文部科学省・厚生労働省『幼保連携型認定こども園教育・保育要領』2017.3.31
中央教育審議会『幼稚園，小学校，中学校，高等学校及び特別支援学校の学習指導要領等の改善及び必要な方策等について（答申）』2016.12.21
文部科学省『学校基本調査』
無藤　隆『今後の幼児教育とは　幼稚園教育要領，保育所保育指針，幼保連携型認定こども園教育・保育要領，小学校学習指導要領の改訂を受けて』2017.1.16 国立教育政策研究所　幼児教育研究センター発足記念 平成28年度教育研究公開シンポジウム
淵上　孝『私立幼稚園を取り巻く現状と課題について』2016.1.28 全日本私立幼稚園連合会 平成27年度第2回都道府県政策担当者会議
池本美香，立岡健二郎『保育ニーズの将来展望と対応の在り方』JRI レビュー Vol.3, No.42 ㈱日本総合研究所
文部科学省『平成26年度幼児教育実態調査』2015.10
東京都教育委員会『小1問題・中1ギャップの予防・解決のための「教員加配に関わる効果検証」に関する調査　最終報告書について』2013.4.25

第2章　保育所保育指針の改定について

1．はじめに
(1) 中央教育審議会の答申と保育所保育指針
　2017（平成29）年3月31日，新保育所保育指針（以下，「新指針」とも）が告示され，これに続き，新指針の解説書『保育所保育指針解説書』の発行が通知された。
　今回改定された新指針は，1965（昭和40）年に保育所保育指針が策定されてから4回目の改定となる。なかでも2008（平成20）年の前回の改定からは，それまでの局長通知から厚生労働大臣による告示となり，遵守すべき法令となっている。
　今回の改定の特徴は，「第1章　幼稚園教育要領の改訂について」でも述べた2016（平成28）年12月の中央教育審議会による答申「幼稚園，小学校，中学校，高等学校及び特別支援学校の学習指導要領等の改善及び必要な方策等について」を踏まえ，新たな保育所保育指針においても「幼児教育を行う施設として共有すべき事項」として，3つの「育みたい資質・能力」ならびに10の「幼児期の終わりまでに育ってほしい姿」が記載されていることである。また，0歳から2歳児を中心とした3歳未満児の保育所利用児童数の増加といった保育所等における独自の問題への取り組みの積極的な対応も図られている。

(2) 保育所等を取り囲む環境
　図2-1に示すように，保育所等の利用児童数および設置数は，2009（平成21）年から2017年までの間いずれも増加している。特に子ども・子育て支援新制度がスタートした2015（平成27）年からは幼保連携型認定こども園，幼稚園型認定こども園等，特定地域型保育事業（小規模保育事業，家庭的保育事業，事業所内保育事業，居宅訪問型保育事業）が加わったことで，2017年には利用児童数254万6,669人，施設数では3万2,793施設と大きく拡大した。これは女性の社会進出に伴い乳幼児を持つ母親の就業が増えていること，また長期化する景気の低迷から共働き家庭の増加，長時間労働の蔓延など，小学校入学前の乳幼児の保育ニーズが高まっていることによる。
　なかでも3歳未満の乳幼児の利用数は多く，少子化が進んでいるにもかかわらず，2017年の保育所等を利用する3歳未満児数は103万1,486人と2009年の70万9,399人に比べ45.4％増，30万人近い増加となっている（図2-2）。また，3歳未満児の保育所等の待機児童数を見てみると，2009年から2017年にいたるまで毎年ほぼ2万人前後で推移している（図2-3）。これは保育所等の施設が近隣に新設されたことで，それまで出産を機に就業をあきらめていた女性たちが就業を目的に乳幼児の入所を希望するという，これまで表にあらわれなかった保育ニーズが顕在化しているためといわれている。産前産後休業後の職場復帰を考えている女性たちが子どもを預けるための保育所探しに奔走する「保活」という言葉が一般化しているように，3歳未満の乳幼児の保育ニーズが解消する兆しは見えていない。
　このため新指針では，乳児，1歳以上3歳未満児の保育についての記載の充実を図ることで，今後さらに増えていくであろう3歳未満児の保育の質的な向上を目指している。また，2016年12月の中央教育審議会による答申「幼稚園，小学校，中学校，高等学校及び特別支援学校の学習指導要領等の改善及び必要な方策等について」を踏まえ，新幼稚園教育要領との整合性を図ったより質の高い幼児教育の提供，食育の推進・安全な保育環境の確保などを訴えて

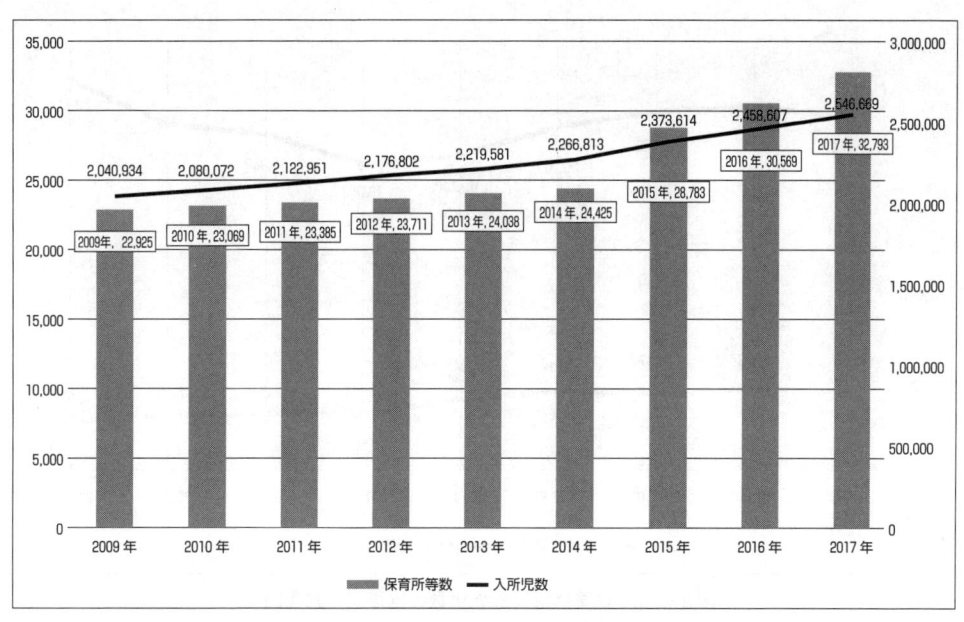

図2－1　保育所等施設数と入所児数の推移

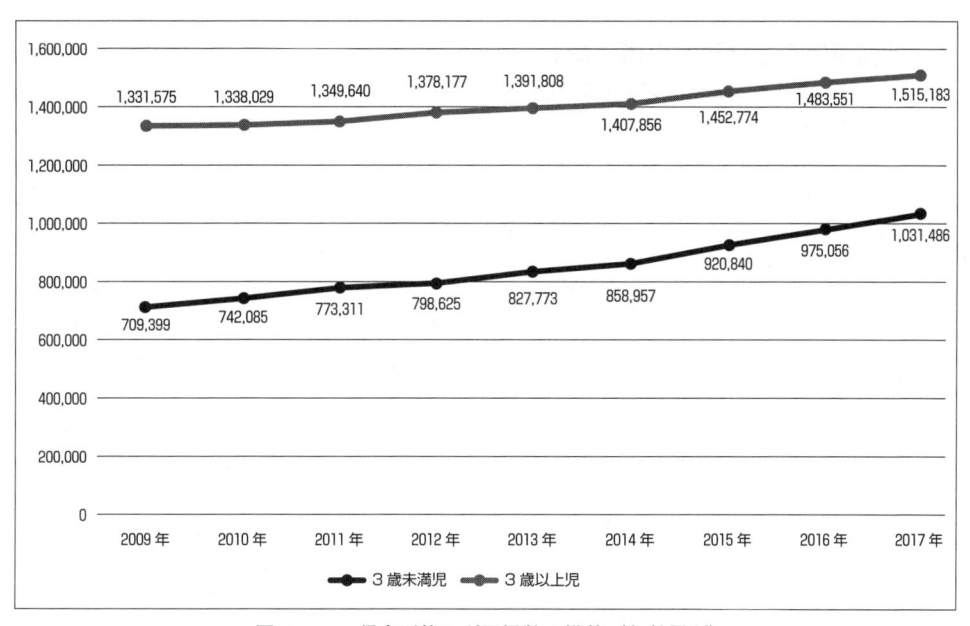

図2－2　保育所等の利用児数の推移（年齢層別）

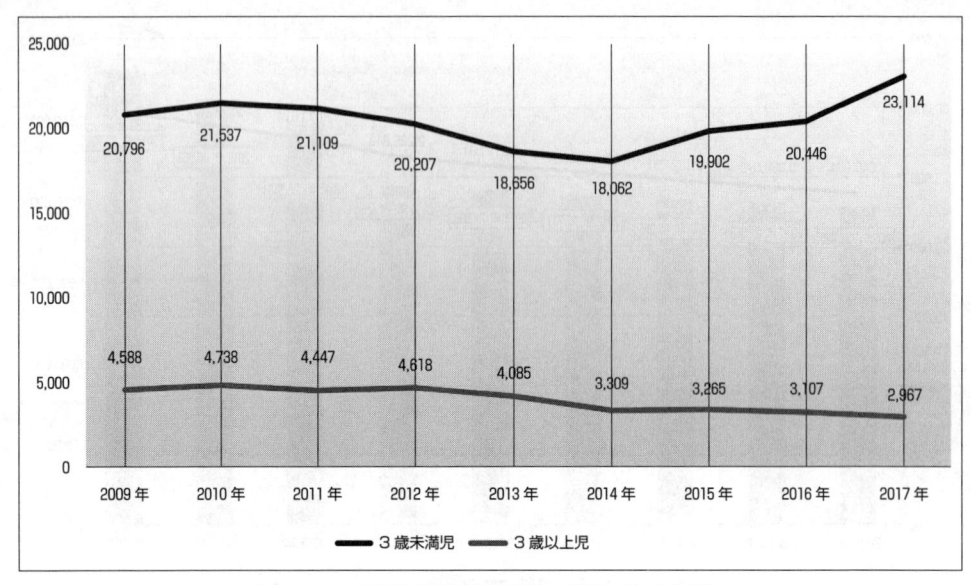

図2-3　保育所等待機児童数の推移（年齢層別）

いる。さらに，子育て世帯における子育ての負担や不安・孤立感の高まり・児童虐待相談件数の増加など子育てをめぐる地域や社会，家庭の状況の変化に対応し得る保育士としての専門性の向上など，今日的な施策を見据えた改定がなされている。

2．保育所保育指針改定のポイント
(1) 乳児・1歳以上3歳未満児の保育の重要性

　2017年の就学前児童のうち保育所等利用率は42.4％で，このうち3歳未満児は35.1％，さらに1・2歳児は45.7％を占めるまでになっている（2017年4月1日時点）。これに対し，2008年の全体の保育所等利用率は30.7％，このうち1・2歳児の利用率が27.6％であった。また前述したように，2017年の3歳未満児の保育所等の利用児童数は，2008年の前回の改定時に比べ52.5％増の103万1,486人となっている。このことから前回の改定から幼児保育を取り巻く環境，特に3歳未満児の保育所保育の重要性が大きくなっていることがわかる。なかでも乳児から2歳児までの時期は，保護者や保育士など特定のおとなとの間での愛着関係が形成されると同時に，周囲の人やもの，自然などとの関わりから自我が形成されていく，子どもの心身の発達にとって非常に重要な時期である。

　そのため，新指針では「第2章　保育の内容」を大きく変更している。前回の改定では，発達過程を8つの年齢に区分し，すべての年齢を通じた共通の記載となっていたが，新指針では「乳児」「1歳以上3歳未満児」「3歳以上児」の3年齢に区分している。そして各年齢における保育内容を5領域に則り，それぞれの年齢区分における成長の特徴を詳細に記載する内容となった（乳児に関しては，「健やかに伸び伸びと育つ」（健康の領域へ発展する），「身近な人と気持ちが通じ合う」（人間関係の領域へ発展する），「身近なものと関わり感性が育つ」（環境の領域へ発展する）の3つの関わりの視点）。なお「3歳以上児」については幼稚園教育要領の

「第2章　ねらい及び内容」に準拠している。

(2) 幼児教育の積極的な位置づけ

　2016年12月の中央教育審議会による答申「幼稚園、小学校、中学校、高等学校及び特別支援学校の学習指導要領等の改善及び必要な方策等について」では、現行の学習指導要領で謳われている知（確かな学力）・徳（豊かな人間性）・体（健康・体力）にわたる「生きる力」を、将来子どもたちがより一層確実に育むためには何が必要かということをポイントに記載されている。特に今後、人工知能（AI）の技術が進み、社会環境・構造の大きな変化が予測される未来において、その変化を前向きに受け止め、主体的によりよい将来を創り出していこうとする姿勢がより重要となってくる。

　そのため、新指針でも「幼児教育を行う施設として共有すべき事項」として、幼稚園教育要領および幼保連携型認定こども園教育・保育要領の改訂との整合性を図った「保育活動全体を通して育みたい」3つの「資質・能力」を記載している。

① 豊かな体験を通じて、感じたり、気付いたり、分かったり、できるようになったりする「知識及び技能の基礎」
② 気付いたことや、できるようになったことなどを使い、考えたり、試したり、工夫したり、表現したりする「思考力、判断力、表現力等の基礎」
③ 心情、意欲、態度が育つ中で、よりよい生活を営もうとする「学びに向かう力、人間性等」

　そして以下の10項目が、この3つの資質・能力が育まれている幼児において「幼児期の終わりまでに育ってほしい具体的な姿」である。

① 健康な心と体　　　　　　　⑥ 思考力の芽生え
② 自立心　　　　　　　　　　⑦ 自然との関わり・生命尊重
③ 協同性　　　　　　　　　　⑧ 数量や図形、標識や文字などへの関心・感覚
④ 道徳性・規範意識の芽生え　⑨ 言葉による伝え合い
⑤ 社会生活との関わり　　　　⑩ 豊かな感性と表現

　保育所等における3歳以上の利用児童数は、前回の保育所保育指針の改定から増加傾向にあり、2015年からは子ども・子育て支援新制度の開始もあって幼稚園の園児数を上回るようになった（図1－2、図2－1参照）。こうした状況から、保育所等における幼児教育の重要性はさらに高まっていくものと考えられる。

　なお幼稚園教育要領、幼保連携型認定こども園教育・保育要領に記載されている「主体的・対話的で深い学び」（アクティブ・ラーニング）、「カリキュラム・マネジメント」については、新指針でそれらの用語を使っては触れていない。しかし、子どもの主体的な活動を促すために、全体的な計画などを子どもの実態や子どもを取り巻く状況の変化などに即して手直ししていく、PDCAの重要性について述べている（「主体的・対話的で深い学び」および「カリキュラム・マネジメント」については第1章を参照）。

(3) 小学校教育との円滑なつながり

　従来、小学校教育はいわばゼロからスタートするものと考えられてきた。そのため、ほとんどの子どもが幼稚園、保育所、認定こども園などに通い、小学校教育に求められる幼児として

の資質・能力はある程度育成されており，既に多くを学んでいることが見逃されていた。そこで，幼児教育が保育所での教育を含め，小学校以降の学習や生活の基盤の育成につながる重要な機会であるとの認識から，保育所保育でも小学校とのつながりを一層図るべきことが強調されるようになった。

　このため新指針では，前回以上に「小学校との連携」の項の充実を図っている。具体的には「幼児期にふさわしい生活を通じて，創造的な思考や主体的な生活態度などの基礎を培うようにする」などの幼児教育の「見方・考え方」に通ずる表現を盛り込むとともに，「保育所保育において育まれた資質・能力を踏まえ（中略），小学校教師との意見交換や合同の研究の機会などを設け（中略）『幼児期の終わりまでに育ってほしい姿』を共有するなど連携を図り」など，幼児期に育ってほしい資質・能力とその具体的な姿を幼保小で連携し円滑な接続に向けていくことの重要性が明記されている。

(4) 健康および安全な保育環境の確保

　子どもの育ちをめぐる環境の変化を踏まえ，食育の推進，安全な保育環境の確保等の記載内容を変更している。食育に関しては，前回の改定以降，2回にわたる食育推進基本計画の策定を反映させ，保育所における食育のさらなる浸透を目指し，記述内容の充実を図っている。また，保育所における食物アレルギー有病率が4.9％（平成21年度日本保育園保健協議会調査（現：日本保健保育協議会））と高率であることから，食物アレルギーに対する職員全員の共通理解を高める内容となった。

　さらに2011（平成23）年3月11日の東日本大震災や2016年の熊本地震の経験を踏まえて，行政機関や地域の関係機関と連携しながら，日頃からの備えや危機管理体制づくり等を進めるとともに，災害発生時の保護者との連絡，子どもの引渡しの円滑化などが記載された。

(5) 子育て支援の充実

　前回の改定から保育所に入所する子どもの保護者の支援が加わった（「保護者支援」）が，新指針では「保護者支援」の章を「子育て支援」に改め，保護者・家庭と連携した，質の高い子育てのための記述内容の充実を図っている。また，貧困家庭，外国籍家庭など特別な配慮を必要とする家庭の増加，児童虐待の相談件数の増加に対応した記述内容となっている。

(6) 職員の資質・専門性の向上

　子育て環境をめぐる地域・家庭の状況が変化（核家族化により子育て支援・協力が困難，共働き家庭の増加，父親の長時間労働，兄弟姉妹の減少から乳幼児と触れ合う機会のないまま親となった保護者の増加等）から，保育士は今まで以上にその専門性を高めることが求められるようなった。こうした時代背景から，専門職としての保育士等の資質の向上を目指した記述内容の充実と，そのためのキャリアパス（career path）の明確化，研修計画の体系化について新たに記載された。

　なお2015年度から実施されている「子ども・子育て支援新制度」では，より質の高い幼児教育提供のために，さまざまな支援が行われるようになった。その中で「幼稚園，保育所，認定こども園などの職員の処遇改善」が謳われており，具体的には職員の給与の改善，研修の充実など，キャリアップの取り組みに対する支援が掲げられている。

3．新しい保育所保育指針の概要（中央説明会資料による）

　改定の方向性を踏まえて，前回の改定における大綱化の方針を維持しつつ，必要な章立ての見直しと記載内容の変更・追記等を行った。主な変更点及び新たな記載内容は，以下の通りである。

(1) 総則

　保育所の役割や保育の目標など保育所保育に関する基本原則を示した上で，養護は保育所保育の基盤であり，保育所保育指針全体にとって重要なものであることから，「養護に関する基本的事項」（「生命の保持」と「情緒の安定」）を総則において記載することとした。

　また，「保育の計画及び評価」についても総則で示すとともに，改定前の保育所保育指針における「保育課程の編成」については，「全体的な計画の作成」とし，幼保連携型認定こども園教育・保育要領，幼稚園教育要領との構成的な整合性を図った。

　さらに，「幼児教育を行う施設として共有すべき事項」として，「育みたい資質・能力」3項目及び「幼児期の終わりまでに育ってほしい姿」10項目を，新たに示した。

(2) 保育の内容

　保育所における教育については，幼保連携型認定こども園及び幼稚園と構成の共通化を図り，「健康・人間関係・環境・言葉・表現」の各領域における「ねらい」「内容」「内容の取扱い」を記載した。その際，保育所においては発達による変化が著しい乳幼児期の子どもが長期にわたって在籍することを踏まえ，乳児・1歳以上3歳未満児・3歳以上児に分けて記載するとともに，改定前の保育所保育指針第2章において示した「子どもの発達」に関する内容を，「基本的な事項」として，各時期のねらいや内容等とあわせて記述することとした。

　乳児保育については，この時期の発達の特性を踏まえ，生活や遊びが充実することを通して，子どもたちの身体的・社会的精神的発達の基盤を培うという基本的な考え方の下，乳児を主体に，「健やかに伸び伸びと育つ」（健康な心と体を育て，自ら健康で安全な生活をつくり出す力の基盤を培う），「身近な人と気持ちが通じ合う」（受容的・応答的な関わりの下で，何かを伝えようとする意欲や身近な大人との信頼関係を育て，人と関わる力の基盤を培う），「身近なものと関わり感性が育つ」（身近な環境に興味や好奇心をもって関わり，感じたことや考えたことを表現する力の基盤を培う）という3つの視点から，保育の内容等を記載した。1歳以上3歳未満児については言葉と表現活動が生まれることに応じて，3歳以上と同様の5つの領域を構成している。

　さらに，年齢別に記述するのみでは十分ではない項目については，別途配慮事項として示した。

(3) 健康及び安全

　子どもの育ちをめぐる環境の変化や様々な研究，調査等による知見を踏まえ，アレルギー疾患を有する子どもの保育及び重大事故の発生しやすい保育の場面を具体的に提示しての事故防止の取組について，新たに記載した。

　また，食育の推進に関する項目について，記述内容の充実を図った。さらに，子どもの生命を守るため，施設・設備等の安全確保や災害発生時の対応体制及び避難への備え，地域の関係機関との連携など，保育所における災害への備えに関する節を新たに設けた。

（4）子育て支援

　改定前の保育所保育指針と同様に，子育て家庭に対する支援についての基本的事項を示した上で，保育所を利用している保護者に対する子育て支援と，地域の保護者等に対する子育て支援について述べる構成となっている。

　基本的事項については，改定前の保育所保育指針の考え方や留意事項を踏襲しつつ，記述内容を整理するとともに，「保護者が子どもの成長に気付き子育ての喜びを感じられるよう努める」ことを明記した。

　また，保育所を利用している保護者に対する子育て支援については，保護者の子育てを自ら実践する力の向上に寄与する取組として，保育の活動に対する保護者の積極的な参加について記載するとともに，外国籍家庭など特別なニーズを有する家庭への個別的な支援に関する事項を新たに示した。

　地域の保護者等に対する子育て支援に関しても，改定前の保育所保育指針において示された関係機関との連携や協働，要保護児童への対応等とともに，保育所保育の専門性を生かすことや一時預かり事業等における日常の保育との関連への配慮など，保育所がその環境や特性を生かして地域に開かれた子育て支援を行うことをより明示的に記載した。

（5）職員の資質向上

　職員の資質・専門性とその向上について，各々の自己研鑽とともに，保育所が組織として職員のキャリアパスを見据えた研修機会の確保や充実を図ることを重視し，施設長の責務や体系的・計画的な研修の実施体制の構築，保育士等の役割分担や職員の勤務体制の工夫等，取組の内容や方法を具体的に示した。

＜参考文献＞

厚生労働省『保育所保育指針』2017.3.31
文部科学省『幼稚園教育要領』2017.3.31
内閣府・文部科学省・厚生労働省『幼保連携型認定こども園教育・保育要領』2017.3.31
中央教育審議会『幼稚園，小学校，中学校，高等学校及び特別支援学校の学習指導要領等の改善及び必要な方策等について（答申）』2016.12.21
無藤　隆『今後の幼児教育とは　幼稚園教育要領，保育所保育指針，幼保連携型認定こども園教育・保育要領，小学校学習指導要領の改訂を受けて』2017.1.16 国立教育政策研究所 幼児教育研究センター発足記念 平成28年度教育研究公開シンポジウム
淵上　孝『私立幼稚園を取り巻く現状と課題について』2016.1.28 全日本私立幼稚園連合会 平成27年度第2回都道府県政策担当者会議
厚生労働省『保育所等関連状況取りまとめ（平成29年4月1日）』2017.9.2
池本美香，立岡健二郎『保育ニーズの将来展望と対応の在り方』JRIレビュー Vol.3, No.42 ㈱日本総合研究所
東京都教育委員会『小1問題・中1ギャップの予防・解決のための「教員加配に関わる効果検証」に関する調査　最終報告書について』2013.4.25
日本保育園保健協議会（現：日本保育保健協議会）『保育所における食物アレルギーにかかわる調査研究』2010.3

第3章　幼保連携型認定こども園教育・保育要領の改訂について

１．はじめに
(1) これまでの流れ
　認定こども園は，小学校入学前の子どもに対する幼児教育・保育，ならびに保護者に対する子育ての支援を総合的に提供する施設として，2006（平成18）年に「就学前の子どもに関する教育，保育等の総合的な提供の推進に関する法律」（認定こども園法）の成立により，同年10月から開始された。周知のように認定こども園は，幼保連携型，幼稚園型，保育所型，地方裁量型の４タイプに分けられており，制度発足の当初は，幼稚園型が学校教育法に基づく認可，保育所型が児童福祉法に基づく認可，また幼保連携型が学校教育法および児童福祉法に基づくそれぞれの認可が必要であった。そのため2014（平成26）年に認定こども園法を改正し，幼保連携型認定こども園は認定こども園法に基づく単一の認可（教育基本法第６条の法律で定める学校）とし，管轄省庁も内閣府に一本化した。また同年には「幼保連携型認定こども園教育・保育要領」（以下，教育・保育要領）が策定され，０歳から小学校就学前までの子どもの一貫した保育・教育が実施されるようになった（幼保連携型認定こども園以外の認定こども園においても教育・保育要領を踏まえることとしている）。それらに基づき，2015（平成27年）４月より，子ども・子育て支援新制度の開始とともに，新しい形の単一認可による幼保連携型認定こども園が発足した。

(2) 認定こども園を取り巻く環境
　2017（平成29）年３月31日に告示された新しい教育・保育要領は，2014年の策定に続くもので，『幼稚園教育要領』『保育所保育指針』の改訂（改定）との整合性を図ったものとなっている。認定こども園の施設数は，2014年までは緩やかな増加となっていたが，2014年に幼保連携型の認可が一元化されたこと，また2015年から子ども・子育て支援新制度がスタートし施設給付型に変わったことなどから，幼保連携型施設が大幅に増加し，2016（平成28）年には認定こども園全体で4,001施設，2017（平成29）年では5,081施設となった（図３－１）。このうち幼稚園，保育所等の既存の施設から認定こども園に移行した施設は，幼稚園377か所（2015年639か所，2016年438か所），認可保育所715か所（2015年1,047か所，2016年786か所），その他の保育施設35か所と，既存の施設からの移行が９割以上を占めている（なお認定こども園から認定こども園以外の施設に移行した施設は2015年128か所，2016年４か所，2017年４か所となっている）。一方，新規開設した施設は比較的少ないが（2015年16か所，2016年37か所），2017年は60施設が新規開設となっており年々増加傾向にある。

　認定こども園制度の一番の目的は，「待機児童ゼロ」政策の一環として，保護者の就労の有無に関わらず，小学校就学前の児童に対し幼稚園・保育所の制度の枠組みを超えた幼児教育・保育を提供することであった。しかし，待機児童数が減る兆しは一向にみえておらず，子ども・子育て支援新制度がスタートし保育所等の施設数・定員が増えた2015年，2016年においても，その数は減っていない。なかでも産前産後休業あるいは育児休業後の職場復帰を考えている共働き家庭で保育ニーズの高い３歳未満児の待機児童数は，若干の減少はみられても，ほぼ毎年２万人前後で推移している（図２－３参照）。これは，それまで保育所に入ることができずに母親の就労をあきらめていた家庭が保育施設の増設に伴い，幼児の保育所への入所を希

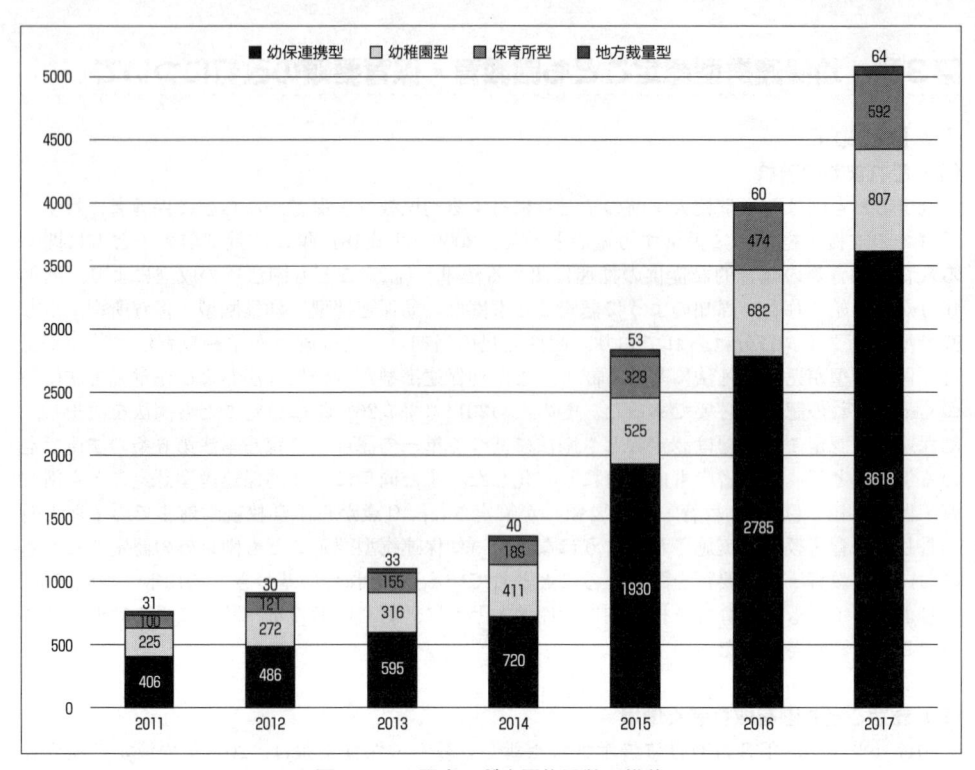

図3-1　認定こども園施設数の推移

望するようになったという隠れ需要が出てきていることによるといわれている。
　今後も少子化の流れに変わりはないと思われるが，女性の社会進出がより進むことで5歳以下の幼児保育のニーズは増えていくと予想されている。また，第1章でも述べたように，中央教育審議会の求める「質の高い幼児教育」の提供という観点から幼児教育を担う幼稚園の存在意義はさらに大きくなるものと考えられる。こうしたことから幼稚園機能と保育所機能の両方を併せ持つ幼保連携型をはじめとする認定こども園の重要性はこれからさらに増していくものと思われる。

2．幼保連携型認定こども園教育・保育要領改訂のポイント

　今回の改訂では，基本的には幼稚園教育要領での改訂，および保育所保育指針の改定に準拠したものとなっている。そのため，幼稚園教育要領および保育所保育指針の改訂（改定）のポイントなっている，幼児教育（保育）を通じて「育みたい資質・能力」および「幼児期の終わりまでに育ってほしい姿」が，新しい教育・保育要領の改訂版でも強調されている。なお，以下の（1）から（4）は幼稚園教育要領に準拠，また（5）から（7）は保育所保育指針に準拠した内容となっている。

(1) 幼保連携型認定こども園の教育および保育において育みたい資質・能力および「幼児期の終わりまでに育ってほしい姿」

現行の中央教育審議会の答申で述べられている「生きる力」の基礎を育むために子どもたちに以下の3つの資質・能力を育むことを明記している。

① 豊かな体験を通じて，感じたり，気付いたり，分かったり，できるようになったりする「知識及び技能の基礎」
② 気付いたことや，できるようになったことなどを使い，考えたり，試したり，工夫したり，表現したりする「思考力，判断力，表現力等の基礎」
③ 心情，意欲，態度が育つ中で，よりよい生活を営もうとする「学びに向かう力，人間性等」

そして，この3つの資質・能力が育まれている幼児の幼保連携型認定こども園修了時の具体的な姿が以下の10の姿である。

① 健康な心と体
② 自立心
③ 協同性
④ 道徳性・規範意識の芽生え
⑤ 社会生活との関わり
⑥ 思考力の芽生え
⑦ 自然との関わり・生命尊重
⑧ 数量や図形，標識や文字などへの関心・感覚
⑨ 言葉による伝え合い
⑩ 豊かな感性と表現

(2) カリキュラム・マネジメント

新教育・保育要領では，この「幼児期の終わりまでに育ってほしい姿」を踏まえて教育および保育の内容ならびに子育ての支援などに関する全体的な計画を作成し，その実施状況を評価して改善していくこと，また実施に必要な人的・物的な体制を確保し改善することで，幼保連携型認定こども園における教育および保育の質を高めていくカリキュラム・マネジメントの考え方が導入されている。

(3) 小学校教育との接続

幼保連携型認定こども園における教育および保育と小学校教育との円滑な接続の一層の強化を図ることを目的に，小学校教育との接続に関する記載が設けられた。ここでは幼保連携型認定こども園で育みたい3つの資質・能力を踏まえ，小学校の教諭との意見交換や合同研究の機会，また「幼児期の終わりまでに育ってほしい姿」を共有するなどの連携と接続の重要性が述べられている。

(4)「主体的・対話的で深い学び」(アクティブ・ラーニング) の実現

中央教育審議会の答申で述べられている，学ぶことに興味・関心を持ち，見通しを持って粘り強く取り組み，自己の学習活動を振り返って次につなげる「主体的な学び」，子ども同士の協働・教職員や地域の人との対話・先哲の考え方を手がかりに考えるなどを通じて，自己の考えを広め深める「対話的な学び」，そして得られた知識を相互に関連付けてより深く理解したり，情報を精査して考えを形成したり，問題を見出し解決策を思考したり，自分の思い・考えを基に創造へと向かう「深い学び」の実現を謳っている。幼保連携型認定こども園においては，子どもたちがさまざまな人やものとの関わりを通して，多様な体験をし，心身の調和の取れた発達を促す際に，この「主体的・対話的で深い学び」が実現されることを求めている。

(5) 乳児・1歳以上3才未満児の保育の記載を充実

　新保育所保育指針との整合性を取り，「第2章　ねらい及び内容並びに配慮事項」では，乳児，1歳以上3才未満，満3歳以上の3つの年齢に分けている。そして各年齢における保育内容を原則として5領域に則り，それぞれの年齢区分における成長の特徴を詳細に記載する内容となっている。乳児に関しては，「健やかに伸び伸びと育つ」（健康な心と体を育て，自ら健康で安全な生活をつくりだす力の基盤を培う），「身近な人と気持ちが通じ合う」（受容的・応答的な関わりの下で，何かを伝えようとする意欲や身近な大人との信頼関係を育て，人と関わる力の基盤を培う），「身近なものと関わり感性が育つ」（身近な環境に興味や好奇心をもって関わり，感じたことや考えたことを表現する力の基盤を培う）という3つの関わりの視点とした。1歳以上3歳未満児については，言葉が生まれ，表現活動が始まることに応じて，3歳以上と同様の5つの領域を構成する。なお「3歳以上児」については，保育所保育指針と同じく，幼稚園教育要領の「第2章　ねらい及び内容」に準拠した内容となっている。

(6) 健康及び安全

　新しい教育・保育要領では，これまで「幼保連携型認定こども園として特に配慮すべき事項」に含まれていた「健康支援」「食育の推進」「環境及び衛生管理並びに安全管理」の3項目に，新たに「災害の備え」を付け加えた「第3章　健康及び安全」を新設している。内容としては，新しい保育所保育指針に準拠することで，保育における子どもの健康，安全性の確保の重要性を明記している。

(7) 子育ての支援の充実

　現行の教育・保育要領では「子育ての支援」は「幼保連携型認定こども園として特に配慮すべき事項」に含まれていたが，新しい教育・保育要領では「第4章　子育ての支援」として独立した章立てとし，園児の保護者ならびに地域の子育て家庭の保護者に向けた総合的な支援の提供を謳っている。内容としては，保育所保育指針との整合性を図っているほか，認定こども園独自の問題として，園に幼稚園機能を求める保護者と保育所機能を求める保護者との意識の違いの解消を目的とした記載もみられる。

3．新しい幼保連携型認定こども園教育・保育要領の概要（中央説明会資料による）

(1) 総則

①幼保連携型認定こども園における教育及び保育の基本及び目標等

　幼保連携型認定こども園における教育及び保育の基本の中で，幼児期の物事を捉える視点や考え方である幼児期における見方・考え方を新たに示すとともに，計画的な環境の構成に関連して，教材を工夫すること，また，教育及び保育は，園児が入園してから修了するまでの在園期間全体を通して行われるものであることを新たに示した。

　さらに，幼保連携型認定こども園の教育及び保育において育みたい資質・能力と園児の幼保連携型認定こども園修了時の具体的な姿である「幼児期の終わりまでに育ってほしい姿」を新たに示すとともに，これらと第2章の「ねらい」及び「内容」との関係について新たに示した。

② 教育及び保育の内容並びに子育ての支援等に関する全体的な計画等
ア 教育及び保育の内容並びに子育ての支援等に関する全体的な計画の作成等
　幼稚園教育要領等を踏まえて，次のことを新たに示した。
　・教育及び保育の内容並びに子育ての支援等に関する全体的な計画（全体的な計画）は，どのような計画か
　・各幼保連携型認定こども園においてカリキュラム・マネジメントに努めること
　・各幼保連携型認定こども園の教育及び保育の目標を明確化及び全体的な計画の作成についての基本的な方針が共有されるよう努めること
　・園長の方針の下，保育教諭等職員が適切に役割を分担，連携しつつ，全体的な計画や指導の改善を図るとともに，教育及び保育等に係る評価について，カリキュラム・マネジメントと関連を図りながら実施するよう留意すること
　・「幼児期の終わりまでに育ってほしい姿」を共有するなど連携を図り，幼保連携型認定こども園における教育及び保育と小学校教育との円滑な接続を図るよう努めること
イ 指導計画の作成と園児の理解に基づいた評価
　幼稚園教育要領を踏まえて，次のことを新たに示した。
　・多様な体験に関連して，園児の発達に即して主体的・対話的で深い学びが実現するようにすること
　・園児の発達を踏まえた言語環境を整え，言語活動の充実を図ること
　・保育教諭等や他の園児と共に遊びや生活の中で見通しをもったり振り返ったりするよう工夫すること
　・直接体験の重要性を踏まえ，視聴覚教材やコンピュータなど情報機器を活用する際には，園生活では得難い体験を補完するなど，園児の体験との関連を考慮すること
　・幼保連携型認定こども園間に加え，小学校等との間の連携や交流を図るとともに，障害のある園児等との交流及び共同学習の機会を設け，協働して生活していく態度を育むよう努めること
　・園児一人一人のよさや可能性を把握するなど園児の理解に基づいた評価を実施すること
　・評価の実施の際には，他の園児との比較や一定の基準に対する達成度についての評定によって捉えるものではないことに留意すること
ウ 特別な配慮を必要とする園児への指導
　幼稚園教育要領を踏まえて次のことを新たに示した。
　・障害のある園児への指導に当たって，長期的な視点で園児への教育的支援を行うため，個別の教育及び保育支援計画や個別の指導計画を作成し活用することに努めること
　・海外から帰国した園児や生活に必要な日本語の習得に困難のある園児については，個々の園児の実態に応じ，指導内容等の工夫を組織的かつ計画的に行うこと
③ 幼保連携型認定こども園として特に配慮すべき事項
　前回の幼保連携型認定こども園教育・保育要領の策定，施行後の実践を踏まえた知見等を基に，次のことなどを新たに示した。
・満３歳以上の園児の入園時や移行時等の情報共有や，環境の工夫等について
・環境を通して行う教育及び保育の活動の充実を図るため，教育及び保育の環境の構成に当たっては，多様な経験を有する園児同士が学び合い，豊かな経験を積み重ねられるよう，工夫をすること

・長期的な休業中の多様な生活経験が長期的な休業などの終了後等の園生活に生かされるよう工夫をすること

(2) ねらい及び内容並びに配慮事項

　満３歳未満の園児の保育に関するねらい及び内容並びに配慮事項等に関しては保育所保育指針の保育の内容の新たな記載を踏まえ，また，満３歳以上の園児の教育及び保育に関するねらい及び内容に関しては幼稚園教育要領のねらい及び内容の改善・充実を踏まえて，それぞれ新たに示した。

・「ねらい」は幼保連携型認定こども園の教育及び保育において育みたい資質・能力を園児の生活する姿から捉えたものであること
・「内容の取扱い」は園児の発達を踏まえた指導を行うに当たって留意すべき事項であること
・「幼児期の終わりまでに育ってほしい姿」は指導を行う際に考慮するものであること
・各視点や領域は，この時期の発達の特徴を踏まえ，乳幼児の発達の側面からまとめ示したものであること

　また，幼保連携型認定こども園においては，長期にわたって在籍する園児もいることを踏まえ，乳児期・満１歳以上満３歳未満の園児・満３歳以上の園児に分けて記載するとともに，「子どもの発達」に関する内容を，「基本的な事項」として各時期のねらいや内容等とあわせて新たに示した。

① 乳児期の園児の保育に関するねらい及び内容

　乳児期の発達の特徴を示すとともに，それらを踏まえ，ねらい及び内容について身体的発達に関する視点「健やかに伸び伸びと育つ」，社会的発達に関する視点「身近な人と気持ちが通じ合う」，精神的発達に関する視点「身近なものと関わり感性が育つ」としてまとめ，新たに示した。

② 満１歳以上満３歳未満の園児の保育に関するねらい及び内容

　この時期の発達の特徴を示すとともに，それらを踏まえ，ねらい及び内容について心身の健康に関する領域「健康」，人との関わりに関する領域「人間関係」，身近な環境との関わりに関する領域「環境」，言葉の獲得に関する領域「言葉」及び感性と表現に関する領域「表現」としてまとめ，新たに示した。

③ 満３歳以上の園児の教育及び保育に関するねらい及び内容

　この時期の発達の特徴を示すとともに，それらを踏まえ，ねらい及び内容について心身の健康に関する領域「健康」，人との関わりに関する領域「人間関係」，身近な環境との関わりに関する領域「環境」，言葉の獲得に関する領域「言葉」及び感性と表現に関する領域「表現」としてまとめ，内容の改善を図り，充実させた。

④ 教育及び保育の実施に関する配慮事項

　保育所保育指針を踏まえて，次のことなどを新たに示した。

・心身の発達や個人差，個々の気持ち等を踏まえ，援助すること
・心と体の健康等に留意すること
・園児が自ら周囲へ働き掛け自ら行う活動を見守り，援助すること
・入園時の個別対応や周りの園児への留意等
・国籍や文化の違い等への留意等

・性差や個人差等への留意等

(3) 健康及び安全
　現代的な諸課題を踏まえ，特に，以下の事項の改善・充実を図った。
　また，全職員が相互に連携し，それぞれの専門性を生かしながら，組織的かつ適切な対応を行うことができるような体制整備や研修を行うことを新たに示した。
・アレルギー疾患を有する園児への対応や環境の整備
・食育の推進における，保護者や地域，関係機関等との連携や協働
・環境及び衛生管理等における職員の衛生知識の向上
・重大事故防止の対策等
・災害への備えとして，施設・設備等の安全確保，災害発生時の対応や体制等，地域の関係機関との連携

(4) 子育ての支援
　子育ての支援に関して，特に以下の事項の内容の改善・充実を図った。
　〇 子育ての全般に関わる事項について
・保護者の自己決定の尊重や幼保連携型認定こども園の特性を生かすこと
・園全体の体制構築に努めることや地域の関係機関との連携構築，子どものプライバシーの保護・秘密保持
　〇 幼保連携型認定こども園の園児の保護者に対する事項について
・多様な生活形態の保護者に対する教育及び保育の活動等への参加の工夫
・保護者同士の相互理解や気付き合い等への工夫や配慮
・保護者の多様化した教育及び保育の需要への対応等
　〇 地域における子育て家庭の保護者に対する事項について
・地域の子どもに対する一時預かり事業などと教育及び保育との関連への考慮
・幼保連携型認定こども園の地域における役割等

＜参考文献＞
内閣府・文部科学省・厚生労働省『幼保連携型認定こども園教育・保育要領』2017.3.31
文部科学省『幼稚園教育要領』2017.3.31
厚生労働省『保育所保育指針』2017.3.31
中央教育審議会『幼稚園，小学校，中学校，高等学校及び特別支援学校の学習指導要領等の改善及び必要な方策等について（答申）』2016.12.21
無藤 隆『今後の幼児教育とは　幼稚園教育要領，保育所保育指針，幼保連携型認定こども園教育・保育要領，小学校学習指導要領の改訂を受けて』2017.1.16 国立教育政策研究所　幼児教育研究センター発足記念 平成28年度教育研究公開シンポジウム
淵上 孝『私立幼稚園を取り巻く現状と課題について』2016.1.28 全日本私立幼稚園連合会 平成27年度第2回都道府県政策担当者会議
池本美香，立岡健二郎『保育ニーズの将来展望と対応の在り方』JRI レビュー Vol.3. No. 42 ㈱日本総合研究所

内閣府『認定こども園に関する状況について（平成29年4月1日）』2017.9.8
文部科学省『平成26年度幼児教育実態調査』2015.10
厚生労働省『保育所等関連状況取りまとめ（平成29年4月1日）』2017.9.1
東京都教育委員会『小1問題・中1ギャップの予防・解決のための「教員加配に関わる効果検証」に関する調査　最終報告書について』2013.4.25

資料　幼稚園教育要領

（平成29年3月31日文部科学省告示第62号）
（平成30年4月1日から施行）

　教育は，教育基本法第1条に定めるとおり，人格の完成を目指し，平和で民主的な国家及び社会の形成者として必要な資質を備えた心身ともに健康な国民の育成を期すという目的のもと，同法第2条に掲げる次の目標を達成するよう行われなければならない。

1. 幅広い知識と教養を身に付け，真理を求める態度を養い，豊かな情操と道徳心を培うとともに，健やかな身体を養うこと。
2. 個人の価値を尊重して，その能力を伸ばし，創造性を培い，自主及び自律の精神を養うとともに，職業及び生活との関連を重視し，勤労を重んずる態度を養うこと。
3. 正義と責任，男女の平等，自他の敬愛と協力を重んずるとともに，公共の精神に基づき，主体的に社会の形成に参画し，その発展に寄与する態度を養うこと。
4. 生命を尊び，自然を大切にし，環境の保全に寄与する態度を養うこと。
5. 伝統と文化を尊重し，それらをはぐくんできた我が国と郷土を愛するとともに，他国を尊重し，国際社会の平和と発展に寄与する態度を養うこと。

　また，幼児期の教育については，同法第11条に掲げるとおり，生涯にわたる人格形成の基礎を培う重要なものであることにかんがみ，国及び地方公共団体は，幼児の健やかな成長に資する良好な環境の整備その他適当な方法によって，その振興に努めなければならないこととされている。

　これからの幼稚園には，学校教育の始まりとして，こうした教育の目的及び目標の達成を目指しつつ，一人一人の幼児が，将来，自分のよさや可能性を認識するとともに，あらゆる他者を価値のある存在として尊重し，多様な人々と協働しながら様々な社会的変化を乗り越え，豊かな人生を切り拓き，持続可能な社会の創り手となることができるようにするための基礎を培うことが求められる。このために必要な教育の在り方を具体化するのが，各幼稚園において教育の内容等を組織的かつ計画的に組み立てた教育課程である。

　教育課程を通して，これからの時代に求められる教育を実現していくためには，よりよい学校教育を通してよりよい社会を創るという理念を学校と社会とが共有し，それぞれの幼稚園において，幼児期にふさわしい生活をどのように展開し，どのような資質・能力を育むようにするのかを教育課程において明確にしながら，社会との連携及び協働によりその実現を図っていくという，社会に開かれた教育課程の実現が重要となる。

　幼稚園教育要領とは，こうした理念の実現に向けて必要となる教育課程の基準を大綱的に定めるものである。幼稚園教育要領が果たす役割の一つは，公の性質を有する幼稚園における教育水準を全国的に確保することである。また，各幼稚園がその特色を生かして創意工夫を重ね，長年にわたり積み重ねられてきた教育実践や学術研究の蓄積を生かしながら，幼児や地域の現状や課題を捉え，家庭や地域社会と協力して，幼稚園教育要領を踏まえた教育活動の更なる充実を図っていくことも重要である。

　幼児の自発的な活動としての遊びを生み出すために必要な環境を整え，一人一人の資質・能力を育んでいくことは，教職員をはじめとする幼稚園関係者はもとより，家庭や地域の人々も含め，様々な立場から幼児や幼稚園に関わる全ての大人に期待される役割である。家庭との緊密な連携の下，小学校以降の教育や生涯にわたる学習とのつながりを見通しながら，幼児の自発的な活動としての遊びを通しての総合的な指導をする際に広く活用されるものとなることを期待して，ここに幼稚園教育要領を定める。

第1章　総　則

第1　幼稚園教育の基本

　幼児期の教育は，生涯にわたる人格形成の基礎を培う重要なものであり，幼稚園教育は，学校教育法に規定する目的及び目標を達成するため，幼児期の特性を踏まえ，環境を通して行うものであることを基本とする。

　このため教師は，幼児との信頼関係を十分に築き，幼児が身近な環境に主体的に関わり，環境との関わり方や意味に気付き，これらを取り込もうとして，試行錯誤したり，考えたりするようになる幼児期の教育における見方・考え方を生かし，幼児と共によりよい教育環境を創造するように努めるものとする。これらを踏まえ，次に示す事項を重視して教育を行わなければならない。

1. 幼児は安定した情緒の下で自己を十分に発揮することにより発達に必要な体験を得ていくものであることを考慮して，幼児の主体的な活動を促し，幼児期にふさわしい生活が展開されるようにすること。
2. 幼児の自発的な活動としての遊びは，心身の調和のとれた発達の基礎を培う重要な学習であることを考慮して，遊びを通しての指導を中心として第2章に示すねらいが総合的に達成されるようにすること。
3. 幼児の発達は，心身の諸側面が相互に関連し合い，多様な経過をたどって成し遂げられていくものであること，また，幼児の生活経験がそれぞれ異なることなどを考慮して，幼児一人一人の特性に応じ，発達の課

題に即した指導を行うようにすること。

　その際，教師は，幼児の主体的な活動が確保されるよう幼児一人一人の行動の理解と予想に基づき，計画的に環境を構成しなければならない。この場合において，教師は，幼児と人やものとの関わりが重要であることを踏まえ，教材を工夫し，物的・空間的環境を構成しなければならない。また，幼児一人一人の活動の場面に応じて，様々な役割を果たし，その活動を豊かにしなければならない。

第2　幼稚園教育において育みたい資質・能力及び「幼児期の終わりまでに育ってほしい姿」
 1　幼稚園においては，生きる力の基礎を育むため，この章の第1に示す幼稚園教育の基本を踏まえ，次に掲げる資質・能力を一体的に育むよう努めるものとする。
　(1) 豊かな体験を通じて，感じたり，気付いたり，分かったり，できるようになったりする「知識及び技能の基礎」
　(2) 気付いたことや，できるようになったことなどを使い，考えたり，試したり，工夫したり，表現したりする「思考力，判断力，表現力等の基礎」
　(3) 心情，意欲，態度が育つ中で，よりよい生活を営もうとする「学びに向かう力，人間性等」
 2　1に示す資質・能力は，第2章に示すねらい及び内容に基づく活動全体によって育むものである。
 3　次に示す「幼児期の終わりまでに育ってほしい姿」は，第2章に示すねらい及び内容に基づく活動全体を通して資質・能力が育まれている幼児の幼稚園修了時の具体的な姿であり，教師が指導を行う際に考慮するものである。
　(1) 健康な心と体
　　幼稚園生活の中で，充実感をもって自分のやりたいことに向かって心と体を十分に働かせ，見通しをもって行動し，自ら健康で安全な生活をつくり出すようになる。
　(2) 自立心
　　身近な環境に主体的に関わり様々な活動を楽しむ中で，しなければならないことを自覚し，自分の力で行うために考えたり，工夫したりしながら，諦めずにやり遂げることで達成感を味わい，自信をもって行動するようになる。
　(3) 協同性
　　友達と関わる中で，互いの思いや考えなどを共有し，共通の目的の実現に向けて，考えたり，工夫したり，協力したりし，充実感をもってやり遂げるようになる。
　(4) 道徳性・規範意識の芽生え
　　友達と様々な体験を重ねる中で，してよいことや悪いことが分かり，自分の行動を振り返ったり，友達の気持ちに共感したりし，相手の立場に立って行動するようになる。また，きまりを守る必要性が分かり，自分の気持ちを調整し，友達と折り合いを付けながら，きまりをつくったり，守ったりするようになる。
　(5) 社会生活との関わり
　　家族を大切にしようとする気持ちをもつとともに，地域の身近な人と触れ合う中で，人との様々な関わり方に気付き，相手の気持ちを考えて関わり，自分が役に立つ喜びを感じ，地域に親しみをもつようになる。また，幼稚園内外の様々な環境に関わる中で，遊びや生活に必要な情報を取り入れ，情報に基づき判断したり，情報を伝え合ったり，活用したりするなど，情報を役立てながら活動するようになるとともに，公共の施設を大切に利用するなどして，社会とのつながりなどを意識するようになる。
　(6) 思考力の芽生え
　　身近な事象に積極的に関わる中で，物の性質や仕組みなどを感じ取ったり，気付いたりし，考えたり，予想したり，工夫したりするなど，多様な関わりを楽しむようになる。また，友達の様々な考えに触れる中で，自分と異なる考えがあることに気付き，自ら判断したり，考え直したりするなど，新しい考えを生み出す喜びを味わいながら，自分の考えをよりよいものにするようになる。
　(7) 自然との関わり・生命尊重
　　自然に触れて感動する体験を通して，自然の変化などを感じ取り，好奇心や探究心をもって考え言葉などで表現しながら，身近な事象への関心が高まるとともに，自然への愛情や畏敬の念をもつようになる。また，身近な動植物に心を動かされる中で，生命の不思議さや尊さに気付き，身近な動植物への接し方を考え，命あるものとしていたわり，大切にする気持ちをもって関わるようになる。
　(8) 数量や図形，標識や文字などへの関心・感覚
　　遊びや生活の中で，数量や図形，標識や文字などに親しむ体験を重ねたり，標識や文字の役割に気付いたりし，自らの必要感に基づきこれらを活用し，興味や関心，感覚をもつようになる。
　(9) 言葉による伝え合い
　　先生や友達と心を通わせる中で，絵本や物語などに親しみながら，豊かな言葉や表現を身に付け，経験したことや考えたことなどを言葉で伝えたり，相手の話を注意して聞いたりし，言葉による伝え合い

を楽しむようになる。
(10) 豊かな感性と表現
　　心を動かす出来事などに触れ感性を働かせる中で，様々な素材の特徴や表現の仕方などに気付き，感じたことや考えたことを自分で表現したり，友達同士で表現する過程を楽しんだりし，表現する喜びを味わい，意欲をもつようになる。

第3　教育課程の役割と編成等
　1　教育課程の役割
　　　各幼稚園においては，教育基本法及び学校教育法その他の法令並びにこの幼稚園教育要領の示すところに従い，創意工夫を生かし，幼児の心身の発達と幼稚園及び地域の実態に即応した適切な教育課程を編成するものとする。
　　　また，各幼稚園においては，6に示す全体的な計画にも留意しながら，「幼児期の終わりまでに育ってほしい姿」を踏まえ教育課程を編成すること，教育課程の実施状況を評価してその改善を図っていくこと，教育課程の実施に必要な人的又は物的な体制を確保するとともにその改善を図っていくことなどを通して，教育課程に基づき組織的かつ計画的に各幼稚園の教育活動の質の向上を図っていくこと（以下「カリキュラム・マネジメント」という。）に努めるものとする。
　2　各幼稚園の教育目標と教育課程の編成
　　　教育課程の編成に当たっては，幼稚園教育において育みたい資質・能力を踏まえつつ，各幼稚園の教育目標を明確にするとともに，教育課程の編成についての基本的な方針が家庭や地域とも共有されるよう努めるものとする。
　3　教育課程の編成上の基本的事項
　(1) 幼稚園生活の全体を通して第2章に示すねらいが総合的に達成されるよう，教育課程に係る教育期間や幼児の生活経験や発達の過程などを考慮して具体的なねらいと内容を組織するものとする。この場合においては，特に，自我が芽生え，他者の存在を意識し，自己を抑制しようとする気持ちが生まれる幼児期の発達の特性を踏まえ，入園から修了に至るまでの長期的な視野をもって充実した生活が展開できるように配慮するものとする。
　(2) 幼稚園の毎学年の教育課程に係る教育週数は，特別の事情のある場合を除き，39週を下ってはならない。
　(3) 幼稚園の1日の教育課程に係る教育時間は，4時間を標準とする。ただし，幼児の心身の発達の程度や季節などに適切に配慮するものとする。
　4　教育課程の編成上の留意事項

　　教育課程の編成に当たっては，次の事項に留意するものとする。
　(1) 幼児の生活は，入園当初の一人一人の遊びや教師との触れ合いを通して幼稚園生活に親しみ，安定していく時期から，他の幼児との関わりの中で幼児の主体的な活動が深まり，幼児が互いに必要な存在であることを認識するようになり，やがて幼児同士や学級全体で目的をもって協同して幼稚園生活を展開し，深めていく時期などに至るまでの過程を様々に経ながら広げられていくものであることを考慮し，活動がそれぞれの時期にふさわしく展開されるようにすること。
　(2) 入園当初，特に，3歳児の入園については，家庭との連携を緊密にし，生活のリズムや安全面に十分配慮すること。また，満3歳児については，学年の途中から入園することを考慮し，幼児が安心して幼稚園生活を過ごすことができるよう配慮すること。
　(3) 幼稚園生活が幼児にとって安全なものとなるよう，教職員による協力体制の下，幼児の主体的な活動を大切にしつつ，園庭や園舎などの環境の配慮や指導の工夫を行うこと。
　5　小学校教育との接続に当たっての留意事項
　(1) 幼稚園においては，幼稚園教育が，小学校以降の生活や学習の基盤の育成につながることに配慮し，幼児期にふさわしい生活を通して，創造的な思考や主体的な生活態度などの基礎を培うようにするものとする。
　(2) 幼稚園教育において育まれた資質・能力を踏まえ，小学校教育が円滑に行われるよう，小学校の教師との意見交換や合同の研究の機会などを設け，「幼児期の終わりまでに育ってほしい姿」を共有するなど連携を図り，幼稚園教育と小学校教育との円滑な接続を図るよう努めるものとする。
　6　全体的な計画の作成
　　　各幼稚園においては，教育課程を中心に，第3章に示す教育課程に係る教育時間の終了後等に行う教育活動の計画，学校保健計画，学校安全計画などとを関連させ，一体的に教育活動が展開されるよう全体的な計画を作成するものとする。

第4　指導計画の作成と幼児理解に基づいた評価
　1　指導計画の考え方
　　　幼稚園教育は，幼児が自ら意欲をもって環境と関わることによりつくり出される具体的な活動を通して，その目標の達成を図るものである。
　　　幼稚園においてはこのことを踏まえ，幼児期にふさわしい生活が展開され，適切な指導が行われるよう，

それぞれの幼稚園の教育課程に基づき，調和のとれた組織的，発展的な指導計画を作成し，幼児の活動に沿った柔軟な指導を行わなければならない。
2 指導計画の作成上の基本的事項
 (1) 指導計画は，幼児の発達に即して一人一人の幼児が幼児期にふさわしい生活を展開し，必要な体験を得られるようにするために，具体的に作成するものとする。
 (2) 指導計画の作成に当たっては，次に示すところにより，具体的なねらい及び内容を明確に設定し，適切な環境を構成することなどにより活動が選択・展開されるようにするものとする。
  ア 具体的なねらい及び内容は，幼稚園生活における幼児の発達の過程を見通し，幼児の生活の連続性，季節の変化などを考慮して，幼児の興味や関心，発達の実情などに応じて設定すること。
  イ 環境は，具体的なねらいを達成するために適切なものとなるように構成し，幼児が自らその環境に関わることにより様々な活動を展開しつつ必要な体験を得られるようにすること。その際，幼児の生活する姿や発想を大切にし，常にその環境が適切なものとなるようにすること。
  ウ 幼児の行う具体的な活動は，生活の流れの中で様々に変化するものであることに留意し，幼児が望ましい方向に向かって自ら活動を展開していくことができるよう必要な援助をすること。
   その際，幼児の実態及び幼児を取り巻く状況の変化などに即して指導の過程についての評価を適切に行い，常に指導計画の改善を図るものとする。
3 指導計画の作成上の留意事項
 指導計画の作成に当たっては，次の事項に留意するものとする。
 (1) 長期的に発達を見通した年，学期，月などにわたる長期の指導計画やこれとの関連を保ちながらより具体的な幼児の生活に即した週，日などの短期の指導計画を作成し，適切な指導が行われるようにすること。特に，週，日などの短期の指導計画については，幼児の生活のリズムに配慮し，幼児の意識や興味の連続性のある活動が相互に関連して幼稚園生活の自然な流れの中に組み込まれるようにすること。
 (2) 幼児が様々な人やものとの関わりを通して，多様な体験をし，心身の調和のとれた発達を促すようにしていくこと。その際，幼児の発達に即して主体的・対話的で深い学びが実現するようにするとともに，心を動かされる体験が次の活動を生み出すことを考慮し，一つ一つの体験が相互に結び付き，幼稚園生活が充実するようにすること。
 (3) 言語に関する能力の発達と思考力等の発達が関連していることを踏まえ，幼稚園生活全体を通して，幼児の発達を踏まえた言語環境を整え，言語活動の充実を図ること。
 (4) 幼児が次の活動への期待や意欲をもつことができるよう，幼児の実態を踏まえながら，教師や他の幼児と共に遊びや生活の中で見通しをもったり，振り返ったりするよう工夫すること。
 (5) 行事の指導に当たっては，幼稚園生活の自然の流れの中で生活に変化や潤いを与え，幼児が主体的に楽しく活動できるようにすること。なお，それぞれの行事についてはその教育的価値を十分検討し，適切なものを精選し，幼児の負担にならないようにすること。
 (6) 幼児期は直接的な体験が重要であることを踏まえ，視聴覚教材やコンピュータなど情報機器を活用する際には，幼稚園生活では得難い体験を補完するなど，幼児の体験との関連を考慮すること。
 (7) 幼児の主体的な活動を促すためには，教師が多様な関わりをもつことが重要であることを踏まえ，教師は，理解者，共同作業者など様々な役割を果たし，幼児の発達に必要な豊かな体験が得られるよう，活動の場面に応じて，適切な指導を行うようにすること。
 (8) 幼児の行う活動は，個人，グループ，学級全体などで多様に展開されるものであることを踏まえ，幼稚園全体の教師による協力体制を作りながら，一人一人の幼児が興味や欲求を十分に満足させるよう適切な援助を行うようにすること。
4 幼児理解に基づいた評価の実施
 幼児一人一人の発達の理解に基づいた評価の実施に当たっては，次の事項に配慮するものとする。
 (1) 指導の過程を振り返りながら幼児の理解を進め，幼児一人一人のよさや可能性などを把握し，指導の改善に生かすようにすること。その際，他の幼児との比較や一定の基準に対する達成度についての評定によって捉えるものではないことに留意すること。
 (2) 評価の妥当性や信頼性が高められるよう創意工夫を行い，組織的かつ計画的な取組を推進するとともに，次年度又は小学校等にその内容が適切に引き継がれるようにすること。

第5 特別な配慮を必要とする幼児への指導
1 障害のある幼児などへの指導
 障害のある幼児などへの指導に当たっては，集団の中で生活することを通して全体的な発達を促していくことに配慮し，特別支援学校などの助言又は援助を活

用しつつ,個々の幼児の障害の状態などに応じた指導内容や指導方法の工夫を組織的かつ計画的に行うものとする。また,家庭,地域及び医療や福祉,保健等の業務を行う関係機関との連携を図り,長期的な視点で幼児への教育的支援を行うために,個別の教育支援計画を作成し活用することに努めるとともに,個々の幼児の実態を的確に把握し,個別の指導計画を作成し活用することに努めるものとする。
2 海外から帰国した幼児や生活に必要な日本語の習得に困難のある幼児の幼稚園生活への適応
　海外から帰国した幼児や生活に必要な日本語の習得に困難のある幼児については,安心して自己を発揮できるよう配慮するなど個々の幼児の実態に応じ,指導内容や指導方法の工夫を組織的かつ計画的に行うものとする。

第6　幼稚園運営上の留意事項
1　各幼稚園においては,園長の方針の下に,園務分掌に基づき教職員が適切に役割を分担しつつ,相互に連携しながら,教育課程や指導の改善を図るものとする。また,各幼稚園が行う学校評価については,教育課程の編成,実施,改善が教育活動や幼稚園運営の中核となることを踏まえ,カリキュラム・マネジメントと関連付けながら実施するよう留意するものとする。
2　幼児の生活は,家庭を基盤として地域社会を通じて次第に広がりをもつものであることに留意し,家庭との連携を十分に図るなど,幼稚園における生活が家庭や地域社会と連続性を保ちつつ展開されるようにするものとする。その際,地域の自然,高齢者や異年齢の子供などを含む人材,行事や公共施設などの地域の資源を積極的に活用し,幼児が豊かな生活体験を得られるように工夫するものとする。また,家庭との連携に当たっては,保護者との情報交換の機会を設けたり,保護者と幼児との活動の機会を設けたりなどすることを通じて,保護者の幼児期の教育に関する理解が深まるよう配慮するものとする。
3　地域や幼稚園の実態等により,幼稚園間に加え,保育所,幼保連携型認定こども園,小学校,中学校,高等学校及び特別支援学校などとの間の連携や交流を図るものとする。特に,幼稚園教育と小学校教育の円滑な接続のため,幼稚園の幼児と小学校の児童との交流の機会を積極的に設けるようにするものとする。また,障害のある幼児児童生徒との交流及び共同学習の機会を設け,共に尊重し合いながら協働して生活していく態度を育むよう努めるものとする。

第7　教育課程に係る教育時間終了後等に行う教育活動など

　幼稚園は,第3章に示す教育課程に係る教育時間の終了後等に行う教育活動について,学校教育法に規定する目的及び目標並びにこの章の第1に示す幼稚園教育の基本を踏まえ実施するものとする。また,幼稚園の目的の達成に資するため,幼児の生活全体が豊かなものとなるよう家庭や地域における幼児期の教育の支援に努めるものとする。

第2章　ねらい及び内容

　この章に示すねらいは,幼稚園教育において育みたい資質・能力を幼児の生活する姿から捉えたものであり,内容は,ねらいを達成するために指導する事項である。各領域は,これらを幼児の発達の側面から,心身の健康に関する領域「健康」,人との関わりに関する領域「人間関係」,身近な環境との関わりに関する領域「環境」,言葉の獲得に関する領域「言葉」及び感性と表現に関する領域「表現」としてまとめ,示したものである。内容の取扱いは,幼児の発達を踏まえた指導を行うに当たって留意すべき事項である。
　各領域に示すねらいは,幼稚園における生活の全体を通じ,幼児が様々な体験を積み重ねる中で相互に関連をもちながら次第に達成に向かうものであること,内容は,幼児が環境に関わって展開する具体的な活動を通して総合的に指導されるものであることに留意しなければならない。
　また,「幼児期の終わりまでに育ってほしい姿」が,ねらい及び内容に基づく活動全体を通して資質・能力が育まれている幼児の幼稚園修了時の具体的な姿であることを踏まえ,指導を行う際に考慮するものとする。
　なお,特に必要な場合には,各領域に示すねらいの趣旨に基づいて適切な,具体的な内容を工夫し,それを加えても差し支えないが,その場合には,それが第1章の第1に示す幼稚園教育の基本を逸脱しないよう慎重に配慮する必要がある。

健康
〔健康な心と体を育て,自ら健康で安全な生活をつくり出す力を養う。〕
1　ねらい
(1)　明るく伸び伸びと行動し,充実感を味わう。
(2)　自分の体を十分に動かし,進んで運動しようとする。
(3)　健康,安全な生活に必要な習慣や態度を身に付け,見通しをもって行動する。
2　内容
(1)　先生や友達と触れ合い,安定感をもって行動する。
(2)　いろいろな遊びの中で十分に体を動かす。

(3) 進んで戸外で遊ぶ。
　(4) 様々な活動に親しみ，楽しんで取り組む。
　(5) 先生や友達と食べることを楽しみ，食べ物への興味や関心をもつ。
　(6) 健康な生活のリズムを身に付ける。
　(7) 身の回りを清潔にし，衣服の着脱，食事，排泄などの生活に必要な活動を自分でする。
　(8) 幼稚園における生活の仕方を知り，自分たちで生活の場を整えながら見通しをもって行動する。
　(9) 自分の健康に関心をもち，病気の予防などに必要な活動を進んで行う。
　(10) 危険な場所，危険な遊び方，災害時などの行動の仕方が分かり，安全に気を付けて行動する。
3　内容の取扱い
　上記の取扱いに当たっては，次の事項に留意する必要がある。
　(1) 心と体の健康は，相互に密接な関連があるものであることを踏まえ，幼児が教師や他の幼児との温かい触れ合いの中で自己の存在感や充実感を味わうことなどを基盤として，しなやかな心と体の発達を促すこと。特に，十分に体を動かす気持ちよさを体験し，自ら体を動かそうとする意欲が育つようにすること。
　(2) 様々な遊びの中で，幼児が興味や関心，能力に応じて全身を使って活動することにより，体を動かす楽しさを味わい，自分の体を大切にしようとする気持ちが育つようにすること。その際，多様な動きを経験する中で，体の動きを調整するようにすること。
　(3) 自然の中で伸び伸びと体を動かして遊ぶことにより，体の諸機能の発達が促されることに留意し，幼児の興味や関心が戸外にも向くようにすること。その際，幼児の動線に配慮した園庭や遊具の配置などを工夫すること。
　(4) 健康な心と体を育てるためには食育を通じた望ましい食習慣の形成が大切であることを踏まえ，幼児の食生活の実情に配慮し，和やかな雰囲気の中で教師や他の幼児と食べる喜びや楽しさを味わったり，様々な食べ物への興味や関心をもったりするなどし，食の大切さに気付き，進んで食べようとする気持ちが育つようにすること。
　(5) 基本的な生活習慣の形成に当たっては，家庭での生活経験に配慮し，幼児の自立心を育て，幼児が他の幼児と関わりながら主体的な活動を展開する中で，生活に必要な習慣を身に付け，次第に見通しをもって行動できるようにすること。
　(6) 安全に関する指導に当たっては，情緒の安定を図り，遊びを通して安全についての構えを身に付け，危険な場所や事物などが分かり，安全についての理解を深めるようにすること。また，交通安全の習慣を身に付けるようにするとともに，避難訓練などを通して，災害などの緊急時に適切な行動がとれるようにすること。

人間関係
〔他の人々と親しみ，支え合って生活するために，自立心を育て，人と関わる力を養う。〕
1　ねらい
　(1) 幼稚園生活を楽しみ，自分の力で行動することの充実感を味わう。
　(2) 身近な人と親しみ，関わりを深め，工夫したり，協力したりして一緒に活動する楽しさを味わい，愛情や信頼感をもつ。
　(3) 社会生活における望ましい習慣や態度を身に付ける。
2　内容
　(1) 先生や友達と共に過ごすことの喜びを味わう。
　(2) 自分で考え，自分で行動する。
　(3) 自分でできることは自分でする。
　(4) いろいろな遊びを楽しみながら物事をやり遂げようとする気持ちをもつ。
　(5) 友達と積極的に関わりながら喜びや悲しみを共感し合う。
　(6) 自分の思ったことを相手に伝え，相手の思っていることに気付く。
　(7) 友達のよさに気付き，一緒に活動する楽しさを味わう。
　(8) 友達と楽しく活動する中で，共通の目的を見いだし，工夫したり，協力したりなどする。
　(9) よいことや悪いことがあることに気付き，考えながら行動する。
　(10) 友達との関わりを深め，思いやりをもつ。
　(11) 友達と楽しく生活する中できまりの大切さに気付き，守ろうとする。
　(12) 共同の遊具や用具を大切にし，皆で使う。
　(13) 高齢者をはじめ地域の人々などの自分の生活に関係の深いいろいろな人に親しみをもつ。
3　内容の取扱い
　上記の取扱いに当たっては，次の事項に留意する必要がある。
　(1) 教師との信頼関係に支えられて自分自身の生活を確立していくことが人と関わる基盤となることを考慮し，幼児が自ら周囲に働き掛けることにより多様な感情を体験し，試行錯誤しながら諦めずにやり遂げることの達成感や，前向きな見通しをもって自分の力で行うことの充実感を味わうことができるよう，幼児の行

動を見守りながら適切な援助を行うようにすること。
(2) 一人一人を生かした集団を形成しながら人と関わる力を育てていくようにすること。その際，集団の生活の中で，幼児が自己を発揮し，教師や他の幼児に認められる体験をし，自分のよさや特徴に気付き，自信をもって行動できるようにすること。
(3) 幼児が互いに関わりを深め，協同して遊ぶようになるため，自ら行動する力を育てるようにするとともに，他の幼児と試行錯誤しながら活動を展開する楽しさや共通の目的が実現する喜びを味わうことができるようにすること。
(4) 道徳性の芽生えを培うに当たっては，基本的な生活習慣の形成を図るとともに，幼児が他の幼児との関わりの中で他人の存在に気付き，相手を尊重する気持ちをもって行動できるようにし，また，自然や身近な動植物に親しむことなどを通して豊かな心情が育つようにすること。特に，人に対する信頼感や思いやりの気持ちは，葛藤やつまずきをも体験し，それらを乗り越えることにより次第に芽生えてくることに配慮すること。
(5) 集団の生活を通して，幼児が人との関わりを深め，規範意識の芽生えが培われることを考慮し，幼児が教師との信頼関係に支えられて自己を発揮する中で，互いに思いを主張し，折り合いを付ける体験をし，きまりの必要性などに気付き，自分の気持ちを調整する力が育つようにすること。
(6) 高齢者をはじめ地域の人々などの自分の生活に関係の深いいろいろな人と触れ合い，自分の感情や意志を表現しながら共に楽しみ，共感し合う体験を通して，これらの人々などに親しみをもち，人と関わることの楽しさや人の役に立つ喜びを味わうことができるようにすること。また，生活を通して親や祖父母などの家族の愛情に気付き，家族を大切にしようとする気持ちが育つようにすること。

環境
〔周囲の様々な環境に好奇心や探究心をもって関わり，それらを生活に取り入れていこうとする力を養う。〕
1 ねらい
 (1) 身近な環境に親しみ，自然と触れ合う中で様々な事象に興味や関心をもつ。
 (2) 身近な環境に自分から関わり，発見を楽しんだり，考えたりし，それを生活に取り入れようとする。
 (3) 身近な事象を見たり，考えたり，扱ったりする中で，物の性質や数量，文字などに対する感覚を豊かにする。
2 内容

(1) 自然に触れて生活し，その大きさ，美しさ，不思議さなどに気付く。
(2) 生活の中で，様々な物に触れ，その性質や仕組みに興味や関心をもつ。
(3) 季節により自然や人間の生活に変化のあることに気付く。
(4) 自然などの身近な事象に関心をもち，取り入れて遊ぶ。
(5) 身近な動植物に親しみをもって接し，生命の尊さに気付き，いたわったり，大切にしたりする。
(6) 日常生活の中で，我が国や地域社会における様々な文化や伝統に親しむ。
(7) 身近な物を大切にする。
(8) 身近な物や遊具に興味をもって関わり，自分なりに比べたり，関連付けたりしながら考えたり，試したりして工夫して遊ぶ。
(9) 日常生活の中で数量や図形などに関心をもつ。
(10) 日常生活の中で簡単な標識や文字などに関心をもつ。
(11) 生活に関係の深い情報や施設などに興味や関心をもつ。
(12) 幼稚園内外の行事において国旗に親しむ。
3 内容の取扱い
上記の取扱いに当たっては，次の事項に留意する必要がある。
(1) 幼児が，遊びの中で周囲の環境と関わり，次第に周囲の世界に好奇心を抱き，その意味や操作の仕方に関心をもち，物事の法則性に気付き，自分なりに考えることができるようになる過程を大切にすること。また，他の幼児の考えなどに触れて新しい考えを生み出す喜びや楽しさを味わい，自分の考えをよりよいものにしようとする気持ちが育つようにすること。
(2) 幼児期において自然のもつ意味は大きく，自然の大きさ，美しさ，不思議さなどに直接触れる体験を通して，幼児の心が安らぎ，豊かな感情，好奇心，思考力，表現力の基礎が培われることを踏まえ，幼児が自然との関わりを深めることができるよう工夫すること。
(3) 身近な事象や動植物に対する感動を伝え合い，共感し合うことなどを通して自分から関わろうとする意欲を育てるとともに，様々な関わり方を通してそれらに対する親しみや畏敬の念，生命を大切にする気持ち，公共心，探究心などが養われるようにすること。
(4) 文化や伝統に親しむ際には，正月や節句など我が国の伝統的な行事，国歌，唱歌，わらべうたや我が国の伝統的な遊びに親しんだり，異なる文化に触れる活動に親しんだりすることを通じて，社会とのつながりの

意識や国際理解の意識の芽生えなどが養われるようにすること。
(5) 数量や文字などに関しては，日常生活の中で幼児自身の必要感に基づく体験を大切にし，数量や文字などに関する興味や関心，感覚が養われるようにすること。

言葉
〔経験したことや考えたことなどを自分なりの言葉で表現し，相手の話す言葉を聞こうとする意欲や態度を育て，言葉に対する感覚や言葉で表現する力を養う。〕
1 ねらい
(1) 自分の気持ちを言葉で表現する楽しさを味わう。
(2) 人の言葉や話などをよく聞き，自分の経験したことや考えたことを話し，伝え合う喜びを味わう。
(3) 日常生活に必要な言葉が分かるようになるとともに，絵本や物語などに親しみ，言葉に対する感覚を豊かにし，先生や友達と心を通わせる。
2 内容
(1) 先生や友達の言葉や話に興味や関心をもち，親しみをもって聞いたり，話したりする。
(2) したり，見たり，聞いたり，感じたり，考えたりなどしたことを自分なりに言葉で表現する。
(3) したいこと，してほしいことを言葉で表現したり，分からないことを尋ねたりする。
(4) 人の話を注意して聞き，相手に分かるように話す。
(5) 生活の中で必要な言葉が分かり，使う。
(6) 親しみをもって日常の挨拶をする。
(7) 生活の中で言葉の楽しさや美しさに気付く。
(8) いろいろな体験を通じてイメージや言葉を豊かにする。
(9) 絵本や物語などに親しみ，興味をもって聞き，想像をする楽しさを味わう。
(10) 日常生活の中で，文字などで伝える楽しさを味わう。
3 内容の取扱い
上記の取扱いに当たっては，次の事項に留意する必要がある。
(1) 言葉は，身近な人に親しみをもって接し，自分の感情や意志などを伝え，それに相手が応答し，その言葉を聞くことを通して次第に獲得されていくものであることを考慮して，幼児が教師や他の幼児と関わることにより心を動かされるような体験をし，言葉を交わす喜びを味わえるようにすること。
(2) 幼児が自分の思いを言葉で伝えるとともに，教師や他の幼児などの話を興味をもって注意して聞くことを通して次第に話を理解するようになっていき，言葉による伝え合いができるようにすること。
(3) 絵本や物語などで，その内容と自分の経験とを結び付けたり，想像を巡らせたりするなど，楽しみを十分に味わうことによって，次第に豊かなイメージをもち，言葉に対する感覚が養われるようにすること。
(4) 幼児が生活の中で，言葉の響きやリズム，新しい言葉や表現などに触れ，これらを使う楽しさを味わえるようにすること。その際，絵本や物語に親しんだり，言葉遊びなどをしたりすることを通して，言葉が豊かになるようにすること。
(5) 幼児が日常生活の中で，文字などを使いながら思ったことや考えたことを伝える喜びや楽しさを味わい，文字に対する興味や関心をもつようにすること。

表現
〔感じたことや考えたことを自分なりに表現することを通して，豊かな感性や表現する力を養い，創造性を豊かにする。〕
1 ねらい
(1) いろいろなものの美しさなどに対する豊かな感性をもつ。
(2) 感じたことや考えたことを自分なりに表現して楽しむ。
(3) 生活の中でイメージを豊かにし，様々な表現を楽しむ。
2 内容
(1) 生活の中で様々な音，形，色，手触り，動きなどに気付いたり，感じたりするなどして楽しむ。
(2) 生活の中で美しいものや心を動かす出来事に触れ，イメージを豊かにする。
(3) 様々な出来事の中で，感動したことを伝え合う楽しさを味わう。
(4) 感じたこと，考えたことなどを音や動きなどで表現したり，自由にかいたり，つくったりなどする。
(5) いろいろな素材に親しみ，工夫して遊ぶ。
(6) 音楽に親しみ，歌を歌ったり，簡単なリズム楽器を使ったりなどする楽しさを味わう。
(7) かいたり，つくったりすることを楽しみ，遊びに使ったり，飾ったりなどする。
(8) 自分のイメージを動きや言葉などで表現したり，演じて遊んだりするなどの楽しさを味わう。
3 内容の取扱い
上記の取扱いに当たっては，次の事項に留意する必要がある。
(1) 豊かな感性は，身近な環境と十分に関わる中で美しいもの，優れたもの，心を動かす出来事などに出会い，そこから得た感動を他の幼児や教師と共有し，

様々に表現することなどを通して養われるようにすること。その際，風の音や雨の音，身近にある草や花の形や色など自然の中にある音，形，色などに気付くようにすること。
(2) 幼児の自己表現は素朴な形で行われることが多いので，教師はそのような表現を受容し，幼児自身の表現しようとする意欲を受け止めて，幼児が生活の中で幼児らしい様々な表現を楽しむことができるようにすること。
(3) 生活経験や発達に応じ，自ら様々な表現を楽しみ，表現する意欲を十分に発揮させることができるように，遊具や用具などを整えたり，様々な素材や表現の仕方に親しんだり，他の幼児の表現に触れられるよう配慮したりし，表現する過程を大切にして自己表現を楽しめるように工夫すること。

　　第3章　教育課程に係る教育時間の終了後等に行う教育活動などの留意事項

1　地域の実態や保護者の要請により，教育課程に係る教育時間の終了後等に希望する者を対象に行う教育活動については，幼児の心身の負担に配慮するものとする。また，次の点にも留意するものとする。
(1) 教育課程に基づく活動を考慮し，幼児期にふさわしい無理のないものとなるようにすること。その際，教育課程に基づく活動を担当する教師と緊密な連携を図るようにすること。
(2) 家庭や地域での幼児の生活も考慮し，教育課程に係る教育時間の終了後等に行う教育活動の計画を作成するようにすること。その際，地域の人々と連携するなど，地域の様々な資源を活用しつつ，多様な体験ができるようにすること。
(3) 家庭との緊密な連携を図るようにすること。その際，情報交換の機会を設けたりするなど，保護者が，幼稚園と共に幼児を育てるという意識が高まるようにすること。
(4) 地域の実態や保護者の事情とともに幼児の生活のリズムを踏まえつつ，例えば実施日数や時間などについて，弾力的な運用に配慮すること。
(5) 適切な責任体制と指導体制を整備した上で行うようにすること。
2　幼稚園の運営に当たっては，子育ての支援のために保護者や地域の人々に機能や施設を開放して，園内体制の整備や関係機関との連携及び協力に配慮しつつ，幼児期の教育に関する相談に応じたり，情報を提供したり，幼児と保護者との登園を受け入れたり，保護者同士の交流の機会を提供したりするなど，幼稚園と家庭が一体となって幼児と関わる取組を進め，地域における幼児期の教育のセンターとしての役割を果たすよう努めるものとする。その際，心理や保健の専門家，地域の子育て経験者等と連携・協働しながら取り組むよう配慮するものとする。

資料　保育所保育指針

(平成29年3月31日厚生労働省告示第117号)
(平成30年4月1日から施行)

第1章　総則

　この指針は，児童福祉施設の設備及び運営に関する基準（昭和23年厚生省令第63号。以下「設備運営基準」という。）第35条の規定に基づき，保育所における保育の内容に関する事項及びこれに関連する運営に関する事項を定めるものである。各保育所は，この指針において規定される保育の内容に係る基本原則に関する事項等を踏まえ，各保育所の実情に応じて創意工夫を図り，保育所の機能及び質の向上に努めなければならない。

1　保育所保育に関する基本原則
　(1)　保育所の役割
　　ア　保育所は，児童福祉法（昭和22年法律第164号）第39条の規定に基づき，保育を必要とする子どもの保育を行い，その健全な心身の発達を図ることを目的とする児童福祉施設であり，入所する子どもの最善の利益を考慮し，その福祉を積極的に増進することに最もふさわしい生活の場でなければならない。
　　イ　保育所は，その目的を達成するために，保育に関する専門性を有する職員が，家庭との緊密な連携の下に，子どもの状況や発達過程を踏まえ，保育所における環境を通して，養護及び教育を一体的に行うことを特性としている。
　　ウ　保育所は，入所する子どもを保育するとともに，家庭や地域の様々な社会資源との連携を図りながら，入所する子どもの保護者に対する支援及び地域の子育て家庭に対する支援等を行う役割を担うものである。
　　エ　保育所における保育士は，児童福祉法第18条の4の規定を踏まえ，保育所の役割及び機能が適切に発揮されるように，倫理観に裏付けられた専門的知識，技術及び判断をもって，子どもを保育するとともに，子どもの保護者に対する保育に関する指導を行うものであり，その職責を遂行するための専門性の向上に絶えず努めなければならない。
　(2)　保育の目標
　　ア　保育所は，子どもが生涯にわたる人間形成にとって極めて重要な時期に，その生活時間の大半を過ごす場である。このため，保育所の保育は，子どもが現在を最も良く生き，望ましい未来をつくり出す力の基礎を培うために，次の目標を目指して行わなければならない。
　　　(ア)　十分に養護の行き届いた環境の下に，くつろいだ雰囲気の中で子どもの様々な欲求を満たし，生命の保持及び情緒の安定を図ること。
　　　(イ)　健康，安全など生活に必要な基本的な習慣や態度を養い，心身の健康の基礎を培うこと。
　　　(ウ)　人との関わりの中で，人に対する愛情と信頼感，そして人権を大切にする心を育てるとともに，自主，自立及び協調の態度を養い，道徳性の芽生えを培うこと。
　　　(エ)　生命，自然及び社会の事象についての興味や関心を育て，それらに対する豊かな心情や思考力の芽生えを培うこと。
　　　(オ)　生活の中で，言葉への興味や関心を育て，話したり，聞いたり，相手の話を理解しようとするなど，言葉の豊かさを養うこと。
　　　(カ)　様々な体験を通して，豊かな感性や表現力を育み，創造性の芽生えを培うこと。
　　イ　保育所は，入所する子どもの保護者に対し，その意向を受け止め，子どもと保護者の安定した関係に配慮し，保育所の特性や保育士等の専門性を生かして，その援助に当たらなければならない。
　(3)　保育の方法
　　保育の目標を達成するために，保育士等は，次の事項に留意して保育しなければならない。
　　ア　一人一人の子どもの状況や家庭及び地域社会での生活の実態を把握するとともに，子どもが安心感と信頼感をもって活動できるよう，子どもの主体としての思いや願いを受け止めること。
　　イ　子どもの生活のリズムを大切にし，健康，安全で情緒の安定した生活ができる環境や，自己を十分に発揮できる環境を整えること。
　　ウ　子どもの発達について理解し，一人一人の発達過程に応じて保育すること。その際，子どもの個人差に十分配慮すること。
　　エ　子ども相互の関係づくりや互いに尊重する心を大切にし，集団における活動を効果あるものにするよう援助すること。
　　オ　子どもが自発的・意欲的に関われるような環境を構成し，子どもの主体的な活動や子ども相互の関わりを大切にすること。特に，乳幼児期にふさわしい体験が得られるように，生活や遊びを通して総合的に保育すること。
　　カ　一人一人の保護者の状況やその意向を理解，受容し，それぞれの親子関係や家庭生活等に配慮しながら，様々な機会をとらえ，適切に援助すること。
　(4)　保育の環境
　　保育の環境には，保育士等や子どもなどの人的環

境，施設や遊具などの物的環境，更には自然や社会の事象などがある。保育所は，こうした人，物，場などの環境が相互に関連し合い，子どもの生活が豊かなものとなるよう，次の事項に留意しつつ，計画的に環境を構成し，工夫して保育しなければならない。
ア　子ども自らが環境に関わり，自発的に活動し，様々な経験を積んでいくことができるよう配慮すること。
イ　子どもの活動が豊かに展開されるよう，保育所の設備や環境を整え，保育所の保健的環境や安全の確保などに努めること。
ウ　保育室は，温かな親しみとくつろぎの場となるとともに，生き生きと活動できる場となるように配慮すること。
エ　子どもが人と関わる力を育てていくため，子ども自らが周囲の子どもや大人と関わっていくことができる環境を整えること。
(5) 保育所の社会的責任
ア　保育所は，子どもの人権に十分配慮するとともに，子ども一人一人の人格を尊重して保育を行わなければならない。
イ　保育所は，地域社会との交流や連携を図り，保護者や地域社会に，当該保育所が行う保育の内容を適切に説明するよう努めなければならない。
ウ　保育所は，入所する子ども等の個人情報を適切に取り扱うとともに，保護者の苦情などに対し，その解決を図るよう努めなければならない。

2　養護に関する基本的事項
(1) 養護の理念
　保育における養護とは，子どもの生命の保持及び情緒の安定を図るために保育士等が行う援助や関わりであり，保育所における保育は，養護及び教育を一体的に行うことをその特性とするものである。保育所における保育全体を通じて，養護に関するねらい及び内容を踏まえた保育が展開されなければならない。
(2) 養護に関わるねらい及び内容
ア　生命の保持
　(ア) ねらい
　　① 一人一人の子どもが，快適に生活できるようにする。
　　② 一人一人の子どもが，健康で安全に過ごせるようにする。
　　③ 一人一人の子どもの生理的欲求が，十分に満たされるようにする。
　　④ 一人一人の子どもの健康増進が，積極的に図られるようにする。
　(イ) 内容

　　① 一人一人の子どもの平常の健康状態や発育及び発達状態を的確に把握し，異常を感じる場合は，速やかに適切に対応する。
　　② 家庭との連携を密にし，嘱託医等との連携を図りながら，子どもの疾病や事故防止に関する認識を深め，保健的で安全な保育環境の維持及び向上に努める。
　　③ 清潔で安全な環境を整え，適切な援助や応答的な関わりを通して子どもの生理的欲求を満たしていく。また，家庭と協力しながら，子どもの発達過程等に応じた適切な生活のリズムがつくられていくようにする。
　　④ 子どもの発達過程等に応じて，適度な運動と休息を取ることができるようにする。また，食事，排泄，衣類の着脱，身の回りを清潔にすることなどについて，子どもが意欲的に生活できるよう適切に援助する。
イ　情緒の安定
　(ア) ねらい
　　① 一人一人の子どもが，安定感をもって過ごせるようにする。
　　② 一人一人の子どもが，自分の気持ちを安心して表すことができるようにする。
　　③ 一人一人の子どもが，周囲から主体として受け止められ，主体として育ち，自分を肯定する気持ちが育まれていくようにする。
　　④ 一人一人の子どもがくつろいで共に過ごし，心身の疲れが癒されるようにする。
　(イ) 内容
　　① 一人一人の子どもの置かれている状態や発達過程などを的確に把握し，子どもの欲求を適切に満たしながら，応答的な触れ合いや言葉がけを行う。
　　② 一人一人の子どもの気持ちを受容し，共感しながら，子どもとの継続的な信頼関係を築いていく。
　　③ 保育士等との信頼関係を基盤に，一人一人の子どもが主体的に活動し，自発性や探索意欲などを高めるとともに，自分への自信をもつことができるよう成長の過程を見守り，適切に働きかける。
　　④ 一人一人の子どもの生活のリズム，発達過程，保育時間などに応じて，活動内容のバランスや調和を図りながら，適切な食事や休息が取れるようにする。

3　保育の計画及び評価
(1) 全体的な計画の作成

ア　保育所は，1の(2)に示した保育の目標を達成するために，各保育所の保育の方針や目標に基づき，子どもの発達過程を踏まえて，保育の内容が組織的・計画的に構成され，保育所の生活の全体を通して，総合的に展開されるよう，全体的な計画を作成しなければならない。
　イ　全体的な計画は，子どもや家庭の状況，地域の実態，保育時間などを考慮し，子どもの育ちに関する長期的見通しをもって適切に作成されなければならない。
　ウ　全体的な計画は，保育所保育の全体像を包括的に示すものとし，これに基づく指導計画，保健計画，食育計画等を通じて，各保育所が創意工夫して保育できるよう，作成されなければならない。
(2) 指導計画の作成
　ア　保育所は，全体的な計画に基づき，具体的な保育が適切に展開されるよう，子どもの生活や発達を見通した長期的な指導計画と，それに関連しながら，より具体的な子どもの日々の生活に即した短期的な指導計画を作成しなければならない。
　イ　指導計画の作成に当たっては，第2章及びその他の関連する章に示された事項のほか，子ども一人一人の発達過程や状況を十分に踏まえるとともに，次の事項に留意しなければならない。
　　(ア)　3歳未満児については，一人一人の子どもの生育歴，心身の発達，活動の実態等に即して，個別的な計画を作成すること。
　　(イ)　3歳以上児については，個の成長と，子ども相互の関係や協同的な活動が促されるよう配慮すること。
　　(ウ)　異年齢で構成される組やグループでの保育においては，一人一人の子どもの生活や経験，発達過程などを把握し，適切な援助や環境構成ができるよう配慮すること。
　ウ　指導計画においては，保育所の生活における子どもの発達過程を見通し，生活の連続性，季節の変化などを考慮し，子どもの実態に即した具体的なねらい及び内容を設定すること。また，具体的なねらいが達成されるよう，子どもの生活する姿や発想を大切にして適切な環境を構成し，子どもが主体的に活動できるようにすること。
　エ　一日の生活のリズムや在園時間が異なる子どもが共に過ごすことを踏まえ，活動と休息，緊張感と解放感等の調和を図るよう配慮すること。
　オ　午睡は生活のリズムを構成する重要な要素であり，安心して眠ることのできる安全な睡眠環境を確保するとともに，在園時間が異なることや，睡眠時間は子どもの発達の状況や個人によって差があることから，一律とならないよう配慮すること。
　カ　長時間にわたる保育については，子どもの発達過程，生活のリズム及び心身の状態に十分配慮して，保育の内容や方法，職員の協力体制，家庭との連携などを指導計画に位置付けること。
　キ　障害のある子どもの保育については，一人一人の子どもの発達過程や障害の状態を把握し，適切な環境の下で，障害のある子どもが他の子どもとの生活を通して共に成長できるよう，指導計画の中に位置付けること。また，子どもの状況に応じた保育を実施する観点から，家庭や関係機関と連携した支援のための計画を個別に作成するなど適切な対応を図ること。
(3) 指導計画の展開
　指導計画に基づく保育の実施に当たっては，次の事項に留意しなければならない。
　ア　施設長，保育士など，全職員による適切な役割分担と協力体制を整えること。
　イ　子どもが行う具体的な活動は，生活の中で様々に変化することに留意して，子どもが望ましい方向に向かって自ら活動を展開できるよう必要な援助を行うこと。
　ウ　子どもの主体的な活動を促すためには，保育士等が多様な関わりをもつことが重要であることを踏まえ，子どもの情緒の安定や発達に必要な豊かな体験が得られるよう援助すること。
　エ　保育士等は，子どもの実態や子どもを取り巻く状況の変化などに即して保育の過程を記録するとともに，これらを踏まえ，指導計画に基づく保育の内容の見直しを行い，改善を図ること。
(4) 保育内容等の評価
　ア　保育士等の自己評価
　　(ア)　保育士等は，保育の計画や保育の記録を通して，自らの保育実践を振り返り，自己評価することを通して，その専門性の向上や保育実践の改善に努めなければならない。
　　(イ)　保育士等による自己評価に当たっては，子どもの活動内容やその結果だけでなく，子どもの心の育ちや意欲，取り組む過程などにも十分配慮するよう留意すること。
　　(ウ)　保育士等は，自己評価における自らの保育実践の振り返りや職員相互の話し合い等を通じて，専門性の向上及び保育の質の向上のための課題を明確にするとともに，保育所全体の保育の内容に関する認識を深めること。
　イ　保育所の自己評価

(ア) 保育所は，保育の質の向上を図るため，保育
　　　　の計画の展開や保育士等の自己評価を踏まえ，
　　　　当該保育所の保育の内容等について，自ら評価
　　　　を行い，その結果を公表するよう努めなければ
　　　　ならない。
　　　(イ) 保育所が自己評価を行うに当たっては，地域
　　　　の実情や保育所の実態に即して，適切に評価の
　　　　観点や項目等を設定し，全職員による共通理解
　　　　をもって取り組むよう留意すること。
　　　(ウ) 設備運営基準第36条の趣旨を踏まえ，保育の
　　　　内容等の評価に関し，保護者及び地域住民等の
　　　　意見を聴くことが望ましいこと。
　(5) 評価を踏まえた計画の改善
　　ア 保育所は，評価の結果を踏まえ，当該保育所の保
　　　育の内容等の改善を図ること。
　　イ 保育の計画に基づく保育，保育の内容の評価及び
　　　これに基づく改善という一連の取組により，保育の
　　　質の向上が図られるよう，全職員が共通理解をもっ
　　　て取り組むことに留意すること。
4 幼児教育を行う施設として共有すべき事項
　(1) 育みたい資質・能力
　　ア 保育所においては，生涯にわたる生きる力の基礎
　　　を培うため，1の(2)に示す保育の目標を踏まえ，
　　　次に掲げる資質・能力を一体的に育むよう努めるも
　　　のとする。
　　　(ア) 豊かな体験を通じて，感じたり，気付いたり，
　　　　分かったり，できるようになったりする「知識
　　　　及び技能の基礎」
　　　(イ) 気付いたことや，できるようになったことなど
　　　　を使い，考えたり，試したり，工夫したり，表現
　　　　したりする「思考力，判断力，表現力等の基礎」
　　　(ウ) 心情，意欲，態度が育つ中で，よりよい生活
　　　　を営もうとする「学びに向かう力，人間性等」
　　イ アに示す資質・能力は，第2章に示すねらい及び
　　　内容に基づく保育活動全体によって育むものであ
　　　る。
　(2) 幼児期の終わりまでに育ってほしい姿
　　　次に示す「幼児期の終わりまでに育ってほしい姿」
　　は，第2章に示すねらい及び内容に基づく保育活動全
　　体を通して資質・能力が育まれている子どもの小学校
　　就学時の具体的な姿であり，保育士等が指導を行う際
　　に考慮するものである。
　　ア 健康な心と体
　　　　保育所の生活の中で，充実感をもって自分のやり
　　　たいことに向かって心と体を十分に働かせ，見通し
　　　をもって行動し，自ら健康で安全な生活をつくり出
　　　すようになる。

　　イ 自立心
　　　　身近な環境に主体的に関わり様々な活動を楽しむ
　　　中で，しなければならないことを自覚し，自分の力
　　　で行うために考えたり，工夫したりしながら，諦め
　　　ずにやり遂げることで達成感を味わい，自信をもっ
　　　て行動するようになる。
　　ウ 協同性
　　　　友達と関わる中で，互いの思いや考えなどを共有
　　　し，共通の目的の実現に向けて，考えたり，工夫し
　　　たり，協力したりし，充実感をもってやり遂げるよ
　　　うになる。
　　エ 道徳性・規範意識の芽生え
　　　　友達と様々な体験を重ねる中で，してよいこと
　　　や悪いことが分かり，自分の行動を振り返ったり，
　　　友達の気持ちに共感したりし，相手の立場に立って
　　　行動するようになる。また，きまりを守る必要性が
　　　分かり，自分の気持ちを調整し，友達と折り合いを
　　　付けながら，きまりをつくったり，守ったりするよ
　　　うになる。
　　オ 社会生活との関わり
　　　　家族を大切にしようとする気持ちをもつととも
　　　に，地域の身近な人と触れ合う中で，人との様々な
　　　関わり方に気付き，相手の気持ちを考えて関わり，
　　　自分が役に立つ喜びを感じ，地域に親しみをもつよ
　　　うになる。また，保育所内外の様々な環境に関わる
　　　中で，遊びや生活に必要な情報を取り入れ，情報に
　　　基づき判断したり，情報を伝え合ったり，活用した
　　　りするなど，情報を役立てながら活動するようにな
　　　るとともに，公共の施設を大切に利用するなどし
　　　て，社会とのつながりなどを意識するようになる。
　　カ 思考力の芽生え
　　　　身近な事象に積極的に関わる中で，物の性質や仕
　　　組みなどを感じ取ったり，気付いたりし，考えた
　　　り，予想したり，工夫したりするなど，多様な関わ
　　　りを楽しむようになる。また，友達の様々な考えに
　　　触れる中で，自分と異なる考えがあることに気付
　　　き，自ら判断したり，考え直したりするなど，新し
　　　い考えを生み出す喜びを味わいながら，自分の考え
　　　をよりよいものにするようになる。
　　キ 自然との関わり・生命尊重
　　　　自然に触れて感動する体験を通して，自然の変化
　　　などを感じ取り，好奇心や探究心をもって考え言葉
　　　などで表現しながら，身近な事象への関心が高まる
　　　とともに，自然への愛情や畏敬の念をもつようにな
　　　る。また，身近な動植物に心を動かされる中で，生
　　　命の不思議さや尊さに気付き，身近な動植物への接
　　　し方を考え，命あるものとしていたわり，大切にす

る気持ちをもって関わるようになる。
ク　数量や図形，標識や文字などへの関心・感覚
　　遊びや生活の中で，数量や図形，標識や文字などに親しむ体験を重ねたり，標識や文字の役割に気付いたりし，自らの必要感に基づきこれらを活用し，興味や関心，感覚をもつようになる。
ケ　言葉による伝え合い
　　保育士等や友達と心を通わせる中で，絵本や物語などに親しみながら，豊かな言葉や表現を身に付け，経験したことや考えたことなどを言葉で伝えたり，相手の話を注意して聞いたりし，言葉による伝え合いを楽しむようになる。
コ　豊かな感性と表現
　　心を動かす出来事などに触れ感性を働かせる中で，様々な素材の特徴や表現の仕方などに気付き，感じたことや考えたことを自分で表現したり，友達同士で表現する過程を楽しんだりし，表現する喜びを味わい，意欲をもつようになる。

第２章　保育の内容

　この章に示す「ねらい」は，第１章の１の（２）に示された保育の目標をより具体化したものであり，子どもが保育所において，安定した生活を送り，充実した活動ができるように，保育を通じて育みたい資質・能力を，子どもの生活する姿から捉えたものである。また，「内容」は，「ねらい」を達成するために，子どもの生活やその状況に応じて保育士等が適切に行う事項と，保育士等が援助して子どもが環境に関わって経験する事項を示したものである。
　保育における「養護」とは，子どもの生命の保持及び情緒の安定を図るために保育士等が行う援助や関わりであり，「教育」とは，子どもが健やかに成長し，その活動がより豊かに展開されるための発達の援助である。本章では，保育士等が，「ねらい」及び「内容」を具体的に把握するため，主に教育に関わる側面からの視点を示しているが，実際の保育においては，養護と教育が一体となって展開されることに留意する必要がある。
１　乳児保育に関わるねらい及び内容
　（１）基本的事項
　　ア　乳児期の発達については，視覚，聴覚などの感覚や，座る，はう，歩くなどの運動機能が著しく発達し，特定の大人との応答的な関わりを通じて，情緒的な絆が形成されるといった特徴がある。これらの発達の特徴を踏まえて，乳児保育は，愛情豊かに，応答的に行われることが特に必要である。
　　イ　本項においては，この時期の発達の特徴を踏まえ，乳児保育の「ねらい」及び「内容」について

は，身体的発達に関する視点「健やかに伸び伸びと育つ」，社会的発達に関する視点「身近な人と気持ちが通じ合う」及び精神的発達に関する視点「身近なものと関わり感性が育つ」としてまとめ，示している。
　　ウ　本項の各視点において示す保育の内容は，第１章の２に示された養護における「生命の保持」及び「情緒の安定」に関わる保育の内容と，一体となって展開されるものであることに留意が必要である。
　（２）ねらい及び内容
　　ア　健やかに伸び伸びと育つ
　　　　健康な心と体を育て，自ら健康で安全な生活をつくり出す力の基盤を培う。
　　（ア）ねらい
　　　①　身体感覚が育ち，快適な環境に心地よさを感じる。
　　　②　伸び伸びと体を動かし，はう，歩くなどの運動をしようとする。
　　　③　食事，睡眠等の生活のリズムの感覚が芽生える。
　　（イ）内容
　　　①　保育士等の愛情豊かな受容の下で，生理的・心理的欲求を満たし，心地よく生活をする。
　　　②　一人一人の発育に応じて，はう，立つ，歩くなど，十分に体を動かす。
　　　③　個人差に応じて授乳を行い，離乳を進めていく中で，様々な食品に少しずつ慣れ，食べることを楽しむ。
　　　④　一人一人の生活のリズムに応じて，安全な環境の下で十分に午睡をする。
　　　⑤　おむつ交換や衣服の着脱などを通じて，清潔になることの心地よさを感じる。
　　（ウ）内容の取扱い
　　　　上記の取扱いに当たっては，次の事項に留意する必要がある。
　　　①　心と体の健康は，相互に密接な関連があるものであることを踏まえ，温かい触れ合いの中で，心と体の発達を促すこと。特に，寝返り，お座り，はいはい，つかまり立ち，伝い歩きなど，発育に応じて，遊びの中で体を動かす機会を十分に確保し，自ら体を動かそうとする意欲が育つようにすること。
　　　②　健康な心と体を育てるためには望ましい食習慣の形成が重要であることを踏まえ，離乳食が完了期へと徐々に移行する中で，様々な食品に慣れるようにするとともに，和やかな雰囲気の中で食べる喜びや楽しさを味わい，進んで食べ

ようとする気持ちが育つようにすること。なお，食物アレルギーのある子どもへの対応については，嘱託医等の指示や協力の下に適切に対応すること。
　イ　身近な人と気持ちが通じ合う
　　受容的・応答的な関わりの下で，何かを伝えようとする意欲や身近な大人との信頼関係を育て，人と関わる力の基盤を培う。
　　(ア) ねらい
　　　① 安心できる関係の下で，身近な人と共に過ごす喜びを感じる。
　　　② 体の動きや表情，発声等により，保育士等と気持ちを通わせようとする。
　　　③ 身近な人と親しみ，関わりを深め，愛情や信頼感が芽生える。
　　(イ) 内容
　　　① 子どもからの働きかけを踏まえた，応答的な触れ合いや言葉がけによって，欲求が満たされ，安定感をもって過ごす。
　　　② 体の動きや表情，発声，喃語等を優しく受け止めてもらい，保育士等とのやり取りを楽しむ。
　　　③ 生活や遊びの中で，自分の身近な人の存在に気付き，親しみの気持ちを表す。
　　　④ 保育士等による語りかけや歌いかけ，発声や喃語等への応答を通じて，言葉の理解や発語の意欲が育つ。
　　　⑤ 温かく，受容的な関わりを通じて，自分を肯定する気持ちが芽生える。
　　(ウ) 内容の取扱い
　　　上記の取扱いに当たっては，次の事項に留意する必要がある。
　　　① 保育士等との信頼関係に支えられて生活を確立していくことが人と関わる基盤となることを考慮して，子どもの多様な感情を受け止め，温かく受容的・応答的に関わり，一人一人に応じた適切な援助を行うようにすること。
　　　② 身近な人に親しみをもって接し，自分の感情などを表し，それに相手が応答する言葉を聞くことを通して，次第に言葉が獲得されていくことを考慮して，楽しい雰囲気の中での保育士等との関わり合いを大切にし，ゆっくりと優しく話しかけるなど，積極的に言葉のやり取りを楽しむことができるようにすること。
　ウ　身近なものと関わり感性が育つ
　　身近な環境に興味や好奇心をもって関わり，感じたことや考えたことを表現する力の基盤を培う。
　　(ア) ねらい
　　　① 身の回りのものに親しみ，様々なものに興味や関心をもつ。
　　　② 見る，触れる，探索するなど，身近な環境に自分から関わろうとする。
　　　③ 身体の諸感覚による認識が豊かになり，表情や手足，体の動き等で表現する。
　　(イ) 内容
　　　① 身近な生活用具，玩具や絵本などが用意された中で，身の回りのものに対する興味や好奇心をもつ。
　　　② 生活や遊びの中で様々なものに触れ，音，形，色，手触りなどに気付き，感覚の働きを豊かにする。
　　　③ 保育士等と一緒に様々な色彩や形のものや絵本などを見る。
　　　④ 玩具や身の回りのものを，つまむ，つかむ，たたく，引っ張るなど，手や指を使って遊ぶ。
　　　⑤ 保育士等のあやし遊びに機嫌よく応じたり，歌やリズムに合わせて手足や体を動かして楽しんだりする。
　　(ウ) 内容の取扱い
　　　上記の取扱いに当たっては，次の事項に留意する必要がある。
　　　① 玩具などは，音質，形，色，大きさなど子どもの発達状態に応じて適切なものを選び，その時々の子どもの興味や関心を踏まえるなど，遊びを通して感覚の発達が促されるものとなるように工夫すること。なお，安全な環境の下で，子どもが探索意欲を満たして自由に遊べるよう，身の回りのものについては，常に十分な点検を行うこと。
　　　② 乳児期においては，表情，発声，体の動きなどで，感情を表現することが多いことから，これらの表現しようとする意欲を積極的に受け止めて，子どもが様々な活動を楽しむことを通して表現が豊かになるようにすること。
(3) 保育の実施に関わる配慮事項
　ア　乳児は疾病への抵抗力が弱く，心身の機能の未熟さに伴う疾病の発生が多いことから，一人一人の発育及び発達状態や健康状態についての適切な判断に基づく保健的な対応を行うこと。
　イ　一人一人の子どもの生育歴の違いに留意しつつ，欲求を適切に満たし，特定の保育士が応答的に関わるように努めること。
　ウ　乳児保育に関わる職員間の連携や嘱託医との連携を図り，第3章に示す事項を踏まえ，適切に対応す

ること。栄養士及び看護師等が配置されている場合は，その専門性を生かした対応を図ること。
　エ　保護者との信頼関係を築きながら保育を進めるとともに，保護者からの相談に応じ，保護者への支援に努めていくこと。
　オ　担当の保育士が替わる場合には，子どものそれまでの生育歴や発達過程に留意し，職員間で協力して対応すること。
2　1歳以上3歳未満児の保育に関わるねらい及び内容
(1) 基本的事項
　ア　この時期においては，歩き始めから，歩く，走る，跳ぶなどへと，基本的な運動機能が次第に発達し，排泄の自立のための身体的機能も整うようになる。つまむ，めくるなどの指先の機能も発達し，食事，衣類の着脱なども，保育士等の援助の下で自分で行うようになる。発声も明瞭になり，語彙も増加し，自分の意思や欲求を言葉で表出できるようになる。このように自分でできることが増えてくる時期であることから，保育士等は，子どもの生活の安定を図りながら，自分でしようとする気持ちを尊重し，温かく見守るとともに，愛情豊かに，応答的に関わることが必要である。
　イ　本項においては，この時期の発達の特徴を踏まえ，保育の「ねらい」及び「内容」について，心身の健康に関する領域「健康」，人との関わりに関する領域「人間関係」，身近な環境との関わりに関する領域「環境」，言葉の獲得に関する領域「言葉」及び感性と表現に関する領域「表現」としてまとめ，示している。
　ウ　本項の各領域において示す保育の内容は，第1章の2に示された養護における「生命の保持」及び「情緒の安定」に関わる保育の内容と，一体となって展開されるものであることに留意が必要である。
(2) ねらい及び内容
　ア　健康
　　健康な心と体を育て，自ら健康で安全な生活をつくり出す力を養う。
　　(ア) ねらい
　　　① 明るく伸び伸びと生活し，自分から体を動かすことを楽しむ。
　　　② 自分の体を十分に動かし，様々な動きをしようとする。
　　　③ 健康，安全な生活に必要な習慣に気付き，自分でしてみようとする気持ちが育つ。
　　(イ) 内容
　　　① 保育士等の愛情豊かな受容の下で，安定感をもって生活をする。
　　　② 食事や午睡，遊びと休息など，保育所における生活のリズムが形成される。
　　　③ 走る，跳ぶ，登る，押す，引っ張るなど全身を使う遊びを楽しむ。
　　　④ 様々な食品や調理形態に慣れ，ゆったりとした雰囲気の中で食事や間食を楽しむ。
　　　⑤ 身の回りを清潔に保つ心地よさを感じ，その習慣が少しずつ身に付く。
　　　⑥ 保育士等の助けを借りながら，衣類の着脱を自分でしようとする。
　　　⑦ 便器での排泄に慣れ，自分で排泄ができるようになる。
　　(ウ) 内容の取扱い
　　　上記の取扱いに当たっては，次の事項に留意する必要がある。
　　　① 心と体の健康は，相互に密接な関連があるものであることを踏まえ，子どもの気持ちに配慮した温かい触れ合いの中で，心と体の発達を促すこと。特に，一人一人の発育に応じて，体を動かす機会を十分に確保し，自ら体を動かそうとする意欲が育つようにすること。
　　　② 健康な心と体を育てるためには望ましい食習慣の形成が重要であることを踏まえ，ゆったりとした雰囲気の中で食べる喜びや楽しさを味わい，進んで食べようとする気持ちが育つようにすること。なお，食物アレルギーのある子どもへの対応については，嘱託医等の指示や協力の下に適切に対応すること。
　　　③ 排泄の習慣については，一人一人の排尿間隔等を踏まえ，おむつが汚れていないときに便器に座らせるなどにより，少しずつ慣れさせるようにすること。
　　　④ 食事，排泄，睡眠，衣類の着脱，身の回りを清潔にすることなど，生活に必要な基本的な習慣については，一人一人の状態に応じ，落ち着いた雰囲気の中で行うようにし，子どもが自分でしようとする気持ちを尊重すること。また，基本的な生活習慣の形成に当たっては，家庭での生活経験に配慮し，家庭との適切な連携の下で行うようにすること。
　イ　人間関係
　　他の人々と親しみ，支え合って生活するために，自立心を育て，人と関わる力を養う。
　　(ア) ねらい
　　　① 保育所での生活を楽しみ，身近な人と関わる心地よさを感じる。
　　　② 周囲の子ども等への興味や関心が高まり，関

わりをもとうとする。
　③　保育所の生活の仕方に慣れ，きまりの大切さに気付く。
(イ)　内容
　①　保育士等や周囲の子ども等との安定した関係の中で，共に過ごす心地よさを感じる。
　②　保育士等の受容的・応答的な関わりの中で，欲求を適切に満たし，安定感をもって過ごす。
　③　身の回りに様々な人がいることに気付き，徐々に他の子どもと関わりをもって遊ぶ。
　④　保育士等の仲立ちにより，他の子どもとの関わり方を少しずつ身につける。
　⑤　保育所の生活の仕方に慣れ，きまりがあることや，その大切さに気付く。
　⑥　生活や遊びの中で，年長児や保育士等の真似をしたり，ごっこ遊びを楽しんだりする。
(ウ)　内容の取扱い
　上記の取扱いに当たっては，次の事項に留意する必要がある。
　①　保育士等との信頼関係に支えられて生活を確立するとともに，自分で何かをしようとする気持ちが旺盛になる時期であることに鑑み，そのような子どもの気持ちを尊重し，温かく見守るとともに，愛情豊かに，応答的に関わり，適切な援助を行うようにすること。
　②　思い通りにいかない場合等の子どもの不安定な感情の表出については，保育士等が受容的に受け止めるとともに，そうした気持ちから立ち直る経験や感情をコントロールすることへの気付き等につなげていけるように援助すること。
　③　この時期は自己と他者との違いの認識がまだ十分ではないことから，子どもの自我の育ちを見守るとともに，保育士等が仲立ちとなって，自分の気持ちを相手に伝えることや相手の気持ちに気付くことの大切さなど，友達の気持ちや友達との関わり方を丁寧に伝えていくこと。
ウ　環境
　周囲の様々な環境に好奇心や探究心をもって関わり，それらを生活に取り入れていこうとする力を養う。
(ア)　ねらい
　①　身近な環境に親しみ，触れ合う中で，様々なものに興味や関心をもつ。
　②　様々なものに関わる中で，発見を楽しんだり，考えたりしようとする。
　③　見る，聞く，触るなどの経験を通して，感覚の働きを豊かにする。

(イ)　内容
　①　安全で活動しやすい環境での探索活動等を通して，見る，聞く，触れる，嗅ぐ，味わうなどの感覚の働きを豊かにする。
　②　玩具，絵本，遊具などに興味をもち，それらを使った遊びを楽しむ。
　③　身の回りの物に触れる中で，形，色，大きさ，量などの物の性質や仕組みに気付く。
　④　自分の物と人の物の区別や，場所的感覚など，環境を捉える感覚が育つ。
　⑤　身近な生き物に気付き，親しみをもつ。
　⑥　近隣の生活や季節の行事などに興味や関心をもつ。
(ウ)　内容の取扱い
　上記の取扱いに当たっては，次の事項に留意する必要がある。
　①　玩具などは，音質，形，色，大きさなど子どもの発達状態に応じて適切なものを選び，遊びを通して感覚の発達が促されるように工夫すること。
　②　身近な生き物との関わりについては，子どもが命を感じ，生命の尊さに気付く経験へとつながるものであることから，そうした気付きを促すような関わりとなるようにすること。
　③　地域の生活や季節の行事などに触れる際には，社会とのつながりや地域社会の文化への気付きにつながるものとなることが望ましいこと。その際，保育所内外の行事や地域の人々との触れ合いなどを通して行うこと等も考慮すること。
エ　言葉
　経験したことや考えたことなどを自分なりの言葉で表現し，相手の話す言葉を聞こうとする意欲や態度を育て，言葉に対する感覚や言葉で表現する力を養う。
(ア)　ねらい
　①　言葉遊びや言葉で表現する楽しさを感じる。
　②　人の言葉や話などを聞き，自分でも思ったことを伝えようとする。
　③　絵本や物語等に親しむとともに，言葉のやり取りを通じて身近な人と気持ちを通わせる。
(イ)　内容
　①　保育士等の応答的な関わりや話しかけにより，自ら言葉を使おうとする。
　②　生活に必要な簡単な言葉に気付き，聞き分ける。
　③　親しみをもって日常の挨拶に応じる。

④　絵本や紙芝居を楽しみ，簡単な言葉を繰り返したり，模倣をしたりして遊ぶ。
　⑤　保育士等とごっこ遊びをする中で，言葉のやり取りを楽しむ。
　⑥　保育士等を仲立ちとして，生活や遊びの中で友達との言葉のやり取りを楽しむ。
　⑦　保育士等や友達の言葉や話に興味や関心をもって，聞いたり，話したりする。
（ウ）内容の取扱い
　　上記の取扱いに当たっては，次の事項に留意する必要がある。
　①　身近な人に親しみをもって接し，自分の感情などを伝え，それに相手が応答し，その言葉を聞くことを通して，次第に言葉が獲得されていくものであることを考慮して，楽しい雰囲気の中で保育士等との言葉のやり取りができるようにすること。
　②　子どもが自分の思いを言葉で伝えるとともに，他の子どもの話などを聞くことを通して，次第に話を理解し，言葉による伝え合いができるようになるよう，気持ちや経験等の言語化を行うことを援助するなど，子ども同士の関わりの仲立ちを行うようにすること。
　③　この時期は，片言から，二語文，ごっこ遊びでのやり取りができる程度へと，大きく言葉の習得が進む時期であることから，それぞれの子どもの発達の状況に応じて，遊びや関わりの工夫など，保育の内容を適切に展開することが必要であること。
オ　表現
　　感じたことや考えたことを自分なりに表現することを通して，豊かな感性や表現する力を養い，創造性を豊かにする。
（ア）ねらい
　①　身体の諸感覚の経験を豊かにし，様々な感覚を味わう。
　②　感じたことや考えたことなどを自分なりに表現しようとする。
　③　生活や遊びの様々な体験を通して，イメージや感性が豊かになる。
（イ）内容
　①　水，砂，土，紙，粘土など様々な素材に触れて楽しむ。
　②　音楽，リズムやそれに合わせた体の動きを楽しむ。
　③　生活の中で様々な音，形，色，手触り，動き，味，香りなどに気付いたり，感じたりして楽しむ。
　④　歌を歌ったり，簡単な手遊びや全身を使う遊びを楽しんだりする。
　⑤　保育士等からの話や，生活や遊びの中での出来事を通して，イメージを豊かにする。
　⑥　生活や遊びの中で，興味のあることや経験したことなどを自分なりに表現する。
（ウ）内容の取扱い
　　上記の取扱いに当たっては，次の事項に留意する必要がある。
　①　子どもの表現は，遊びや生活の様々な場面で表出されているものであることから，それらを積極的に受け止め，様々な表現の仕方や感性を豊かにする経験となるようにすること。
　②　子どもが試行錯誤しながら様々な表現を楽しむことや，自分の力でやり遂げる充実感などに気付くよう，温かく見守るとともに，適切に援助を行うようにすること。
　③　様々な感情の表現等を通じて，子どもが自分の感情や気持ちに気付くようになる時期であることに鑑み，受容的な関わりの中で自信をもって表現をすることや，諦めずに続けた後の達成感等を感じられるような経験が蓄積されるようにすること。
　④　身近な自然や身の回りの事物に関わる中で，発見や心が動く経験が得られるよう，諸感覚を働かせることを楽しむ遊びや素材を用意するなど保育の環境を整えること。
(3) 保育の実施に関わる配慮事項
ア　特に感染症にかかりやすい時期であるので，体の状態，機嫌，食欲などの日常の状態の観察を十分に行うとともに，適切な判断に基づく保健的な対応を心がけること。
イ　探索活動が十分できるように，事故防止に努めながら活動しやすい環境を整え，全身を使う遊びなど様々な遊びを取り入れること。
ウ　自我が形成され，子どもが自分の感情や気持ちに気付くようになる重要な時期であることに鑑み，情緒の安定を図りながら，子どもの自発的な活動を尊重するとともに促していくこと。
エ　担当の保育士が替わる場合には，子どものそれまでの経験や発達過程に留意し，職員間で協力して対応すること。
3　3歳以上児の保育に関するねらい及び内容
(1) 基本的事項
ア　この時期においては，運動機能の発達により，基本的な動作が一通りできるようになるとともに，基

本的な生活習慣もほぼ自立できるようになる。理解する語彙数が急激に増加し，知的興味や関心も高まってくる。仲間と遊び，仲間の中の一人という自覚が生じ，集団的な遊びや協同的な活動も見られるようになる。これらの発達の特徴を踏まえて，この時期の保育においては，個の成長と集団としての活動の充実が図られるようにしなければならない。
　イ　本項においては，この時期の発達の特徴を踏まえ，保育の「ねらい」及び「内容」について，心身の健康に関する領域「健康」，人との関わりに関する領域「人間関係」，身近な環境との関わりに関する領域「環境」，言葉の獲得に関する領域「言葉」及び感性と表現に関する領域「表現」としてまとめ，示している。
　ウ　本項の各領域において示す保育の内容は，第１章の２に示された養護における「生命の保持」及び「情緒の安定」に関わる保育の内容と，一体となって展開されるものであることに留意が必要である。
(2) ねらい及び内容
　ア　健康
　　　健康な心と体を育て，自ら健康で安全な生活をつくり出す力を養う。
　　(ア) ねらい
　　　① 明るく伸び伸びと行動し，充実感を味わう。
　　　② 自分の体を十分に動かし，進んで運動しようとする。
　　　③ 健康，安全な生活に必要な習慣や態度を身に付け，見通しをもって行動する。
　　(イ) 内容
　　　① 保育士等や友達と触れ合い，安定感をもって行動する。
　　　② いろいろな遊びの中で十分に体を動かす。
　　　③ 進んで戸外で遊ぶ。
　　　④ 様々な活動に親しみ，楽しんで取り組む。
　　　⑤ 保育士等や友達と食べることを楽しみ，食べ物への興味や関心をもつ。
　　　⑥ 健康な生活のリズムを身に付ける。
　　　⑦ 身の回りを清潔にし，衣服の着脱，食事，排泄(せつ)などの生活に必要な活動を自分でする。
　　　⑧ 保育所における生活の仕方を知り，自分たちで生活の場を整えながら見通しをもって行動する。
　　　⑨ 自分の健康に関心をもち，病気の予防などに必要な活動を進んで行う。
　　　⑩ 危険な場所，危険な遊び方，災害時などの行動の仕方が分かり，安全に気を付けて行動する。

　　(ウ) 内容の取扱い
　　　上記の取扱いに当たっては，次の事項に留意する必要がある。
　　　① 心と体の健康は，相互に密接な関連があるものであることを踏まえ，子どもが保育士等や他の子どもとの温かい触れ合いの中で自己の存在感や充実感を味わうことなどを基盤として，しなやかな心と体の発達を促すこと。特に，十分に体を動かす気持ちよさを体験し，自ら体を動かそうとする意欲が育つようにすること。
　　　② 様々な遊びの中で，子どもが興味や関心，能力に応じて全身を使って活動することにより，体を動かす楽しさを味わい，自分の体を大切にしようとする気持ちが育つようにすること。その際，多様な動きを経験する中で，体の動きを調整するようにすること。
　　　③ 自然の中で伸び伸びと体を動かして遊ぶことにより，体の諸機能の発達が促されることに留意し，子どもの興味や関心が戸外にも向くようにすること。その際，子どもの動線に配慮した園庭や遊具の配置などを工夫すること。
　　　④ 健康な心と体を育てるためには食育を通じた望ましい食習慣の形成が大切であることを踏まえ，子どもの食生活の実情に配慮し，和やかな雰囲気の中で保育士等や他の子どもと食べる喜びや楽しさを味わったり，様々な食べ物への興味や関心をもったりするなどし，食の大切さに気付き，進んで食べようとする気持ちが育つようにすること。
　　　⑤ 基本的な生活習慣の形成に当たっては，家庭での生活経験に配慮し，子どもの自立心を育て，子どもが他の子どもと関わりながら主体的な活動を展開する中で，生活に必要な習慣を身に付け，次第に見通しをもって行動できるようにすること。
　　　⑥ 安全に関する指導に当たっては，情緒の安定を図り，遊びを通して安全についての構えを身に付け，危険な場所や事物などが分かり，安全についての理解を深めるようにすること。また，交通安全の習慣を身に付けるようにするとともに，避難訓練などを通して，災害などの緊急時に適切な行動がとれるようにすること。
　イ　人間関係
　　　他の人々と親しみ，支え合って生活するために，自立心を育て，人と関わる力を養う。
　　(ア) ねらい
　　　① 保育所の生活を楽しみ，自分の力で行動する

ことの充実感を味わう。
② 身近な人と親しみ，関わりを深め，工夫したり，協力したりして一緒に活動する楽しさを味わい，愛情や信頼感をもつ。
③ 社会生活における望ましい習慣や態度を身に付ける。
(イ) 内容
① 保育士等や友達と共に過ごすことの喜びを味わう。
② 自分で考え，自分で行動する。
③ 自分でできることは自分でする。
④ いろいろな遊びを楽しみながら物事をやり遂げようとする気持ちをもつ。
⑤ 友達と積極的に関わりながら喜びや悲しみを共感し合う。
⑥ 自分の思ったことを相手に伝え，相手の思っていることに気付く。
⑦ 友達のよさに気付き，一緒に活動する楽しさを味わう。
⑧ 友達と楽しく活動する中で，共通の目的を見いだし，工夫したり，協力したりなどする。
⑨ よいことや悪いことがあることに気付き，考えながら行動する。
⑩ 友達との関わりを深め，思いやりをもつ。
⑪ 友達と楽しく生活する中できまりの大切さに気付き，守ろうとする。
⑫ 共同の遊具や用具を大切にし，皆で使う。
⑬ 高齢者をはじめ地域の人々などの自分の生活に関係の深いいろいろな人に親しみをもつ。
(ウ) 内容の取扱い
上記の取扱いに当たっては，次の事項に留意する必要がある。
① 保育士等との信頼関係に支えられて自分自身の生活を確立していくことが人と関わる基盤となることを考慮し，子どもが自ら周囲に働き掛けることにより多様な感情を体験し，試行錯誤しながら諦めずにやり遂げることの達成感や，前向きな見通しをもって自分の力で行うことの充実感を味わうことができるよう，子どもの行動を見守りながら適切な援助を行うようにすること。
② 一人一人を生かした集団を形成しながら人と関わる力を育てていくようにすること。その際，集団の生活の中で，子どもが自己を発揮し，保育士等や他の子どもに認められる体験をし，自分のよさや特徴に気付き，自信をもって行動できるようにすること。
③ 子どもが互いに関わりを深め，協同して遊ぶようになるため，自ら行動する力を育てるとともに，他の子どもと試行錯誤しながら活動を展開する楽しさや共通の目的が実現する喜びを味わうことができるようにすること。
④ 道徳性の芽生えを培うに当たっては，基本的な生活習慣の形成を図るとともに，子どもが他の子どもとの関わりの中で他人の存在に気付き，相手を尊重する気持ちをもって行動できるようにし，また，自然や身近な動植物に親しむことなどを通して豊かな心情が育つようにすること。特に，人に対する信頼感や思いやりの気持ちは，葛藤やつまずきをも体験し，それらを乗り越えることにより次第に芽生えてくることに配慮すること。
⑤ 集団の生活を通して，子どもが人との関わりを深め，規範意識の芽生えが培われることを考慮し，子どもが保育士等との信頼関係に支えられて自己を発揮する中で，互いに思いを主張し，折り合いを付ける体験をし，きまりの必要性などに気付き，自分の気持ちを調整する力が育つようにすること。
⑥ 高齢者をはじめ地域の人々などの自分の生活に関係の深いいろいろな人と触れ合い，自分の感情や意志を表現しながら共に楽しみ，共感し合う体験を通して，これらの人々などに親しみをもち，人と関わることの楽しさや人の役に立つ喜びを味わうことができるようにすること。また，生活を通して親や祖父母などの家族の愛情に気付き，家族を大切にしようとする気持ちが育つようにすること。

ウ 環境
周囲の様々な環境に好奇心や探究心をもって関わり，それらを生活に取り入れていこうとする力を養う。
(ア) ねらい
① 身近な環境に親しみ，自然と触れ合う中で様々な事象に興味や関心をもつ。
② 身近な環境に自分から関わり，発見を楽しんだり，考えたりし，それを生活に取り入れようとする。
③ 身近な事象を見たり，考えたり，扱ったりする中で，物の性質や数量，文字などに対する感覚を豊かにする。
(イ) 内容
① 自然に触れて生活し，その大きさ，美しさ，不思議さなどに気付く。

② 生活の中で，様々な物に触れ，その性質や仕組みに興味や関心をもつ。
③ 季節により自然や人間の生活に変化のあることに気付く。
④ 自然などの身近な事象に関心をもち，取り入れて遊ぶ。
⑤ 身近な動植物に親しみをもって接し，生命の尊さに気付き，いたわったり，大切にしたりする。
⑥ 日常生活の中で，我が国や地域社会における様々な文化や伝統に親しむ。
⑦ 身近な物を大切にする。
⑧ 身近な物や遊具に興味をもって関わり，自分なりに比べたり，関連付けたりしながら考えたり，試したりして工夫して遊ぶ。
⑨ 日常生活の中で数量や図形などに関心をもつ。
⑩ 日常生活の中で簡単な標識や文字などに関心をもつ。
⑪ 生活に関係の深い情報や施設などに興味や関心をもつ。
⑫ 保育所内外の行事において国旗に親しむ。
(ウ) 内容の取扱い
　上記の取扱いに当たっては，次の事項に留意する必要がある。
① 子どもが，遊びの中で周囲の環境と関わり，次第に周囲の世界に好奇心を抱き，その意味や操作の仕方に関心をもち，物事の法則性に気付き，自分なりに考えることができるようになる過程を大切にすること。また，他の子どもの考えなどに触れて新しい考えを生み出す喜びや楽しさを味わい，自分の考えをよりよいものにしようとする気持ちが育つようにすること。
② 幼児期において自然のもつ意味は大きく，自然の大きさ，美しさ，不思議さなどに直接触れる体験を通して，子どもの心が安らぎ，豊かな感情，好奇心，思考力，表現力の基礎が培われることを踏まえ，子どもが自然との関わりを深めることができるよう工夫すること。
③ 身近な事象や動植物に対する感動を伝え合い，共感し合うことなどを通して自分から関わろうとする意欲を育てるとともに，様々な関わり方を通してそれらに対する親しみや畏敬の念，生命を大切にする気持ち，公共心，探究心などが養われるようにすること。
④ 文化や伝統に親しむ際には，正月や節句など我が国の伝統的な行事，国歌，唱歌，わらべう

たや我が国の伝統的な遊びに親しんだり，異なる文化に触れる活動に親しんだりすることを通じて，社会とのつながりの意識や国際理解の意識の芽生えなどが養われるようにすること。
⑤ 数量や文字などに関しては，日常生活の中で子ども自身の必要感に基づく体験を大切にし，数量や文字などに関する興味や関心，感覚が養われるようにすること。

エ　言葉
　経験したことや考えたことなどを自分なりの言葉で表現し，相手の話す言葉を聞こうとする意欲や態度を育て，言葉に対する感覚や言葉で表現する力を養う。
(ア) ねらい
① 自分の気持ちを言葉で表現する楽しさを味わう。
② 人の言葉や話などをよく聞き，自分の経験したことや考えたことを話し，伝え合う喜びを味わう。
③ 日常生活に必要な言葉が分かるようになるとともに，絵本や物語などに親しみ，言葉に対する感覚を豊かにし，保育士等や友達と心を通わせる。
(イ) 内容
① 保育士等や友達の言葉や話に興味や関心をもち，親しみをもって聞いたり，話したりする。
② したり，見たり，聞いたり，感じたり，考えたりなどしたことを自分なりに言葉で表現する。
③ したいこと，してほしいことを言葉で表現したり，分からないことを尋ねたりする。
④ 人の話を注意して聞き，相手に分かるように話す。
⑤ 生活の中で必要な言葉が分かり，使う。
⑥ 親しみをもって日常の挨拶をする。
⑦ 生活の中で言葉の楽しさや美しさに気付く。
⑧ いろいろな体験を通じてイメージや言葉を豊かにする。
⑨ 絵本や物語などに親しみ，興味をもって聞き，想像をする楽しさを味わう。
⑩ 日常生活の中で，文字などで伝える楽しさを味わう。
(ウ) 内容の取扱い
　上記の取扱いに当たっては，次の事項に留意する必要がある。
① 言葉は，身近な人に親しみをもって接し，自分の感情や意志などを伝え，それに相手が応答

し，その言葉を聞くことを通して次第に獲得されていくものであることを考慮して，子どもが保育士等や他の子どもと関わることにより心を動かされるような体験をし，言葉を交わす喜びを味わえるようにすること。
② 子どもが自分の思いを言葉で伝えるとともに，保育士等や他の子どもなどの話を興味をもって注意して聞くことを通して次第に話を理解するようになっていき，言葉による伝え合いができるようにすること。
③ 絵本や物語などで，その内容と自分の経験とを結び付けたり，想像を巡らせたりするなど，楽しみを十分に味わうことによって，次第に豊かなイメージをもち，言葉に対する感覚が養われるようにすること。
④ 子どもが生活の中で，言葉の響きやリズム，新しい言葉や表現などに触れ，これらを使う楽しさを味わえるようにすること。その際，絵本や物語に親しんだり，言葉遊びなどをしたりすることを通して，言葉が豊かになるようにすること。
⑤ 子どもが日常生活の中で，文字などを使いながら思ったことや考えたことを伝える喜びや楽しさを味わい，文字に対する興味や関心をもつようにすること。

オ 表現
感じたことや考えたことを自分なりに表現することを通して，豊かな感性や表現する力を養い，創造性を豊かにする。
（ア）ねらい
① いろいろなものの美しさなどに対する豊かな感性をもつ。
② 感じたことや考えたことを自分なりに表現して楽しむ。
③ 生活の中でイメージを豊かにし，様々な表現を楽しむ。
（イ）内容
① 生活の中で様々な音，形，色，手触り，動きなどに気付いたり，感じたりするなどして楽しむ。
② 生活の中で美しいものや心を動かす出来事に触れ，イメージを豊かにする。
③ 様々な出来事の中で，感動したことを伝え合う楽しさを味わう。
④ 感じたこと，考えたことなどを音や動きなどで表現したり，自由にかいたり，つくったりなどする。

⑤ いろいろな素材に親しみ，工夫して遊ぶ。
⑥ 音楽に親しみ，歌を歌ったり，簡単なリズム楽器を使ったりなどする楽しさを味わう。
⑦ かいたり，つくったりすることを楽しみ，遊びに使ったり，飾ったりなどする。
⑧ 自分のイメージを動きや言葉などで表現したり，演じて遊んだりするなどの楽しさを味わう。
（ウ）内容の取扱い
上記の取扱いに当たっては，次の事項に留意する必要がある。
① 豊かな感性は，身近な環境と十分に関わる中で美しいもの，優れたもの，心を動かす出来事などに出会い，そこから得た感動を他の子どもや保育士等と共有し，様々に表現することなどを通して養われるようにすること。その際，風の音や雨の音，身近にある草や花の形や色など自然の中にある音，形，色などに気付くようにすること。
② 子どもの自己表現は素朴な形で行われることが多いので，保育士等はそのような表現を受容し，子ども自身の表現しようとする意欲を受け止めて，子どもが生活の中で子どもらしい様々な表現を楽しむことができるようにすること。
③ 生活経験や発達に応じ，自ら様々な表現を楽しみ，表現する意欲を十分に発揮させることができるように，遊具や用具などを整えたり，様々な素材や表現の仕方に親しんだり，他の子どもの表現に触れられるよう配慮したりし，表現する過程を大切にして自己表現を楽しめるように工夫すること。

(3) 保育の実施に関わる配慮事項
ア 第1章の4の（2）に示す「幼児期の終わりまでに育ってほしい姿」が，ねらい及び内容に基づく活動全体を通して資質・能力が育まれている子どもの小学校就学時の具体的な姿であることを踏まえ，指導を行う際には適宜考慮すること。
イ 子どもの発達や成長の援助をねらいとした活動の時間については，意識的に保育の計画等において位置付けて，実施することが重要であること。なお，そのような活動の時間については，保護者の就労状況等に応じて子どもが保育所で過ごす時間がそれぞれ異なることに留意して設定すること。
ウ 特に必要な場合には，各領域に示すねらいの趣旨に基づいて，具体的な内容を工夫し，それを加えても差し支えないが，その場合には，それが第1章の1に示す保育所保育に関する基本原則を逸脱しない

よう慎重に配慮する必要があること。
4 保育の実施に関して留意すべき事項
 (1) 保育全般に関わる配慮事項
　ア 子どもの心身の発達及び活動の実態などの個人差を踏まえるとともに，一人一人の子どもの気持ちを受け止め，援助すること。
　イ 子どもの健康は，生理的・身体的な育ちとともに，自主性や社会性，豊かな感性の育ちとがあいまってもたらされることに留意すること。
　ウ 子どもが自ら周囲に働きかけ，試行錯誤しつつ自分の力で行う活動を見守りながら，適切に援助すること。
　エ 子どもの入所時の保育に当たっては，できるだけ個別的に対応し，子どもが安定感を得て，次第に保育所の生活になじんでいくようにするとともに，既に入所している子どもに不安や動揺を与えないようにすること。
　オ 子どもの国籍や文化の違いを認め，互いに尊重する心を育てるようにすること。
　カ 子どもの性差や個人差にも留意しつつ，性別などによる固定的な意識を植え付けることがないようにすること。
 (2) 小学校との連携
　ア 保育所においては，保育所保育が，小学校以降の生活や学習の基盤の育成につながることに配慮し，幼児期にふさわしい生活を通じて，創造的な思考や主体的な生活態度などの基礎を培うようにすること。
　イ 保育所保育において育まれた資質・能力を踏まえ，小学校教育が円滑に行われるよう，小学校教師との意見交換や合同の研究の機会などを設け，第1章の4の(2)に示す「幼児期の終わりまでに育って欲しい姿」を共有するなど連携を図り，保育所保育と小学校教育との円滑な接続を図るよう努めること。
　ウ 子どもに関する情報共有に関して，保育所に入所している子どもの就学に際し，市町村の支援の下に，子どもの育ちを支えるための資料が保育所から小学校へ送付されるようにすること。
 (3) 家庭及び地域社会との連携
　子どもの生活の連続性を踏まえ，家庭及び地域社会と連携して保育が展開されるよう配慮すること。その際，家庭や地域の機関及び団体の協力を得て，地域の自然，高齢者や異年齢の子ども等を含む人材，行事，施設等の地域の資源を積極的に活用し，豊かな生活体験をはじめ保育内容の充実が図られるよう配慮すること。

第3章 健康及び安全

保育所保育において，子どもの健康及び安全の確保は，子どもの生命の保持と健やかな生活の基本であり，一人一人の子どもの健康の保持及び増進並びに安全の確保とともに，保育所全体における健康及び安全の確保に努めることが重要となる。

また，子どもが，自らの体や健康に関心をもち，心身の機能を高めていくことが大切である。

このため，第1章及び第2章等の関連する事項に留意し，次に示す事項を踏まえ，保育を行うこととする。
1 子どもの健康支援
 (1) 子どもの健康状態並びに発育及び発達状態の把握
　ア 子どもの心身の状態に応じて保育するために，子どもの健康状態並びに発育及び発達状態について，定期的・継続的に，また，必要に応じて随時，把握すること。
　イ 保護者からの情報とともに，登所時及び保育中を通じて子どもの状態を観察し，何らかの疾病が疑われる状態や傷害が認められた場合には，保護者に連絡するとともに，嘱託医と相談するなど適切な対応を図ること。看護師等が配置されている場合には，その専門性を生かした対応を図ること。
　ウ 子どもの心身の状態等を観察し，不適切な養育の兆候が見られる場合には，市町村や関係機関と連携し，児童福祉法第25条に基づき，適切な対応を図ること。また，虐待が疑われる場合には，速やかに市町村又は児童相談所に通告し，適切な対応を図ること。
 (2) 健康増進
　ア 子どもの健康に関する保健計画を全体的な計画に基づいて作成し，全職員がそのねらいや内容を踏まえ，一人一人の子どもの健康の保持及び増進に努めていくこと。
　イ 子どもの心身の健康状態や疾病等の把握のために，嘱託医等により定期的に健康診断を行い，その結果を記録し，保育に活用するとともに，保護者が子どもの状態を理解し，日常生活に活用できるようにすること。
 (3) 疾病等への対応
　ア 保育中に体調不良や傷害が発生した場合には，その子どもの状態等に応じて，保護者に連絡するとともに，適宜，嘱託医や子どものかかりつけ医等と相談し，適切な処置を行うこと。看護師等が配置されている場合には，その専門性を生かした対応を図ること。

イ　感染症やその他の疾病の発生予防に努め，その発生や疑いがある場合には，必要に応じて嘱託医，市町村，保健所等に連絡し，その指示に従うとともに，保護者や全職員に連絡し，予防等について協力を求めること。また，感染症に関する保育所の対応方法等について，あらかじめ関係機関の協力を得ておくこと。看護師等が配置されている場合には，その専門性を生かした対応を図ること。
　　ウ　アレルギー疾患を有する子どもの保育については，保護者と連携し，医師の診断及び指示に基づき，適切な対応を行うこと。また，食物アレルギーに関して，関係機関と連携して，当該保育所の体制構築など，安全な環境の整備を行うこと。看護師や栄養士等が配置されている場合には，その専門性を生かした対応を図ること。
　　エ　子どもの疾病等の事態に備え，医務室等の環境を整え，救急用の薬品，材料等を適切な管理の下に常備し，全職員が対応できるようにしておくこと。
　2　食育の推進
　　(1) 保育所の特性を生かした食育
　　ア　保育所における食育は，健康な生活の基本としての「食を営む力」の育成に向け，その基礎を培うことを目標とすること。
　　イ　子どもが生活と遊びの中で，意欲をもって食に関わる体験を積み重ね，食べることを楽しみ，食事を楽しみ合う子どもに成長していくことを期待するものであること。
　　ウ　乳幼児期にふさわしい食生活が展開され，適切な援助が行われるよう，食事の提供を含む食育計画を全体的な計画に基づいて作成し，その評価及び改善に努めること。栄養士が配置されている場合は，専門性を生かした対応を図ること。
　　(2) 食育の環境の整備等
　　ア　子どもが自らの感覚や体験を通して，自然の恵みとしての食材や食の循環・環境への意識，調理する人への感謝の気持ちが育つように，子どもと調理員等との関わりや，調理室など食に関わる保育環境に配慮すること。
　　イ　保護者や地域の多様な関係者との連携及び協働の下で，食に関する取組が進められること。また，市町村の支援の下に，地域の関係機関等との日常的な連携を図り，必要な協力が得られるよう努めること。
　　ウ　体調不良，食物アレルギー，障害のある子どもなど，一人一人の子どもの心身の状態等に応じ，嘱託医，かかりつけ医等の指示や協力の下に適切に対応すること。栄養士が配置されている場合は，専門性

を生かした対応を図ること。
　3　環境及び衛生管理並びに安全管理
　　(1) 環境及び衛生管理
　　ア　施設の温度，湿度，換気，採光，音などの環境を常に適切な状態に保持するとともに，施設内外の設備及び用具等の衛生管理に努めること。
　　イ　施設内外の適切な環境の維持に努めるとともに，子ども及び全職員が清潔を保つようにすること。また，職員は衛生知識の向上に努めること。
　　(2) 事故防止及び安全対策
　　ア　保育中の事故防止のために，子どもの心身の状態等を踏まえつつ，施設内外の安全点検に努め，安全対策のために全職員の共通理解や体制づくりを図るとともに，家庭や地域の関係機関の協力の下に安全指導を行うこと。
　　イ　事故防止の取組を行う際には，特に，睡眠中，プール活動・水遊び中，食事中等の場面では重大事故が発生しやすいことを踏まえ，子どもの主体的な活動を大切にしつつ，施設内外の環境の配慮や指導の工夫を行うなど，必要な対策を講じること。
　　ウ　保育中の事故の発生に備え，施設内外の危険箇所の点検や訓練を実施するとともに，外部からの不審者等の侵入防止のための措置や訓練など不測の事態に備えて必要な対応を行うこと。また，子どもの精神保健面における対応に留意すること。
　4　災害への備え
　　(1) 施設・設備等の安全確保
　　ア　防火設備，避難経路等の安全性が確保されるよう，定期的にこれらの安全点検を行うこと。
　　イ　備品，遊具等の配置，保管を適切に行い，日頃から，安全環境の整備に努めること。
　　(2) 災害発生時の対応体制及び避難への備え
　　ア　火災や地震などの災害の発生に備え，緊急時の対応の具体的内容及び手順，職員の役割分担，避難訓練計画等に関するマニュアルを作成すること。
　　イ　定期的に避難訓練を実施するなど，必要な対応を図ること。
　　ウ　災害の発生時に，保護者等への連絡及び子どもの引渡しを円滑に行うため，日頃から保護者との密接な連携に努め，連絡体制や引渡し方法等について確認をしておくこと。
　　(3) 地域の関係機関等との連携
　　ア　市町村の支援の下に，地域の関係機関との日常的な連携を図り，必要な協力が得られるよう努めること。
　　イ　避難訓練については，地域の関係機関や保護者との連携の下に行うなど工夫すること。

第4章　子育て支援

　保育所における保護者に対する子育て支援は，全ての子どもの健やかな育ちを実現することができるよう，第1章及び第2章等の関連する事項を踏まえ，子どもの育ちを家庭と連携して支援していくとともに，保護者及び地域が有する子育てを自ら実践する力の向上に資するよう，次の事項に留意するものとする。
1　保育所における子育て支援に関する基本的事項
（1）保育所の特性を生かした子育て支援
　ア　保護者に対する子育て支援を行う際には，各地域や家庭の実態等を踏まえるとともに，保護者の気持ちを受け止め，相互の信頼関係を基本に，保護者の自己決定を尊重すること。
　イ　保育及び子育てに関する知識や技術など，保育士等の専門性や，子どもが常に存在する環境など，保育所の特性を生かし，保護者が子どもの成長に気付き子育ての喜びを感じられるように努めること。
（2）子育て支援に関して留意すべき事項
　ア　保護者に対する子育て支援における地域の関係機関等との連携及び協働を図り，保育所全体の体制構築に努めること。
　イ　子どもの利益に反しない限りにおいて，保護者や子どものプライバシーを保護し，知り得た事柄の秘密を保持すること。
2　保育所を利用している保護者に対する子育て支援
（1）保護者との相互理解
　ア　日常の保育に関連した様々な機会を活用し子どもの日々の様子の伝達や収集，保育所保育の意図の説明などを通じて，保護者との相互理解を図るよう努めること。
　イ　保育の活動に対する保護者の積極的な参加は，保護者の子育てを自ら実践する力の向上に寄与することから，これを促すこと。
（2）保護者の状況に配慮した個別の支援
　ア　保護者の就労と子育ての両立等を支援するため，保護者の多様化した保育の需要に応じ，病児保育事業など多様な事業を実施する場合には，保護者の状況に配慮するとともに，子どもの福祉が尊重されるよう努め，子どもの生活の連続性を考慮すること。
　イ　子どもに障害や発達上の課題が見られる場合には，市町村や関係機関と連携及び協力を図りつつ，保護者に対する個別の支援を行うよう努めること。
　ウ　外国籍家庭など，特別な配慮を必要とする家庭の場合には，状況等に応じて個別の支援を行うよう努めること。

（3）不適切な養育等が疑われる家庭への支援
　ア　保護者に育児不安等が見られる場合には，保護者の希望に応じて個別の支援を行うよう努めること。
　イ　保護者に不適切な養育等が疑われる場合には，市町村や関係機関と連携し，要保護児童対策地域協議会で検討するなど適切な対応を図ること。また，虐待が疑われる場合には，速やかに市町村又は児童相談所に通告し，適切な対応を図ること。
3　地域の保護者等に対する子育て支援
（1）地域に開かれた子育て支援
　ア　保育所は，児童福祉法第48条の4の規定に基づき，その行う保育に支障がない限りにおいて，地域の実情や当該保育所の体制等を踏まえ，地域の保護者等に対して，保育所保育の専門性を生かした子育て支援を積極的に行うよう努めること。
　イ　地域の子どもに対する一時預かり事業などの活動を行う際には，一人一人の子どもの心身の状態などを考慮するとともに，日常の保育との関連に配慮するなど，柔軟に活動を展開できるようにすること。
（2）地域の関係機関等との連携
　ア　市町村の支援を得て，地域の関係機関等との積極的な連携及び協働を図るとともに，子育て支援に関する地域の人材と積極的に連携を図るよう努めること。
　イ　地域の要保護児童への対応など，地域の子どもを巡る諸課題に対し，要保護児童対策地域協議会など関係機関等と連携及び協力して取り組むよう努めること。

第5章　職員の資質向上

　第1章から前章までに示された事項を踏まえ，保育所は，質の高い保育を展開するため，絶えず，一人一人の職員についての資質向上及び職員全体の専門性の向上を図るよう努めなければならない。
1　職員の資質向上に関する基本的事項
（1）保育所職員に求められる専門性
　　子どもの最善の利益を考慮し，人権に配慮した保育を行うためには，職員一人一人の倫理観，人間性並びに保育所職員としての職務及び責任の理解と自覚が基盤となる。
　　各職員は，自己評価に基づく課題等を踏まえ，保育所内外の研修等を通じて，保育士・看護師・調理員・栄養士等，それぞれの職務内容に応じた専門性を高めるため，必要な知識及び技術の修得，維持及び向上に努めなければならない。
（2）保育の質の向上に向けた組織的な取組

保育所においては，保育の内容等に関する自己評価等を通じて把握した，保育の質の向上に向けた課題に組織的に対応するため，保育内容の改善や保育士等の役割分担の見直し等に取り組むとともに，それぞれの職位や職務内容等に応じて，各職員が必要な知識及び技能を身につけられるよう努めなければならない。

2 施設長の責務
(1) 施設長の責務と専門性の向上
　施設長は，保育所の役割や社会的責任を遂行するために，法令等を遵守し，保育所を取り巻く社会情勢等を踏まえ，施設長としての専門性等の向上に努め，当該保育所における保育の質及び職員の専門性向上のために必要な環境の確保に努めなければならない。

(2) 職員の研修機会の確保等
　施設長は，保育所の全体的な計画や，各職員の研修の必要性等を踏まえて，体系的・計画的な研修機会を確保するとともに，職員の勤務体制の工夫等により，職員が計画的に研修等に参加し，その専門性の向上が図られるよう努めなければならない。

3 職員の研修等
(1) 職場における研修
　職員が日々の保育実践を通じて，必要な知識及び技術の修得，維持及び向上を図るとともに，保育の課題等への共通理解や協働性を高め，保育所全体としての保育の質の向上を図っていくためには，日常的に職員同士が主体的に学び合う姿勢と環境が重要であり，職場内での研修の充実が図られなければならない。

(2) 外部研修の活用
　各保育所における保育の課題への的確な対応や，保育士等の専門性の向上を図るためには，職場内での研修に加え，関係機関等による研修の活用が有効であることから，必要に応じて，こうした外部研修への参加機会が確保されるよう努めなければならない。

4 研修の実施体制等
(1) 体系的な研修計画の作成
　保育所においては，当該保育所における保育の課題や各職員のキャリアパス等も見据えて，初任者から管理職員までの職位や職務内容等を踏まえた体系的な研修計画を作成しなければならない。

(2) 組織内での研修成果の活用
　外部研修に参加する職員は，自らの専門性の向上を図るとともに，保育所における保育の課題を理解し，その解決を実践できる力を身に付けることが重要である。また，研修で得た知識及び技能を他の職員と共有することにより，保育所全体としての保育実践の質及び専門性の向上につなげていくことが求められる。

(3) 研修の実施に関する留意事項
　施設長等は保育所全体としての保育実践の質及び専門性の向上のために，研修の受講は特定の職員に偏ることなく行われるよう，配慮する必要がある。また，研修を修了した職員については，その職務内容等において，当該研修の成果等が適切に勘案されることが望ましい。

資料　幼保連携型認定こども園教育・保育要領

（平成29年3月31内閣府・文部科学省・厚生労働省告示第1号）
（平成30年4月1日から施行）

　　　第1章　総則

第1　幼保連携型認定こども園における教育及び保育の基本及び目標等
　1　幼保連携型認定こども園における教育及び保育の基本
　　　乳幼児期の教育及び保育は，子どもの健全な心身の発達を図りつつ生涯にわたる人格形成の基礎を培う重要なものであり，幼保連携型認定こども園における教育及び保育は，就学前の子どもに関する教育，保育等の総合的な提供の推進に関する法律（平成18年法律第77号。以下「認定こども園法」という。）第2条第7項に規定する目的及び第9条に掲げる目標を達成するため，乳幼児期全体を通して，その特性及び保護者や地域の実態を踏まえ，環境を通して行うものであることを基本とし，家庭や地域での生活を含めた園児の生活全体が豊かなものとなるように努めなければならない。
　　　このため保育教諭等は，園児との信頼関係を十分に築き，園児が自ら安心して身近な環境に主体的に関わり，環境との関わり方や意味に気付き，これらを取り込もうとして，試行錯誤したり，考えたりするようになる幼児期の教育における見方・考え方を生かし，その活動が豊かに展開されるよう環境を整え，園児と共によりよい教育及び保育の環境を創造するように努めるものとする。これらを踏まえ，次に示す事項を重視して教育及び保育を行わなければならない。
　（1）乳幼児期は周囲への依存を基盤にしつつ自立に向かうものであることを考慮して，周囲との信頼関係に支えられた生活の中で，園児一人一人が安心感と信頼感をもっていろいろな活動に取り組む体験を十分に積み重ねられるようにすること。
　（2）乳幼児期においては生命の保持が図られ安定した情緒の下で自己を十分に発揮することにより発達に必要な体験を得ていくものであることを考慮して，園児の主体的な活動を促し，乳幼児期にふさわしい生活が展開されるようにすること。
　（3）乳幼児期における自発的な活動としての遊びは，心身の調和のとれた発達の基礎を培う重要な学習であることを考慮して，遊びを通しての指導を中心として第2章に示すねらいが総合的に達成されるようにすること。
　（4）乳幼児期における発達は，心身の諸側面が相互に関連し合い，多様な経過をたどって成し遂げられていくものであること，また，園児の生活経験がそれぞれ異なることなどを考慮して，園児一人一人の特性や発達の過程に応じ，発達の課題に即した指導を行うようにすること。
　　　その際，保育教諭等は，園児の主体的な活動が確保されるよう，園児一人一人の行動の理解と予想に基づき，計画的に環境を構成しなければならない。この場合において，保育教諭等は，園児と人やものとの関わりが重要であることを踏まえ，教材を工夫し，物的・空間的環境を構成しなければならない。また，園児一人一人の活動の場面に応じて，様々な役割を果たし，その活動を豊かにしなければならない。
　　　なお，幼保連携型認定こども園における教育及び保育は，園児が入園してから修了するまでの在園期間全体を通して行われるものであり，この章の第3に示す幼保連携型認定こども園として特に配慮すべき事項を十分に踏まえて行うものとする。
　2　幼保連携型認定こども園における教育及び保育の目標
　　　幼保連携型認定こども園は，家庭との連携を図りながら，この章の第1に示す幼保連携型認定こども園における教育及び保育の基本に基づいて一体的に展開される幼保連携型認定こども園における生活を通して，生きる力の基礎を育成するよう認定こども園法第9条に規定する幼保連携型認定こども園の教育及び保育の目標の達成に努めなければならない。幼保連携型認定こども園は，このことにより，義務教育及びその後の教育の基礎を培うとともに，子どもの最善の利益を考慮しつつ，その生活を保障し，保護者と共に園児を心身ともに健やかに育成するものとする。
　　　なお，認定こども園法第9条に規定する幼保連携型認定こども園の教育及び保育の目標については，発達や学びの連続性及び生活の連続性の観点から，小学校就学の始期に達するまでの時期を通じ，その達成に向けて努力すべき目当てとなるものであることから，満3歳未満の園児の保育にも当てはまることに留意するものとする。
　3　幼保連携型認定こども園の教育及び保育において育みたい資質・能力及び「幼児期の終わりまでに育ってほしい姿」
　（1）幼保連携型認定こども園においては，生きる力の基礎を育むため，この章の1に示す幼保連携型認定こども園の教育及び保育の基本を踏まえ，次に掲げる資質・能力を一体的に育むよう努めるものとす

る。
　ア　豊かな体験を通じて，感じたり，気付いたり，分かったり，できるようになったりする「知識及び技能の基礎」
　イ　気付いたことや，できるようになったことなどを使い，考えたり，試したり，工夫したり，表現したりする「思考力，判断力，表現力等の基礎」
　ウ　心情，意欲，態度が育つ中で，よりよい生活を営もうとする「学びに向かう力，人間性等」
(2)　(1)に示す資質・能力は，第2章に示すねらい及び内容に基づく活動全体によって育むものである。
(3)　次に示す「幼児期の終わりまでに育ってほしい姿」は，第2章に示すねらい及び内容に基づく活動全体を通して資質・能力が育まれている園児の幼保連携型認定こども園修了時の具体的な姿であり，保育教諭等が指導を行う際に考慮するものである。
　ア　健康な心と体
　　　幼保連携型認定こども園における生活の中で，充実感をもって自分のやりたいことに向かって心と体を十分に働かせ，見通しをもって行動し，自ら健康で安全な生活をつくり出すようになる。
　イ　自立心
　　　身近な環境に主体的に関わり様々な活動を楽しむ中で，しなければならないことを自覚し，自分の力で行うために考えたり，工夫したりしながら，諦めずにやり遂げることで達成感を味わい，自信をもって行動するようになる。
　ウ　協同性
　　　友達と関わる中で，互いの思いや考えなどを共有し，共通の目的の実現に向けて，考えたり，工夫したり，協力したりし，充実感をもってやり遂げるようになる。
　エ　道徳性・規範意識の芽生え
　　　友達と様々な体験を重ねる中で，してよいことや悪いことが分かり，自分の行動を振り返ったり，友達の気持ちに共感したりし，相手の立場に立って行動するようになる。また，きまりを守る必要性が分かり，自分の気持ちを調整し，友達と折り合いを付けながら，きまりをつくったり，守ったりするようになる。
　オ　社会生活との関わり
　　　家族を大切にしようとする気持ちをもつとともに，地域の身近な人と触れ合う中で，人との様々な関わり方に気付き，相手の気持ちを考えて関わり，自分が役に立つ喜びを感じ，地域に親しみをもつようになる。また，幼保連携型認定こども園内外の様々な環境に関わる中で，遊びや生活に必要な情報を取り入れ，情報に基づき判断したり，情報を伝え合ったり，活用したりするなど，情報を役立てながら活動するようになるとともに，公共の施設を大切に利用するなどして，社会とのつながりなどを意識するようになる。
　カ　思考力の芽生え
　　　身近な事象に積極的に関わる中で，物の性質や仕組みなどを感じ取ったり，気付いたりし，考えたり，予想したり，工夫したりするなど，多様な関わりを楽しむようになる。また，友達の様々な考えに触れる中で，自分と異なる考えがあることに気付き，自ら判断したり，考え直したりするなど，新しい考えを生み出す喜びを味わいながら，自分の考えをよりよいものにするようになる。
　キ　自然との関わり・生命尊重
　　　自然に触れて感動する体験を通して，自然の変化などを感じ取り，好奇心や探究心をもって考え言葉などで表現しながら，身近な事象への関心が高まるとともに，自然への愛情や畏敬の念をもつようになる。また，身近な動植物に心を動かされる中で，生命の不思議さや尊さに気付き，身近な動植物への接し方を考え，命あるものとしていたわり，大切にする気持ちをもって関わるようになる。
　ク　数量や図形，標識や文字などへの関心・感覚
　　　遊びや生活の中で，数量や図形，標識や文字などに親しむ体験を重ねたり，標識や文字の役割に気付いたりし，自らの必要感に基づきこれらを活用し，興味や関心，感覚をもつようになる。
　ケ　言葉による伝え合い
　　　保育教諭等や友達と心を通わせる中で，絵本や物語などに親しみながら，豊かな言葉や表現を身に付け，経験したことや考えたことなどを言葉で伝えたり，相手の話を注意して聞いたりし，言葉による伝え合いを楽しむようになる。
　コ　豊かな感性と表現
　　　心を動かす出来事などに触れ感性を働かせる中で，様々な素材の特徴や表現の仕方などに気付き，感じたことや考えたことを自分で表現したり，友達同士で表現する過程を楽しんだりし，表現する喜びを味わい，意欲をもつようになる。

第2　教育及び保育の内容並びに子育ての支援等に関する全体的な計画等
　1　教育及び保育の内容並びに子育ての支援等に関する全体的な計画の作成等
　　(1)　教育及び保育の内容並びに子育ての支援等に関す

る全体的な計画の役割

　各幼保連携型認定こども園においては，教育基本法（平成18年法律第120号），児童福祉法（昭和22年法律第164号）及び認定こども園法その他の法令並びにこの幼保連携型認定こども園教育・保育要領の示すところに従い，教育と保育を一体的に提供するため，創意工夫を生かし，園児の心身の発達と幼保連携型認定こども園，家庭及び地域の実態に即応した適切な教育及び保育の内容並びに子育ての支援等に関する全体的な計画を作成するものとする。

　教育及び保育の内容並びに子育ての支援等に関する全体的な計画とは，教育と保育を一体的に捉え，園児の入園から修了までの在園期間の全体にわたり，幼保連携型認定こども園の目標に向かってどのような過程をたどって教育及び保育を進めていくかを明らかにするものであり，子育ての支援と有機的に連携し，園児の園生活全体を捉え，作成する計画である。

　各幼保連携型認定こども園においては，「幼児期の終わりまでに育ってほしい姿」を踏まえ教育及び保育の内容並びに子育ての支援等に関する全体的な計画を作成すること，その実施状況を評価して改善を図っていくこと，また実施に必要な人的又は物的な体制を確保するとともにその改善を図っていくことなどを通して，教育及び保育の内容並びに子育ての支援等に関する全体的な計画に基づき組織的かつ計画的に各幼保連携型認定こども園の教育及び保育活動の質の向上を図っていくこと（以下「カリキュラム・マネジメント」という。）に努めるものとする。

(2) 各幼保連携型認定こども園の教育及び保育の目標と教育及び保育の内容並びに子育ての支援等に関する全体的な計画の作成

　教育及び保育の内容並びに子育ての支援等に関する全体的な計画の作成に当たっては，幼保連携型認定こども園の教育及び保育において育みたい資質・能力を踏まえつつ，各幼保連携型認定こども園の教育及び保育の目標を明確にするとともに，教育及び保育の内容並びに子育ての支援等に関する全体的な計画の作成についての基本的な方針が家庭や地域とも共有されるよう努めるものとする。

(3) 教育及び保育の内容並びに子育ての支援等に関する全体的な計画の作成上の基本的事項

　ア　幼保連携型認定こども園における生活の全体を通して第2章に示すねらいが総合的に達成されるよう，教育課程に係る教育期間や園児の生活経験や発達の過程などを考慮して具体的なねらいと内容を組織するものとする。この場合においては，特に，自我が芽生え，他者の存在を意識し，自己を抑制しようとする気持ちが生まれるなどの乳幼児期の発達の特性を踏まえ，入園から修了に至るまでの長期的な視野をもって充実した生活が展開できるように配慮するものとする。

　イ　幼保連携型認定こども園の満3歳以上の園児の教育課程に係る教育週数は，特別の事情のある場合を除き，39週を下ってはならない。

　ウ　幼保連携型認定こども園の1日の教育課程に係る教育時間は，4時間を標準とする。ただし，園児の心身の発達の程度や季節などに適切に配慮するものとする。

　エ　幼保連携型認定こども園の保育を必要とする子どもに該当する園児に対する教育及び保育の時間（満3歳以上の保育を必要とする子どもに該当する園児については，この章の第2の1の(3)ウに規定する教育時間を含む。）は，1日につき8時間を原則とし，園長がこれを定める。ただし，その地方における園児の保護者の労働時間その他家庭の状況等を考慮するものとする。

(4) 教育及び保育の内容並びに子育ての支援等に関する全体的な計画の実施上の留意事項

　各幼保連携型認定こども園においては，園長の方針の下に，園務分掌に基づき保育教諭等職員が適切に役割を分担しつつ，相互に連携しながら，教育及び保育の内容並びに子育ての支援等に関する全体的な計画や指導の改善を図るものとする。また，各幼保連携型認定こども園が行う教育及び保育等に係る評価については，教育及び保育の内容並びに子育ての支援等に関する全体的な計画の作成，実施，改善が教育及び保育活動や園運営の中核となることを踏まえ，カリキュラム・マネジメントと関連付けながら実施するよう留意するものとする。

(5) 小学校教育との接続に当たっての留意事項

　ア　幼保連携型認定こども園においては，その教育及び保育が，小学校以降の生活や学習の基盤の育成につながることに配慮し，乳幼児期にふさわしい生活を通して，創造的な思考や主体的な生活態度などの基礎を培うようにするものとする。

　イ　幼保連携型認定こども園の教育及び保育において育まれた資質・能力を踏まえ，小学校教育が円滑に行われるよう，小学校の教師との意見交換や合同の研究の機会などを設け，「幼児期の終わりまでに育ってほしい姿」を共有するなど連携を図り，幼保連携型認定こども園における教育及び保

育と小学校教育との円滑な接続を図るよう努めるものとする。
2 指導計画の作成と園児の理解に基づいた評価
 (1) 指導計画の考え方
　　幼保連携型認定こども園における教育及び保育は，園児が自ら意欲をもって環境と関わることによりつくり出される具体的な活動を通して，その目標の達成を図るものである。
　　幼保連携型認定こども園においてはこのことを踏まえ，乳幼児期にふさわしい生活が展開され，適切な指導が行われるよう，調和のとれた組織的，発展的な指導計画を作成し，園児の活動に沿った柔軟な指導を行わなければならない。
 (2) 指導計画の作成上の基本的事項
　ア 指導計画は，園児の発達に即して園児一人一人が乳幼児期にふさわしい生活を展開し，必要な体験を得られるようにするために，具体的に作成するものとする。
　イ 指導計画の作成に当たっては，次に示すところにより，具体的なねらい及び内容を明確に設定し，適切な環境を構成することなどにより活動が選択・展開されるようにするものとする。
　(ア) 具体的なねらい及び内容は，幼保連携型認定こども園の生活における園児の発達の過程を見通し，園児の生活の連続性，季節の変化などを考慮して，園児の興味や関心，発達の実情などに応じて設定すること。
　(イ) 環境は，具体的なねらいを達成するために適切なものとなるように構成し，園児が自らその環境に関わることにより様々な活動を展開しつつ必要な体験を得られるようにすること。その際，園児の生活する姿や発想を大切にし，常にその環境が適切なものとなるようにすること。
　(ウ) 園児の行う具体的な活動は，生活の流れの中で様々に変化するものであることに留意し，園児が望ましい方向に向かって自ら活動を展開していくことができるよう必要な援助をすること。
　　その際，園児の実態及び園児を取り巻く状況の変化などに即して指導の過程についての評価を適切に行い，常に指導計画の改善を図るものとする。
 (3) 指導計画の作成上の留意事項
　　指導計画の作成に当たっては，次の事項に留意するものとする。
　ア 園児の生活は，入園当初の一人一人の遊びや保育教諭等との触れ合いを通して幼保連携型認定こども園の生活に親しみ，安定していく時期から，他の園児との関わりの中で園児の主体的な活動が深まり，園児が互いに必要な存在であることを認識するようになる。その後，園児同士や学級全体で目的をもって協同して幼保連携型認定こども園の生活を展開し，深めていく時期などに至るまでの過程を様々に経ながら広げられていくものである。これらを考慮し，活動がそれぞれの時期にふさわしく展開されるようにすること。
　　また，園児の入園当初の教育及び保育に当たっては，既に在園している園児に不安や動揺を与えないようにしつつ，可能な限り個別的に対応し，園児が安定感を得て，次第に幼保連携型認定こども園の生活になじんでいくよう配慮すること。
　イ 長期的に発達を見通した年，学期，月などにわたる長期の指導計画やこれとの関連を保ちながらより具体的な園児の生活に即した週，日などの短期の指導計画を作成し，適切な指導が行われるようにすること。特に，週，日などの短期の指導計画については，園児の生活のリズムに配慮し，園児の意識や興味の連続性のある活動が相互に関連して幼保連携型認定こども園の生活の自然な流れの中に組み込まれるようにすること。
　ウ 園児が様々な人やものとの関わりを通して，多様な体験をし，心身の調和のとれた発達を促すようにしていくこと。その際，園児の発達に即して主体的・対話的で深い学びが実現するようにするとともに，心を動かされる体験が次の活動を生み出すことを考慮し，一つ一つの体験が相互に結び付き，幼保連携型認定こども園の生活が充実するようにすること。
　エ 言語に関する能力の発達と思考力等の発達が関連していることを踏まえ，幼保連携型認定こども園における生活全体を通して，園児の発達を踏まえた言語環境を整え，言語活動の充実を図ること。
　オ 園児が次の活動への期待や意欲をもつことができるよう，園児の実態を踏まえながら，保育教諭等や他の園児と共に遊びや生活の中で見通しをもったり，振り返ったりするよう工夫すること。
　カ 行事の指導に当たっては，幼保連携型認定こども園の生活の自然な流れの中で生活に変化や潤いを与え，園児が主体的に楽しく活動できるようにすること。なお，それぞれの行事については教育及び保育における価値を十分検討し，適切なものを精選し，園児の負担にならないようにすること。
　キ 乳幼児期は直接的な体験が重要であることを踏

まえ，視聴覚教材やコンピュータなど情報機器を活用する際には，幼保連携型認定こども園の生活では得難い体験を補完するなど，園児の体験との関連を考慮すること。
　ク　園児の主体的な活動を促すためには，保育教諭等が多様な関わりをもつことが重要であることを踏まえ，保育教諭等は，理解者，共同作業者など様々な役割を果たし，園児の情緒の安定や発達に必要な豊かな体験が得られるよう，活動の場面に応じて，園児の人権や園児一人一人の個人差等に配慮した適切な指導を行うようにすること。
　ケ　園児の行う活動は，個人，グループ，学級全体などで多様に展開されるものであることを踏まえ，幼保連携型認定こども園全体の職員による協力体制を作りながら，園児一人一人が興味や欲求を十分に満足させるよう適切な援助を行うようにすること。
　コ　園児の生活は，家庭を基盤として地域社会を通じて次第に広がりをもつものであることに留意し，家庭との連携を十分に図るなど，幼保連携型認定こども園における生活が家庭や地域社会と連続性を保ちつつ展開されるようにするものとする。その際，地域の自然，高齢者や異年齢の子どもなどを含む人材，行事や公共施設などの地域の資源を積極的に活用し，園児が豊かな生活体験を得られるように工夫するものとする。また，家庭との連携に当たっては，保護者との情報交換の機会を設けたり，保護者と園児との活動の機会を設けたりなどすることを通じて，保護者の乳幼児期の教育及び保育に関する理解が深まるよう配慮するものとする。
　サ　地域や幼保連携型認定こども園の実態等により，幼保連携型認定こども園間に加え，幼稚園，保育所等の保育施設，小学校，中学校，高等学校及び特別支援学校などとの間の連携や交流を図るものとする。特に，小学校教育との円滑な接続のため，幼保連携型認定こども園の園児と小学校の児童との交流の機会を積極的に設けるようにするものとする。また，障害のある園児児童生徒との交流及び共同学習の機会を設け，共に尊重し合いながら協働して生活していく態度を育むよう努めるものとする。
(4)　園児の理解に基づいた評価の実施
　　園児一人一人の発達の理解に基づいた評価の実施に当たっては，次の事項に配慮するものとする。
　ア　指導の過程を振り返りながら園児の理解を進め，園児一人一人のよさや可能性などを把握し，

指導の改善に生かすようにすること。その際，他の園児との比較や一定の基準に対する達成度についての評定によって捉えるものではないことに留意すること。
　イ　評価の妥当性や信頼性が高められるよう創意工夫を行い，組織的かつ計画的な取組を推進するとともに，次年度又は小学校等にその内容が適切に引き継がれるようにすること。
3　特別な配慮を必要とする園児への指導
　(1)　障害のある園児などへの指導
　　　障害のある園児などへの指導に当たっては，集団の中で生活することを通して全体的な発達を促していくことに配慮し，適切な環境の下で，障害のある園児が他の園児との生活を通して共に成長できるよう，特別支援学校などの助言又は援助を活用しつつ，個々の園児の障害の状態などに応じた指導内容や指導方法の工夫を組織的かつ計画的に行うものとする。また，家庭，地域及び医療や福祉，保健等の業務を行う関係機関との連携を図り，長期的な視点で園児への教育及び保育的支援を行うために，個別の教育及び保育支援計画を作成し活用することに努めるとともに，個々の園児の実態を的確に把握し，個別の指導計画を作成し活用することに努めるものとする。
　(2)　海外から帰国した園児や生活に必要な日本語の習得に困難のある園児の幼保連携型認定こども園の生活への適応
　　　海外から帰国した園児や生活に必要な日本語の習得に困難のある園児については，安心して自己を発揮できるよう配慮するなど個々の園児の実態に応じ，指導内容や指導方法の工夫を組織的かつ計画的に行うものとする。

第3　幼保連携型認定こども園として特に配慮すべき事項
　　幼保連携型認定こども園における教育及び保育を行うに当たっては，次の事項について特に配慮しなければならない。
1　当該幼保連携型認定こども園に入園した年齢により集団生活の経験年数が異なる園児がいることに配慮する等，0歳から小学校就学前までの一貫した教育及び保育を園児の発達や学びの連続性を考慮して展開していくこと。特に満3歳以上については入園する園児が多いことや同一学年の園児で編制される学級の中で生活することなどを踏まえ，家庭や他の保育施設等との連携や引継ぎを円滑に行うとともに，環境の工夫をすること。
2　園児の一日の生活の連続性及びリズムの多様性に配

慮するとともに，保護者の生活形態を反映した園児の在園時間の長短，入園時期や登園日数の違いを踏まえ，園児一人一人の状況に応じ，教育及び保育の内容やその展開について工夫をすること。特に入園及び年度当初においては，家庭との連携の下，園児一人一人の生活の仕方やリズムに十分に配慮して一日の自然な生活の流れをつくり出していくようにすること。
3　環境を通して行う教育及び保育の活動の充実を図るため，幼保連携型認定こども園における教育及び保育の環境の構成に当たっては，乳幼児期の特性及び保護者や地域の実態を踏まえ，次の事項に留意すること。
(1) 0歳から小学校就学前までの様々な年齢の園児の発達の特性を踏まえ，満3歳未満の園児については特に健康，安全や発達の確保を十分に図るとともに，満3歳以上の園児については同一学年の園児で編制される学級による集団活動の中で遊びを中心とする園児の主体的な活動を通して発達や学びを促す経験が得られるよう工夫をすること。特に，満3歳以上の園児同士が共に育ち，学び合いながら，豊かな体験を積み重ねることができるよう工夫をすること。
(2) 在園時間が異なる多様な園児がいることを踏まえ，園児の生活が安定するよう，家庭や地域，幼保連携型認定こども園における生活の連続性を確保するとともに，一日の生活のリズムを整えるよう工夫をすること。特に満3歳未満の園児については睡眠時間等の個人差に配慮するとともに，満3歳以上の園児については集中して遊ぶ場と家庭的な雰囲気の中でくつろぐ場との適切な調和等の工夫をすること。
(3) 家庭や地域において異年齢の子どもと関わる機会が減少していることを踏まえ，満3歳以上の園児については，学級による集団活動とともに，満3歳未満の園児を含む異年齢の園児による活動を，園児の発達の状況にも配慮しつつ適切に組み合わせて設定するなどの工夫をすること。
(4) 満3歳以上の園児については，特に長期的な休業中，園児が過ごす家庭や園などの生活の場が異なることを踏まえ，それぞれの多様な生活経験が長期的な休業などの終了後等の園生活に生かされるよう工夫をすること。
4　指導計画を作成する際には，この章に示す指導計画の作成上の留意事項を踏まえるとともに，次の事項にも特に配慮すること。
(1) 園児の発達の個人差，入園した年齢の違いなどによる集団生活の経験年数の差，家庭環境等を踏まえ，園児一人一人の発達の特性や課題に十分留意すること。特に満3歳未満の園児については，大人への依存度が極めて高い等の特性があることから，個別的な対応を図ること。また，園児の集団生活への円滑な接続について，家庭等との連携及び協力を図る等十分留意すること。
(2) 園児の発達の連続性を考慮した教育及び保育を展開する際には，次の事項に留意すること。
　ア　満3歳未満の園児については，園児一人一人の生育歴，心身の発達，活動の実態等に即して，個別的な計画を作成すること。
　イ　満3歳以上の園児については，個の成長と，園児相互の関係や協同的な活動が促されるよう考慮すること。
　ウ　異年齢で構成されるグループ等での指導に当たっては，園児一人一人の生活や経験，発達の過程などを把握し，適切な指導や環境の構成ができるよう考慮すること。
(3) 一日の生活のリズムや在園時間が異なる園児が共に過ごすことを踏まえ，活動と休息，緊張感と解放感等の調和を図るとともに，園児に不安や動揺を与えないようにする等の配慮を行うこと。その際，担当の保育教諭等が替わる場合には，園児の様子引継ぎを行い，十分な連携を図ること。
(4) 午睡は生活のリズムを構成する重要な要素であり，安心して眠ることのできる安全な午睡環境を確保するとともに，在園時間が異なることや，睡眠時間は園児の発達の状況や個人によって差があることから，一律とならないよう配慮すること。
(5) 長時間にわたる教育及び保育については，園児の発達の過程，生活のリズム及び心身の状態に十分配慮して，保育の内容や方法，職員の協力体制，家庭との連携などを指導計画に位置付けること。
5　生命の保持や情緒の安定を図るなど養護の行き届いた環境の下，幼保連携型認定こども園における教育及び保育を展開すること。
(1) 園児一人一人が，快適にかつ健康で安全に過ごせるようにするとともに，その生理的欲求が十分に満たされ，健康増進が積極的に図られるようにするため，次の事項に留意すること。
　ア　園児一人一人の平常の健康状態や発育及び発達の状態を的確に把握し，異常を感じる場合は，速やかに適切に対応すること。
　イ　家庭との連携を密にし，学校医等との連携を図りながら，園児の疾病や事故防止に関する認識を深め，保健的で安全な環境の維持及び向上に努めること。
　ウ　清潔で安全な環境を整え，適切な援助や応答的

な関わりを通して、園児の生理的欲求を満たしていくこと。また、家庭と協力しながら、園児の発達の過程等に応じた適切な生活のリズムがつくられていくようにすること。
　エ　園児の発達の過程等に応じて、適切な運動と休息をとることができるようにすること。また、食事、排泄、睡眠、衣類の着脱、身の回りを清潔にすることなどについて、園児が意欲的に生活できるよう適切に援助すること。
(2) 園児一人一人が安定感をもって過ごし、自分の気持ちを安心して表すことができるようにするとともに、周囲から主体として受け止められ主体として育ち、自分を肯定する気持ちが育まれていくようにし、くつろいで共に過ごし、心身の疲れが癒やされるようにするため、次の事項に留意すること。
　ア　園児一人一人の置かれている状態や発達の過程などを的確に把握し、園児の欲求を適切に満たしながら、応答的な触れ合いや言葉掛けを行うこと。
　イ　園児一人一人の気持ちを受容し、共感しながら、園児との継続的な信頼関係を築いていくこと。
　ウ　保育教諭等との信頼関係を基盤に、園児一人一人が主体的に活動し、自発性や探索意欲などを高めるとともに、自分への自信をもつことができるよう成長の過程を見守り、適切に働き掛けること。
　エ　園児一人一人の生活のリズム、発達の過程、在園時間などに応じて、活動内容のバランスや調和を図りながら、適切な食事や休息がとれるようにすること。
6　園児の健康及び安全は、園児の生命の保持と健やかな生活の基本であり、幼保連携型認定こども園の生活全体を通して健康や安全に関する管理や指導、食育の推進等に十分留意すること。
7　保護者に対する子育ての支援に当たっては、この章に示す幼保連携型認定こども園における教育及び保育の基本及び目標を踏まえ、子どもに対する学校としての教育及び児童福祉施設としての保育並びに保護者に対する子育ての支援について相互に有機的な連携が図られるようにすること。また、幼保連携型認定こども園の目的の達成に資するため、保護者が子どもの成長に気付き子育ての喜びが感じられるよう、幼保連携型認定こども園の特性を生かした子育ての支援に努めること。

第2章　ねらい及び内容並びに配慮事項

　この章に示すねらいは、幼保連携型認定こども園の教育及び保育において育みたい資質・能力を園児の生活する姿から捉えたものであり、内容は、ねらいを達成するために指導する事項である。各視点や領域は、この時期の発達の特徴を踏まえ、教育及び保育のねらい及び内容を乳幼児の発達の側面から、乳児は三つの視点として、幼児は五つの領域としてまとめ、示したものである。内容の取扱いは、園児の発達を踏まえた指導を行うに当たって留意すべき事項である。
　各視点や領域に示すねらいは、幼保連携型認定こども園における生活の全体を通じ、園児が様々な体験を積み重ねる中で相互に関連をもちながら次第に達成に向かうものであること、内容は、園児が環境に関わって展開する具体的な活動を通して総合的に指導されるものであることに留意しなければならない。
　また、「幼児期の終わりまでに育ってほしい姿」が、ねらい及び内容に基づく活動全体を通して資質・能力が育まれている園児の幼保連携型認定こども園修了時の具体的な姿であることを踏まえ、指導を行う際に考慮するものとする。
　なお、特に必要な場合には、各視点や領域に示すねらいの趣旨に基づいて適切な、具体的な内容を工夫し、それを加えても差し支えないが、その場合には、それが第1章の第1に示す幼保連携型認定こども園の教育及び保育の基本及び目標を逸脱しないよう慎重に配慮する必要がある。

第1　乳児期の園児の保育に関するねらい及び内容
　基本的事項
　1　乳児期の発達については、視覚、聴覚などの感覚や、座る、はう、歩くなどの運動機能が著しく発達し、特定の大人との応答的な関わりを通じて、情緒的な絆が形成されるといった特徴がある。これらの発達の特徴を踏まえて、乳児期の園児の保育は、愛情豊かに、応答的に行われることが特に必要である。
　2　本項においては、この時期の発達の特徴を踏まえ、乳児期の園児の保育のねらい及び内容については、身体的発達に関する視点「健やかに伸び伸びと育つ」、社会的発達に関する視点「身近な人と気持ちが通じ合う」及び精神的発達に関する視点「身近なものと関わり感性が育つ」としてまとめ、示している。
ねらい及び内容
健やかに伸び伸びと育つ
〔健康な心と体を育て、自ら健康で安全な生活をつくり出す力の基盤を培う。〕

1 ねらい
(1) 身体感覚が育ち，快適な環境に心地よさを感じる。
(2) 伸び伸びと体を動かし，はう，歩くなどの運動をしようとする。
(3) 食事，睡眠等の生活のリズムの感覚が芽生える。
2 内容
(1) 保育教諭等の愛情豊かな受容の下で，生理的・心理的欲求を満たし，心地よく生活をする。
(2) 一人一人の発育に応じて，はう，立つ，歩くなど，十分に体を動かす。
(3) 個人差に応じて授乳を行い，離乳を進めていく中で，様々な食品に少しずつ慣れ，食べることを楽しむ。
(4) 一人一人の生活のリズムに応じて，安全な環境の下で十分に午睡をする。
(5) おむつ交換や衣服の着脱などを通じて，清潔になることの心地よさを感じる。
3 内容の取扱い
上記の取扱いに当たっては，次の事項に留意する必要がある。
(1) 心と体の健康は，相互に密接な関連があるものであることを踏まえ，温かい触れ合いの中で，心と体の発達を促すこと。特に，寝返り，お座り，はいはい，つかまり立ち，伝い歩きなど，発育に応じて，遊びの中で体を動かす機会を十分に確保し，自ら体を動かそうとする意欲が育つようにすること。
(2) 健康な心と体を育てるためには望ましい食習慣の形成が重要であることを踏まえ，離乳食が完了期へと徐々に移行する中で，様々な食品に慣れるようにするとともに，和やかな雰囲気の中で食べる喜びや楽しさを味わい，進んで食べようとする気持ちが育つようにすること。なお，食物アレルギーのある園児への対応については，学校医等の指示や協力の下に適切に対応すること。

身近な人と気持ちが通じ合う
〔受容的・応答的な関わりの下で，何かを伝えようとする意欲や身近な大人との信頼関係を育て，人と関わる力の基盤を培う。〕
1 ねらい
(1) 安心できる関係の下で，身近な人と共に過ごす喜びを感じる。
(2) 体の動きや表情，発声等により，保育教諭等と気持ちを通わせようとする。
(3) 身近な人と親しみ，関わりを深め，愛情や信頼感が芽生える。
2 内容
(1) 園児からの働き掛けを踏まえた，応答的な触れ合いや言葉掛けによって，欲求が満たされ，安定感をもって過ごす。
(2) 体の動きや表情，発声，喃語(なん)等を優しく受け止めてもらい，保育教諭等とのやり取りを楽しむ。
(3) 生活や遊びの中で，自分の身近な人の存在に気付き，親しみの気持ちを表す。
(4) 保育教諭等による語り掛けや歌い掛け，発声や喃語(なん)等への応答を通じて，言葉の理解や発語の意欲が育つ。
(5) 温かく，受容的な関わりを通じて，自分を肯定する気持ちが芽生える。
3 内容の取扱い
上記の取扱いに当たっては，次の事項に留意する必要がある。
(1) 保育教諭等との信頼関係に支えられて生活を確立していくことが人と関わる基盤となることを考慮して，園児の多様な感情を受け止め，温かく受容的・応答的に関わり，一人一人に応じた適切な援助を行うようにすること。
(2) 身近な人に親しみをもって接し，自分の感情などを表し，それに相手が応答する言葉を聞くことを通して，次第に言葉が獲得されていくことを考慮して，楽しい雰囲気の中での保育教諭等との関わり合いを大切にし，ゆっくりと優しく話し掛けるなど，積極的に言葉のやり取りを楽しむことができるようにすること。

身近なものと関わり感性が育つ
〔身近な環境に興味や好奇心をもって関わり，感じたことや考えたことを表現する力の基盤を培う。〕
1 ねらい
(1) 身の回りのものに親しみ，様々なものに興味や関心をもつ。
(2) 見る，触れる，探索するなど，身近な環境に自分から関わろうとする。
(3) 身体の諸感覚による認識が豊かになり，表情や手足，体の動き等で表現する。
2 内容
(1) 身近な生活用具，玩具や絵本などが用意された中で，身の回りのものに対する興味や好奇心をもつ。
(2) 生活や遊びの中で様々なものに触れ，音，形，色，手触りなどに気付き，感覚の働きを豊かにする。
(3) 保育教諭等と一緒に様々な色彩や形のものや絵本などを見る。
(4) 玩具や身の回りのものを，つまむ，つかむ，たたく，引っ張るなど，手や指を使って遊ぶ。

(5) 保育教諭等のあやし遊びに機嫌よく応じたり，歌やリズムに合わせて手足や体を動かして楽しんだりする。

3 内容の取扱い

上記の取扱いに当たっては，次の事項に留意する必要がある。

(1) 玩具などは，音質，形，色，大きさなど園児の発達状態に応じて適切なものを選び，その時々の園児の興味や関心を踏まえなど，遊びを通して感覚の発達が促されるものとなるように工夫すること。なお，安全な環境の下で，園児が探索意欲を満たして自由に遊べるよう，身の回りのものについては常に十分な点検を行うこと。

(2) 乳児期においては，表情，発声，体の動きなどで，感情を表現することが多いことから，これらの表現しようとする意欲を積極的に受け止め，園児が様々な活動を楽しむことを通して表現が豊かになるようにすること。

第2 満1歳以上満3歳未満の園児の保育に関するねらい及び内容

基本的事項

1 この時期においては，歩き始めから，歩く，走る，跳ぶなどへと，基本的な運動機能が次第に発達し，排泄(せつ)の自立のための身体的機能も整うようになる。つまむ，めくるなどの指先の機能も発達し，食事，衣類の着脱なども，保育教諭等の援助の下で自分で行うようになる。発声も明瞭になり，語彙も増加し，自分の意思や欲求を言葉で表出できるようになる。このように自分でできることが増えてくる時期であることから，保育教諭等は，園児の生活の安定を図りながら，自分でしようとする気持ちを尊重し，温かく見守るとともに，愛情豊かに，応答的に関わることが必要である。

2 本項においては，この時期の発達の特徴を踏まえ，保育のねらい及び内容について，心身の健康に関する領域「健康」，人との関わりに関する領域「人間関係」，身近な環境との関わりに関する領域「環境」，言葉の獲得に関する領域「言葉」及び感性と表現に関する領域「表現」としてまとめ，示している。

ねらい及び内容

健康

〔健康な心と体を育て，自ら健康で安全な生活をつくり出す力を養う。〕

1 ねらい

(1) 明るく伸び伸びと生活し，自分から体を動かすことを楽しむ。

(2) 自分の体を十分に動かし，様々な動きをしようとする。

(3) 健康，安全な生活に必要な習慣に気付き，自分でしてみようとする気持ちが育つ。

2 内容

(1) 保育教諭等の愛情豊かな受容の下で，安定感をもって生活をする。

(2) 食事や午睡，遊びと休息など，幼保連携型認定こども園における生活のリズムが形成される。

(3) 走る，跳ぶ，登る，押す，引っ張るなど全身を使う遊びを楽しむ。

(4) 様々な食品や調理形態に慣れ，ゆったりとした雰囲気の中で食事や間食を楽しむ。

(5) 身の回りを清潔に保つ心地よさを感じ，その習慣が少しずつ身に付く。

(6) 保育教諭等の助けを借りながら，衣類の着脱を自分でしようとする。

(7) 便器での排泄(せつ)に慣れ，自分で排泄ができるようになる。

3 内容の取扱い

上記の取扱いに当たっては，次の事項に留意する必要がある。

(1) 心と体の健康は，相互に密接な関連があるものであることを踏まえ，園児の気持ちに配慮した温かい触れ合いの中で，心と体の発達を促すこと。特に，一人一人の発育に応じて，体を動かす機会を十分に確保し，自ら体を動かそうとする意欲が育つようにすること。

(2) 健康な心と体を育てるためには望ましい食習慣の形成が重要であることを踏まえ，ゆったりとした雰囲気の中で食べる喜びや楽しさを味わい，進んで食べようとする気持ちが育つようにすること。なお，食物アレルギーのある園児への対応については，学校医等の指示や協力の下に適切に対応すること。

(3) 排泄(せつ)の習慣については，一人一人の排尿間隔等を踏まえ，おむつが汚れていないときに便器に座らせるなどにより，少しずつ慣れさせるようにすること。

(4) 食事，排泄(せつ)，睡眠，衣類の着脱，身の回りを清潔にすることなど，生活に必要な基本的な習慣については，一人一人の状態に応じ，落ち着いた雰囲気の中で行うようにし，園児が自分でしようとする気持ちを尊重すること。また，基本的な生活習慣の形成に当たっては，家庭での生活経験に配慮し，家庭との適切な連携の下で行うようにすること。

人間関係

〔他の人々と親しみ，支え合って生活するために，自立心を育て，人と関わる力を養う。〕

1 ねらい
 (1) 幼保連携型認定こども園での生活を楽しみ、身近な人と関わる心地よさを感じる。
 (2) 周囲の園児等への興味・関心が高まり、関わりをもとうとする。
 (3) 幼保連携型認定こども園の生活の仕方に慣れ、きまりの大切さに気付く。
2 内容
 (1) 保育教諭等や周囲の園児等との安定した関係の中で、共に過ごす心地よさを感じる。
 (2) 保育教諭等の受容的・応答的な関わりの中で、欲求を適切に満たし、安定感をもって過ごす。
 (3) 身の回りに様々な人がいることに気付き、徐々に他の園児と関わりをもって遊ぶ。
 (4) 保育教諭等の仲立ちにより、他の園児との関わり方を少しずつ身につける。
 (5) 幼保連携型認定こども園の生活の仕方に慣れ、きまりがあることや、その大切さに気付く。
 (6) 生活や遊びの中で、年長児や保育教諭等の真似をしたり、ごっこ遊びを楽しんだりする。
3 内容の取扱い
 上記の取扱いに当たっては、次の事項に留意する必要がある。
 (1) 保育教諭等との信頼関係に支えられて生活を確立するとともに、自分で何かをしようとする気持ちが旺盛になる時期であることに鑑み、そのような園児の気持ちを尊重し、温かく見守るとともに、愛情豊かに、応答的に関わり、適切な援助を行うようにすること。
 (2) 思い通りにいかない場合等の園児の不安定な感情の表出については、保育教諭等が受容的に受け止めるとともに、そうした気持ちから立ち直る経験や感情をコントロールすることへの気付き等につなげていけるように援助すること。
 (3) この時期は自己と他者との違いの認識がまだ十分ではないことから、園児の自我の育ちを見守るとともに、保育教諭等が仲立ちとなって、自分の気持ちを相手に伝えることや相手の気持ちに気付くことの大切など、友達の気持ちや友達との関わり方を丁寧に伝えていくこと。

環境
〔周囲の様々な環境に好奇心や探究心をもって関わり、それらを生活に取り入れていこうとする力を養う。〕
1 ねらい
 (1) 身近な環境に親しみ、触れ合う中で、様々なものに興味や関心をもつ。
 (2) 様々なものに関わる中で、発見を楽しんだり、考えたりしようとする。
 (3) 見る、聞く、触るなどの経験を通して、感覚の働きを豊かにする。
2 内容
 (1) 安全で活動しやすい環境での探索活動等を通して、見る、聞く、触れる、嗅ぐ、味わうなどの感覚の働きを豊かにする。
 (2) 玩具、絵本、遊具などに興味をもち、それらを使った遊びを楽しむ。
 (3) 身の回りの物に触れる中で、形、色、大きさ、量などの物の性質や仕組みに気付く。
 (4) 自分の物と人の物の区別や、場所的感覚など、環境を捉える感覚が育つ。
 (5) 身近な生き物に気付き、親しみをもつ。
 (6) 近隣の生活や季節の行事などに興味や関心をもつ。
3 内容の取扱い上記の取扱いに当たっては、次の事項に留意する必要がある。
 (1) 玩具などは、音質、形、色、大きさなど園児の発達状態に応じて適切なものを選び、遊びを通して感覚の発達が促されるように工夫すること。
 (2) 身近な生き物との関わりについては、園児が命を感じ、生命の尊さに気付く経験へとつながるものであることから、そうした気付きを促すような関わりとなるようにすること。
 (3) 地域の生活や季節の行事などに触れる際には、社会とのつながりや地域社会の文化への気付きにつながるものとなることが望ましいこと。その際、幼保連携型認定こども園内外の行事や地域の人々との触れ合いなどを通して行うこと等も考慮すること。

言葉
〔経験したことや考えたことなどを自分なりの言葉で表現し、相手の話す言葉を聞こうとする意欲や態度を育て、言葉に対する感覚や言葉で表現する力を養う。〕
1 ねらい
 (1) 言葉遊びや言葉で表現する楽しさを感じる。
 (2) 人の言葉や話などを聞き、自分でも思ったことを伝えようとする。
 (3) 絵本や物語等に親しむとともに、言葉のやり取りを通じて身近な人と気持ちを通わせる。
2 内容
 (1) 保育教諭等の応答的な関わりや話し掛けにより、自ら言葉を使おうとする。
 (2) 生活に必要な簡単な言葉に気付き、聞き分ける。
 (3) 親しみをもって日常の挨拶に応じる。
 (4) 絵本や紙芝居を楽しみ、簡単な言葉を繰り返したり、模倣をしたりして遊ぶ。

(5) 保育教諭等とごっこ遊びをする中で、言葉のやり取りを楽しむ。
　(6) 保育教諭等を仲立ちとして、生活や遊びの中で友達との言葉のやり取りを楽しむ。
　(7) 保育教諭等や友達の言葉や話に興味や関心をもって、聞いたり、話したりする。
3　内容の取扱い
　上記の取扱いに当たっては、次の事項に留意する必要がある。
　(1) 身近な人に親しみをもって接し、自分の感情などを伝え、それに相手が応答し、その言葉を聞くことを通して、次第に言葉が獲得されていくものであることを考慮して、楽しい雰囲気の中で保育教諭等との言葉のやり取りができるようにすること。
　(2) 園児が自分の思いを言葉で伝えるとともに、他の園児の話などを聞くことを通して、次第に話を理解し、言葉による伝え合いができるようになるよう、気持ちや経験等の言語化を行うことを援助するなど、園児同士の関わりの仲立ちを行うようにすること。
　(3) この時期は、片言から、二語文、ごっこ遊びでのやり取りができる程度へと、大きく言葉の習得が進む時期であることから、それぞれの園児の発達の状況に応じて、遊びや関わりの工夫など、保育の内容を適切に展開することが必要であること。

表現
〔感じたことや考えたことを自分なりに表現することを通して、豊かな感性や表現する力を養い、創造性を豊かにする。〕
1　ねらい
　(1) 身体の諸感覚の経験を豊かにし、様々な感覚を味わう。
　(2) 感じたことや考えたことなどを自分なりに表現しようとする。
　(3) 生活や遊びの様々な体験を通して、イメージや感性が豊かになる。
2　内容
　(1) 水、砂、土、紙、粘土など様々な素材に触れて楽しむ。
　(2) 音楽、リズムやそれに合わせた体の動きを楽しむ。
　(3) 生活の中で様々な音、形、色、手触り、動き、味、香りなどに気付いたり、感じたりして楽しむ。
　(4) 歌を歌ったり、簡単な手遊びや全身を使う遊びを楽しんだりする。
　(5) 保育教諭等からの話や、生活や遊びの中での出来事を通して、イメージを豊かにする。
　(6) 生活や遊びの中で、興味のあることや経験したことなどを自分なりに表現する。
3　内容の取扱い
　上記の取扱いに当たっては、次の事項に留意する必要がある。
　(1) 園児の表現は、遊びや生活の様々な場面で表出されているものであることから、それらを積極的に受け止め、様々な表現の仕方や感性を豊かにする経験となるようにすること。
　(2) 園児が試行錯誤しながら様々な表現を楽しむことや、自分の力でやり遂げる充実感などに気付くよう、温かく見守るとともに、適切に援助を行うようにすること。
　(3) 様々な感情の表現等を通じて、園児が自分の感情や気持ちに気付くようになる時期であることに鑑み、受容的な関わりの中で自信をもって表現をすることや、諦めずに続けた後の達成感等を感じられるような経験が蓄積されるようにすること。
　(4) 身近な自然や身の回りの事物に関わる中で、発見や心が動く経験が得られるよう、諸感覚を働かせることを楽しむ遊びや素材を用意するなど保育の環境を整えること。

第3　満3歳以上の園児の教育及び保育に関するねらい及び内容
基本的事項
1　この時期においては、運動機能の発達により、基本的な動作が一通りできるようになるとともに、基本的な生活習慣もほぼ自立できるようになる。理解する語彙数が急激に増加し、知的興味や関心も高まってくる。仲間と遊び、仲間の中の一人という自覚が生じ、集団的な遊びや協同的な活動も見られるようになる。これらの発達の特徴を踏まえて、この時期の教育及び保育においては、個の成長と集団としての活動の充実が図られるようにしなければならない。
2　本項においては、この時期の発達の特徴を踏まえ、教育及び保育のねらい及び内容について、心身の健康に関する領域「健康」、人との関わりに関する領域「人間関係」、身近な環境との関わりに関する領域「環境」、言葉の獲得に関する領域「言葉」及び感性と表現に関する領域「表現」としてまとめ、示している。

ねらい及び内容
健康
〔健康な心と体を育て、自ら健康で安全な生活をつくり出す力を養う。〕
1　ねらい
　(1) 明るく伸び伸びと行動し、充実感を味わう。
　(2) 自分の体を十分に動かし、進んで運動しようとす

る。
　(3) 健康，安全な生活に必要な習慣や態度を身に付け，見通しをもって行動する。
2　内容
　(1) 保育教諭等や友達と触れ合い，安定感をもって行動する。
　(2) いろいろな遊びの中で十分に体を動かす。
　(3) 進んで戸外で遊ぶ。
　(4) 様々な活動に親しみ，楽しんで取り組む。
　(5) 保育教諭等や友達と食べることを楽しみ，食べ物への興味や関心をもつ。
　(6) 健康な生活のリズムを身に付ける。
　(7) 身の回りを清潔にし，衣服の着脱，食事，排泄などの生活に必要な活動を自分でする。
　(8) 幼保連携型認定こども園における生活の仕方を知り，自分たちで生活の場を整えながら見通しをもって行動する。
　(9) 自分の健康に関心をもち，病気の予防などに必要な活動を進んで行う。
　(10) 危険な場所，危険な遊び方，災害時などの行動の仕方が分かり，安全に気を付けて行動する。
3　内容の取扱い
　　上記の取扱いに当たっては，次の事項に留意する必要がある。
　(1) 心と体の健康は，相互に密接な関連があるものであることを踏まえ，園児が保育教諭等や他の園児との温かい触れ合いの中で自己の存在感や充実感を味わうことなどを基盤として，しなやかな心と体の発達を促すこと。特に，十分に体を動かす気持ちよさを体験し，自ら体を動かそうとする意欲が育つようにすること。
　(2) 様々な遊びの中で，園児が興味や関心，能力に応じて全身を使って活動することにより，体を動かす楽しさを味わい，自分の体を大切にしようとする気持ちが育つようにすること。その際，多様な動きを経験する中で，体の動きを調整するようにすること。
　(3) 自然の中で伸び伸びと体を動かして遊ぶことにより，体の諸機能の発達が促されることに留意し，園児の興味や関心が戸外にも向くようにすること。その際，園児の動線に配慮した園庭や遊具の配置などを工夫すること。
　(4) 健康な心と体を育てるためには食育を通じた望ましい食習慣の形成が大切であることを踏まえ，園児の食生活の実情に配慮し，和やかな雰囲気の中で保育教諭等や他の園児と食べる喜びや楽しさを味わったり，様々な食べ物への興味や関心をもったりするなどし，食の大切さに気付き，進んで食べようとする気持ちが育つようにすること。
　(5) 基本的な生活習慣の形成に当たっては，家庭での生活経験に配慮し，園児の自立心を育て，園児が他の園児と関わりながら主体的な活動を展開する中で，生活に必要な習慣を身に付け，次第に見通しをもって行動できるようにすること。
　(6) 安全に関する指導に当たっては，情緒の安定を図り，遊びを通して安全についての構えを身に付け，危険な場所や事物などが分かり，安全についての理解を深めるようにすること。また，交通安全の習慣を身に付けるようにするとともに，避難訓練などを通して，災害などの緊急時に適切な行動がとれるようにすること。

人間関係
〔他の人々と親しみ，支え合って生活するために，自立心を育て，人と関わる力を養う。〕
1　ねらい
　(1) 幼保連携型認定こども園の生活を楽しみ，自分の力で行動することの充実感を味わう。
　(2) 身近な人と親しみ，関わりを深め，工夫したり，協力したりして一緒に活動する楽しさを味わい，愛情や信頼感をもつ。
　(3) 社会生活における望ましい習慣や態度を身に付ける。
2　内容
　(1) 保育教諭等や友達と共に過ごすことの喜びを味わう。
　(2) 自分で考え，自分で行動する。
　(3) 自分でできることは自分でする。
　(4) いろいろな遊びを楽しみながら物事をやり遂げようとする気持ちをもつ。
　(5) 友達と積極的に関わりながら喜びや悲しみを共感し合う。
　(6) 自分の思ったことを相手に伝え，相手の思っていることに気付く。
　(7) 友達のよさに気付き，一緒に活動する楽しさを味わう。
　(8) 友達と楽しく活動する中で，共通の目的を見いだし，工夫したり，協力したりなどする。
　(9) よいことや悪いことがあることに気付き，考えながら行動する。
　(10) 友達との関わりを深め，思いやりをもつ。
　(11) 友達と楽しく生活する中できまりの大切さに気付き，守ろうとする。
　(12) 共同の遊具や用具を大切にし，皆で使う。
　(13) 高齢者をはじめ地域の人々などの自分の生活に

関係の深いいろいろな人に親しみをもつ。

3 内容の取扱い
　上記の取扱いに当たっては，次の事項に留意する必要がある。
(1) 保育教諭等との信頼関係に支えられて自分自身の生活を確立していくことが人と関わる基盤となることを考慮し，園児が自ら周囲に働き掛けることにより多様な感情を体験し，試行錯誤しながら諦めずにやり遂げることの達成感や，前向きな見通しをもって自分の力で行うことの充実感を味わうことができるよう，園児の行動を見守りながら適切な援助を行うようにすること。
(2) 一人一人を生かした集団を形成しながら人と関わる力を育てていくようにすること。その際，集団の生活の中で，園児が自己を発揮し，保育教諭等や他の園児に認められる体験をし，自分のよさや特徴に気付き，自信をもって行動できるようにすること。
(3) 園児が互いに関わりを深め，協同して遊ぶようになるため，自ら行動する力を育てるようにするとともに，他の園児と試行錯誤しながら活動を展開する楽しさや共通の目的が実現する喜びを味わうことができるようにすること。
(4) 道徳性の芽生えを培うに当たっては，基本的な生活習慣の形成を図るとともに，園児が他の園児との関わりの中で他人の存在に気付き，相手を尊重する気持ちをもって行動できるようにし，また，自然や身近な動植物に親しむことなどを通して豊かな心情が育つようにすること。特に，人に対する信頼感や思いやりの気持ちは，葛藤やつまずきをも体験し，それらを乗り越えることにより次第に芽生えてくることに配慮すること。
(5) 集団の生活を通して，園児が人との関わりを深め，規範意識の芽生えが培われることを考慮し，園児が保育教諭等との信頼関係に支えられて自己を発揮する中で，互いに思いを主張し，折り合いを付ける体験をし，きまりの必要性などに気付き，自分の気持ちを調整する力が育つようにすること。
(6) 高齢者をはじめ地域の人々などの自分の生活に関係の深いいろいろな人と触れ合い，自分の感情や意志を表現しながら共に楽しみ，共感し合う体験を通して，これらの人々などに親しみをもち，人と関わることの楽しさや人の役に立つ喜びを味わうことができるようにすること。また，生活を通して親や祖父母などの家族の愛情に気付き，家族を大切にしようとする気持ちが育つようにすること。

環境
〔周囲の様々な環境に好奇心や探究心をもって関わり，それらを生活に取り入れていこうとする力を養う。〕

1 ねらい
(1) 身近な環境に親しみ，自然と触れ合う中で様々な事象に興味や関心をもつ。
(2) 身近な環境に自分から関わり，発見を楽しんだり，考えたりし，それを生活に取り入れようとする。
(3) 身近な事象を見たり，考えたり，扱ったりする中で，物の性質や数量，文字などに対する感覚を豊かにする。

2 内容
(1) 自然に触れて生活し，その大きさ，美しさ，不思議さなどに気付く。
(2) 生活の中で，様々な物に触れ，その性質や仕組みに興味や関心をもつ。
(3) 季節により自然や人間の生活に変化のあることに気付く。
(4) 自然などの身近な事象に関心をもち，取り入れて遊ぶ。
(5) 身近な動植物に親しみをもって接し，生命の尊さに気付き，いたわったり，大切にしたりする。
(6) 日常生活の中で，我が国や地域社会における様々な文化や伝統に親しむ。
(7) 身近な物を大切にする。
(8) 身近な物や遊具に興味をもって関わり，自分なりに比べたり，関連付けたりしながら考えたり，試したりして工夫して遊ぶ。
(9) 日常生活の中で数量や図形などに関心をもつ。
(10) 日常生活の中で簡単な標識や文字などに関心をもつ。
(11) 生活に関係の深い情報や施設などに興味や関心をもつ。
(12) 幼保連携型認定こども園内外の行事において国旗に親しむ。

3 内容の取扱い
　上記の取扱いに当たっては，次の事項に留意する必要がある。
(1) 園児が，遊びの中で周囲の環境と関わり，次第に周囲の世界に好奇心を抱き，その意味や操作の仕方に関心をもち，物事の法則性に気付き，自分なりに考えることができるようになる過程を大切にすること。また，他の園児の考えなどに触れて新しい考えを生み出す喜びや楽しさを味わい，自分の考えをよりよいものにしようとする気持ちが育つようにすること。
(2) 幼児期において自然のもつ意味は大きく，自然の大きさ，美しさ，不思議さなどに直接触れる体験を

通して，園児の心が安らぎ，豊かな感情，好奇心，思考力，表現力の基礎が培われることを踏まえ，園児が自然との関わりを深めることができるよう工夫すること。
  (3) 身近な事象や動植物に対する感動を伝え合い，共感し合うことなどを通して自分から関わろうとする意欲を育てるとともに，様々な関わり方を通してそれらに対する親しみや畏敬の念，生命を大切にする気持ち，公共心，探究心などが養われるようにすること。
  (4) 文化や伝統に親しむ際には，正月や節句など我が国の伝統的な行事，国歌，唱歌，わらべうたや我が国の伝統的な遊びに親しんだり，異なる文化に触れる活動に親しんだりすることを通じて，社会とのつながりの意識や国際理解の意識の芽生えなどが養われるようにすること。
  (5) 数量や文字などに関しては，日常生活の中で園児自身の必要感に基づく体験を大切にし，数量や文字などに関する興味や関心，感覚が養われるようにすること。

言葉
〔経験したことや考えたことなどを自分なりの言葉で表現し，相手の話す言葉を聞こうとする意欲や態度を育て，言葉に対する感覚や言葉で表現する力を養う。〕
1 ねらい
  (1) 自分の気持ちを言葉で表現する楽しさを味わう。
  (2) 人の言葉や話などをよく聞き，自分の経験したことや考えたことを話し，伝え合う喜びを味わう。
  (3) 日常生活に必要な言葉が分かるようになるとともに，絵本や物語などに親しみ，言葉に対する感覚を豊かにし，保育教諭等や友達と心を通わせる。
2 内容
  (1) 保育教諭等や友達の言葉や話に興味や関心をもち，親しみをもって聞いたり，話したりする。
  (2) したり，見たり，聞いたり，感じたり，考えたりなどしたことを自分なりに言葉で表現する。
  (3) したいこと，してほしいことを言葉で表現したり，分からないことを尋ねたりする。
  (4) 人の話を注意して聞き，相手に分かるように話す。
  (5) 生活の中で必要な言葉が分かり，使う。
  (6) 親しみをもって日常の挨拶をする。
  (7) 生活の中で言葉の楽しさや美しさに気付く。
  (8) いろいろな体験を通じてイメージや言葉を豊かにする。
  (9) 絵本や物語などに親しみ，興味をもって聞き，想像をする楽しさを味わう。
  (10) 日常生活の中で，文字などで伝える楽しさを味わう。
3 内容の取扱い
  上記の取扱いに当たっては，次の事項に留意する必要がある。
  (1) 言葉は，身近な人に親しみをもって接し，自分の感情や意志などを伝え，それに相手が応答し，その言葉を聞くことを通して次第に獲得されていくものであることを考慮して，園児が保育教諭等や他の園児と関わることにより心を動かされるような体験をし，言葉を交わす喜びを味わえるようにすること。
  (2) 園児が自分の思いを言葉で伝えるとともに，保育教諭等や他の園児などの話を興味をもって注意して聞くことを通して次第に話を理解するようになっていき，言葉による伝え合いができるようにすること。
  (3) 絵本や物語などで，その内容と自分の経験とを結び付けたり，想像を巡らせたりするなど，楽しみを十分に味わうことによって，次第に豊かなイメージをもち，言葉に対する感覚が養われるようにすること。
  (4) 園児が生活の中で，言葉の響きやリズム，新しい言葉や表現などに触れ，これらを使う楽しさを味わえるようにすること。その際，絵本や物語に親しんだり，言葉遊びなどをしたりすることを通して，言葉が豊かになるようにすること。
  (5) 園児が日常生活の中で，文字などを使いながら思ったことや考えたことを伝える喜びや楽しさを味わい，文字に対する興味や関心をもつようにすること。

表現
〔感じたことや考えたことを自分なりに表現することを通して，豊かな感性や表現する力を養い，創造性を豊かにする。〕
1 ねらい
  (1) いろいろなものの美しさなどに対する豊かな感性をもつ。
  (2) 感じたことや考えたことを自分なりに表現して楽しむ。
  (3) 生活の中でイメージを豊かにし，様々な表現を楽しむ。
2 内容
  (1) 生活の中で様々な音，形，色，手触り，動きなどに気付いたり，感じたりするなどして楽しむ。
  (2) 生活の中で美しいものや心を動かす出来事に触れ，イメージを豊かにする。
  (3) 様々な出来事の中で，感動したことを伝え合う楽

しさを味わう。
　(4) 感じたこと，考えたことなどを音や動きなどで表現したり，自由にかいたり，つくったりなどする。
　(5) いろいろな素材に親しみ，工夫して遊ぶ。
　(6) 音楽に親しみ，歌を歌ったり，簡単なリズム楽器を使ったりなどする楽しさを味わう。
　(7) かいたり，つくったりすることを楽しみ，遊びに使ったり，飾ったりなどする。
　(8) 自分のイメージを動きや言葉などで表現したり，演じて遊んだりするなどの楽しさを味わう。
　3　内容の取扱い
　　　上記の取扱いに当たっては，次の事項に留意する必要がある。
　(1) 豊かな感性は，身近な環境と十分に関わる中で美しいもの，優れたもの，心を動かす出来事などに出会い，そこから得た感動を他の園児や保育教諭等と共有し，様々に表現することなどを通して養われるようにすること。その際，風の音や雨の音，身近にある草や花の形や色など自然の中にある音，形，色などに気付くようにすること。
　(2) 幼児期の自己表現は素朴な形で行われることが多いので，保育教諭等はそのような表現を受容し，園児自身の表現しようとする意欲を受け止めて，園児が生活の中で園児らしい様々な表現を楽しむことができるようにすること。
　(3) 生活経験や発達に応じ，自ら様々な表現を楽しみ，表現する意欲を十分に発揮させることができるように，遊具や用具などを整えたり，様々な素材や表現の仕方に親しんだり，他の園児の表現に触れられるよう配慮したりし，表現する過程を大切にして自己表現を楽しめるように工夫すること。

第4　教育及び保育の実施に関する配慮事項
　1　満3歳未満の園児の保育の実施については，以下の事項に配慮するものとする。
　(1) 乳児は疾病への抵抗力が弱く，心身の機能の未熟さに伴う疾病の発生が多いことから，一人一人の発育及び発達状態や健康状態についての適切な判断に基づく保健的な対応を行うこと。また，一人一人の園児の生育歴の違いに留意しつつ，欲求を適切に満たし，特定の保育教諭等が応答的に関わるように努めること。更に，乳児期の園児の保育に関わる職員間の連携や学校医との連携を図り，第3章に示す事項を踏まえ，適切に対応すること。栄養士及び看護師等が配置されている場合は，その専門性を生かした対応を図ること。乳児期の園児の保育においては特に，保護者との信頼関係を築きながら保育を進めるとともに，保護者からの相談に応じ支援に努めていくこと。なお，担当の保育教諭等が替わる場合には，園児のそれまでの生育歴や発達の過程に留意し，職員間で協力して対応すること。
　(2) 満1歳以上満3歳未満の園児は，特に感染症にかかりやすい時期であるので，体の状態，機嫌，食欲などの日常の状態の観察を十分に行うとともに，適切な判断に基づく保健的な対応を心掛けること。また，探索活動が十分できるように，事故防止に努めながら活動しやすい環境を整え，全身を使う遊びなど様々な遊びを取り入れること。更に，自我が形成され，園児が自分の感情や気持ちに気付くようになる重要な時期であることに鑑み，情緒の安定を図りながら，園児の自発的な活動を尊重するとともに促していくこと。なお，担当の保育教諭等が替わる場合には，園児のそれまでの経験や発達の過程に留意し，職員間で協力して対応すること。
　2　幼保連携型認定こども園における教育及び保育の全般において以下の事項に配慮するものとする。
　(1) 園児の心身の発達及び活動の実態などの個人差を踏まえるとともに，一人一人の園児の気持ちを受け止め，援助すること。
　(2) 園児の健康は，生理的・身体的な育ちとともに，自主性や社会性，豊かな感性の育ちとがあいまってもたらされることに留意すること。
　(3) 園児が自ら周囲に働き掛け，試行錯誤しつつ自分の力で行う活動を見守りながら，適切に援助すること。
　(4) 園児の入園時の教育及び保育に当たっては，できるだけ個別的に対応し，園児が安定感を得て，次第に幼保連携型認定こども園の生活になじんでいくようにするとともに，既に入園している園児に不安や動揺を与えないようにすること。
　(5) 園児の国籍や文化の違いを認め，互いに尊重する心を育てるようにすること。
　(6) 園児の性差や個人差にも留意しつつ，性別などによる固定的な意識を植え付けることがないようにすること。

　　　　第3章　健康及び安全

　幼保連携型認定こども園における園児の健康及び安全は，園児の生命の保持と健やかな生活の基本となるものであり，第1章及び第2章の関連する事項と併せ，次に示す事項について適切に対応するものとする。その際，養護教諭や看護師，栄養教諭や栄養士等が配置されている場合には，学校医等と共に，これらの者がそれぞれの専門性を生

かしながら，全職員が相互に連携し，組織的かつ適切な対応を行うことができるような体制整備や研修を行うことが必要である。

第1 健康支援
 1 健康状態や発育及び発達の状態の把握
  (1) 園児の心身の状態に応じた教育及び保育を行うために，園児の健康状態や発育及び発達の状態について，定期的・継続的に，また，必要に応じて随時，把握すること。
  (2) 保護者からの情報とともに，登園時及び在園時に園児の状態を観察し，何らかの疾病が疑われる状態や傷害が認められた場合には，保護者に連絡するとともに，学校医と相談するなど適切な対応を図ること。
  (3) 園児の心身の状態等を観察し，不適切な養育の兆候が見られる場合には，市町村（特別区を含む。以下同じ。）や関係機関と連携し，児童福祉法第25条に基づき，適切な対応を図ること。また，虐待が疑われる場合には，速やかに市町村又は児童相談所に通告し，適切な対応を図ること。
 2 健康増進
  (1) 認定こども園法第27条において準用する学校保健安全法（昭和33年法律第56号）第5条の学校保健計画を作成する際は，教育及び保育の内容並びに子育ての支援等に関する全体的な計画に位置づくものとし，全ての職員がそのねらいや内容を踏まえ，園児一人一人の健康の保持及び増進に努めていくこと。
  (2) 認定こども園法第27条において準用する学校保健安全法第13条第1項の健康診断を行ったときは，認定こども園法第27条において準用する学校保健安全法第14条の措置を行い，教育及び保育に活用するとともに，保護者が園児の状態を理解し，日常生活に活用できるようにすること。
 3 疾病等への対応
  (1) 在園時に体調不良や傷害が発生した場合には，その園児の状態等に応じて，保護者に連絡するとともに，適宜，学校医やかかりつけ医等と相談し，適切な処置を行うこと。
  (2) 感染症やその他の疾病の発生予防に努め，その発生や疑いがある場合には必要に応じて学校医，市町村，保健所等に連絡し，その指示に従うとともに，保護者や全ての職員に連絡し，予防等について協力を求めること。また，感染症に関する幼保連携型認定こども園の対応方法等について，あらかじめ関係機関の協力を得ておくこと。
  (3) アレルギー疾患を有する園児に関しては，保護者と連携し，医師の診断及び指示に基づき，適切な対応を行うこと。また，食物アレルギーに関して，関係機関と連携して，当該幼保連携型認定こども園の体制構築など，安全な環境の整備を行うこと。
  (4) 園児の疾病等の事態に備え，保健室の環境を整え，救急用の薬品，材料等を適切な管理の下に常備し，全ての職員が対応できるようにしておくこと。

第2 食育の推進
 1 幼保連携型認定こども園における食育は，健康な生活の基本としての食を営む力の育成に向け，その基礎を培うことを目標とすること。
 2 園児が生活と遊びの中で，意欲をもって食に関わる体験を積み重ね，食べることを楽しみ，食事を楽しみ合う園児に成長していくことを期待するものであること。
 3 乳幼児期にふさわしい食生活が展開され，適切な援助が行われるよう，教育及び保育の内容並びに子育ての支援等に関する全体的な計画に基づき，食事の提供を含む食育の計画を作成し，指導計画に位置付けるとともに，その評価及び改善に努めること。
 4 園児が自らの感覚や体験を通して，自然の恵みとしての食材や食の循環・環境への意識，調理する人への感謝の気持ちが育つように，園児と調理員等との関わりや，調理室など食に関する環境に配慮すること。
 5 保護者や地域の多様な関係者との連携及び協働の下で，食に関する取組が進められること。また，市町村の支援の下に，地域の関係機関等との日常的な連携を図り，必要な協力が得られるよう努めること。
 6 体調不良，食物アレルギー，障害のある園児など，園児一人一人の心身の状態等に応じ，学校医，かかりつけ医等の指示や協力の下に適切に対応すること。

第3 環境及び衛生管理並びに安全管理
 1 環境及び衛生管理
  (1) 認定こども園法第27条において準用する学校保健安全法第6条の学校環境衛生基準に基づき幼保連携型認定こども園の適切な環境の維持に努めるとともに，施設内外の設備，用具等の衛生管理に努めること。
  (2) 認定こども園法第27条において準用する学校保健安全法第6条の学校環境衛生基準に基づき幼保連携型認定こども園の施設内外の適切な環境の維持に努めるとともに，園児及び全職員が清潔を保つようにすること。また，職員は衛生知識の向上に努めること。

2 事故防止及び安全対策
　(1) 在園時の事故防止のために，園児の心身の状態等を踏まえつつ，認定こども園法第27条において準用する学校保健安全法第27条の学校安全計画の策定等を通じ，全職員の共通理解や体制づくりを図るとともに，家庭や地域の関係機関の協力の下に安全指導を行うこと。
　(2) 事故防止の取組を行う際には，特に，睡眠中，プール活動・水遊び中，食事中等の場面では重大事故が発生しやすいことを踏まえ，園児の主体的な活動を大切にしつつ，施設内外の環境の配慮や指導の工夫を行うなど，必要な対策を講じること。
　(3) 認定こども園法第27条において準用する学校保健安全法第29条の危険等発生時対処要領に基づき，事故の発生に備えるとともに施設内外の危険箇所の点検や訓練を実施すること。また，外部からの不審者等の侵入防止のための措置や訓練など不測の事態に備え必要な対応を行うこと。更に，園児の精神保健面における対応に留意すること。

第4 災害への備え
　1 施設・設備等の安全確保
　　(1) 認定こども園法第27条において準用する学校保健安全法第29条の危険等発生時対処要領に基づき，災害等の発生に備えるとともに，防火設備，避難経路等の安全性が確保されるよう，定期的にこれらの安全点検を行うこと。
　　(2) 備品，遊具等の配置，保管を適切に行い，日頃から，安全環境の整備に努めること。
　2 災害発生時の対応体制及び避難への備え
　　(1) 火災や地震などの災害の発生に備え，認定こども園法第27条において準用する学校保健安全法第29条の危険等発生時対処要領を作成する際には，緊急時の対応の具体的内容及び手順，職員の役割分担，避難訓練計画等の事項を盛り込むこと。
　　(2) 定期的に避難訓練を実施するなど，必要な対応を図ること。
　　(3) 災害の発生時に，保護者等への連絡及び子どもの引渡しを円滑に行うため，日頃から保護者との密接な連携に努め，連絡体制や引渡し方法等について確認をしておくこと。
　3 地域の関係機関等との連携
　　(1) 市町村の支援の下に，地域の関係機関との日常的な連携を図り，必要な協力が得られるよう努めること。
　　(2) 避難訓練については，地域の関係機関や保護者との連携の下に行うなど工夫すること。

第4章 子育ての支援

　幼保連携型認定こども園における保護者に対する子育ての支援は，子どもの利益を最優先して行うものとし，第1章及び第2章等の関連する事項を踏まえ，子どもの育ちを家庭と連携して支援していくとともに，保護者及び地域が有する子育てを自ら実践する力の向上に資するよう，次の事項に留意するものとする。

第1 子育ての支援全般に関わる事項
　1 保護者に対する子育ての支援を行う際には，各地域や家庭の実態等を踏まえるとともに，保護者の気持ちを受け止め，相互の信頼関係を基本に，保護者の自己決定を尊重すること。
　2 教育及び保育並びに子育ての支援に関する知識や技術など，保育教諭等の専門性や，園児が常に存在する環境など，幼保連携型認定こども園の特性を生かし，保護者が子どもの成長に気付き子育ての喜びを感じられるように努めること。
　3 保護者に対する子育ての支援における地域の関係機関等との連携及び協働を図り，園全体の体制構築に努めること。
　4 子どもの利益に反しない限りにおいて，保護者や子どものプライバシーを保護し，知り得た事柄の秘密を保持すること。

第2 幼保連携型認定こども園の園児の保護者に対する子育ての支援
　1 日常の様々な機会を活用し，園児の日々の様子の伝達や収集，教育及び保育の意図の説明などを通じて，保護者との相互理解を図るよう努めること。
　2 教育及び保育の活動に対する保護者の積極的な参加は，保護者の子育てを自ら実践する力の向上に寄与するだけでなく，地域社会における家庭や住民の子育てを自ら実践する力の向上及び子育ての経験の継承につながるきっかけとなる。これらのことから，保護者の参加を促すとともに，参加しやすいよう工夫すること。
　3 保護者の生活形態が異なることを踏まえ，全ての保護者の相互理解が深まるように配慮すること。その際，保護者同士が子育てに対する新たな考えに出会い気付き合えるよう工夫すること。
　4 保護者の就労と子育ての両立等を支援するため，保護者の多様化した教育及び保育の需要に応じて病児保育事業など多様な事業を実施する場合には，保護者の状況に配慮するとともに，園児の福祉が尊重されるよ

う努め，園児の生活の連続性を考慮すること。
5 　地域の実態や保護者の要請により，教育を行う標準的な時間の終了後等に希望する園児を対象に一時預かり事業などとして行う活動については，保育教諭間及び家庭との連携を密にし，園児の心身の負担に配慮すること。その際，地域の実態や保護者の事情とともに園児の生活のリズムを踏まえつつ，必要に応じて，弾力的な運用を行うこと。
6 　園児に障害や発達上の課題が見られる場合には，市町村や関係機関と連携及び協力を図りつつ，保護者に対する個別の支援を行うよう努めること。
7 　外国籍家庭など，特別な配慮を必要とする家庭の場合には，状況等に応じて個別の支援を行うよう努めること。
8 　保護者に育児不安等が見られる場合には，保護者の希望に応じて個別の支援を行うよう努めること。
9 　保護者に不適切な養育等が疑われる場合には，市町村や関係機関と連携し，要保護児童対策地域協議会で検討するなど適切な対応を図ること。また，虐待が疑われる場合には，速やかに市町村又は児童相談所に通告し，適切な対応を図ること。

第3　地域における子育て家庭の保護者等に対する支援
1 　幼保連携型認定こども園において，認定こども園法第2条第12項に規定する子育て支援事業を実施する際には，当該幼保連携型認定こども園がもつ地域性や専門性などを十分に考慮して当該地域において必要と認められるものを適切に実施すること。また，地域の子どもに対する一時預かり事業などの活動を行う際には，一人一人の子どもの心身の状態などを考慮するとともに，教育及び保育との関連に配慮するなど，柔軟に活動を展開できるようにすること。
2 　市町村の支援を得て，地域の関係機関等との積極的な連携及び協働を図るとともに，子育ての支援に関する地域の人材の積極的な活用を図るよう努めること。また，地域の要保護児童への対応など，地域の子どもを巡る諸課題に対し，要保護児童対策地域協議会など関係機関等と連携及び協力して取り組むよう努めること。
3 　幼保連携型認定こども園は，地域の子どもが健やかに育成される環境を提供し，保護者に対する総合的な子育ての支援を推進するため，地域における乳幼児期の教育及び保育の中心的な役割を果たすよう努めること。

〈監修者紹介〉
無藤　隆（むとう たかし）
　　白梅学園大学大学院特任教授
　　文科省中央教育審議会教育課程部会幼児教育部会 主査
　　内閣府子ども子育て会議 会長　等歴任

《幼稚園教育要領 改訂
　保育所保育指針 改定　　》について
　幼保連携型認定こども園教育・保育要領 改訂

編集・制作　株式会社　同文書院
112-0002
東京都文京区小石川 5-24-3
TEL 03-3812-7777　FAX 03-3812-8456

保育カリキュラム総論
―実践に連動した計画・評価のあり方,進め方―

2015年4月20日　　第一版第1刷発行
2016年4月1日　　　第一版第2刷発行

著　者　師岡　章
装　幀　清原一隆（KIYO DESIGN）
DTP　日本ハイコム株式会社

発行者　宇野文博
発行所　株式会社 同文書院
　　　　〒112-0002
　　　　東京都文京区小石川 5-24-3
　　　　TEL　(03)3812-7777
　　　　FAX　(03)3812-7792
　　　　振替　00100-4-1316

印刷・製本　日本ハイコム株式会社

Ⓒ Akira Morooka., 2015
Printed in Japan　ISBN978-4-8103-1414-4
●乱丁・落丁本はお取り替えいたします